ENTRE OLIGARQUIAS

Rodrigo Goyena Soares

ENTRE OLIGARQUIAS

As origens da república brasileira
(1870-1920)

FGV EDITORA

Copyright © 2024 Fundação Getulio Vargas

Direitos desta edição reservados à
FGV EDITORA
Rua Jornalista Orlando Dantas, 9
22231-010 | Rio de Janeiro, RJ | Brasil
Tel.: 21-3799-4427
editora@fgv.br | www.editora.fgv.br

Impresso no Brasil | *Printed in Brazil*

Todos os direitos reservados. A reprodução não autorizada desta publicação, no todo ou em parte, constitui violação do copyright (Lei no 9.610/98).

Os conceitos emitidos neste livro são de inteira responsabilidade dos autores.

1ª edição – *2024*

Preparação de originais: Ronald Polito
Projeto gráfico de miolo e diagramação: Mari Taboada
Revisão: Michele Mitie Sudoh
Capa: Estúdio 513
Imagens da capa: (Arcos da Lapa): Marc Ferrez, Aqueduto da Carioca, 1905, Instituto Moreira Salles (IMS); (trem): Marc Ferrez, Locomotiva, Estrada de ferro Rio-Minas, c.1880, IMS; (guarda): Marc Ferrez, Porto de Santos, c.1880, IMS.

Ficha catalográfica elaborada pela Biblioteca Biblioteca Mario Henrique Simonsen

Soares, Rodrigo Goyena
    Entre oligarquias: as origens da República Brasileira (1870-1920) / Rodrigo Goyena Soares. - Rio de Janeiro: FGV Editora, 2024.
    360 p.: il.

    Inclui bibliografia.
    ISBN: 978-65-5652-291-3

    1. Oligarquia - Brasil. 2. Brasil – Política e governo – 1870-1920. I. Fundação Getulio Vargas. II. Título.

CDD – 981

Elaborada por Mariane Pantana Alabarce – CRB-7/6992

SUMÁRIO

Uma outra história do Brasil 7
Prefácio 9
Introdução 13

PARTE I. A CRISE DO IMPÉRIO (1870-80)

1. As reformas frustradas 27
   A sociedade de classes à época de Rio Branco 33
   O reformismo conservador 50

2. As alternativas à ordem 73
   A geração de 1870 80
   A revolta da cidadania 90
   O associativismo civil e o corporativismo militar 106

PARTE II. A FRONDA REPUBLICANA (1880-1900)

3. A Proclamação da República 121
   A economia política da abolição 127
   O cafezal, o gabinete e o banco 140
   O golpe civil-militar de 1889 154

4. A guerra civil brasileira 177
   A diplomacia econômica do latifúndio e a
   Lei Bancária de Rui Barbosa 182
   A crise do Encilhamento na constitucionalização
   da República 193
   A tomada das armas 202

PARTE III. A ESTABILIDADE INSTÁVEL (1900-20)

5. A rotinização do regime   219
   Campos Salles e os termos da hegemonia perrepista   222
   O Itamaraty na colmeia oligárquica   233
   A arquitetura da desigualdade   246

6. A continuidade rompida   259
   O retorno do salvacionismo militar   261
   A Primeira Guerra Mundial e a reemergência
   do projeto industrial   270

Epílogo   291

Agradecimentos   297
Notas   301
Referências   319
Sobre o autor   359

UMA OUTRA HISTÓRIA DO BRASIL

Este é o terceiro volume da coleção "Uma outra história do Brasil", que já publicou *Brasil em projetos*, de Jurandir Malerba e *Império em disputa*, de Thiago Krause e Rodrigo Goyena Soares.

A intenção é apresentar sínteses autorais que focalizem os grandes projetos elaborados por diferentes grupos políticos que atuaram no país ao longo dos últimos 200 anos.

A coleção visa disponibilizar para o grande público a trajetória da construção da nação, com seus conflitos, momentos de conciliação, fracassos, de forma a permitir entender por que somos um país tão excludente e desigual.

Esperamos que as publicações contribuam para um melhor entendimento da nossa história e para o fortalecimento das lutas por um país mais justo e democrático.

Há a previsão de publicação de outros volumes que vão tratar da história do Brasil no século XXI.

Marieta de Moraes Ferreira

PREFÁCIO

Não é de hoje que os períodos de transição da história do Brasil parecem padecer de uma contraditória amarra interpretativa: como resposta a antigas tradições de exaltação de grandes acontecimentos e personagens, nossa historiografia desenvolveu outra tradição, reativa, de esvaziamento das transições, quase sempre tomadas como discretos arranjos, quase nunca tomadas como rupturas marcantes, revolucionárias ou legítimas. As transições oscilam entre excessiva e diminuta relevância.

Este livro de Rodrigo Goyena Soares nos convida e nos ensina a pensar para além desse diacrônico conflito entre tradições opostas. Pois o seu foco é uma das grandes transições de nossa história — a instauração da República —, sem que isso implique uma hipertrofia no acontecimento ou na mudança em si, tampouco seu esvaziamento. O que Goyena Soares revela é um acontecimento que só cobra seu devido sentido como processo, mas que se impõe a esse mesmo processo como um ponto de ruptura. Em 1889, passado, presente e futuro se metabolizaram para criar uma realidade cuja importância — e não limitação — consiste justamente em sua capacidade de, sendo profundamente inovadora, reforçar e reinventar alguns dos aspectos mais duradouros e brutais de um conservadorismo que, *mutatis mutandis*, sempre formou o Brasil.

A lição braudeliana é aqui elaborada segundo seus melhores preceitos: a partir de uma realidade concreta, bem documentada e descrita, mas que só cobra significado em uma dialética de tempos. Na síntese analítica de Goyena Soares, os acontecimentos do ano de 1889, bem como os anteriores e posteriores que o informam — a crise da escravidão, a Guerra do Paraguai, as oscilações da economia mundial, as convulsões sociais de inícios do século XX —, são parte de estruturas. Estão assentados em bases sólidas, lentas e dinâmicas, que modelam os acontecimentos ao passo em que por eles são modeladas. Mas há outras lições aqui: um olhar espaçotemporal amplo, no qual o Brasil está sempre em diálogo — histórico e historiográfico — com seus vizinhos (em especial, o rio da Prata), o restante da América (sobretudo os Estados Unidos), a Europa e outros cantos do planeta. E também — talvez a lição de mais difícil concretização no estudo da história — a profunda, inquestionável e prenhe de consequências articulação entre as diferentes dimensões da realidade social, que fazem tanta gente confundir delimitação temática com eliminação de problemas. Nesse ponto, o livro de Goyena Soares é tão bem-sucedido que vale sublinhar: nele, a economia, onipresente em estruturas, dinâmicas, dados e comparações, jamais expulsa do cenário a política, com suas ideologias, instituições, embates e conciliações; e a sociedade, com suas hierarquias, exclusões e conflitos, sempre acolhe a cultura, em suas representações e potências críticas. Isso sem obliterar a vida cotidiana, a vida material e o trabalho que, em muitas passagens do livro, são o amálgama de todas essas dimensões.

Autor de uma sólida obra acerca de temas sempre problematizados da história passada e presente de nosso país, mobilizando olhares advindos da ciência política e do estudo das relações internacionais em perfeita convergência com os preceitos do conhecimento histórico, Rodrigo Goyena Soares, além de tudo, escreve muito bem. Com seu incomum domínio do verbo aliado a um absoluto domínio da matéria, prova — a quem ainda não estiver convencido — que quaisquer polarizações entre teoria e empiria, como afirmação de princípios, não fazem absolutamente nenhum sentido. Pois seu texto está, simplesmente, em busca de uma compreensão da história. E a história só pode ser compreendida se for não apenas descrita, mas também pensada.

Que o leitor, então, passe ao que realmente importa neste livro: uma poderosa explicação de uma das transições mais importantes da história de nosso país, e que, no olhar deste que é um de seus melhores intérpretes, transcendeu a sua época para, de muitas maneiras, chegar aos nossos dias: como legitimação de políticas de natureza oligárquica, pela simbiose entre Estado e interesses de classe, pelo reforço e criação de mecanismos de perpetuação de desigualdades sociais... Um passado que, ao se fazer futuro já em sua própria época, continua a ser parte de nosso presente.

Afinal, não é isso que costuma ocorrer com as grandes transições da história?

João Paulo Pimenta
Universidade de São Paulo (USP)

Modesto Brocos, *A redenção de Cam*, 1895. Museu Nacional de Belas Artes, Rio de Janeiro, Brasil. Na célebre pintura a óleo de Modesto Brocos, realizada pouco após a abolição, o imigrante europeu reverteria a maldição original do Brasil, produzindo um rebento perfeitamente branco e depurado dos traços raciais de sua mãe e avó. A obra fazia alusão ao primeiro livro da Bíblia, o Gênesis, e assinalava que o momento de renovação republicana seria oportuno para engendrar uma nova raça nacional redimida do negro, que desapareceria, pois inferior, com o passar das gerações.

INTRODUÇÃO

No Brasil, a instauração da República foi sobretudo um pretexto. Não que tenha emergido na vizinha Argentina ou nos Estados Unidos como a consagração da igualdade cívica entre cidadãos, mas caracterizou-se ali e lá pela afirmação da soberania nacional perante metrópoles tidas como usureiras. À diferença de 1776 ou de 1816, quando, respectivamente, Washington e Buenos Aires se tornaram capitais de Estados independentes, o Rio de Janeiro de 1889 já o era havia décadas. Tampouco foi a proclamação da República brasileira, em que pese sua realização exatos 100 anos após a Revolução Francesa, o reflexo adaptado da Bastilha saqueada em 1789. Em Paris, embora finalmente deglutidas pelo projeto muito conservador de Napoleão Bonaparte, as primeiras ambições republicanas foram voltadas para a formação da coisa pública e do povo, do bem comum e da comunidade igualitária.

Do lado de cá do Atlântico, apenas um punhado de pernoitados quis guilhotinar os membros da família imperial, a começar pelo marido da princesa Isabel, o conde d'Eu, não por acaso um francês. O projeto jacobino para a República previa a tomada do poder pelo povo, de preferência encastelado em barricadas para capturar o palácio de São Cristóvão. Foi rapidamente escanteado quando o Império caiu, porque não era de modo algum a República vislumbrada nos clubes de jornalistas fluminenses como Quintino Bocaiúva ou nos cafezais paulistas que encontraram em Campos Salles a vereda para o poder. E tampouco nos quartéis, onde soldados vitoriosos na campanha contra a Paraguai arrolaram-se o direito e o dever de purificar o Estado com vistas a guiar o povo à salvação nacional.

Talvez tão estranhamente quanto a Independência, proclamada ao fim pelo herdeiro do trono português, a República brasileira nasceu muito menos contra os privilégios da nobreza imperial, que em muitos aspectos terminou se republicanizando, do que como caminho para alcançá-los — daí o pretexto. Para os republicanos de São Paulo, que se tornava no estertor do século XIX o principal eixo produtivo nacional, o federalismo era a via para tanto. A antiga província ressentia-se com a Corte, que a tributava mais do que nela investia, e especialmente com os bancos, também do Rio de Janeiro, cujos empréstimos não perfaziam sequer a sombra do capital cobiçado para o desenvolvimento dos cafezais paulistas. No modelo federalista de Campos Salles e sua claque de Campinas, os novos estados não seriam *espaços vencidos*, literalmente a tradução etimológica dos termos *pro vincere*, ou província. Controlariam parte singular dos impostos locais e se beneficiariam, para romper a dependência com o então centro financeiro do Rio de Janeiro, do acesso irrestrito aos bancos internacionais. Mas não só.

Dispor das atribuições da União, nomeadamente a formulação da política econômica, concorreria para reorientar as finanças do país em prol da infraestrutura de integração física do estado. Assim como a imigração estrangeira, tão necessária aos cafezais paulistas que apenas lentamente renunciaram à escravidão, o patrocínio local às ferrovias e aos portos ficara aquém do potencial produtivo de São Paulo. Muito mais do que uma simples oposição à monarquia, a República dos campineiros tinha uma vocação francamente econômica — concentradora de renda num estado da Federação e, nele, numa fração de classe particular. Mais do que um regime, em última instância, a

República era para São Paulo um princípio de governo: uma *arquia* regida por alguns poucos desligados do poder régio.

O bloco de Quintino Bocaiúva pareceu interpor à definição clássica do que fora a República dos romanos — em absoluto, um regime contrário à monarquia —, o ideal formulado por Immanuel Kant num tomo para alguns indigesto publicado à época da Revolução Francesa. Dizia ele em *A metafísica dos costumes* que a República era formada por uma Constituição, que ditaria as formas e as regras de convivência entre uma pluralidade de homens que delas necessitariam para partilharem o que lhes seria de direito. O Império do Brasil possuía uma Constituição liberal em tantíssimas maneiras, mas os republicanos fluminenses não se acomodavam com o Poder Moderador. Se para São Paulo a chave da República era a divisão vertical do poder, isto é, entre a União e os estados, para o Rio de Janeiro, embora também favorável à Federação, o pomo da discórdia era a separação horizontal da autoridade.

Enxergavam no Poder Moderador um excesso do Executivo em detrimento do Legislativo, já que o imperador arbitrava exclusivamente as relações entre os nomeados chefes de gabinete e os destituíveis deputados. Almejavam o modelo presidencialista estadunidense, também em razão de serem árduos defensores da meritocracia como regra para uma ascensão social alegadamente menos engessada do que no Império. Em oposição à kantiana, a metafísica dos republicanos fluminenses, no entanto, era a das exclusividades. Embora defensores do sufrágio universal, mantiveram o analfabeto longe das urnas, o que redundou numa República de supostos ilustrados.

À diferença dos paulistas, os republicanos fluminenses careciam de bases econômicas. Não possuíam cafezais ou sequer engenhos, e muitos menos os portentosos bancos da capital. Num tempo em que persistentemente os melhores negócios eram realizados com o Estado, que financiava, comprava e se endividava para o benefício das maiores fortunas produtivas ou financeiras, os republicanos do Rio de Janeiro não tinham passivos ou riscos para repassar ao poder público, porque tampouco podiam sustentá-lo. Como os paulistas, não obstante, encontraram nos veteranos da guerra contra o Paraguai a oportunidade armada para tomarem de assalto os privilégios dos muito difamados bacharéis do Império.

Além do republicanismo, de simpatias menos prontamente claras na caserna, o término da escravatura constituiu efetivo fator de união. Para a espada, muito indisposta com gabinetes imperiais que pouco atendiam às reivindicações corporativas dos quartéis, a abolição foi proposta, quando findou o conflito no Prata, não a partir de um reparo social a uma dívida histórica, mas como política puramente de poder. Pôr fim ao cativeiro impactaria severamente, como ocorreu, o antigo coração econômico do Império, o complexo cafeeiro dos barões do Vale do Paraíba fluminense. Se devidamente atingido, supunha-se nos batalhões mais aguerridos, haveria uma renovação dos grupos dirigentes: um privilégio que a espada não estava disposta a perder.

Uma singular dificuldade terminaria rapidamente opondo, tão logo a monarquia ruiu, os republicanos civis aos militares. O projeto castrense para a República era o avesso das aspirações paulistas. É certo que partilhavam com os fluminenses, especialmente a mocidade militar de inclinação positivista, a muito americanizada ideia do *self-made man*, porém as semelhanças esgotavam-se aí. A caserna não era afeita ao federalismo, entendido como um risco de desgoverno, e apadrinhava pela mesma razão a concentração de poder num Executivo composto sem participação popular. Numa época em que os exemplos da Alemanha, dos Estados Unidos e do Japão davam a medida de quão profícua era a via industrial para a afirmação soberana num sistema internacional caracterizado pela corrida expansionista, os veteranos do Paraguai queriam mudanças radicais na política alfandegária, tributária e bancária, para atender as ainda muito incipientes fábricas brasileiras.

Os três grupos tiveram na medida de suas expectativas o tamanho de suas frustrações. Desde as reformas empreendidas pelo visconde do Rio Branco, ainda no começo da década de 1870, os gabinetes do Império apostaram muito mais na reconstituição das permanências do que no amparo às rupturas. Rio Branco veio ao socorro do café fluminense, compreendendo que nele repousava a saída para o desgaste orçamentário sem precedentes oriundo do conflito contra Assunção. No processo, também de forma inédita, multiplicou em tal volume a dívida pública que o próprio baronato do Vale do Paraíba vislumbrou maior negócio no financiamento do Estado do que na produção das próximas mudas de café. Caxias e Sinimbu seguiram rumo em tudo semelhante, porém multiplicando impostos que recaíram especialmente sobre as classes média e popular. Cada vez mais agitadas, elas deram lastro para a formação da *revolta da cidadania*, que desaguou no primeiro movimento de opinião pública no Brasil, o abolicionista. É o ponto de chegada da primeira parte deste livro.

Fernand Braudel costumava relembrar um episódio que lhe ocorreu no interior da Bahia, quando foi bruscamente apanhado por uma prodigiosa horda de vaga-lumes. Incontáveis, saíam dos matagais e das valas como quase foguetes, mas a luz produzida era breve demais para clarear-lhe o caminho à frente. Talvez um pouco aperreado pelo ritmo moroso do sertão baiano, Braudel sugeriu que, tal qual os vaga-lumes, os acontecimentos seriam apenas pontos de luz numa vastidão histórica menos prontamente decifrável. Essa massa histórica chamada por vezes de estrutura, com efeito, revela a duras penas o tempo longo, mais enfadonho, bolorento e embaraçante — porém decisivo para compreender os porquês das revoltas, das agitações e dos golpes. É nele que se inscrevem as possibilidades para a realização dos ritmos acontecimentais curtos e, portanto, a materialização da história. Na ocorrência, o movimento abolicionista, tão alardeado como uma das principais causas da crise do Império, emergiu das contradições que se avolumaram mais preguiçosamente com o conflito no Prata.

Entendê-las exigirá uma certa paciência, própria ao tempo longo, que se manifesta na constância de uma mula, serra acima e serra abaixo, carregando em seu lombo o café tantos anos a fio vigiado por tropeiros. Ou no filho do filho de um bacharel, que como o pai iniciara a carreira como deputado pelo então longínquo Mato Grosso, para depois tornar-se senador, como o avô, que o casaria com a filha de um antigo colega da Faculdade de Direito do Recife. Foi contra essas reiterações, igualmente afiguradas na persistência periférica do Brasil no mundo, que emergiram supostas novas ideias como o republicanismo, o federalismo ou o positivismo, à maneira de uma conscientização a respeito da espessa massa histórica que se desejava transformar.

Os eventos sucederam-se depressa a partir da década de 1880 e revelaram as tensões políticas, econômicas e sociais que se agigantaram, especialmente, a partir da cisão entre o principal eixo produtivo nacional, deslocado progressivamente para São Paulo, e a concentração financeira no Rio de Janeiro, ampliada com a dívida pública oriunda da guerra contra o Paraguai. Naturalmente, as insatisfações estenderam-se de norte a sul, porém estiveram vinculadas à força econômica das reivindicações paulistas ou a queixas contra o persistente direcionamento dos investimentos nacionais em benefício do Rio de Janeiro. Em perspectiva internacional, Giovanni Arrighi dizia que a passagem da hegemonia britânica para a estadunidense — de alguma forma, no marco cronológico que interessa a estas páginas — caracterizou-se pela transferência dos alicerces produtivos globais para os Estados Unidos, quando o capital financeiro mundial permaneceu hospedado na Grã-Bretanha. Num atalho para o argumento principal deste livro, é precisamente essa contradição entre o capital produtivo e o financeiro, em escala agora nacional, que explica a crise do Império — e a vertiginosa ascensão de São Paulo à condição hegemônica na Primeira República.

A segunda parte do livro, pois, ganha maior celeridade para narrar a cadeia de episódios que desembocou nos conflitos imediatamente posteriores à Proclamação da República. Como era de se esperar, o fato consumado levou a desentendimentos entre os militares na presidência e os paulistas que a almejavam. Entretanto, a guerra civil que descortinou a República não representou uma contraposição armada entre os antigos aliados. Tanto Deodoro da Fonseca quanto Floriano Peixoto cismaram em desrespeitar a recém-promulgada Carta Magna e abriram passagem para um conflito não com os paulistas, mas com a Marinha e a oposição liberal-constitucionalista gaúcha. Braudel provavelmente a denominaria de guerra vaga-lume, porque revelou muito tortuosamente as antíteses de fundo. O caso é que o bando liderado por Campos Salles e Prudente de Moraes, do qual os militares dependiam para sustentar economicamente o país, preferiu que os quartéis fizessem o trabalho sujo, oferecendo recursos em troca das presidências seguintes.

Em tudo avesso à industrialização conclamada, mas não realizada por Floriano Peixoto, o Partido Republicano Paulista (PRP) encontrou respaldo em Washington para a realização do projeto agrário-oligárquico, concentrando pela secular dependência internacional, à moda do Império, os recursos da República em mãos de poucos; assim, nada mais saquarema, como eram chamados os conservadores à época de d. Pedro II, do que um perrepista no poder. Com uma singular diferença, no entanto. Operando diplomaticamente para tanto, o PRP trocou a dívida pública interna pela externa, fazendo-a assumir o imenso tamanho da socialização das perdas que decorreu da substituição. Muito mais do que um processo qualificado por políticas de desvalorização cambial, e gerador de inflação, com vistas a impulsionar as exportações cafeeiras, o ônus do financiamento público em proveito dos principais bastiões produtivos foi arcado por cidadãos que, excluídos da República, não viram sequer o rastro do orçamento nacional.

Contrariamente ao discurso oficial que louvava a suposta docilidade dos brasileiros, o povo reagiu em Canudos, nas greves dos ferroviários e dos portuários, nas paralizações do campo e nas revoltas urbanas. Contra elas, o governo republicano sistematicamente empregou a força, mas obteve êxitos apenas parciais, na medida em que, como na década de 1870, o alvoroço popular constituiria lentamente as bases de legitimação sobre as quais os militares voltariam a sustentar-se, na década de 1920, para enterrar o regime. Até lá, Campos Salles lograra desacelerar a superposição impulsiva dos acontecimentos políticos para rotinizar a República, momentaneamente resolvida entre oligarquias.

Assim, a terceira parte do livro retoma inicialmente as pausas, os pontos e as vírgulas, para reencontrar uma narrativa mais contemplativa. À diferença do poder coercitivo mobilizado contra os populares, o PRP realizou sua hegemonia combinando o distributivo e o persuasivo com as demais lideranças nacionais, estaduais e municipais. O custo político de manter a ordem pela força pareceu-lhe mais alto do que fabricar o consentimento, concedendo aquilo que, nos limites do que é fundamental à sustentação do bloco preponderante, era sacrificável. É todo o fundamento de uma hegemonia. Sempre difícil, porque mais negociada do que decretada, a rotinização do regime efetivou-se com a cumplicidade das notabilidades mineiras, mas também baianas, pernambucanas e fluminenses, evidenciando que uma coisa era ser paulista, e outra, perrepista.

Semelhante à de 1850 para os saquaremas do Império, a década de 1900 pareceu aos perrepistas da República a concretização daquilo que se havia imaginado em Itu, quando se formou o PRP no então remoto ano de 1873. Foram mais de 30 anos, portanto, para consolidar um tipo de República cujo primeiro sinal crítico de esgarçamento ocorreu tão cedo quanto em 1910. Magoadas por um arranjo econômico que pouco atendia ao Rio Grande do Sul, as lideranças gaúchas valeram-se tanto das desuniões mineiras quanto da política salvacionista dos quartéis, anteriormente articulada com vistas a derrubar o Império, para lançar um candidato militar à presidência. O êxito durou apenas um par de anos. As intervenções estaduais promovidas por Hermes da Fonseca, marcadamente o bombardeio de Salvador, apressaram o reencontro entre as dissidências mineiras e os paulistas irrequietos com a possibilidade de uma intervenção. Teimosa, a presidência militar prestou ouvidos moucos à oposição, o que lhe valeu o isolamento político em meados do mandato. A dita purificação das instituições republicanas pela força auferira resultados menos auspiciosos do que o modelo hegemônico perrepista.

Nos quase 50 anos que separaram o fim do conflito contra o Paraguai em 1870 e o término da Primeira Guerra Mundial em 1918, o Brasil mudou imensamente, porém com intensidades diferentes. Entre 1900 e 1920, a população praticamente dobrou sua taxa de crescimento em relação ao período de 1870 a 1900: um nítido reflexo dos superlativos efeitos científico-tecnológicos, também em escala global, sobre a conservação de alimentos e a farmacologia, a medicina, a higiene e a assepsia. *A maneira do 14-bis* de Santos Dumont, as maiores cidades decolaram, crescendo a taxas de 3,5% ao ano, quando o universo rural brasileiro, majoritário, o fazia a 2,5%. Assim, o Brasil parecia incorporar-se à *Belle Époque*. Num tempo em que surgiram os automóveis, os transatlânticos, os cinemas, os arranha-céus e as rodas-gigantes, assim como a Coca-Cola e a aspirina, a capital revestiu-se com hiperbólicos prédios de inspiração neoclássica, com grandes avenidas à moda dos bulevares europeus e com galerias e cafés que faziam a hora dos arrivistas da República. Quem não trajasse o uniforme completo — sapatos britânicos ou botinas francesas, meia e meia-calça, calças e armação antes do vestido, colarinho e chapéu — tinha muitas vezes seu acesso tolhido ao centro da cidade. Em fevereiro, apesar do sol escaldante, nada muito diferente. O carnaval deveria ser o das batalhas de flores, e não o entrudo. O do corso de carros abertos, dos pierrôs e das colombinas bem compostas.

Fosse apenas isso, talvez os males do elitismo tivessem sido menores. Mas o caso é que a repressão à cultura popular sempre deriva de outras formas materiais de discriminação. A mesma República que praticamente surgiu com a abolição da escravatura foi talentosa no aprofundamento das desigualdades. O escudo do cativeiro, que assegurava como óbvia a inferioridade dos negros, cedeu passagem a teorias raciais para reencaminhar pela biologia a obviedade anterior.

O negro, agora livre, era um potencial criminoso: o tamanho de seu cérebro o ratificaria. Numa tônica fascistizante *avant la lettre*, a República apadrinhou políticas imigratórias voltadas para o branqueamento da população. Mas inclusive os alemães, espanhóis, portugueses e sobretudo italianos que chegaram ao Brasil não tiverem melhor sorte. Para cada Matarazzo houve um mundo de malsucedidos, que, permanecendo paupérrimos, muitas vezes retornaram à Europa.

Quando não o fizeram, rumaram às cidades, onde conviveram na expectativa de melhores salários com nacionais brancos, pardos e negros, que se amontoavam em cortiços, estalagens e favelas. A expansão dos setores industriais e de serviços ganhou ímpeto a partir da década de 1900, no mesmo compasso da urbanização, porém especialmente na de 1910 os novos potenciais energéticos da Segunda Revolução Industrial multiplicaram-se no Brasil. Os derivados do petróleo, os altos-fornos, as indústrias químicas, o alumínio, o cobre, o níquel e os aços especiais em poucos anos gerariam trânsito e fuligem no ar. São Paulo e Rio de Janeiro conheceriam rapidamente seus primeiros arranha-céus, à imagem do frondoso edifício *Martinelli*. Ou do ultramoderno *A Noite*, que, com 102 metros de concreto armado, deu ao Distrito Federal o maior prédio da América Latina.

No reverso dos rebocos e das chaminés, a massa operária conservou-se perfeitamente insubmissa. Mais de uma década antes de Getúlio Vargas, os trabalhadores fabris lograram parar o país, numa greve geral que se estendeu muito além de São Paulo. A Primeira Guerra Mundial, iniciada em 1914, tivera no Brasil o duplo efeito de limitar as exportações cafeeiras e de acelerar a produção industrial, o que redundou num ainda muito seletivo, mas certamente progressivo redirecionamento do capital cafeeiro paulista para o mundo manufatureiro. Tal qual a cisão entre o mundo produtivo e o financeiro durante a desestruturação do Império, as novas clivagens do dinheiro agora paulista conduziriam as contradições que levaram à Revolução de 1930. Até lá, o repetido descompasso entre os lucros do patronato fabril e os espólios dos grevistas tiveram nos governos de Epitácio

Pessoa e de Arthur Bernardes o despacho de medidas policiais. As classes laboriosas tornaram-se as classes perigosas.

Efervescente, a década de 1920 traria outra vez os quartéis à cena principal da República, num século já francamente militarizado. Legitimando-se no clima de insatisfação popular e, muito oportunamente, nas reações oligárquicas à perpetuação, também oligárquica, do arranjo mineiro-paulista, a farda mais inflexível saiu da caserna com o aval de Hermes da Fonseca e marchou em plena Copacabana. Talvez devido à urucubaca característica do velho marechal, como os populares costumavam dizer, o primeiro movimento tenentista falhou, e Bernardes foi devidamente empossado. Não obstante, o fato se desdobraria em novos atos, vaga-lumes que guiariam a Primeira República para um fim que, como o começo, se resolveu num golpe civil-militar.

PARTE I.

A crise do Império (1870-80)

Alberto Henschel, Retrato fotográfico de José Maria da Silva Paranhos, o visconde do Rio Branco, 1879. Fundação Biblioteca Nacional.

CAPÍTULO 1
AS REFORMAS FRUSTRADAS

José Maria da Silva Paranhos assumiu a presidência do Conselho de Ministros em março de 1871, prestes a completar 52 anos de idade. Era um baiano alto de olhos verdes que fumava feito um caipora, em torno de meia dúzia de charutos por dia. Após a exitosa missão diplomática de 1869 formulada para negociar o término da guerra contra o Paraguai, o que valeu a Paranhos o título de visconde do Rio Branco, o imperador incumbiu-lhe a aprovação da Lei do Ventre Livre. Era o escopo principal do novo governo. No entanto, encontrou-se imediatamente na premência de remediar a lei emancipacionista com reformas financeiras, produtivas e tributárias para acalmar os ânimos de uma lavoura, porque escravista, inquieta com a sombra da abolição. Rio Branco foi além. Quis igualmente reformar o Poder Judiciário, a educação imperial, os registros e a burocracia civil. Não desconsiderou a caserna, que sabia buliçosa após a vitória no Prata, e tampouco a necessidade de reorganizar a Corte, onde as tensões sociais expressavam as potencialidades revoltosas de todo o Império.[1]

O reformismo de Rio Branco articulou-se de forma indissociável à financeirização da economia britânica e ao crescimento exponencial do consumo estadunidense. Foi um tempo agitado da história do Brasil, o que se refletiu na atividade administrativa e legislativa. Na década de 1860, editaram-se 1.942 decretos e 494 leis; na de 1870, respectivamente, 2.937 e 742, em sua maioria promulgados durante a gestão de Paranhos e, sobretudo, projetados para dinamizar a criação de riquezas no Império. Começava a Segunda Revolução Industrial — caracterizada pela alta, porém concentrada, disponibilidade de capitais internacionais —, que se apresentou como oportunidade de investimentos para a principal matriz produtiva brasileira, na medida em que, a modo dos ganhos monopolísticos da economia global, o Império detinha o principal da produção mundial de café.[2]

Rio Branco orientou a tomada de empréstimos internos e externos em benefício da desobstrução do fluxo de mercadorias produzidas pela grande lavoura, mantendo concentrada a estrutura bancária do Império, que atendia diretamente à produção agrícola. O processo reformista, que respondia pela via econômica ao encurtamento do espaço e do tempo entre o cafezal brasileiro e o consumidor estadunidense, causou inevitavelmente uma redistribuição da mão de obra nacional, o que tampouco escapou ao gabinete. Foi necessário discutir a locação de serviços, quantificar os trabalhadores, estratificar suas profissões, estabelecer pesos e medidas comuns a todo o Império e facilitar o tráfego de informações. Exuberantes em seu neoclassicismo eclético, os novos prédios públicos criados para a Tipografia Nacional, a Secretaria de Agricultura, a Caixa de Amortização, os Correios e a Alfândega deram a medida da ambição e urgência do momento.

Com efeito, o principal setor econômico nacional esperava de Rio Branco diretrizes que dessem maior rapidez e volume a todos os estágios do ciclo produtivo, isto é, da compra de insumos e da aquisição de mão de obra — cativa ou livre —, passando pela obtenção ou renovação dos meios de produção, pelo transporte e pela infraestrutura de exportação, até alcançar, após a realização de lucro, nova disponibilidade de crédito para renovar o movimento. Ao fim e ao cabo, tratava-se de resolver os gargalos estruturais da economia principalmente cafeeira, que desaceleravam o processo de desenvolvimento.

Revelaram-se, assim, o espírito e a ordem capitalista daquele tempo, em que o Império conviveu com a primeira globalização financeira e a produção resistentemente latifundiária; com a intensificação quantitativa e qualitativa do comércio de longa distância e a produção ainda primária de uma mercadoria, o café, largamente preponderante na balança comercial; e com uma avolumada mobilidade internacional da mão de obra livre e a permanência da escravidão. Longe de uma dualidade de opostos em que o Brasil seria internamente arcaico e externamente capitalista, ou de uma excêntrica coexistência de formas sociais de produção, o Império de Paranhos outorgou maior grau de maturidade ao modo de produção capitalista, sedimentado numa civilização material que premiava ou penalizava em acordo com a maximização dos lucros. Nesse processo, caracterizado por transbordamentos salariais do campo para a cidade, e vice-versa, também se reconfiguraram as relações de produção e consumo — inevitavelmente, refazendo-se igualmente os lugares de cada um nas cadeias produtiva e distributiva. Em suma, reajustaram-se as classes e os embates sociais.

Na contracorrente da história financeira do Império, Rio Branco recorreu notadamente à Grã-Bretanha para realizar seu projeto de desenvolvimento. Não era a praxe de um país que assumia empréstimos internacionais acima de tudo para rolar a própria dívida externa. Até 1871, apenas três episódios destoaram significativamente da regra imperial: o empréstimo de 2 milhões de libras para o reconhecimento da Independência; o assumido para a construção da Estrada de Ferro Dom Pedro II, contraído em 1858 no valor de pouco mais de 1,5 milhão de libras esterlinas; e o tomado por ocasião da guerra contra o Paraguai, que embora sobretudo financiada pela dívida interna e pela emissão de papel-moeda, também extraiu 5 milhões de libras da *City* londrina, especialmente do banco N. M. Rothschild & Sons. Entre 1871 e 1875, o Império contraiu quase 9 milhões de libras, inaugurando um processo de acentuado endividamento externo que culminou no estratosférico empréstimo de praticamente 20 milhões em 1889, às vésperas da República. A fama de bom pagador, que havia caracterizado o Império, esmoreceu daí em diante.[3]

Embora a paleta de reformas tenha abarcado todos os estratos sociais, suas direções e realizações foram notoriamente desiguais. As civis e políticas foram promovidas para assegurar maior lisura no processo eleitoral, motivo pelo qual foi suspensa a função policialesca da Guarda Nacional. Os resultados foram pouco auspiciosos: a principal reforma eleitoral não passou e não se alcançou verdadeira transparência nas urnas. As reformas urbanas, que previam melhorias quanto à habitação, ao saneamento e à locomoção, atingiram sobremodo os bairros centrais da Corte. Em grande medida, permaneceram letra morta, assim como os efeitos das reformas para a corporação militar.

As reformas financeiras e tributárias tiveram maior êxito, porém para setores restritos. Reduziram-se os juros hipotecários do Banco do Brasil, em movimento acompanhado pela extensão dos empréstimos à cafeicultura do assim chamado Oeste Paulista, devido a sua posição geográfica em relação ao Vale do Paraíba. Era a região compreendida longitudinalmente entre São Paulo e Ribeirão Preto e latitudinalmente de São José dos Campos até Sorocaba. A medida, contudo, não teve êxitos imediatos para os paulistas. A concessão de empréstimos somente decolou em 1876, quando o total concedido ao Oeste não ultrapassou 1/3 do que usufruía o Vale. Por sua parte, o recurso constante aos títulos do Tesouro, que para além de financiar as reformas também serviu para arcar com a dívida contraída durante a guerra contra o Paraguai, configurou uma nova dinâmica interna de distribuição de capitais. O governo pagava juros sobre juros para aqueles que comprassem e recomprassem os títulos, o que serviu de alento a alguns cafeicultores fluminenses que haviam optado, dados os primeiros sinais de esgotamento de suas terras, pela progressiva financeirização de suas fortunas.

Paralelamente, desonerou-se o produtor agrícola dos impostos regulamentados para as *indústrias e profissões*, assim como tampouco se taxaram as máquinas e os insumos relativos às atividades agrícolas. Os direitos alfandegários foram uniformizados em sentido ascendente, em especial para as importações, com mitigações para produtos de primeira necessidade. As consequências foram triplas. Sem reais efeitos decrescentes sobre os preços internos, porque a política fiscal tendeu ao desenvolvimento de tipo inflacionário, o persistente aumento das importações limitou a expansão dos setores industriais que amparavam a classe média urbana, sobre a qual passaram a recair, pelo menos legalmente, os impostos sobre as *indústrias e profissões*. Em segundo lugar, a expansão comercial avolumou o orçamento e as possibilidades de investir na Agricultura e na Fazenda, as duas pastas que consumiram, na gestão de Rio Branco, a maior fração dos recursos públicos. Por último, a pujança orçamentária do Império era bom indício para o capital externo, que, dirigido internamente pelo gabinete, concorreu para a expansão da malha ferroviária brasileira especialmente vale-paraibana.

Embora não fosse de origem escravocrata ou cafeeira, e tampouco o porta-voz ministerial das reivindicações agrícolas, Rio Branco contemporizou expressivamente mais com os interesses financeiros e produtivos da tradicional lavoura fluminense do que com a cafeicultura do ocidente paulista — e menos ainda com os setores industriais, que emergiam a duras penas. Na perspectiva das aspirações estreitas, Paranhos antecipou-se reativamente à torrente de expectativas escravocratas que o pôs em xeque tão cedo quanto em 1872: a mesma legislatura que tragou a Lei do Ventre Livre aventou, poucos meses depois, uma moção de censura contra o chefe de gabinete. As pressões da lavoura fluminense, por intermédio da Câmara, assinalavam as compensações que o gabinete deveria realizar para manter a governabilidade. De alguma forma, era o que Ângelo Agostini, célebre caricaturista italiano radicado no Império, estampava com humor costumeiro nas páginas de *A Semana Ilustrada*. À barriga gorda de Nathan Rothschild Jr., representante da casa N. M. Rothschild & Sons, acomodou-se uma torneira cujo fluxo, controlado por ninguém outro do que Paranhos, preenchia o tonel de Danaides — na mitologia grega, aquele que jamais poderia ser saciado. Era uma representação do Tesouro Imperial. Sobre os ombros de Rio Branco, à maneira de um espectador interessado, pairava o homem da cafeicultura, provavelmente fluminense, que, ironicamente magro, assumiria os recursos repassados pelo governo. Em três personagens e numa síntese caricatural, estava toda a dimensão do reformismo desigual de Rio Branco.

Do ponto de vista das estruturas amplas, Rio Branco, em que pese a oportunidade do momento, reformou o país no limite apertado das possibilidades históricas em que se encontrou. A formação socioeconômica do Império, moldada pela escravidão e pelo latifúndio, autorizava a Paranhos uma margem acanhada de ação. O governo não poderia desfazer-se, num piparote, daquilo que regia a política fiscal,

Agostini sobre o gabinete do visconde do Rio Branco,
A Semana Ilustrada, 31 jan. 1875. Fundação Biblioteca Nacional.

tributária e financeira. Dentro dessa margem, na qual ainda encontravam espaço para seu desenvolvimento as forças produtivas próprias à formação histórica do Império, Rio Branco deu-lhes sobrevida em detrimento das transformações que se agigantavam em São Paulo e dos clamores, ainda a meia-luz, que se ouviam dos quartéis. Por uma persistente defesa da razão nacional, modulada em poucos quilômetros a partir de um punhado de cafeicultores fluminenses, o Império reformou-se conservadoramente, tal qual na década de 1850. Como um todo e novamente, o projeto de Paranhos polarizou ganhos e socializou custos. Tivesse alcançado maior êxito, seria talvez recordado como uma espécie de Juscelino Kubitschek do Império. Ficou para a história, não obstante, como o pai do barão do Rio Branco. Paranhos terminou seu gabinete com o país em crise, deixando transparecer, para a cafeicultura paulista, os militares e as classes média e popular, que havia perdido o tempo, justamente, da história. Não sem razão, reagiram, propondo em primeiro lugar a revisão daquilo pelo qual Rio Branco lutava. No fundo, o visconde enxergara na sociedade de classes uma permanência que desejava refeita, e foi com base nessa vontade que reformou o Império, quando a hora, cheia de expectativas, parecia pedir o contrário.

A SOCIEDADE DE CLASSES À ÉPOCA DE RIO BRANCO

À época do visconde, o processo criador de riquezas nacionais ainda tinha sua origem na fazenda de café. Na década de 1870, o grão amargo representava mais de 56% das exportações brasileiras. O segundo produto, o açúcar, não ultrapassava os 12%. A produção de café atingia em torno de 200 mil toneladas anuais, cultivadas no equivalente à atual região metropolitana de São Paulo. Graças a ele, o Império obtinha as divisas que asseguravam a manutenção da paridade cambial, a viabilidade do pagamento da dívida interna e externa, e a constância na importação de bens de consumo que o país não produzia: de livros ou têxteis até peças para ferrovias e bens de capital. Em última instância, assegurava a própria composição do orçamento imperial, visto que os cofres públicos dependiam expressivamente das barreiras alfandegárias. Em valores exportados, o café mobilizava direta e anualmente, quase o equivalente às despesas também anuais da gestão Rio Branco. Eram cifras acachapantes, e não havia mercadoria que pudesse sombrear o cafezal.[4]

Na planilha contábil de cada fazenda, todavia, os desafios eram maiores do que supunham as superlativas toneladas e os astronômicos contos de réis. O ciclo cafeeiro tinha sua primeira engrenagem no crédito, e quanto a isso os tempos haviam-se renovado. Progressivamente, não eram tanto mais os antigos comissários que davam liquidez à fazenda, mas sobremaneira os grandes bancos. A responsabilidade máxima cabia ao Banco do Brasil, o principal do país, e o acesso a ele não era evidente.[5]

O fazendeiro deveria possuir terra e, sobretudo, escravaria, que daria como garantia ao Banco do Brasil: no fundo, deveria dispor de um patrimônio equivalente a 120 anos de trabalho ininterrupto de um simples operário urbano para convencer o Banco sobre a viabilidade do negócio. Desafiante do ponto de vista individual, o empreendimento cafeeiro expressava em termos coletivos uma posição de classe forçosamente abastada e reproduzida entre gerações. A entrada e a permanência no círculo do café deixavam transparecer, a jusante do processo formador da classe, marcadores de identidade relativos à cor da pele, à região e ao gênero: o homem branco do Vale, na ocorrência. A montante, no entanto, havia uma herança patrimonial que autorizava o acesso ao clube. Não havia aventureiros do café.[6]

Alternativamente ao Banco do Brasil — em cuja composição diretorial, não à toa, destacaram-se à época de Paranhos figuras de revelo cafeeiro, comercial e ferroviário, como o visconde de Tocantins e o barão Homem de Mello —, o cafeicultor poderia recorrer ao reconvertido comissário das *casas bancárias* ou ao crédito informal, isto é, o não bancário. Mas os juros eram outros. Ao passar por duas mãos, o preço do capital poderia atingir o valor de 12% a 18% anuais. Nada próximo aos 9% aplicados pelo Banco do Brasil. Ao não operar pela presumida impessoalidade dos grandes bancos, o comissário requeria do cafeicultor uma intimidade privada. Caso ilustrativo daquele tempo foi o do imigrante suíço Antônio Inácio Lemgruber. Consagrado fazendeiro de Sapucaia, no médio Paraíba, o estrangeiro transladou suas fortunas para o mundo do crédito na década de 1850, emprestando dinheiro àqueles que haviam sido seus pares. O sucesso confirmou-se com o casamento de seu rebento com a filha de Joaquim Ribeiro de Avelar, um dos principais nomes da cafeicultura fluminense, que tampouco tardaria em reorientar seus investimentos dos cafezais para os bancos.[7]

Menos por coincidência do que por oportunidade, Lemgruber tornou-se, no início da década de 1870, diretor do carioca Banco Rural e Hipotecário, o segundo maior do Império. Dividia a cadeira diretorial com o conde de Estrela, um português cuja fortuna provinha do tráfico de escravos. Terceira instituição líder no campo financeiro, o Banco Comercial do Rio de Janeiro — que concentrava, com os outros dois, mais de 80% do crédito formal do Império —, era dirigido por José Carlos Mayrink e João José dos Reis. O Banco Comercial e o Rural e Hipotecário ofereciam taxas de juros que giravam em torno dos 10%, mas o tamanho das respectivas carteiras hipotecárias, somadas, representava apenas 11% daquela do Banco do Brasil. Não era, portanto, todo e qualquer cafeicultor que lograria acesso a carteiras quantitativamente restritas.[8]

De forma menos lisonjeira para a cafeicultura paulista, tamanho não era propriamente documento. Pelo menos até 1873, quando finalmente se autorizou a concessão de empréstimos do Banco do Brasil a São Paulo, o Oeste Paulista teve de lidar sobretudo com seus comissários. Os bancos locais eram pequenos e escassos. A crônica insuficiência de crédito em São Paulo, que se transformaria após 1873 em acentuada dependência em relação ao Rio de Janeiro, empurrou os próprios cafeicultores a lançar mão de instituições bancárias locais. Entre os poucos casos de parcial sucesso, figurava o Banco de Campinas. Américo Brasiliense, do círculo republicano fundado sob os auspícios de Campos Salles, havia-se unido a um dos principais nomes da lavoura paulista para constituir o Banco: o barão de Três Rios, em tudo avesso ao partido conservador de Rio Branco.[9]

Mais exceção do que regra, a iniciativa ratificava uma insatisfação local em relação aos tolhimentos impostos pela Corte. Em 1860, de maneira a frear a criação monetária, havia-se editado uma lei que submetia a formação de sociedades bancárias à prévia autorização do poder público. Ficou conhecida como a Lei de Entraves. Sem outro remédio, as principais famílias cafeicultoras do Oeste Paulista diversificaram seus respectivos portfólios de investimentos como forma de injetar constantemente liquidez num sistema produtivo em que o escravo ainda era basilar. À primeira vista, e tão somente à primeira vista, a mão de obra ativa e livre — abundante no campo a ponto de representar praticamente quatro vezes a população escrava total, que apenas superava 1,5 milhão de indivíduos — poderia sugerir uma forma de reduzir os custos de produção. Em termos anuais, a média salarial do camponês valia em torno de 2/3 do custo da mão de obra servil, aí incluídos os juros e as amortizações, também anuais, para a compra do escravo e sua manutenção. Sem embargo e apesar do recurso ao trabalho livre, os cafeicultores paulistas optaram o quanto puderam pelo trabalho cativo até as vésperas da abolição, e as razões por trás da resolução respondiam a uma racionalidade econômica caracterizada pela alocação dos fatores de produção, pelo lucro do investimento a longo prazo, pela produtividade e pela disponibilidade da mão de obra.

Supor, num primeiro momento, que o patrão de livres teria maior flexibilidade do que o senhor de escravos para reagir às flutuações do mercado e, assim, às mudanças econômicas conjunturais seria negar o uso plural que se fazia do cativo. Para além do mercado de compra e venda, existia um mercado de aluguel de escravos, que se manteve relativamente estável entre as décadas de 1870 e de 1880. Refletindo o dinamismo desse sistema de locação, o escravo era ajustado a tarefas múltiplas: além do plantio e da colheita, cavava valas, construía cercas, tratava dos rebanhos e da carpintaria. Não menos relevante na perspectiva da rentabilidade dos investimentos a longo prazo, o dispêndio com a mão de obra livre era maior. Uma década de salários pagos ao camponês equivalia ao preço, aos juros e à manutenção do escravo. Com duas singulares diferenças: o salário do trabalhador livre não correspondia ao patrimônio negociável constituído pela escravaria e, sem ela, o acesso à carteira hipotecária do Banco do Brasil estaria severamente comprometido. É claro que o capital empatado no escravo poderia degradar-se, assim como poderia ele fugir, adoecer ou falecer. Mas eram esses os riscos de um empreendimento lucrativo como o cafeeiro. A própria produtividade servil permitia praticamente transformar em lucro o custo de sua mão de obra. A diferença com a lavoura livre era notória aos olhos dos fazendeiros. Estipulava-se o trabalho cativo em jornadas de mais de 12 horas, 25 dias por mês: um ritmo insustentável para a mão de obra livre, que não tinha atrás de si o açoite indissociável da escravidão.[10]

Ainda, não era a escassez de mão de obra livre o que caracterizava o mercado de trabalho nacional, mas a disponibilidade dos empregados — ou, dito de outra forma, sua regularidade. Remunerados com aquilo que sequer cobria os limites da sobrevivência, os camponeses livres ganhavam menos do que domésticos ou trabalhadores fabris urbanos, o que os tornava uma classe mais degradada do que os operários nas cidades. Via de regra, preferiam a lavoura de subsistência ali onde o minúsculo quinhão de terra era trocado pelo voto. Viviam o que não deviam senão suportar, alimentando-se como podiam e beneficiando-se dos momentos de plantio ou colheita, quando os salários por empreitada ofereciam algum alívio a uma existência paupérrima. Somados aos pares inativos, eram praticamente 85% da população brasileira, algo em torno de 8,5 milhões de pessoas, que disputavam então os espaços e os momentos de demanda acrescida por mão de obra, porém, no melhor dos casos, auferindo rendas anuais inferiores ao custo de produção servil.[11]

Apesar dos impedimentos formais ao crédito amplo e constante, a cafeicultura do Oeste Paulista prosperou. Ainda que em proporções menos expressivas do que ocorreria no período republicano, ao Oeste Paulista chegaram despolpadoras, ventiladores, separadores e classificadores de café, com uma singular diferença em relação ao Vale do Paraíba, que também se apressou em comprar os maquinários: a fertilidade da terra e o decorrente poder de atrair trabalho. À medida que os cafezais foram ganhando as fronteiras do Oeste, a província de São Paulo tornou-se uma das principais forças captadoras de trabalhadores livres ou escravos. Até 1890, São Paulo registraria o segundo maior saldo líquido de brasileiros natos — quase 73 mil migrantes trazidos à força ou não —, largamente à frente da província do Rio de Janeiro ou da Corte, atrás apenas de Minas Gerais, que se consolidou como centro de absorção de migrantes livres para a economia agrícola de subsistência. Como se não bastasse, São Paulo também liderou a recepção de estrangeiros, totalizando, tão somente na década de 1880, praticamente a metade dos 450 mil que entraram no Brasil.[12]

Na perspectiva do trânsito intraprovincial, a tendência também foi de concentração da mão de obra, livre ou cativa. Às vésperas da abolição, a cafeicultura do Oeste somava 120 mil dos 170 mil escravos da província; o Vale paulista, por outro lado, entrou em declínio final a partir do início da década de 1880, fornecendo os escravos captados pelas regiões mais prósperas. O salto migrante livre, por sua vez, também transformou os municípios da fronteira agrícola, onde a população passou de 210 mil em 1874 para 345 mil 10 anos depois. Integrados todos os fluxos migratórios, surgiu no Oeste Paulista, no espaço de uma década, praticamente ¾ da Corte em 1872 ou a cidade de Salvador em 1890.[13]

No Rio de Janeiro, os ventos sopravam com mais austeridade. A província, descontada a Corte, registrou nas décadas de 1870 e de 1880 queda líquida de 64 mil brasileiros natos, e a população cativa seguiu tendência semelhante. Eram 301 mil escravos 1872, e 258 mil em 1884. De maneira ainda menos promissora, os principais municípios cafeeiros vale-paraibanos, incluídos os da porção paulista, produziram no início da década de 1880 aproximadamente 218 mil toneladas de café, em 700 mil hectares, com 193 mil escravos; os do Oeste Paulista, em troca, colheram 113 mil toneladas, em 132 mil hectares, com 69 mil cativos. Ou seja, o Vale do Paraíba precisava de cinco vezes mais terra e quase três vezes mais escravos para produzir duas vezes o café colhido no Oeste Paulista.[14]

A acumulação de capital em São Paulo transparecia o deslocamento do principal eixo produtivo nacional em detrimento do Rio de Janeiro, o que incentivou os cafeicultores paulistas a reiteradamente buscarem a reprodução acelerada de seus ciclos econômicos. A maturidade do desenvolvimento de São Paulo, em última instância, dependia não apenas da terra, da mão obra e do capital financeiro, mas igualmente dos transportes, e quanto a isso os trens desempenharam um papel singular. Entre 1870 e 1890, construíram-se no Império mais de 9 mil quilômetros de ferrovias. Mais da metade atendia diretamente ao setor cafeeiro, fosse paulista ou fluminense. No caso específico da dita zona de Santos, que albergava o Oeste Paulista, a construção do sistema ferroviário dependeu quase que exclusivamente de capitais nacionais, e não estrangeiros. A exceção foi a São Paulo Railway Company, de capital britânico, que inaugurou no final da década de 1860 a comunicação ferroviária entre Santos e São Paulo, estendendo-se depois até Jundiaí. As demais, aquelas que atravessaram os cafezais, ergueram-se a partir da década de 1870.

Na década de 1880, o sistema ferroviário paulista dobrou de tamanho. Se havia 130 quilômetros em 1870 e 1.210 em 1880, em 1890 eram 2.430. Chegou-se a Ribeirão Preto em 1883, a São Carlos em 1884, a Araraquara em 1885 e a Jaú em 1887. Reduziram-se os custos de transporte, cinco vezes menores já na década de 1870, e a mão de obra necessária para o deslocamento do café, embora, inevitavelmente, a construção ferroviária engajasse de forma momentânea o trabalho posteriormente poupado. Significou sobretudo um ganho de tempo. Antes das ferrovias, os tropeiros, carregando café no lombo

Mapa 1. Imigração interna de livres (*no topo*) e escravos (*abaixo*) para São Paulo (1872)

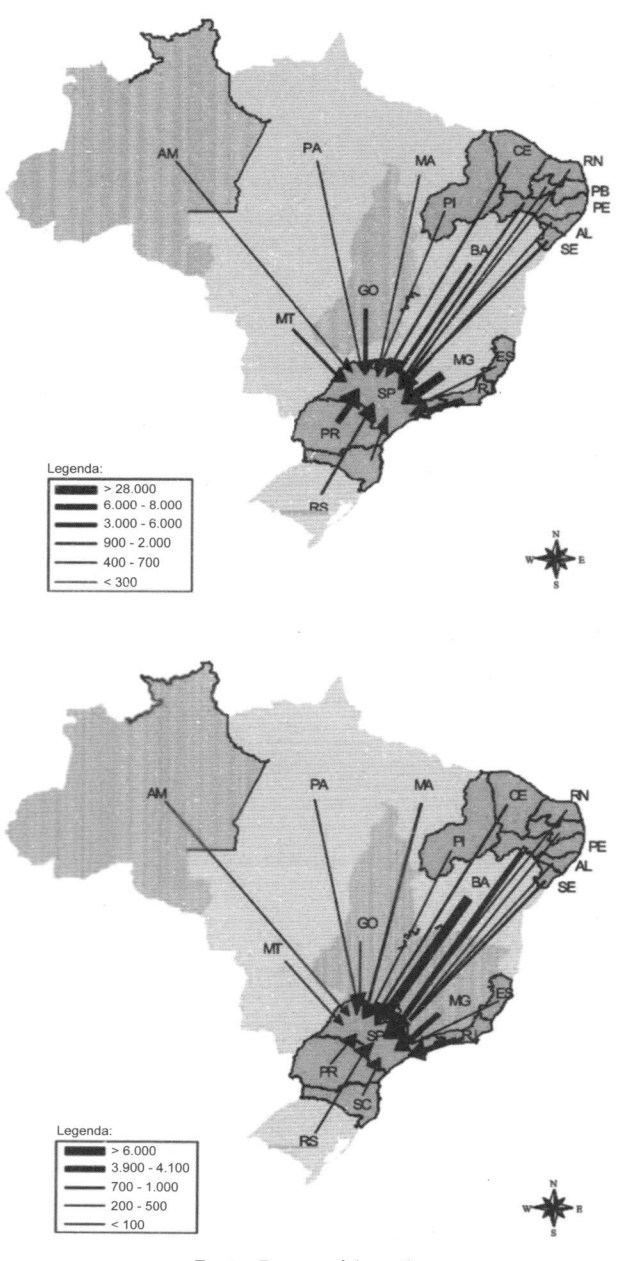

Legenda:
- > 28.000
- 6.000 - 8.000
- 3.000 - 6.000
- 900 - 2.000
- 400 - 700
- < 300

Legenda:
- > 6.000
- 3.900 - 4.100
- 700 - 1.000
- 200 - 500
- < 100

Fonte: Bassanezi (2000)

de mulas, tardavam praticamente três semanas para ir e retornar de Rio Claro a Santos: os trens faziam o circuito em um dia.[15]

Antônio Prado foi pioneiro na aceleração do trânsito cafeeiro das fazendas aos portos. Provinha de uma família de tradicionais proprietários agrários e, herdando, fusionando e adquirindo fazendas, também se lançou na corrida ferroviária. Na virada para a década de 1870, participou da fundação da Companhia Paulista de Estradas de Ferro e, alguns anos depois, teria na empresa Prado Chaves a maior exportadora de café do país. Ao findar o Império, Antônio Prado ainda logrou constituir o Banco do Comércio e Indústria de São Paulo, conduzindo um padrão de ação empresarial que caracterizou os rumos capitalistas dos grandes fazendeiros paulistas. Investiam em bancos, fundavam sociedades ferroviárias, atuavam nos serviços públicos urbanos e constituíam empresas comerciais. Sintomático daqueles anos em que, malgrado uma legislação nacional restritiva, a província desenvolvia-se a largos passos, formaram-se quatro bancos domésticos na década de 1880 em São Paulo, em boa medida, graças a uma lei provincial de 1881 que ofereceu 6% de garantia de lucro aos investidores que atuassem como credores hipotecários em São Paulo. Diferentemente do processo de financeirização da economia fluminense, do qual emergiu um setor bancário que passava a apostar menos nas fazendas, não havia em São Paulo uma burguesia cafeeira, outra comercial e mais uma financeira, mas uma fração de classe economicamente dominante que monopolizou o transbordamento de capitais rurais para a cidade, e vice-versa.[16]

Os efeitos do que nacionalmente qualificou um momento de crescimento econômico conduziram a uma multiplicação dos estratos profissionais e, em última medida, a uma complexificação das classes sociais. As ferrovias geraram demanda por engenheiros, cada vez mais atendida por nacionais a partir de 1870. Com eles, recorrentemente filhos de produtores de café, também se avolumaram os escritórios de advocacia, que atendiam à elaboração de contratos comerciais para as fazendas, as ferrovias, os portos e os negócios da cidade. À vista panorâmica, quando os trens chegavam às estações, os entrepostos ou as zonas portuárias assemelhavam-se a verdadeiros enxames. Vinham os transportadores, diariamente à razão de centenas em época de colheita, desembarcar o que remetiam aos trapiches e aos armazéns. Com eles, mulas e cavalos, e infindáveis charretes. Também se avizinhavam quitandeiras, livres ou escravas. A polícia comparecia, e os funcionários da fazenda igualmente, para contar o café e submetê-lo a impostos, quando empilhado em sacas nas docas. Os próprios estabelecimentos industriais multiplicaram-se quatro vezes entre 1870 e 1890, com larga preponderância empregatícia para o setor têxtil, que incluía a sacaria de juta. Por trás da imagem por excelência de uma economia de tração monocultora, portanto, havia um universo de relações trabalhistas.[17]

São Paulo foi próspera nesse sentido, valendo-se de fábricas têxteis que passaram a importar máquinas a vapor com vistas a acelerar a produção indumentária, de chapéus a calçados. No conselho diretorial e na composição acionista, novamente, encontravam-se as famílias cafeicultoras de São Paulo, que viram uma oportunidade de negócios nas roupas para transportadores, ferroviários e lavradores, reforçando a característica monopolística do desenvolvimento provincial. Entre eles, os Sousa Queirós e os Paes de Barros.[18]

No Rio de Janeiro, o cenário era distinto. A província tinha a maior fábrica têxtil nacional, a Companhia Brasil Industrial, construída em 1870 aos pés do Vale do Paraíba e na rota da Estrada de Ferro Dom Pedro II. Para a época, o projeto era faraônico. Foi elaborado por engenheiros e comerciantes estadunidenses num contexto imediatamente posterior à Guerra de Secessão (1861-65) e ao *boom* algodoeiro paulista e maranhense, que se revelou efêmero com a retomada da produção algodoeira nos Estados Unidos e sua extensão à Índia e ao Egito. No entanto, o que havia no Rio de Janeiro de realmente diferente de São Paulo não era o tamanho das fábricas, mas a origem dos investimentos. Os fazendeiros fluminenses não disputaram um mercado que julgaram pouco promissor: o consumo brasileiro de têxteis era ainda amplamente atendido pela indústria estrangeira na década de 1870. Cederam espaço para comerciantes, muitas vezes estrangeiros. Até 1880, afora a Brasil Industrial, tinham expressividade provincial e nacional a Fábrica Petropolitana, fundada em 1874 por um empresário cubano radicado no Brasil; a Fábrica de Pau Grande, erguida em 1878 com impulso de Antônio Felício dos Santos; e a Fábrica Aliança, constituída em 1880 por dois portugueses, José Augusto Laranja e Joaquim Oliveira e Silva, e um inglês, Henrique Whittaker.

Com a indústria têxtil, majoritariamente concentrada em São Paulo e no Rio de Janeiro, igualmente ganharam fôlego a alimentícia, a madeireira, a metalomecânica e a da construção civil. Surgiram cervejarias e fábricas de doces e de cigarros. Também as de móveis e de chapa de vidro. Gráficas, sabões e velas ganharam a mesma presença industrial, assim como os fósforos, os pregos, os canos de chumbo, as peças para bondes e vagões ferroviários. Em toada semelhante, as olarias, as fábricas de cimento e a indústria de moendas, moinhos e máquinas de beneficiamento agrícola, conformando um universo fabril, contudo, miúdo em relação aos têxteis, que totalizavam 60% da indústria imperial, e aos alimentos, que somavam 15%.[19]

O crescimento demográfico da província de São Paulo e da Corte entre 1870 e 1890 confirmou nacionalmente a centralidade da economia cafeeira: elas dobraram de tamanho, alcançando, respectivamente, 1.386.000 e 522 mil habitantes em 1890. Em oposição, a Bahia cresceu 25%, e Pernambuco, 20%. Também nas duas maiores províncias nordestinas irromperam operários fabris. O capital açucareiro — originário do entrelaçamento entre mercadores e produtores de estreita descendência familiar, porém de larga capilaridade econômica — dava sobrevida aos negócios urbanos, inclusive pela via financeira. As proporções, contudo, eram radicalmente diferentes. O Banco da Bahia, fundado na década de 1850 por antigos traficantes de escravos, possuía o equivalente a 5% dos ativos do Banco do Brasil em 1880; o Banco do Maranhão, que operou onde o algodão então encontrava lastro, a 2%; e o Banco do Pará, expressão de um tempo em que os seringais amazonenses respiravam nos portos de Belém e Manaus, a 2,5%. Porque constrangida por poucas e pequenas instituições de crédito, num cenário açucareiro declinante e episodicamente dinâmico na economia algodoeira e gomífera, dava-se mais lentamente a possibilidade de agregar valor à mercadoria na cadeia produtiva setentrional.[20]

A produção econômica brasileira, tanto ao norte quanto ao sul, revelou a natureza monopolística própria ao capitalismo, ratificada no acesso restrito aos empreendimentos de grande vulto produtivo e financeiro, e, então, na reprodução das classes sociais. As tensões nas relações fabris de produção soteropolitanas eram confirmações urbanas de um concentrado capital rural baiano, em contradição, por sua vez, com uma economia cafeeira que polarizava, em proporções notavelmente maiores, o fator trabalho de produção. Assim como a captação de trabalho escravo e livre nos cafezais do Oeste Paulista não significou um hiato entre um passado vetusto e um futuro modernizante; no norte, o sistema de aviamento — a servidão por dívida contraída pelos seringueiros, sobretudo nordestinos, junto aos poucos seringalistas que lhes adiantavam gêneros alimentícios a crédito perversamente caro — não caracterizou um persistente arcaísmo produtivo. É que no Império do Brasil, tal como havia ocorrido nos Estados Unidos, a maturação capitalista não ocorreu apesar do escravo, mas foi por ele tracionada, na medida em que o próprio desenvolvimento das relações assalariadas de produção constituiu-se com o espraiamento do capital oriundo das relações servis de produção.[21]

Embora o Império tivesse uma economia pouco diversificada, ali onde as mercadorias transitaram em maior volume e com maior velocidade apresentou-se com mais intensidade o surgimento da classe média. E, quanto a isso, os efeitos multiplicadores do café, de sul a norte do Império, redundaram no aparentemente estranho paradoxo de terem-se configurado os mais expressivos estratos profissionais médios nas localidades produtiva e financeiramente mais concentradas. A Corte foi inigualável nesse sentido. Irrompeu uma crescente demanda por contadores, pequenos comerciantes e caixeiros, que se somaram aos trabalhadores de colarinho-branco também relacionados, direta ou indiretamente, ao mundo cafeeiro. Com eles, avolumou-se um certo tipo de empregado público, que não era o militar, cujo contingente entrou em declínio após a guerra contra o Paraguai. Notários, escrivães e procuradores, lidando com os atritos civis do rápido crescimento demográfico, davam fé e legalidade ao fluxo e à representação corporativa das mercadorias. Era um desdobramento inevitável da vida civil-burocrática, mais rigorosa, que agigantou os funcionários ministeriais. Num exemplo apenas, a pasta do Império registrava e contava aquilo e aqueles que a Fazenda tributava, agindo em simbiose, e por dever estabelecido pela Justiça, com o Ministério da Agricultura, Comércio e Obras Públicas.

Das estatísticas resultantes afigurou-se em papel aquilo vislumbrado nas ruas: havia uma classe média e era ela sobremodo urbana. Em 1872, não menos do que ¼ da população ativa da capital era constituída por grupos de renda média, com larga preponderância dos profissionais vinculados ao comércio e à indústria. Ao término do Império, a tendência manteve-se relativamente intacta em termos proporcionais à população ativa do agora Distrito Federal. Num volume acentuadamente menor em comparação ao Rio de Janeiro, os estratos médios igualmente se afiguraram nas cidades de expressão demográfica histórica, mais abertas ao comércio global e empurradas pelo consumo carioca. Salvador e Recife descortinaram uma classe média moderada. Eram portos internacionais, porém muito ativos no comércio interprovincial, especialmente na redistribuição de aguardente, algodão, açúcar, couros, fumo, madeiras e toucinho.[22]

A cidade de São Paulo, a seu turno, figurou muito modestamente no retrato da classe média de 1872. Na dinâmica populacional, contudo, seu rosto mudou rapidamente. Os 31 mil habitantes do começo da década de 1870 tornaram-se 65 mil em 1890. No final do século XIX, eram 240 mil residentes em São Paulo, a segunda maior cidade do país à frente de Salvador e Recife, quando em 1872 sequer constava entre as 10 principais. Sucintas demais, as estatísticas produzidas sobre São Paulo silenciaram sobre a diversificação profissional da cidade, mas as mudanças foram notadas por todo e qualquer passante. Na década de 1880, o filho do cônsul-geral da Suíça no Rio de Janeiro, muito interessado em desenvolver seus negócios no Brasil, apontou São Paulo como destino promissor. Dizia que o desenvolvimento comercial da capital paulista era intuitivo e que não era de se admirar a abertura, na cidade, de sucursais das principais casas estrangeiras de comércio. "Parece incrível", exclamava em 1890, "que nestes últimos anos uma cidade brasileira tenha tido desenvolvimento igual ao que nela notei."[23]

Assim como o crescimento populacional paulistano acompanhou o ritmo das exportações cafeeiras, as transformações urbanas decorrentes não deixaram de expressar a formação de estratos médios. Em pouco tempo, multiplicaram-se os pequenos estabelecimentos de gêneros alimentícios e de artigos de vestuário. Com eles, o comércio de fumo, remédios, velas e sabonetes. O sistema de crédito urbano, do qual dependia a classe média numa economia monetizada nos limites restritivos da política econômica imperial, ditava também a tônica polarizadora do café. Reflexo da interconexão inevitável entre moeda e mercadoria, os fornecedores de bens nacionais ou importados, que operavam em acentuada relação com cafeicultores dominantes nas casas de importação e de exportação, também eram, dadas as restrições bancárias ao crédito popular, os provedores de empréstimos aos setores médios.

No circuito econômico, a alta incidência dessa forma de crédito — naturalmente, não limitada a São Paulo — condicionava, em boa medida, a viabilidade do consumo urbano. Caso a produção ou o preço do café sofresse uma queda, os fornecedores internos rapidamente a sentiriam, o que significaria não apenas um declínio do comércio geral de mercadorias, mas uma contração do crédito urbano. Pressionado pelo fornecedor, o pequeno comerciante provavelmente demitiria o caixeiro, que, sem salário, não poderia arcar com os juros que havia contraído, limitando ainda mais as possibilidades totais de crédito.[24]

No coração do circuito estava o fator escravo de produção. Quanto a ele, a classe média imperial encontrou-se em condição ambígua, pois a posição era contrária ao cativeiro, mas a situação, dependente. Ao passo que, por um lado, ela se encontrou despossuída da propriedade cativa, em razão de seus salários tornarem-se incompatíveis com o preço do escravo, por outro, o mundo da produção, do crédito e do consumo no qual ela se inseria estava submetido, direta ou indiretamente, à força da escravidão. De maneira suficientemente contraditória, a classe média tendeu a constituir-se em associações de traço abolicionista, porque o término da escravidão avolumaria a oferta de mão de obra barata, ensejando a possibilidade, após consequente derrubada dos salários, de contratar criados, serviçais e domésticos.[25]

A tendência ascendente do preço servil, pelo menos até a consolidação nacional do movimento abolicionista na década de 1880, significou igualmente uma modificação no padrão de consumo. O escravo, constituído juridicamente como propriedade, completava uma função demarcatória das classes sociais. A franca concentração da posse servil, verificada paulatinamente a partir da abolição do tráfico em 1850, só reforçou a distância dos estratos médios em relação aos altos, de resto, consolidada na imensa disparidade salarial e patrimonial. Intermediários apenas na expressão, comerciantes e profissionais liberais, para tomar apenas esses casos, estavam muito mais próximos das classes populares do que das altas.

Tão constitutivos da classe social quanto a posição na matriz produtiva, os diferentes tipos de consumo produziram uma relação dissociativa entre a classe média e a alta; e, por extensão, associativa no seio de cada grupo. A identificação pelo tipo de trabalho e pelo que auspiciava tinha singular mérito nas maneiras de relacionar-se. Era inteiramente distinto viver a reboque do café do que o produzir, porque também eram decididamente diversos os desdobramentos que os tamanhos diferentes de renda ocasionavam. Quando a cidade de

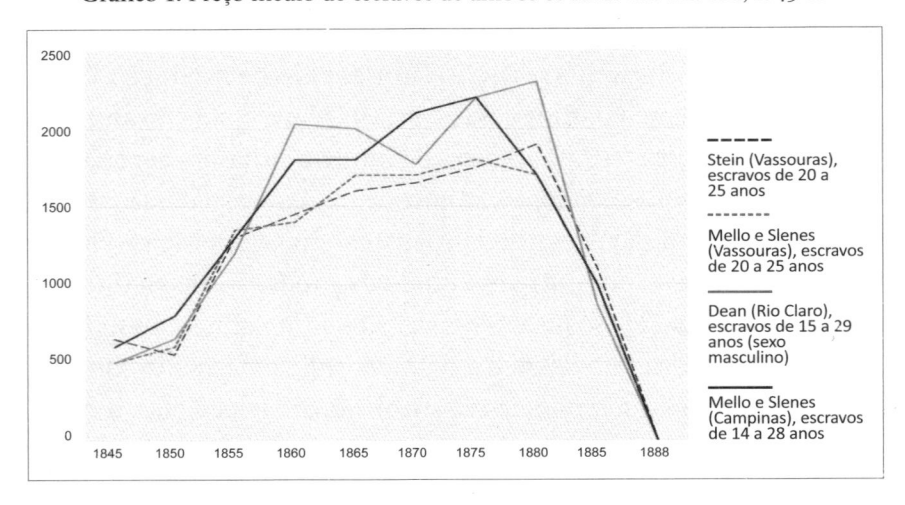

Gráfico 1. Preço médio de escravos de ambos os sexos em mil-réis, 1845-88

[Gráfico com as séries:
- Stein (Vassouras), escravos de 20 a 25 anos
- Mello e Slenes (Vassouras), escravos de 20 a 25 anos
- Dean (Rio Claro), escravos de 15 a 29 anos (sexo masculino)
- Mello e Slenes (Campinas), escravos de 14 a 28 anos]

Fontes: Dean (1977); Stein (1990); Mello e Slenes (1980).

São Paulo, a partir da década de 1870, conheceu a substituição de seus pesados sobrados de espessa taipa, costumeiramente encimados por lamparinas a óleo, em benefício de cimalhas retas e paredes de alvenaria, não era apenas uma reconfiguração da moradia, testemunhando o advento da classe média, o que se efetuava. Era também uma reacomodação do trânsito na escala social e do acesso a determinados espaços urbanos. Habitar o centro, condição mais remota para a classe popular, ratificava o acesso às lojas de roupas prontas, aos armazéns de produtos importados, aos restaurantes e às livrarias. Era um universo radicalmente diferente dos cortiços que se alargavam notadamente na Corte, concentrando o operariado e o suboperariado urbano, entre eles os veteranos da guerra contra o Paraguai, facilmente substituíveis tendo em vista o imenso exército de mão de obra barata disponível na capital. Para um lado ou para outro da escala social, reconstituíam-se assim os laços de socialização e de solidariedade entre grupos assemelhados pelo que possuíam, pelos espaços que frequentavam e pelo prisma a partir do qual vislumbravam o Império.[26]

Era a renda que tolhia ou permitia o ingresso em instituições educacionais, num contexto em que a gratuidade constitucional do ensino primário, apesar de ocasionais êxitos, sobremodo fracassou. Era também ela que permitia votar ou ser votado. Embora para o primeiro caso o critério censitário não fosse proibitivo, para o segundo, sim o era: em 1881, exigiu-se salário igual a oito vezes o de um camponês para candidatar-se a senador. Era a renda, novamente, que dava ingresso às instituições de saúde, visto que maternidades, hospitais, asilos e hospícios cobravam pensões. Em última instância, o tamanho da renda e do patrimônio determinava os limites da cidadania, no sentido do que hoje chamaríamos de direitos políticos e sociais. Estabelecia um critério de visibilidade e de atenção social, pondo em xeque, igualmente, os direitos civis. A cor da pele, a geração, o gênero ou a região certamente contavam; porém, sintomaticamente, e em que pese o tempo de uma vida não desfazer a obra de três séculos de escravidão, o negro que enriquecia, embranquecia; o jovem que fazia fortuna, amadurecia; a mulher que trabalhava, empobrecia, porque o labor feminino era necessidade da classe popular; e o interiorano bem-sucedido na capital, civilizava-se.[27]

Nesses termos, a renda tinha o efeito de dissolver a heterogeneidade aparente que notabilizou os estratos médios: empregados e empregadores, a um só tempo. Professores, comerciantes, caixeiros, farmacêuticos, militares ou notários projetavam-se coletivamente a partir de uma identidade formada na relação social que os limites da renda impunham. Num exemplo trivial, porém revelador, um certo doutor Biedert, ávido pelo nicho de mercado que desvendava, publicou no *Correio Paulistano*, em 1875, um anúncio classificado no qual dizia que "a melhor preparação que as pessoas de classe média podem dar a seus filhos, quando não há meios necessários para alugar uma ama de leite, é um composto de leite de vaca, água, açúcar e manteiga". Afora a alternativa que se propunha à impossibilidade de alugar o serviço cativo, o anúncio presumia a possibilidade do acesso à saúde que tinha o grupo ao qual se destinava. Não seria o operário, que dificilmente possuía renda para dispor do jornal ou do composto, nem o advogado, que tinha salário suficiente para usufruir de uma ama de leite. A nota vinha num periódico que, amiúde, divulgava touradas, sessões circenses e passeios em praças públicas — lugares de pessoas nem ricas, nem pobres.[28]

Tratava-se, ademais, do *Correio Paulistano*, que alcançou uma tiragem de mil exemplares na década de 1870. Circulava nas regiões mais centrais do que periféricas da cidade de São Paulo, ou seja, ali onde o valor locativo de imóveis duplicou até meados da década de 1880: uma expressão da concentrada posse imobiliária que também caracterizou o Rio de Janeiro. Imbuídos numa simples mercadoria e em seu anúncio classificado, deflagravam-se espaços e tipos de socialização. Falava-se para a classe média, e não singularmente para professores, farmacêuticos ou comerciantes, porque eram estratos que operavam num mesmo trânsito social. O tom do jornal, não menos importante, tornou-se mais radical com a fundação do PRP, em 1873. Progressivamente, adotou-se uma linha abolicionista e abertamente republicana. Face igualmente constitutiva das classes sociais, a politização na ocorrência da classe média fazia-se deixando transparecer, com suas evidentes desigualdades sociais, os modos de circulação do capital naquele começo da década de 1870: o mesmo café que monopolizava as fortunas e concentrava as rendas do Império transbordava no mundo fabril e gerava, por via direta e indireta, emprego e salário. Por todas as evidências, a gestão do visconde do Rio Branco seria impreterivelmente difícil.

O REFORMISMO CONSERVADOR

Apesar dos desafios que se avizinhavam, o começo da década de 1870 deu bons augúrios ao gabinete de Rio Branco. O Império havia finalmente vencido o Paraguai em 1º de março de 1870, após mais de cinco anos de combate. Ainda, o momento era de alta nos preços do café, e os Estados Unidos, um inigualável mercado para os cafeicultores brasileiros, deliberavam a supressão das taxas de importação sobre a *commodity*. Previa-se uma enorme safra para o biênio 1872/73, precisamente quando o câmbio voltava à paridade oficial pela primeira vez desde a eclosão do conflito no Prata. Com tamanho entusiasmo, o governo determinou que se aumentassem, duplicando-os praticamente, os subsídios de deputados e senadores. Magistrados e servidores civis, incluídos os militares, deveriam ter benefício semelhante em 1873.

Em toada igualmente alentadora para o gabinete, apesar dos pesares, a Lei do Ventre Livre passou em 28 de setembro de 1871. Com apenas seis meses de governo, Rio Branco realizou a principal incumbência que a Coroa lhe havia dado, inclusive como modo de serenar os ânimos mais radicais. Na Câmara, o projeto alcançou os 63 votos necessários, mas com imensas dificuldades. Do lado da situação, caracterizada por conservadores heterodoxos, dizia-se que o trabalhador livre era mais produtivo do que o escravo e que a escravidão era uma barreira à imigração. Também se alegou que o direito à propriedade servil era uma violação do direito natural à liberdade e que a maioria dos escravos, no Brasil de 1871, havia ingressado no país após 1831, quando a Lei Feijó tornara o tráfico ilegal. Do lado da oposição, também conservadora, porém ortodoxa, os argumentos eram igualmente de ordem econômica e moral. Afirmou-se que o projeto era uma intromissão do poder público na atividade produtiva privada, que os escravos tinham alimento e vestuário assegurados e que, se fossem livres, estariam mendigando nas ruas: um argumento emprestado dos escravocratas estadunidenses. Ao todo, o ventre livre levaria a economia nacional à ruína. Num tempo em que o mundo terminava de assistir à Comuna de Paris, a primeira verdadeira experiência de um governo operário, a oposição igualmente exclamou a inspiração comunista do projeto, arrancando imediatos sorrisos da situação. Agregou-se a isso que as rebeliões viriam na proporção das severas divisões que a medida geraria entre cativos e ingênuos — os nascidos livres de ventre escravo.

Entre verdades e meias verdades, promovidas de ambos os lados, o projeto transitou para o Senado, onde a resistência, apesar da relativa coincidência nos argumentos, foi menor e menos apaixonada. Lá, o principal opositor foi Zacarias de Góis e Vasconcelos, que recuperou os argumentos do deputado Paulino de Sousa, filho do visconde do Uruguai, e dos senadores Itaboraí e Muritiba. O caso não deixou de causar aparente estranheza, porque era um liberal convertido aos clamores dos herdeiros do pensamento saquarema. Dos 47 discursos pronunciados no Senado contra a proposta, praticamente 1/3 foi de Zacarias. Em termos substanciais, o senador norteou sua oposição alegando que não caberia a um partido realizar as ideias do outro. O conservador Paranhos estaria sequestrando a agenda liberal para esvaziá-la. O argumento era bom para a oposição emperrada. Poderia eventualmente ratificar o isolamento político de Rio Branco.[29]

Um a um, da Câmara para o Senado, os parágrafos mais polêmicos da lei foram caindo, visto que julgados heterodoxos demais. Sobraram em pé apenas os artigos mais concessivos. Amputou-se do projeto a liberdade que se outorgaria aos escravos de ordens religiosas, assim como restringiu-se o direito de o escravo formar pecúlio, senão com o consentimento do senhor, para comprar a própria alforria. Também se negou a possibilidade de promotores públicos representarem escravos e libertos em ações cíveis de liberdade, e o prazo para a abolição foi severamente dilatado. Toda a obra concessiva estava no artigo primeiro do projeto, que virou lei. Em seus termos, os ingênuos ficariam em posse dos senhores até que completassem oito anos, quando caberia a opção ora pela indenização de 600$000 réis, ora pela manutenção do menor até que atingisse 21 anos, momento em que a alforria seria irrestrita. A primeira possibilidade, embora contasse com a segurança do pagamento em títulos com juros anuais de 6%, entusiasmou pouco. A indenização representava apenas 1/3 do valor de mercado do escravo em idade adulta. A segunda era significativamente mais alentadora: numa lógica de escravização do ingênuo, que perduraria até 1892, o senhor poderia valer-se de seus serviços para a lavoura ou para compor renda de aluguel, sem em nada afetar a realidade dos escravos nascidos antes de 28 de setembro de 1871. Inclusive mediante uma burla aos registros de nascimento, e admitindo que o escravo pudesse alcançar eventualmente os 60 anos de idade, o cativeiro passaria incólume no Brasil até 1930.

A Lei Rio Branco, como rapidamente ficou conhecida a lei de 28 de setembro, fracassou em imensos aspectos, e não apenas porque alforriou pouco ou porque não vingou o fundo de emancipação que previa para acelerar a marcha emancipacionista. Paliativa, a lei não docilizou o reformismo liberal, nem muito menos o radical. Tampouco parecia, dado seu conteúdo, um sequestro da heterogênea agenda do campo partidário contrário aos conservadores. Incumbida pelo imperador ao partido de Rio Branco para preservar o bloco, a lei aprofundou as mágoas entre ortodoxos e heterodoxos. Após salvar-se, na margem apertada, de uma moção de censura, Rio Branco apelou a d. Pedro II para que dissolvesse a Câmara. As novas eleições pouco alteraram a presença de ortodoxos, que ainda gravitavam em torno do novamente eleito Paulino de Sousa. "Pensa o Sr. presidente do Conselho que a monarquia constitucional, no Brasil, pode dispensar o apoio das classes mais consideradas [a lavoura e o comércio]?", dissera Paulino em agosto de 1871, ainda quando o projeto de lei, cortados os penduricalhos, parecia tudo mudar para nada alterar. Após as eleições de 1872, as desconfianças entre ortodoxos e heterodoxos ampliaram-se em mais um grau, deixando entrever a necessidade de um programa de compensações que Rio Branco deveria rapidamente articular. E isso não apenas para a lavoura fluminense, mas também para as províncias setentrionais do Império. Foram elas que, por intermédio de seus deputados e senadores, votaram maciçamente a favor da Lei do Ventre Livre, conferindo ao gabinete a possibilidade de isolar as bancadas de Minas Gerais, do Rio de Janeiro e de São Paulo, províncias que, juntas, somavam quase 60% da população escrava do Império.[30]

Pouco após a promulgação da medida, o governo e o Banco do Brasil entraram em novo acordo. Tanto quanto assegurar a solvência da lavoura vale-paraibana, embora pouco afetada pela medida emancipacionista, tratava-se para Rio Branco de garantir o respaldo que lhe poderia faltar. Na perspectiva de Coelho de Castro e do visconde de Tocantins, personagens vinculados à cafeicultura fluminense e, respectivamente, na presidência e na vice-presidência do Banco, o momento poderia significar, à custa do Estado, um reequilíbrio cooperativo entre as fazendas e as finanças. Em abril de 1872, enquanto Rio Branco se defendia da moção de censura, o Banco do Brasil afiançou o suprimento de capitais com decréscimo de juros e morosa amortização. Era uma maneira de dilatar o raio de ação da carteira hipotecária do Banco, inclusive reduzindo, indiretamente, a pressão que o cafeicultor pequeno ou médio suportava perante comissários ainda necessários à satisfação de empenhos atrasados no Banco.

O ajuste de 9% para 6% nos juros anuais, o que interessava ao governo, não se faria sem compensações ao Banco. A mais singular foi uma espécie de conversão da dívida pública em empréstimos à lavoura mediante a configuração de um derivativo financeiro. O governo deveria lançar mão de novos títulos, que o Banco transformaria em letras hipotecárias. As letras eram transmissíveis por simples endosso, o que lhes dava característica de moeda corrente. Mais intrincadamente, caso um pequeno comerciante fosse atraído pelos juros que a letra oferecia, em última razão, dependeria do trabalho servil na lavoura cafeeira. Isso porque os recursos que o Banco obtinha com a venda das letras destinavam-se aos empréstimos hipotecários, cuja principal garantia, afora a terra, era o escravo agora claramente financeirizado. No fundo, e por vias indiretas, engessava-se qualquer avanço na legislação emancipacionista para além da Lei Rio Branco: se a escravidão fosse ameaçada, os cafeicultores teriam sua produção em xeque, o Banco executaria hipotecas insolventes e não pagaria então os juros sobre as letras, o que levaria o pequeno comerciante a quebrar igualmente. Assim, caso eventualmente o coração da classe média compradora de letras ditasse o apego à abolição, seu bolso deveria gritar pela manutenção do cativeiro. Apesar das resistências de deputados e senadores heterodoxos como São Vicente e de liberais como Sousa Franco, Paranhos cedeu. Em 1873, o governo emitiu novos títulos, e o Banco honrou seus compromissos. A carteira hipotecária do Banco acusou patamares inéditos de empréstimos dois anos depois. Continuava a beneficiar-se o Vale do Paraíba fluminense, embora Rio Branco tivesse, pelo mesmo ato, estendido a carteira para o Oeste Paulista: em 1874, a província inteira de São Paulo não reunia senão 2/3 do total concedido apenas aos munícipios fluminenses de Valença e Vassouras.[31]

O dinamismo financeiro assegurado pelo Banco do Brasil à lavoura cafeeira correu paralelamente às reformas na infraestrutura de comunicação. Paranhos investiu nos correios, nas estradas de rodagem e no tráfego de cabotagem. Os principais setores beneficiados foram as ferrovias e os portos: ambos tracionados econômica e administrativamente a partir da capital e, ao mesmo tempo, indutores do desenvolvimento vale-paraibano. O governo respondeu aos principais gargalos estruturais da região conferindo rapidez e volume ao trânsito terrestre e marítimo de mercadorias, num processo atalhado, com a expansão dos telégrafos, por um fluxo agora contínuo de informações sobre a cotação das vendas e das compras nacionais e internacionais. Os resultados, pelo menos na perspectiva fluminense, foram largamente exitosos. Em 1871, o Império contava com 870 quilômetros de ferrovias; em 1875, eram 1.800, dos quais pouco mais de mil nas regiões cafeeiras. Particularmente apadrinhado foi o Vale do Paraíba. Ainda em julho de 1871, quando a Lei do Ventre Livre acirrava as paixões, o governo autorizou um crédito de 20.000:000$000 réis concedidos por meio de títulos da dívida pública para o prolongamento da Estrada de Ferro Dom Pedro II. Era uma soma correspondente a 1/5 da receita nacional daquele ano. Açambarcou-se assim o Vale do Paraíba paulista, que em 1875 viu o terminal de Cachoeira Paulista ligar-se ao porto do Rio de Janeiro. Dois anos depois, a Estrada de Ferro Dom Pedro II chegou a

São Paulo, perfazendo praticamente 380 quilômetros construídos sob os auspícios diretos ou indiretos de Rio Branco.[32]

Novo impulso foi dado em setembro de 1873, agora para todo projeto de expansão sob trilhos. Não era o crédito rápido do qual se havia beneficiado a Estrada de Ferro Dom Pedro II, mas uma subvenção sob condições de rentabilidade. Ainda, somente poderia haver subvenção para as estradas de ferro que servissem de comunicação entre centros de produção e de exportação, não podendo o governo, por último, outorgar o benefício a mais de uma ferrovia por província enquanto operasse com amparo público. A medida vinha à tona exatamente quando o governo realizou seu trato com o Banco do Brasil, quando Rio Branco estendeu a carteira hipotecária do Banco ao Oeste Paulista, e, também, quando se fundou o PRP em Itu. Pela própria disposição dos termos da lei, não havia dúvida de que o gabinete pensava nos cafezais, inclusive nos do Oeste. Como as perspectivas mais lisonjeiras de lucro concentravam-se na região cafeeira, os efeitos da lei apenas redobraram a desigualdade, já consolidada, na infraestrutura logística entre o sudeste e o nordeste. Com um duplo agravante, no entanto.

O parco desenvolvimento ferroviário nordestino não dava bons augúrios para a reabilitação do açúcar, que corria atrás, em qualidade e preço, do cubano, do antilhano, do egípcio e do javanês. E tampouco, por extensão, para a efetivação da política dos engenhos centrais, da qual Paranhos lançou mão, em 1875, um pouco a modo do que fizera para as ferrovias: o governo passava a oferecer garantias às companhias que fundassem engenhos açucareiros. Contrariando os líderes políticos nordestinos que haviam secundado Rio Branco em 1871, por ocasião da Lei do Ventre Livre, a política setentrional do gabinete foi gorda em promessas e magra em concretizações. Foi um desalento e uma frustração para uma região na qual pesou, por quase 10 anos, a longa seca do *setentinha*.[33]

O outro agravante deu-se na própria região cafeeira. Porque os cafezais de São Paulo eram espacialmente menos concentrados do que os do Rio de Janeiro, a limitação da garantia de juros a uma estrada de ferro apenas tolheria o ritmo de expansão do qual os paulistas do Oeste necessitavam. A lei ferroviária de Rio Branco, então, teve de ser acompanhada por igual medida, porém provincial, o que significou a decidida participação de São Paulo na garantia de juros para as ferroviais paulistas. Para os Silva Prado, os Souza Queirós e os Paes de Barros, aquilo era nada mais do que confirmar a responsabilidade que caberia a São Paulo por seu próprio desenvolvimento.

O alargamento das ferrovias cafeeiras, fluminenses e paulistas, redundou em rápidas pressões para que o governo regulamentasse o mercado de trabalho livre. Isso não apenas para reordenar a alocação nacional de mão de obra quando o preço do escravo disparava, mas também para assegurar compensações ao eventual emprego de escravos na construção dos trilhos. Embora tenha fracassado, Rio Branco compôs uma comissão designada pela Câmara para discutir a implementação de uma lei de locação de serviços, que só viria à tona em 1879. Buscava-se erradicar a errância do trabalhador livre nacional, prendendo-o à terra mediante um contrato plurianual e virtualmente inquebrantável que ritmasse salário e produtividade. Previu-se a formação de uma polícia rural, estabelecendo igualmente duras punições às violações contratuais e às insurgências coletivas contra as condições de trabalho, isto é, as greves. Reafirmava-se a secular posição de uma classe empregadora que vislumbrava a empregada como ociosa e vadia, quando não, numa metáfora própria ao mundo daquela época, como carvão para queimar.[34]

Corroborando o propósito, Rio Branco criou a Diretoria Nacional de Estatísticas. Determinou-se o primeiro recenseamento geral da população em 1872, para verificarem-se os óbitos, os nascimentos e os casamentos. Quantificou-se a população ativa, empregada e desempregada, por município e província. Tratava-se de ter um registro tão fidedigno quanto possível da localização dos trabalhadores livres. Também se contou a população escrava, dando ensejo à possibilidade de melhor avaliar o custo das indenizações eventualmente devidas pela Lei do Ventre Livre. Em compasso semelhante, porém com menor sucesso, o governo estabeleceu o Registro Geral das Terras Públicas e Possuídas, uma forma de sanar as pendências deixadas pela regulamentação da Lei de Terras, e ordenou a implementação do sistema de pesos e medidas, espraiando nacionalmente o metro, o litro e o quilo: medidas de universalização métrica que se desenvolveram com o adensamento da rede telegráfica. Quando Rio Branco assumiu o gabinete, o Império dispunha de 2.080 quilômetros de linhas telegráficas terrestres; quando o deixou, eram 5 mil, estendendo-se do Rio Grande do Sul ao Pará. Isso sem contar os cabos submarinos que ligaram o Brasil aos Estados Unidos, à Europa, à Argentina, ao Chile e ao Uruguai.

De resto, além de conferir maior segurança jurídica aos negócios fundiários, o Registo poderia revelar o tamanho das terras possuídas, quem as habitava e, por intermédio do sistema de pesos e medidas, padronizar quanto delas se extraía. Na esteira das disposições para a locação de serviços, para o novo registro fundiário e para o sistema métrico, o Império burocratizava-se movido por um duplo escopo: facilitar a circulação de mercadorias e moralizar a população pelo trabalho. Ambos se expressariam com maior assertividade, pelo menos no plano das intenções, na reorganização e na higienização do mundo urbano, especialmente o da Corte.

Em outubro de 1867, André Rebouças e uma companhia britânica formularam um projeto ambicioso para assegurar fluidez nas atividades comerciais no porto do Rio de Janeiro. Foi aprovado tão logo findou a guerra contra o Paraguai, que deu trégua às contas públicas, mas as obras somente começaram no início do gabinete Rio Branco. Tratava-se de uma construção industriosa para o Rio de Janeiro da época, também porque implicava uma remodelação portuária e uma interligação ferroviária. A Companhia das Docas de Dom Pedro II levou cinco anos para ficar pronta e acarretou o arrasamento da praça Municipal, da praça da Harmonia — a atual fica onde antes existia o Mercado da Harmonia — e, sem indenização à população desalojada, de alguns quarteirões até a Estação Dom Pedro II, hoje Central do Brasil, que ficaria então interligada às Docas por trilhos recém-construídos.

Almejava-se aliviar a superlotação dos armazéns e dos trapiches, localmente dispersos e ainda de aspecto colonial. Objetivava-se, igualmente, limitar o congestionamento das embarcações. A um só tempo, facilitava-se o espraiamento de bens importados e a exportação de café, que agora chegava das fazendas diretamente às Docas do Rio de Janeiro. A reforma portuária, para além da adoção do sistema métrico, da introdução do telégrafo e da constituição da Bolsa de Mercadorias, era uma reivindicação especial da Associação Comercial do Rio de Janeiro, que o visconde de Tocantins presidiu na década de 1870, acumulando o cargo com a presidência do Banco do Brasil. A realização do projeto, mediante a emissão de títulos da dívida pública, ratificou novamente a cumplicidade entre a fazenda, o governo e o Banco, que comprou os títulos para acelerar o trânsito cafeeiro.[35]

Em sentido parecido, Rio Branco encomendou a João Alfredo — primeiro na pasta da Agricultura, Comércio e Obras Públicas e, depois, na do Império — a elaboração de um plano diretor para o melhoramento da Corte. João Alfredo, que havia alçado um então jovem Francisco Pereira Passos à consultoria técnica de Obras Públicas, transformou-o em engenheiro chefe do Império. Pereira Passos havia-se formado na École Nationale des Ponts et Chaussées no final da década de 1850 e havia assistido às reformas urbanas promovidas pelo barão de Haussmann em Paris. O que preparava para o Rio de Janeiro, na década de 1870, era expressivamente tributário do urbanismo francês, alicerçado na circulação de mercadorias, no controle das barricadas e no saneamento dos espaços públicos e privados.

Em 1874, estava praticamente concluído o projeto lavrado por Pereira Passos, pelo marechal e veterano do Paraguai Moraes e Jardim e pelo engenheiro civil Ramos da Silva. Previa-se a abertura de vias arteriais, que ligariam os bairros populares da Gamboa e da Saúde ao Morro de São Bento, onde uma avenida seria aberta em direção à beira-mar e ao Morro do Castelo, que deveria ser implodido. Mais largas, as ruas da cidade desimpediriam o trânsito de mercadorias e de pessoas; e desobstruiriam a passagem da polícia e a circulação de oxigênio, o que ao todo, assim se julgava, garantiria melhores condições de segurança e higiene. Ao mesmo tempo, no campo das concretizações, a capital agora movida a bondes passou a ser a quinta cidade do mundo a possuir uma rede de esgotos sanitários e a terceira a deter uma estação de tratamento de água.

Também se desejou embelezar a Corte. No lastro das reformas de Auguste François Glaziou no Campo de Santana — que deixou de ser local de pastagem de animais ou de aglomeração de lavadeiras para ganhar todos os ares do muito parisiense Bois de Boulogne —, planejou-se o calçamento, a arborização e a iluminação das ruas e dos becos. Os projetos mais ambiciosos prenunciaram a formação de novos bairros, como o de Vila Isabel, à moda burguesa da Europa: quarteirões recortados simetricamente em forma de tabuleiro, com uma praça central, na qual desaguariam os bulevares principais do bairro. No caso de Vila Isabel, a praça era a Sete de Março, em homenagem ao dia de instalação do gabinete Rio Branco; e o bulevar, o 28 de Setembro, em referência à Lei do Ventre Livre. Ao sul da cidade, os bairros da Glória, do Catete, de Botafogo e de Laranjeiras também tiveram suas ruas alargadas, retificadas e alinhadas, para assegurar o escoamento das águas pluviais e evitar as reiteradas enchentes.[36]

O movimento reformista foi apenas muito parcialmente realizado, embora tenha legado a Pereira Passos as ambições que efetivaria três décadas depois, porque a crise financeira de 1875 subsumiu as expectativas urbanas mais ousadas de Rio Branco. No entanto, os terrenos valorizaram-se eloquentemente. O custo locativo da cidade dobrou. Não houve bairro, incluídos os espaços informais, capaz de esquivar-se da especulação imobiliária. Nesses termos, as aplicações rentistas na capital pareceram um investimento tão seguro quanto comprar títulos e certamente mais lucrativo do que, malgrado todo o esforço do governo, as inversões no capital produtivo fluminense. É o que transpareceu nos inventários dos principais homens de negócios do Rio de Janeiro: para além da financeirização de suas fortunas, adensaram a aquisição de imóveis na capital.[37]

De maneira menos aristocrática, as reformas de Rio Branco previam, nos espaços informais da Corte, a construção de habitações operárias e a demolição de cortiços e de estalagens. Garantiu-se isenção de impostos e de direitos de desapropriação para as firmas que construíssem vilas operárias. A proposta animou pouco, em alguma medida, porque o governo propôs, ciente da especulação imobiliária, o tabelamento dos aluguéis. As casas operárias deveriam possuir janelas frontais e laterais, e os módulos deveriam estar suficientemente espaçados para prevenir os reiterados surtos de febre amarela e varíola que assolaram a Corte por décadas: tão somente em 1873, foram quase 10 mil mortes. Em conjunto, as vilas deveriam estar próximas aos locais de trabalho e seriam constantemente policiadas. Em cooperação com os empregadores fabris, as construtoras das vilas poderiam ameaçar com a possibilidade de despejo os empregados que se engajassem em atividades grevistas — para o que, de resto, também concorria a polícia.[38]

As reformas educacionais de Rio Branco para as classes média e popular também foram insatisfatórias. Não vingaram e tampouco mitigaram o cenário secular de exclusão social. Previu-se a constituição de escolas técnicas e industriais superiores, de escolas normais em todas as províncias e de novas escolas primárias, sobretudo nas capitais. O que poderia ser um alento para os grupos de renda média, visto que a elas se abririam as carreiras práticas superiores, não alterou os rumos educacionais dos de baixa renda. Apesar de alguns êxitos muito pontuais, as escolas primárias gratuitas permaneceram insuficientes, concorrendo para o contínuo espocar de escolas privadas, cujas mensalidades eram impraticáveis para as classes populares.

Num tempo em que a Europa reformava seu quadro universitário de elite, particularmente a França, onde se fundou o Instituto de Estudos Políticos de Paris, que deveria formar os novos administradores, Rio Branco alcançou importantes logros na instrução de ponta. Deixou intocadas as faculdades de Direito, mas deu impulso à formação científica. Em 1874, criou a Escola Politécnica do Rio de Janeiro. Com o ato, implodiu a antiga Escola Central, forcejando a separação dos cursos civil, que coube à Politécnica, e militar, assumido pela Escola Militar. Pouco depois, em 1875, veio a lume a Escola de Minas de Ouro Preto, muito influenciada por sua homóloga francesa. Assim, o Império formou novos engenheiros e geólogos, tão demandados sobretudo pelas ferrovias e pelas obras de saneamento, dando os primeiros passos para o desenvolvimento, agora institucionalmente, da mineralogia e da metalurgia. Ratificada pela formação do Clube de Engenheiros, iniciativa capitaneada por Conrado Jacob Niemeyer, era uma constelação de possibilidades laborais que se abria para as classes altas dentro de um universo expressivamente mais restrito para os estratos médios e muito contrastante com os populares. Na década de 1880, como manifestação de uma política educacional seletiva, apenas 15% da população brasileira era alfabetizada.[39]

Buscando contornar, então, a eventualidade menos latente e mais aparente da agitação social, tão cedo quanto em 1872 Rio Branco instruiu seu ministério sobre a necessidade de conter a escalada da inflação, que atribuía à política emissionista praticada durante a guerra no Prata. Em sua interpretação, os leilões públicos de títulos da dívida pública teriam um triplo efeito benéfico para o Brasil do pós-guerra. Seriam uma maneira de enxugar o excesso de liquidez, retirando dinheiro de circulação e limitando, pelo menos no curto prazo, a escalada dos preços. Em decorrência, o controle inflacionário manteria os títulos atrativos, já que não eram corrigidos, justamente, pela inflação. Era um procedimento nevrálgico para Rio Branco, porque, sem títulos, as possibilidades de financiamento público para as reformas seriam restringidas. Por último, a outra face monetária do gabinete: a contenção dos preços agiria no sentido da paz social, quando, visivelmente nas principais cidades do Império, se agigantavam as agitações populares.[40]

Em movimento parecido, porém por via tributária, a uniformização dos direitos alfandegários em 40% foi mitigada não apenas com isenções para máquinas e insumos benéficos às atividades agrícolas, uma reivindicação da lavoura cafeeira, mas também para os bens de consumo básico: trigo, peixes, querosene, velas, chitas e tecidos de algodão. Para as carnes verdes, mercado abastecido nacionalmente, Rio Branco recomendou a isenção de impostos municipais para os açougues que vendessem o quilo a preço abaixo do usual no mercado — uma medida dissuasiva quanto à prática recorrente entre atravessadores de salvaguardar o boi para controlar sua oferta e preço.[41]

Os efeitos da política econômica de Rio Branco apenas reforçaram a desigualdade do reformismo daquele tempo. A política fiscal expansionista, que mais serviu ao café fluminense, limitou o ímpeto parcialmente deflacionário da política monetária e comercial, porém sem prejuízos para o caráter sedutor dos títulos, cujos juros ainda compensavam os preços ascendentes. Premido pelas pressões orçamentárias de uma alfândega que afrouxou os tributos sobre as importações de primeira necessidade, Rio Branco regulamentou os impostos sobre *indústrias e profissões*, um dos pródromos do imposto de renda no Brasil. Sem reais possibilidades de extrair recursos dali de onde nada se esperava, o gabinete isentou camponeses, pescadores, diaristas e operários do novo imposto. Mas tampouco o fez incidir ali onde o dinheiro circulava em maior volume: nos donos das lavouras, dos bancos, das minas, dos estaleiros, dos telégrafos e das fábricas de ferro, de tecer e de fiar. O tributo recaiu sobre os comerciantes de tecidos, de açúcar, de aguardente e de tabaco; sobre os que vendiam carnes verdes, banha de porco, chapéus, erva-mate, madeiras e couros; sobre os empresários de pequenos teares, de perfumarias, de lojas de moda e de consignação de escravos; sobre os donos das tavernas e de botequins; sobre os guarda-livros, os farmacêuticos, os livreiros e os fotógrafos.[42]

Em larga medida, os estratos médios pagaram o imposto, o que, apesar das evasões fiscais, redundou num valor orçamentário quase igual ao do imposto predial, aplicado sobremodo aos estratos mais altos, proprietários de imóveis. Era um valor consequente, inclusive quando comparado ao tributo de transmissão de propriedade. Uma desproporção e um aviltamento para a classe média, enfim, pois apenas considerando o salário anual, advogados, médicos, homens de Estado ou cafeicultores ganhavam cinco, 10 ou até 20 vezes mais do que comerciantes, guarda-livros, farmacêuticos ou pequenos empresários.

Paralelamente, o apelo de Rio Branco para aprovar uma reforma eleitoral — o que poderia ter significado, visto seu conteúdo, um ganho de locução política para a classe média — apenas se concretizou quando, exaurido, o gabinete tombou. Pior, as eleições de 1876 comprovaram que pouco havia mudado, apesar das alterações introduzidas no que ficou conhecido como a Lei do Terço, de 1875. A reforma eleitoral processou-se na esteira de uma série de reformas judiciárias, igualmente interessadas na moralização dos costumes, na garantia das liberdades individuais e na transparência das práticas jurisdicionais. Ainda em maio de 1871, Rio Branco entabulou as discussões que levaram à ampliação do *habeas corpus*, à regulamentação das prisões preventivas e à reorganização da magistratura imperial, separando finalmente as atribuições judiciárias das policiais. Também instituiu a fiança provisória, simplificou os processos criminais, alargou os meios de defesa e expandiu a alçada dos juízes cíveis. Em sentido semelhante, decretou a extinção do calabouço para escravos. Criou tribunais de apelação, multiplicou o número de tribunais de segunda instância e decretou o término das funções policialescas da Guarda Nacional, reiteradamente empregada para coagir o votante. Era uma medida de alto impacto, pelo menos no entender de Rio Branco, para o que deveria ser o ponto de chegada das transformações judiciárias, isto é, a reforma eleitoral.[43]

O dilema das urnas, que aprofundou as divisões no campo situacionista, girava em torno de dois tópicos fundamentais: o voto direto e a alfabetização do eleitorado. Paranhos, que havia advogado por uma legislação capaz de resguardar a veracidade da representação política e de impedir, então, o aliciamento abusivo de votantes, mostrou-se contrário ao sufrágio direto. Instituí-lo, uma opinião compartilhada pelo imperador, significaria obrigatoriamente conferir poder constituinte à Câmara, para aprovar uma emenda à Constituição de 1824. As tensões partidárias do momento desencorajaram a possibilidade, porque resultariam em consequências talvez resvaladias inclusive para o Poder Moderador. Rio Branco conhecia os programas radicais e reformistas do bloco liberal — e do republicano. Sabia também das clivagens entre conservadores quanto à agenda eleitoral. São Vicente havia-se declarado favorável ao voto direto, precisamente quando assumiu o gabinete em 1870. Era também a posição do barão de Cotegipe, que rapidamente se inclinou pela extinção do direito ao voto para os analfabetos. Na perspectiva de Rio Branco, os resultados de uma reforma que eliminasse a votação em duas instâncias e que introduzisse, consequentemente, a exigência de alfabetização seriam incertos demais numa malha societária que se transformava a passos largos.[44]

O que Rio Branco propôs foi uma reforma de colarinho-branco. Assim como d. Pedro II, acreditava apenas num eleitorado ilustrado, mas entendeu que uma dupla purificação no primeiro e segundo grau da eleição poderia remediar a causa, sem as celeumas de uma emenda constitucional. Assim, a qualificação dos votantes — o primeiro grau — tornou-se mais rígida. As juntas paroquiais deveriam registrar o nome dos cidadãos qualificados, sua idade, seu estado civil, seu domicílio, sua profissão, sua renda e sua alfabetização. O intuito era evitar a figura do fósforo, que se apagava após um primeiro sufrágio para voltar a acender-se em nome de um segundo votante. Mais obstinadamente no controle de quem votava em primeiro grau, não seriam mais aceitos os juramentos de testemunhas para comprovar renda. Agora, votava quem apresentasse um recibo de imposto, especialmente o de *indústrias e profissões*, uma declaração de renda oficial, um contrato de locação ou um título de propriedade, incluído o escravo. De forma menos explícita, então, as urnas procurariam a classe média, via de regra, alfabetizada. Em caso de conflito com a junta, o votante poderia recorrer a um juiz de direito ou ao tribunal de relação do distrito, que teria a palavra final sobre o caso. Talvez um primeiro passo em direção a uma justiça eleitoral. O votante, por último, passava a dispor de um título.

Sem transformar-se num sistema proporcional, ainda, o novo processo eleitoral estabeleceu que cada votante e eleitor — este de segundo grau — votasse em 2/3 dos candidatos, razão pela qual, quando aprovada, a medida ficou conhecida como a Lei do Terço. Em São Paulo, por exemplo, província que dispunha de nove cadeiras na Câmara, os eleitores votavam em seis nomes. O terço restante, assim se esperava, seria capturado pela minoria, ou seja, o partido que obtivesse menos votos. Nesse sentido, resguardar a legitimidade do eleitorado nacional significaria produzir Câmaras menos unânimes e relativamente mais fiéis às transformações na estrutura social do Império e às reivindicações políticas decorrentes.[45]

Quando aprovada, a Lei do Terço produziu tudo, menos os resultados esperados por Rio Branco. Os fósforos não se apagaram, e as fraudes aos registros tampouco cessaram. Nas eleições de 1876, o partido minoritário, o Liberal, obteve inexpressivos 13% das cadeiras, nada semelhante ao terço prometido, deixando transparecer que as coligações nas chapas eleitorais eram impuras e de arranjo conservador nos bastidores. Nas de 1878, precisamente quando o imperador convocou os liberais ao poder, sequer um deputado conservador conseguiu eleger-se. O triste fim da Lei do Terço ocorreu nas eleições seguintes, já na década de 1880, quando foi amplamente revista. Antes disso, d. Pedro II compreendeu que Rio Branco, desgastado após quase cinco anos de governo, não lograria aprovar a reforma. Apesar de todo o empenho, o gabinete claudicava perante uma Câmara que tragou mal as contradições de uma crise internacional cujos efeitos, no Império, deram-se justamente quando Paranhos perdeu o posto em 1875.

O Império sob Rio Branco em tudo se assemelhou à dinâmica capitalista de seu tempo. A grande depressão do final do século XIX iniciou-se em 1873 com a quebra da Bolsa de Viena e alastrou-se rapidamente para a Alemanha, a França, a Grã-Bretanha e os Estados Unidos. Na superfície, parecia ser uma crise imobiliária. Paris e Viena, que tiveram no *boulevard* e na *ringstrasse* a melhor expressão do reformismo urbano da época, haviam sido amplamente amparadas por imensos créditos bancários endossados pelos governos respectivos. Assim como ocorreu em Berlim e em Nova York, o momento era de relaxamento de entraves ao crédito, o que levou à multiplicação de bancos hipotecários e de derivativos financeiros, como as letras hipotecárias, adquiridos entre bancos europeus e disseminados pelo continente. Quando a Bolsa de Viena quebrou, ficou claro que a especulação imobiliária se fazia à custa de prédios e de apartamentos que, permanecendo vazios, não encontraram eco na realidade salarial europeia.

O fundo da crise, no entanto, era outro. Desde o início da década de 1860, a França, a Áustria e a Prússia haviam recorrido à dívida pública para financiar uma corrida industrial contra a Grã-Bretanha. Alçando o endividamento do Estado a escalas até então inéditas, os conflitos internacionais da década — notadamente, a Guerra dos Ducados (1864), a Guerra Austro-Prussiana (1866) e a Guerra Franco-Prussiana (1870-71) — apenas confirmaram quão dependente era o poder público em relação aos bancos, nacionais e internacionais. Eram as instituições financeiras que sustentavam a expansão produtiva e militar. Nada muito dissemelhante ocorria do outro lado do Atlântico, não apenas devido à Guerra da Tríplice Aliança contra o Paraguai, mas também à Guerra de Secessão. No caso dos Estados Unidos, o fim do conflito havia promovido a nacionalização do Exército e a consolidação da dívida pública interna — o lastro do sistema bancário agora unificado. Em associação à montagem de um regime tributário capaz de afiançar, porque igualmente integrado, os débitos da guerra civil, a reunificação dos Estados Unidos acenou muito favoravelmente ao aprofundamento dos investimentos produtivos e financeiros.

No início da década de 1870, a euforia do momento, contrariando as melhores expectativas, cedeu lugar ao esgotamento estrutural de um ciclo expansivo fundamentado nas ferrovias, na siderurgia e nos bens de capital, que havia começado em 1850. Quando as linhas viárias mais rentáveis foram construídas e quando as usinas foram equipadas, a poupança europeia tendeu a desviar-se da esfera produtiva. A própria concorrência entre Estados nacionais apenas reforçou o movimento declinante da rentabilidade dos investimentos. Na França, os bancos optaram por patrocinar a dívida pública da Rússia, que se arrastava atrás das primeiras potências europeias. A Grã-Bretanha buscou oportunidades nos mercados emergentes, como o Canadá, os Estados Unidos, a África do Sul, a Argentina e o Brasil. A Alemanha parecia lograr um caminho diferente, embora tenha igualmente costurado o movimento especulativo global com a colossal indenização que a França, derrotada em 1871, devia a Berlim.

Quando a Bolsa de Viena quebrou, o pânico alastrou-se rapidamente. A corrida aos guichês levou a falências bancárias na Áustria e, devido aos empréstimos interbancários europeus, na Alemanha, onde o novo impulso público à indústria confirmou uma crise de superprodução. Nos Estados Unidos, a crise atingiu a Bolsa de Nova York também em 1873. A bolha especulativa vinculada às ferrovias estourou, e em setembro quebrou a Northern Pacific Railway, uma das principais ferrovias do país. O fato era grave, visto que por trás dela operava Jay Cooke, cujo banco privado, um dos maiores dos Estados Unidos, havia financiado as tropas do norte durante a Guerra de Secessão. Pouco depois, implodiu a linha Union Pacific, que havia sido custeada pelo Crédit Mobilier of America, um banco erguido sobre produtos financeiros imobiliários vendidos ao grande público para sustentar a expansão ferroviária. Com o consequente arrefecimento da produção e do consumo nos Estados Unidos e na Europa continental, a Grã-Bretanha sofreu todos os efeitos da crise: foram 7.500 falências em 1873, e 13.200 no final da década.[46]

No Império do Brasil, Paranhos preparou-se para o pior. Em janeiro de 1875, assinou com a casa bancária N. M. Rothschild & Sons um empréstimo que justificou, publicamente, pela garantia do desenvolvimento ferroviário. O tamanho do valor tomado, não obstante, implicava muito mais. O governo preparava-se para auxiliar novamente a grande lavoura, potencialmente afetada num cenário de consumo internacional cedente, e também para assegurar o pagamento do serviço da dívida externa e interna. Cabia-lhe ainda garantir a solvência do sistema bancário. Em fevereiro de 1875, o Banco do Brasil alertou o gabinete sobre possíveis apertos decorrentes de pedidos avolumados de descontos, ou seja, sobre uma corrida para receber antes do vencimento o valor total das letras em circulação. Buscando proteger-se, o Banco transacionou os títulos do Tesouro capturados quando do empréstimo nacional de 1868, realizado durante a guerra contra o Paraguai, e conseguiu levantar recursos para garantir o fluxo de caixa. Em março, os bancos menores da praça do Rio de Janeiro declararam que somente poderiam realizar empréstimos de curto prazo, porque eram operações de menor valor e de maiores garantias, o que significaria uma retração geral do crédito comercial.[47]

Rapidamente, Rio Branco propôs à Câmara autorização para emitir moeda de forma a resgatar os bancos, o que foi concedido, dado que os dois maiores bancos de capital aberto às finanças internacionais, a Casa Mauá e o Banco Nacional, suspenderam seus pagamentos e pediram moratória. Entretempo, a Casa Bancária Gavião de São Paulo, que dependia dos pagamentos de Mauá, decretou falência. Temendo que a crise chegasse à principal instituição financeira do Império, o Banco do Brasil, e que comprometesse, portanto, a própria capacidade de financiamento do governo, Rio Branco concedeu um crédito equivalente ao orçamento da Agricultura sobretudo ao Banco do Brasil, a uma taxa de juros que faria sonhar qualquer cafeicultor: pouco mais de 1%. O Banco efetivamente socorreu as demais casas de depósitos, pelo menos as que julgou solventes, porém oferecendo uma taxa de 8%. Beneficiado pela crise, o Banco viu seus ativos dispararem precisamente em 1875 e, ao findar a década, reassegurou seu patamar histórico de concentração bancária: passou a deter, novamente, mais de 50% dos ativos bancários totais do Rio de Janeiro.[48]

Então, o bastião de liberais avessos a Rio Branco e sobremaneira Zacarias de Góis e Vasconcelos, o senador eternamente antipático ao Banco do Brasil, pediram a cabeça do chefe de gabinete. Alegaram que Paranhos havia feito tudo, mas sempre em proveito dos bancos. E que, agora, estrangulava mais uma vez o Tesouro em nome de um interesse nacional que parecia se resumir à saúde financeira do Banco do Brasil. Do ponto de vista de Rio Branco, a história era outra. Para além de uma questão de governabilidade, o socorro era à lavoura fluminense, visto que era no porto do Rio de Janeiro onde se compunha, por meio do orçamento imperial, o Estado nacional. O Banco do Brasil era inescapável nesses termos, dado que para ali convergia o capital do qual o Império poderia dispor para fazê-lo circular serra acima na expectativa de um efeito multiplicador. Ao todo, seria uma canalização harmoniosa de recursos, tendo em vista que o Banco e a lavoura poderiam soerguer-se mutuamente, gerando excedentes em benefício do Estado, cuja responsabilidade era para um conjunto populacional diverso em suas características produtivas e distributivas.

No tempo longo das estruturas político-econômicas, por outra parte, o governo de Rio Branco coincidiu com os raros momentos de virada histórica que pedem aos políticos da hora fortuna e virtude para compreender o que reformar e por onde se antecipar. Pressionado pelos propósitos do setor bancário e da cafeicultura do Rio de Janeiro, que restringiam sua margem de ação, Rio Branco os endossou, convencido do novo impulso que daria ao Brasil do pós-guerra. Quando faleceu, em 1880, os efeitos do reformismo continuísta apenas ratificaram a contradição nodal que o antigo chefe de gabinete havia intensificado. Apesar do declínio no preço do café após a crise de 1875 e da consequente queda no valor das exportações, o pacote de auxílios à lavoura deu sobrevida à produção vale-paraibana, que até 1880 cresceu 30% em relação a 1875. Foi o último alento à cafeicultura fluminense, que daí em diante entrou em queda definitiva: não à toa, porque o Banco do Brasil, diferentemente de Rio Branco, compreendeu que o negócio cafeeiro do Vale do Paraíba não prosperaria a longo prazo. No final da década de 1870, não apenas o confirmava o movimento creditício ascendente para o Oeste Paulista e declinante para o Vale do Paraíba, mas sobretudo a preferência progressiva dos próprios cafeicultores fluminenses pelos títulos da dívida pública, pelas ações bancárias ou pelos imóveis da capital. Paranhos havia aprofundado as contradições do pós-guerra, porque usara os bancos para uma aposta na qual os próprios bancos não acreditaram. Um movimento paradoxal, ao todo, visto que o incentivo ao café vale-paraibano terminou intensificando a financeirização da economia fluminense em detrimento de São Paulo, para onde se deslocava gradualmente o principal eixo produtivo nacional.

Ainda em junho de 1875, quando Rio Branco entendeu que tinha seus dias contados, o Império andava em sobressaltos — e não eram tão somente financeiros. Paranhos deixava em aberto uma crise com a Igreja católica e uma série de pendências sociais que corroboraram a característica desigual do reformismo de então. Talvez mais grave, as Forças Armadas não se aquietaram após o conflito no Prata. Pelo contrário, reivindicaram reformas corporativas, primeiramente quanto aos soldos, aos equipamentos, às regras de promoção e ao recrutamento, que não vingaram na gestão de Paranhos. Às antecipações seletivas de Rio Branco, portanto, contrapuseram-se as reações propositivas de uma cidadania que, organizada paulatinamente, deu sentido político à sociedade de classes.

A Província de São Paulo, 16 nov. 1889. Fundação Biblioteca Nacional.

CAPÍTULO 2
AS ALTERNATIVAS À ORDEM

Premidas por urgências nacionais oriundas da crise financeira global, lideranças dos quatro pontos cardinais do planeta avolumaram o ritmo de suas reformas. Buscavam encontrar atalhos para uma recuperação econômica, ao todo, muito sombreada por um ciclo internacional declinante que perduraria até o início da década de 1890. A rentabilidade dos negócios efetivamente cedeu à espera de novas tecnologias que acelerassem a circulação global de capitais. Empreendimentos de grande custo e alcance lucrativo — como o recém-construído Canal de Suez ou as tão desejadas ferrovias Berlim-Bagdá e Cairo-Cabo — exigiam materiais que permitissem a transformação do investimento em lucro mais rapidamente do que o ritmo produtivo rastejante do carvão, do ferro e da máquina a vapor.

Nos Estados Unidos, Andrew Carnegie, John Davison Rockefeller e J. P. Morgan encarnariam até a virada do século talvez a melhor síntese da tônica capitalista de então. Associaram a produção de aço, eletricidade e petróleo a imensos conglomerados de amplo raio financeiro, para o que concorreram políticas imigrantistas, agrícolas, bancárias e protecionistas de um Estado pressionado pelas carências posteriores ao conflito civil.

Ao sul do rio Grande, veteranos de guerra tiveram papel particular na reorganização política e econômica de seus países. Porfírio Diaz, que havia combatido na Guerra de Reforma (1858-61) — um embate civil mexicano que redundou numa intervenção francesa para cobrar a dívida externa —, lançou mão de políticas industrializantes mediante a captação de poupança externa. Mais próximos do Brasil, a Argentina e o Uruguai insistiram no rumo agrícola. Em Montevidéu, Lorenzo Latorre, um veterano da guerra contra o Paraguai, atendeu rapidamente aos interesses do capital agrário. Promoveu um governo centralizado e de projeção ditatorial, com o qual editou o Código Rural e a Polícia Rural, ambos instrumentos que consolidaram um mercado de terras e uma autoritária disponibilidade de mão de obra por intermédio da *lei de fugas*, que tornava criminoso o lavrador errante. Ao mesmo tempo, expandiu a presença imigrante e o tamanho das ferrovias. Nada muito dissemelhante ocorreria do outro lado do rio da Prata. Com o apoio das oligarquias rurais, alcançado em boa medida graças às campanhas do deserto contra a presença indígena na Pampa e na Patagônia, o também veterano Julio Argentino Roca empreendeu ampla reforma dos negócios. Injetou recursos no Banco Nacional, promoveu a unificação monetária do país, expandiu os trilhos e acelerou o processo imigratório.

A lista de projetos reformistas foi muito além do hemisfério americano. A Espanha começou a década de 1870 proclamando uma República que se mostraria muito menos duradoura do que a francesa. Em Paris, após a derrota para a Prússia, os republicanos enterraram de uma vez por todas a história da monarquia francesa, conduzindo uma necessária renovação dos quadros políticos: um projeto, de resto, não apenas emulado no Brasil, mas também no longínquo Império Otomano, onde o Liceu de Galatasaray teria mais tarde papel basilar na formação dos dirigentes republicanos da Turquia moderna. Como na Alemanha unificada sob os auspícios de Otto Von Bismarck, onde a aliança entre o centeio e o ferro consolidou o todo poderoso Deutsche Konservative Partei, a França adotou o protecionismo alfandegário para escapar do ciclo econômico declinante. Com uma diferença, no entanto: a aposta em seu império colonial. A Grã-Bretanha, por sua parte, apesar dos ajustes, manteve-se fiel ao livre comércio, dobrando-o, contudo, dentro de uma inequívoca expansão de sua influência formal e informal. Até a eclosão da Primeira Guerra Mundial, em 1914, Londres regeria praticamente ¼ da população mundial e o equivalente em território global. Escoltada por uma financeirização sem precedentes de sua economia, a Grã-Bretanha apoiou-se em seu império para privilegiar suas trocas. A partilha da África e a política de elevação da Índia à condição de joia da Coroa seriam os testemunhos mais eloquentes.[49]

Prova de que as crises são fecundas para novos projetos, tamanho reformismo internacional não ocorreu sem o advento de novas ideologias. Contra tudo e contra todos, e especialmente contra todo tipo de hierarquia e dominação, Mikhail Bakunin publicou, em 1873, *Estado e anarquismo*, que ganharia rápido lastro entre comunistas dissidentes. Na longa série das ideologias *anti*, aquele período também conheceu um revigoramento do anticlericalismo, que León Gambetta, um dos principais ideólogos da nova República francesa, apadrinharia imediatamente: "é sempre quando a pátria esmorece que o clericalismo engrandece". O próprio termo antissemitismo foi contemporâneo da crise de 1873-75. O judeu foi vislumbrado como causa dos males nacionais, numa tônica em que os estereótipos deram conforto aos espíritos pouco cívicos em sua procura obstinada por um bode expiatório. Usureiro, banqueiro, de nariz curvo e orelhas proeminentes, o judeu seria racialmente inferior. Joseph Arthur Gobineau, que servira na legação francesa no Rio de Janeiro e que manteve ótimo trânsito epistolar com d. Pedro II por anos a fio, ganhou notoriedade por suas teorias raciais. Condenava a degenerescência oriunda da miscigenação biológica. Para ele, a única saída para o Brasil seria a imigração de raças europeias. Numa lógica igualmente evolucionista, os usos racistas do darwinismo e do spencerismo encontraram amparo tanto cá como lá. Apenas os mais aptos, do ponto de vista étnico, econômico, social ou cultural, teriam condições de evoluir em sociedade, o que foi uma abordagem que bem serviu para justificar a pobreza, o imperialismo e a defesa da raça dita ariana.

No Brasil, as ideias que tiveram maior apelo foram o republicanismo, o federalismo e o positivismo, com a particularidade de terem sido administradas, não sem cisões, por grupos excluídos do poder. Deram origem a projetos contraculturais, no sentido de uma aversão pela política como formulada nos gabinetes e espraiada até os átomos da socialização: a família, a escola e o trabalho. Esse *bando de ideias novas* da geração de 1870, na expressão muito posterior de Sílvio Romero, não emergiu de um grupo coeso social ou localmente e teve incontáveis regulagens intelectuais. Seus membros poderiam ser republicanos, mas não necessariamente positivistas ao mesmo tempo, ou eventualmente federalistas, sem por isso desejarem guilhotinar o rei. Invariavelmente, no entanto, a questão servil permeou-os todos, dada a força política, econômica, social e cultural da escravidão, o que alargou o campo contestatário, açambarcando monarquistas defensores da emancipação gradual e também da abolição imediata.[50]

Se por um lado o movimento intelectual ecoava, sem mimetizá-las forçosamente, as novas aspirações globais, por outro, era informado nacionalmente não apenas pelo sentido desigual das reformas de Rio Branco, mas também pela agitação de uma cidadania em polvorosa. As ditas novas ideias não permaneceram apenas no papel, porque falavam sobre e para classes sociais, especialmente a média e a popular, que se agigantaram na esfera da ação pública. José Murilo de Carvalho costumava ponderar que, à diferença das sedições do período regencial, sobretudo as conduzidas pelas elites locais, as revoltas das décadas que culminaram na queda do Império foram movimentos reativos, e não propositivos: no máximo, haveria uma cidadania em negativo. Mas o caso é que, provavelmente, inclusive reações não carecem de projetos, a começar pela extirpação daquilo contra o que se reage. Projetos dispersos, restritos ou silenciados não significam uma ausência. Dito de outro modo, não é a largura da transformação o que funda o projeto, mas seu potencial e prospectivo poder de impacto, ainda que limitado, obtuso ou turrão. Se enxergadas a partir das forças que as constituem, reações são sempre propositivas, visto que desenvolvidas em face de antecipações, de resto, sempre reativas. É que essas forças, que nada mais são do que as contraposições entre grupos sociais, não operam como casulos em laboratório, de forma desvinculada ou autônoma. Não são variáveis apreensíveis em separado, mas um todo em contradição: reativo e propositivo a um só tempo.[51]

Malgrado suas antecipações e as dos gabinetes que o sucederam, Rio Branco não logrou, pois, moderar as reações propositivas de uma cidadania que se ergueu em oposição a medidas que soaram farsescas, incompletas e elitistas. Ou excludentes, ao fim. Especialmente no norte, a população insurgiu-se contra o novo sistema de pesos e medidas. Julgaram-no uma astúcia para pender a balança a favor do lado de lá. Conformando talvez um primeiro movimento decididamente feminino, do coração às extremidades do Império, mulheres agarraram paus e porretes para refutar um padrão de recrutamento tão continuísta quanto o gabinete de Rio Branco. Excluídos os homens de sapato de bico fino, o recém-reformado aliciamento militar recaiu sobre as choupanas rurais e os cortiços urbanos. Para quem vira o marido morrer na guerra ou retornar aleijado dos pântanos paraguaios, estava fora de questão ter agora os filhos recrutados. As tensões ampliaram-se sobremaneira, porque os motins ocorreram na esteira de uma grave crise entre o governo, visto como uma espécie de clube de maçons que em tudo parecia imiscuir-se, e a Igreja Católica, cuja capilaridade religiosa era inconteste. Provavelmente menos por fé míope do que por rechaço a uma condição socioeconômica abjeta, inclusive no sul, onde um grupo de colonos alemães buscou num messianismo heterodoxo o berço de uma nova comunidade de valores, os cidadãos mantiveram uma posição desafiante até a virada para a década de 1880, quando outra crise estourou. Um novo tributo sacudiu o Rio de Janeiro a ponto de redundar numa revolta e na decorrente saraivada de tiros. Não era, no entanto, apenas uma reação aos 20 réis tributados — o vintém — sobre as passagens de bonde.

Ao longo da década de 1870, o associativismo ganhou fôlego político. Se antes era predominantemente beneficente, o novo mutualismo congregou diferentes estratos profissionais num movimento mais amplo, já que solidário entre grupos da mesma classe. As sociedades de socorros mútuos para artesãos transformaram-se em ligas operárias, cujos estatutos, mais do que pautar o preâmbulo de uma assistência social ainda privada, incorporaram reivindicações por direitos trabalhistas: o repouso, o mínimo para viver com dignidade, o respeito à infância. Vendedores e fabricantes de mercadorias de baixo valor agregado reuniram-se, por sua parte, em associações típicas de classe média, como a Industrial e a União Comercial. Algumas delas, assim como as de operários, refutaram o ingresso de negros, vistos como uma degradação socioeconômica, o que os poderes públicos astutamente desaprovaram, esgrimindo uma suposta concórdia racial.

No enredo semelhante dos olhos cegos a cor, os agitadores de novas ideias pareceram ter capturado melhor a *revolta da cidadania* do que supunha o fracionamento dos rebeldes em episódios esparsos: o quebra-quilos e a rebelião contra o recrutamento militar ou os motins da questão religiosa e a revolta do vintém. Buscaram compor-se como intelectuais orgânicos dos grupos revoltosos, de forma a dar-lhes sentido, direção e ordem, com grau de sucesso apenas muito relativo, consideradas as inconsistências dentro dessa própria intelectualidade. Mais sistemática foi a ação da caserna, especialmente dos veteranos da guerra contra o Paraguai, embora o movimento tenha-se também ampliado posteriormente graças a uma mocidade militar muito influenciada pelas ideias positivistas. É que a formação necessariamente corporativa dos setores castrenses lhes conferiu um grau de disciplina e coesão não vislumbrado nos agitadores civis.[52]

A politização das Forças Armadas, que teve nas reivindicações por melhores soldos, por novos regimes de promoção e novas formas de recrutamento apenas sua face superficial, expressou, em primeiro lugar, o tempo periférico do Brasil na ordem global. Os militares enxergaram com inveja a vitória do modelo industrial sobre o agrário nos Estados Unidos do pós-guerra e o decorrente ganho de espaço comercial estadunidense em escala mundial. Era forma de salientar o êxito do pós-abolição: uma reinserção mais autônoma do país na era dos imperialismos europeus. No quarto de século em que o Japão pôs fim ao regime feudal do xogunato e lançou-se, pela via centralizadora, na corrida industrial, a caserna brasileira também se arvorou nos modelos alemão e mexicano.

Emergiu da imprensa militar uma percepção binária da realidade imperial, dividida entre a decência e a indecência, entre o ético e o corrupto. Vocalizaram-se um nacionalismo agressivo e um moralismo antielitista. Num primeiro par de opostos, reforçou-se a necessidade de defender a nação perante as ameaças externas, não apenas argentina, o que invariavelmente passaria pelo engrandecimento das Forças Armadas. Num segundo binarismo, a nação colidia com os partidos. No lugar de liberais e conservadores, que partiriam a nação, defendia-se a verdade única do povo, cuja possibilidade legítima de representação repousaria nos quartéis. Num último, colocou-se a pátria como negação da classe social. Não haveria operários ou camponeses, nem funcionários públicos ou comerciantes, mas um único povo brasileiro tolhido em seu esforço e talento pelos que chamavam de *casacas* — a classe dirigente imperial. O que poderia ser visto na superfície como vagueza e indeterminação, no fundo, marcava a saída dos quartéis para as ruas. Não se tratava de uma leitura deficiente da realidade social, mas de um mecanismo para alçar a caserna à condição de salvadora da pátria. Não era o caso de referir-se à realidade social de um grupo determinado, mas de identificar, como expectativa, a possibilidade de o novo realizar-se unicamente a partir da erradicação do velho, origem de todas as frustações. Pareceu então aos militares que a hora bem se prestava a sua estrela, pois o novo tempo apresentava-se como berço de todas as alternativas.[53]

A GERAÇÃO DE 1870

Ainda em dezembro de 1870, quando as tropas lideradas pelo conde d'Eu engajavam-se contra as forças paraguaias de um esquivo Solano López, um grupo heterogêneo de jornalistas, médicos, comerciantes, engenheiros e advogados estampou no primeiro número do recém-criado periódico *A República* um manifesto que causaria polêmica e suspicácia, considerando que o jornal em pouco tempo chegaria à notória tiragem de 12 mil exemplares. Vinha assinado por Quintino Bocaiúva, Salvador de Mendonça, Saldanha Marinho e Aristides Lobo, entre outros próceres republicanos, como Lopes Trovão, que parecia nada temer. Bocaiúva e Mendonça eram grandes adoradores de Washington: aquele, que também admirava as repúblicas platinas, fora enviado para os Estados Unidos pelo governo liberal instaurado em 1862 a fim de contratar imigrantes sulistas, e este renunciara a uma decadente fazendola no Vale do Paraíba para dedicar-se à palavra impressa. Saldanha Marinho fora um instigador da Companhia Paulista de Estradas de Ferro, o que entendia como um feito de sua política de apaziguamento entre fazendeiros paulistas, fossem liberais ou conservadores. Assim como Aristides Lobo, havia alcançado algum espaço na política imperial, o que certamente não era o caso de Lopes Trovão, ainda moço, contestatário e radical. Eram todos maçons, porém de uma estirpe diferente daquela à qual pertencia o visconde do Rio Branco: num tempo em que as divisões entre pedreiros livres corroboraram as distâncias entre a conservação e o radicalismo, o bloco republicano queria dar vocação política ao clube maçônico, o que Rio Branco negava, interessado na contenção de danos inclusive no já implodido Grande Oriente. Alegava objetivos apenas filantrópicos da instituição.[54]

Um pouco à maneira dos maçons dissidentes da rua dos Beneditinos, na Corte, os republicanos referiam-se com frequência à laicização do Estado, vociferando contra aquilo que significava exclusivismo da religião católica. O próprio Quintino, tomando emprestado muito do radicalismo da década de 1860, falava abertamente em prol do casamento civil. De fato, grande parte das ideias contidas no manifesto republicano de 1870 era reflexo direto do pensamento radical que o antecedera. Em detrimento do Poder Moderador, do Senado vitalício e do Conselho de Estado, instituições que os republicanos queriam extirpadas, a soberania deveria ser popular, mas com ascendência classista, para o que as eleições deveriam ser livres nos limites da ilustração individual. Também trouxeram do radicalismo anterior as aspirações por um Ministério dos Negócios Estrangeiros mais americanizado, o que significava não apenas a orientação de uma agenda externa de meios americanistas para fins econômicos, já que os Estados Unidos eram o principal consumidor de café brasileiro, mas igualmente a formulação de novos valores nacionais, explicitamente estadunidenses.

A República deveria ser a expressão do *self-made man*, e seu povo, o de gravata lavada. "O espírito aristocrático da monarquia", lia-se em *A República*, "opondo-se naturalmente aos progressos da classe média, impediu o desenvolvimento da burguesia, a classe moderna por excelência, civilizadora e iniciadora, já na indústria, já nas ciências, já no comércio". Sobretudo como artifício para ganhar apoio social, os republicanos procuram estender seus ideais aos estratos populares. Em 1872, Saldanha Marinho, Aristides Lobo e Salvador de Mendonça ofereceram seus serviços à Liga Operária, que se constituía naquele instante. Também no Recife, os jornais republicanos, que emergiam aos montes, retratavam os simples artesãos como vítimas do desemprego, de salários baixos e de impostos altos. No entanto, não era a via revolucionária e popular o que deveria primar entre os republicanos. Deixou-o claro o fatídico episódio do empastelamento do jornal *A República* ocorrido em 1873, após a organização de um comício para festejar a derrubada, efêmera, da monarquia na Espanha.[55]

A República deveria ser a das liberdades de culto, de reunião e de associação e, também, a dos direitos ao trabalho e à propriedade.

No fundo, a República da cidadania meritocrática se faria no tempo tutelado pela suposta clarividência de seus líderes por mérito. "Os republicanos no Brasil", dizia Saldanha Marinho, "têm sobremodo assentado seu plano numa base, que é a revolução pacífica, a revolução da ideia; calmos, tranquilos, aguardam firmes o futuro." Pelo menos na década de 1870, os republicanos do Rio de Janeiro refutaram qualquer aventura golpista ou uma nação militarizada. Não à toa, deixaram de lado tudo que remetia, na agenda radical pretérita, à convocação dos estratos populares à luta, visto que cheirava à pólvora e a sebo.[56]

As defecções que os republicanos do Rio de Janeiro tiveram, como a de Lopes Trovão, foram poucas e pontuais. O espírito do manifesto era de cautela, não tanto em relação a uma monarquia algo tolerante, ao fim, com a liberdade de imprensa, mas especialmente quanto ao bando republicano de São Paulo. Lá o inconformismo também grassava entre as notabilidades locais marginalizadas. Se, no começo do século XIX, 66% dos brasileiros formados em Coimbra obtiveram rápido emprego nas instituições de maior alcance administrativo, na década de 1870, a janela de oportunidades havia-se fechado: apenas 8% dos diplomados nas faculdades de direito tiveram êxito rumo ao estrelato político. No mesmo ano de 1873, quando a redação de *A República* foi fechada pelo chefe de polícia Ludgero Gonçalves da Silva — que se destacaria, ainda, por severas campanhas contra a homossexualidade —, lançou-se formalmente o PRP após a Convenção que ocorreu em Itu apenas por convenção, porque o nódulo do bloco era campineiro.[57]

De claros vínculos com o Clube Radical de São Paulo, o Clube de Campinas destacou-se como principal articulador do bloco republicano paulista, a ponto de suas principais lideranças terem lançado, em 1870, as bases do Clube Republicano de São Paulo. As figuras de proa eram Campos Salles, Prudente de Morais, Bernardino de Campos, Américo de Campos, Martinho Prado e Francisco Glicério. Contaram com vultosas adesões da grande lavoura, como a de Américo Brasiliense, João Tibiriçá e José Vasconcellos de Almeida Prado, que não eram triviais, visto que expunham os embates no berço do republicanismo paulista. Numericamente menos expressivo, o ramo urbano do PRP, no qual operava o ex-escravo e advogado abolicionista Luiz Gama, perdeu rapidamente espaço para o agrícola, que se fragmentou, por sua vez, entre os defensores da escravidão e os com ela coniventes. Não obstante, todos os membros do ramo agrícola estavam direta ou indiretamente ligados à grande lavoura escravista. Prudente de Morais possuía laços de família com a cafeicultura; Francisco Glicério era sócio na exploração de uma fazenda nas proximidades de Jaú; Campos Salles, que teria mais tarde um parente assassinado a enxadadas por cativos, era igualmente descendente das grandes plantações. Nas reuniões preparatórias para a Convenção de Itu, portanto, afirmou-se que o elemento servil não deveria causar discórdia entre os republicanos paulistas, e a fórmula foi encontrada na redação conclusiva do plano de intenções: "sendo certo que o Partido Republicano não pode ser indiferente a uma questão altamente social, cuja solução afeta a todos os interesses, é mister entretanto ponderar que ele não tem nem terá responsabilidade de tal solução, pois [...] estará ela definida por um dos partidos monárquicos".[58]

Não sem razão, o ramo urbano não deu as caras em Itu, o que ficou plasmado na ausência de Luiz Gama a uma reunião que era majoritariamente de fazendeiros. Dos 133 convencionais, 2/3 eram homens da lavoura ou vinculados aos negócios cafeeiros, e entre eles o grupo de Campinas assumiu sobremaneira a liderança. As últimas palavras do manifesto foram as mais eloquentes quanto à posição campineira, que entendia a questão servil como social, e não política: se a matéria viesse a recair sobre o PRP, "em respeito ao princípio de união federativa, cada província realizaria a reforma de acordo com seus interesses particulares, mais ou menos lentamente, [...] tendo por base a indenização". Montava-se uma estratégia de ação em eixos múltiplos. O aparente desinteresse pela abolição era, no fundo, uma garantia para a unidade e para a economia do ramo agrícola;

relegava-se à monarquia a responsabilidade pela crise da escravidão; e associava-se a República, em primeiro lugar, ao federalismo.[59]

Não foi por descuido que os republicanos do Rio de Janeiro, apesar de algumas convicções abolicionistas, silenciaram momentaneamente sobre o cativeiro e bradaram pela Federação. A aposta estava em São Paulo, onde o republicanismo tinha o alicerce econômico do qual os republicanos fluminenses careciam. Afinal, mais pela via orçamentária do que eventualmente pelo espaço eleitoral que os republicanos paulistas ocupariam, o Império não poderia dar de ombros à força dos cafezais ocidentais — com a qual, de resto, São Paulo impactava o mercado nacional de terras, de trabalho e de capitais. Prova suficiente fora a extensão da carteira hipotecária do Banco do Brasil ao Oeste paulista, não por coincidência, em 1873.

Ávidos por competências alargadas para enobrecer o café paulista em detrimento das plantações fluminenses rivais, João Tibiriçá, Américo de Campos, Américo Brasiliense, Campos Salles e Martinho Prado fundaram imediatamente a Comissão Permanente do PRP, cuja sede oficial era em Campinas. Propuseram o primeiro programa oficial do partido, e a primeira disposição tratava do federalismo. Um governo central fraco com províncias fortes era garantia para determinar localmente o ritmo da emancipação, sem a intervenção progressivamente antiescravista dos representantes do norte: com seus escravos escoados para o sul, o clarão servil levaria a posições cada vez mais ríspidas contra o cativeiro, indefectivelmente associado no norte aos medalhões da política imperial.

Mas o clamor federalista ia além. Era igualmente maneira de direcionar os tributos recolhidos em São Paulo para o desenvolvimento cafeeiro provincial, por meio da expansão ferroviária, da imigração e do crédito bancário desconcentrado. O momento bem se prestava ao pleito. São Paulo havia-se beneficiado largamente da guerra contra o Paraguai. As fortunas locais, originalmente constituídas pela produção açucareira, foram redobradas com o abastecimento algodoeiro das tropas, numa lógica de continuadas reaplicações dos lucros no desenvolvimento do café. Nesse contexto, a discórdia paulista quanto à redistribuição nacional de impostos foi em toada crescente. Ao passo que o Império aumentou de 9% para 13% o tributo sobre as exportações de café, São Paulo perdeu espaço na divisão orçamentária dos homens da Corte. Pior, enquanto ao longo da década de 1860, 53% do total arrecadado pelo governo central em São Paulo permaneceu na província, na de 1870 a proporção caiu para 34%, o que qualificava o federalismo como única maneira de controlar o destino tributário paulista.[60]

Numa estratégia política de contenção de danos, Rio Branco buscou deglutir alguns republicanos, trazendo-os para o seio do governo. Salvador de Mendonça cedeu à oferta irresistível de assumir o consulado em Baltimore, mas o tiro sairia pela culatra. Seria nos Estados Unidos que Mendonça entabularia uma paradiplomacia republicana que resultaria, mais tarde, na americanização da política externa brasileira. Até lá, os reveses permaneceram intactos. Embora limitada, a extensão do acesso ao ensino superior promovida por Rio Branco diversificou o corpo discente a ponto de modificar a pretérita unidade dos alunos forjada na extração social. Não que subitamente a classe média tivesse encontrado seu fôlego em instituições educacionais inclusivas, mas ao menos o perfil do alunado, especialmente na Escola Politécnica e na Militar, incluía agora nascidos em famílias menos abastadas. Era o caso de Raimundo Teixeira Mendes, de Miguel Lemos e de Aarão Reis, que rapidamente se tornaram personagens capitais do positivismo brasileiro.

Originalmente formulado por Auguste Comte, na França, o positivo do positivismo significava antes de tudo conhecer o real, o útil, o certo, o preciso. Mais do que um método, a ciência positiva desejava-se o produto último do desenvolvimento da razão, a única via para superar estágios arcaicos do pensamento, como o teológico e o metafísico. No lugar da revelação, defendia-se a demonstração; em vez das especulações, as observações. Do exercício da matemática positiva na Escola Politécnica de Paris — o que Mendes, Lemos e Reis viam reproduzido na Politécnica do Rio de Janeiro — à religião da humanidade, o pensamento de Comte politizou-se quando apoiou o golpe do 18 Brumário de Luís Napoleão Bonaparte, em 1851. A democracia foi vista como uma ilusão metafísica, e o regime político da humanidade deveria ser o da ditadura positiva, comandada pelos espíritos mais iluminados. Sofreria imensas deserções, como a de Émile Littré, o principal discípulo de Comte, mas deixaria ao mesmo tempo uma legião de seguidores, como Ernest Renan, Hippolyte Taine e Jules Ferry, intelectuais fundadores da Terceira República francesa.

No Brasil, o positivismo constituiu-se logo em seu nascedouro com a elaboração de um projeto político para o país. As dissenções também cá surgiram, notadamente entre os ortodoxos de Lemos e os heterodoxos, como Benjamin Constant, dando feição ora mais civilizada, ora mais militarizada à indefectível evolução para a República. Todos, não obstante, caracterizavam-se por um grave e sisudo senso de missão social que resvalava na defesa de um Estado forte e centralizado. Um projeto dito modernizador, ao fim, sugerindo-se com isso a tutela da população brasileira em sua marcha para o Estado positivo. No mesmo enredo, os positivistas brasileiros eram árduos críticos do bacharelismo imperial e do que entendiam como decorrente blindagem às instituições públicas. Em contraposição, defendiam o mérito próprio e o reconhecimento do esforço individual como apanágio do que deveria ser o modelo último de Estado — a República.[61]

Como recordaria Robert G. Nachman, o positivismo logo ganharia adeptos na classe média, também preterida na condecoração de seu autoproclamado mérito. Mas não só. Na Escola Militar do Rio de Janeiro, a doutrina de Comte assumiria versão própria. Era um espaço que se desejava, pelo menos em sua promessa, aberto ao talento, dispondo-se então como lugar de filhos de pequenos proprietários, de comerciantes e de modestos funcionários públicos. Do simples ingressante ao alferes-aluno, na ponderação de Celso Castro, o discente típico da Escola Militar tinha menos de 30 anos, amealhava poucos recursos e era carregado pela ideia da estabilidade profissional. Seria o caso de Serzedelo Correa, Lauro Müller, Lauro Sodré e Euclides da Cunha, que teriam sua hora no período republicano — na Fazenda, nas Relações Exteriores, nos governos estaduais ou inclusive na Academia Brasileira de Letras.[62]

Tanto na Escola Politécnica como na Militar, embora a maioria dos professores não se declarasse abertamente positivista, as referências a Comte não eram pouco usuais. Álvaro Oliveira, Roberto Trompowsky e Benjamin Constant foram exemplos notórios da mobilização de novas ideias a serviço de uma insatisfação socioeconômica compartilhada entre os corpos docente e discente. Em poucos anos, os positivistas soergueriam suas associações. Em 1878, um grupo combinado de professores e alunos fundou a Sociedade Positivista do Rio de Janeiro, mais tarde transformada em Igreja Positivista do Brasil, com desdobramentos associativos no Clube Abolicionista da Escola Politécnica, no Clube Acadêmico Positivista da Escola Militar e num Clube Republicano secreto. Eram espécies de laboratórios de novos projetos, nos quais se debatia a abolição, a promoção de melhores condições laborais para as categorias economicamente menos prósperas, a laicização do país e, sempre, a fundação da República.

Tamanha renovação de ideias políticas não se eximiu de novas interpretações sobre o sentido da nacionalidade brasileira. Num momento em que o pangermanismo ganharia rápida ascendência na Alemanha recém-unificada, inclusive valendo-se de um nacionalismo agora étnico, as novas correntes de interpretação ditas científicas sobre as hierarquias raciais acomodaram-se no Brasil de modo a filtrar supostas impurezas nacionais. Na década de 1870, as Conferências Populares da Glória e com elas os cursos públicos promovidos pelo Museu Nacional buscaram difundir um certo tipo de darwinismo que encontraria, apesar dos endossos, as ressalvas próprias a uma intelectualidade de moral ambígua, pois apegada à superioridade de uma etnia representativa do Brasil apenas pela claraboia dos solares.

Valendo-se de uma arrolada neutralidade, que no fundo somente existe no sabão de coco, o discurso científico de um darwinista como

Augusto Miranda de Azevedo advogava a ideia do aperfeiçoamento das raças via a transmissão hereditária dos caracteres mais adaptados e resistentes às circunstâncias de sua evolução. Era uma percepção que claramente coincidia com o declínio da mística indígena: se antes especialmente a etnia tupi, porque supostamente dócil, foi erguida pelo discurso romântico e indigenista à condição matricial da nacionalidade, quando paralelamente a política de terras e de mão de obra adensou a erradicação e a assimilação dos indígenas, a virada científica da década de 1870 entendeu os povos originários como uma alteridade negativa e, se não isso, como cinzas do passado, em última instância, consumido pelo fogo repressivo do Império.

Inclusive cientistas não obrigatoriamente darwinistas enveredaram por caminho semelhante. Inspirado pelos métodos evolucionistas da antropologia craniométrica institucionalizados na França por Paul Broca e Jean Louis Armand de Quatrefages, o Museu Nacional examinou fósseis encontrados na Lagoa Santa, em Minas Gerais, para concluir pela inferioridade da raça indígena, sobretudo dos botocudos, cujo crânio seria mais estreito e menos esbelto do que o europeu. A ambiguidade, quase um incômodo, ficaria a cargo de pesquisadores como João Batista Lacerda e de Rodrigues Peixoto, para quem a defesa do poligenismo — teoria que postulava a pluralidade das linhagens humanas — permitia ratificar a autenticidade do indígena americano, visto que produto exclusivo do solo americano, mesmo se menor na suposta hierarquia das raças. Ao todo, seria uma espécie de pecado original apenas redimido pela miscigenação com a raça branca, o que redundaria, como diria Silvio Romero, na purificação da nacionalidade brasileira. Era o exato oposto das teses de Gobineau, que condenava a alta fertilidade dos mestiços, dado que passariam adiante as características negativas de sua estirpe. No mesmo ambiente de redefinição pela ciência da nacionalidade, Ladislau Netto, que chegaria à direção do Museu Nacional, foi menos assertivo na quase equiparação dos indígenas a bestas. Não obstante, coube a ele organizar a primeira Exposição Antropológica Brasileira em 1882, cuja principal mensagem bem qualificava o espírito do Museu Nacional: ao passo que se resgatavam os indígenas na formação originária do país, o aspecto geral dos objetos expostos e das histórias narradas depreciava-os claramente, inclusive por meio de uma representação grosseira que os reduzia a uma horda de botocudos considerados selvagens.[63]

Mais eloquente, considerando que constituíam quase 2/3 da população, o quase silêncio científico, pelo menos no Brasil do início da década de 1870, a respeito de negros e pardos tão somente ratificava uma obviedade amparada pelo cativeiro. O próprio d. Pedro II expressou-a em carta particular a Quatrefages, quando ponderou "continu[ar] a crer que o primeiro homem não foi o negro, nem descendente de macaco". Infame, a inferioridade do negro era moeda corrente numa sociedade que naturalizou, para permanecer no corriqueiro, anúncios classificados que ofereciam, nas vésperas dos natais, "escravinhas de 12 anos", entendidas como "presentes ideais para brincar com as crianças". Após a edição da Lei do Ventre Livre, e mais especialmente com o advento do movimento abolicionista, o escudo da escravidão cedeu progressivamente lugar a teorias raciais, agora blindadas pela ciência, que reconduziram pela frenologia ou pela antropologia criminal a obviedade anterior. O negro seria inferior e potencial criminoso, como afirmaria Nina Rodrigues, após a abolição, em seus ensaios sobre as raças e a responsabilidade penal.[64]

Para uma classe dirigente que tinha nos políticos franceses sua inspiração, o racismo de Renan e de Taine, para os quais negros, amarelos e mestiços não seriam perfectíveis, arranjou-se nacionalmente em diretrizes que pregariam a necessidade do branqueamento da população por meio da imigração. Isso não apenas em razão da crise que se anunciava no mundo do trabalho após a abolição, mas igualmente como projeto de nacionalidade. O ideal civilizatório imperial — branco, ordeiro e industrioso — parecia ser o contrário da agitação, embora não exclusivamente, negra e parda que se agigantava na capital e nas províncias: uma revolta ampla da cidadania insubmissa à presumida nova ordem imperial que apregoava a manutenção de cada qual em seu espaço na hierarquia administrativa e na cadeia produtiva, e de cada um em seus lugares de reprodução social. Uma contestação, em suma, ao sentido desigual talhado no projeto de Brasil pelos gabinetes imperiais.

A REVOLTA DA CIDADANIA

O tamanho surto de projetos aventados por uma intelectualidade indócil à ordem então vigente alicerçou-se também num clima praticamente perene de insubordinação social. Não era apenas o bastião cafeeiro de São Paulo ou as espadas agitadas do pós-guerra que formavam os novos projetos para o país, mas igualmente o colérico grito popular ouvido de norte a sul, que, a um só tempo, conferiu materialidade e urgência à contestação de republicanos manifestos ou de positivistas declarados. Foi uma força política que os gabinetes não puderam ignorar, compreendendo então que as novas ideias não operavam no vazio.

Um primeiro ruído ouviu-se no longínquo e aparentemente pacato município de São Leopoldo, no Rio Grande do Sul. As reformas de 1850 haviam lançado as bases institucionais para o advento dos mercados de trabalho, terra e capital. Progressivamente, e com a expansão da infraestrutura de integração física do país, a economia imperial em colcha de retalhos foi cedendo lugar a um efetivo mercado interno unificado, o que impactou a dinâmica produtiva inclusive das populações tradicionalmente condicionadas à agricultura de subsistência, pois passaram a orientar pelo menos parte de sua produção para o mercado. Isso quando não alienaram suas terras e seu próprio trabalho em proveito daqueles que agora acumulavam maior capital: no Rio Grande do Sul, os grandes comerciantes e os agricultores e pecuaristas de maior expressão fundiária.

Para os agrupamentos de vínculos comunais, com os alemães de São Leopoldo, o processo ao todo caracterizado pela concentração de capital rompeu com as formas antigas de acomodação socioprodutiva, forjadas mais por laços de parentesco do que pela lógica dos mercados. Os *muckers* — ou beatos, santarrões e rezadores, como ficariam pejorativamente lembrados — protestaram contra os novos tipos de mobilidade social e de prestígio, sustentados pelo acúmulo de bens materiais e pelo uso de dinheiro, compreendido como fator de desigualdade. Refutaram, em suma, uma lógica de relacionamento entre classes sociais que em nada se parecia à frugalidade e à austeridade preconizada como modo de existência.

Originários de um sudoeste alemão então assolado pelas guerras napoleônicas, os *muckers* migraram para o Rio Grande do Sul na expectativa de dias melhores, apostando nas promessas de tolerância religiosa. Fundaram dogmas rígidos de convivência, como o não fumar ou beber. Os seguidores do João e Jacobina Maurer, líderes comunitários na década de 1860, passaram a professar uma vertente mais ortodoxa da fé cristã que os levou a fundar escolas primárias próprias. Numa dinâmica societária em que a solidariedade comunal tinha larga primazia sobre todo o resto, a burocratização da vida cotidiana promovida pelas reformas de Rio Branco — transparecidas no regime de impostos, no registro fundiário, no sistema métrico ou no recenseamento populacional — pareceu um imenso poder de ingerência para os *muckers*, que inclusive se recusavam a votar.

As primeiras notícias de atos sediciosos chegaram à Corte em meados de 1873. O casal Maurer estaria liderando uma seita messiânica disposta a perseguir todos os seus críticos locais, aí somados os colonos alemães resistentes à doutrina dos *muckers*. Seguiram-se reiterados assassinatos praticados por ambos os lados, além de repetidos incêndios de casas, galpões e vendas de comerciantes locais, ao que o governo respondeu despachando as tropas do coronel Genuíno Olímpio Sampaio, um baiano que havia lutado contra a Sabinada antes de lançar-se nas campanhas platinas contra Juan Manuel de Rosas e Solano López. Num estranho prelúdio ao que aconteceria alguns anos depois no arraial da Canudos, as forças legalistas foram constantemente repelidas, em que pese estarem em condições militares superiores. O próprio coronel Sampaio faleceu em combate em julho de 1874. O movimento encontrou seu termo apenas em agosto, quando as tropas da ordem investiram contra as últimas trincheiras dos *muckers*. João Maurer conseguiu fugir para nunca mais ser encontrado, mas Jacobina pereceu pela mão de militares que, efetivamente, combateriam anos depois os insurretos de Canudos.[65]

O que poderia parecer aos olhos do governo apenas um surto lunático de alguns poucos alemães no sul do país — a comunidade dos *muckers* nunca ultrapassou 200 pessoas — tomou outras proporções, quando, em meio a uma grave crise com a Igreja Católica, um amplo movimento popular estourou no nordeste aparentemente contra a adoção do novo sistema de pesos e medidas. Inusitado, talvez o momento bem caracterizasse, caso fosse um episódio de ficção, a dúvida de Simão Bacamarte, o alienista de Machado de Assis, que a certa altura não soube se os desequilibrados mentais eram os promotores da desordem ou da ordem. Com o olhar diplomático de quem se pensa como terceira parte, James R. Patridge, plenipotenciário estadunidense no Império, entendeu que o governo de Rio Branco mal se ajustava aos clamores populares da hora e culpou a questão religiosa pelo que poderia haver de metafísico no movimento dos quebra-quilos, uma versão apadroada pelo próprio gabinete.[66]

A assim denominada questão religiosa irrompeu em 1872, porém tinha seu elemento fulcral em 1864, quando o papa Pio IX editou a encíclica *Quanta cura* e seu famigerado anexo, a bula *Syllabus errorum* — em português, o sílabo de erros da época. Fervoroso defensor do ultramontanismo, especialmente quando a Santa Sé era preterida no processo de unificação italiana, Pio IX lançou-se numa campanha de retorno ao modo de vida medieval, condenando explicitamente e em primeiro lugar o liberalismo, tido como obra de Satanás. Mas não apenas isso. Contra todos os aspectos da vida dita moderna, a bula listava como desvios sociais o evolucionismo, o positivismo, o racionalismo, o cientificismo, o comunismo e a maçonaria, que era associada na Europa católica ao ateísmo e ao anticlericalismo.

No Império, visto que a classe dirigente era a um só tempo católica e maçônica, o paradoxo somente poderia redundar num conflito que se buscou resolver a favor das lojas e, então, contra a bula. Ainda em março de 1872, o bispo do Rio de Janeiro, d. Lacerda, orientou o padre José Luís de Almeida Martins a guardar distâncias em relação ao Grande Oriente do Lavradio, onde festejara Rio Branco pelo feito do Ventre Livre. Desacatado, o bispo suspendeu o padre, o que imediatamente provocou uma forte campanha dos pedreiros livres no Legislativo e na imprensa contra o episcopado: uma ocasião singular, pelo menos na perspectiva dos republicanos insuflados da loja dos Beneditinos, para ratificar a tão urgente separação entre a Igreja e o Estado.

Naquele então, vigia no Brasil o regime do padroado, que conferiu ao Império o poder de construir templos e de organizar irmandades, assim como o de indicar e arcar com sacerdócios e bispados. Também gozava o governo do direito de apelação à Coroa para assuntos eclesiásticos, o que privava a Igreja de autoridade sobre suas próprias matérias. Em toada semelhante, embora a religião católica fosse a oficial, a Coroa detinha o beneplácito, isto é, o poder de refutar prescrições canônicas oriundas da Santa Sé caso as julgasse atentatórias à soberania e às leis brasileiras, tornando-as sem efeito jurídico em território nacional, como no caso da inclemente bula de Pio IX.

Foi justamente quanto ao beneplácito que se ergueu o recém-empossado bispo de Olinda, cuja diocese englobava quase todo o nordeste. Num notável esforço de imaginação, d. Vital Maria Gonçalves de Oliveira arguiu contra o governo imperial que o beneplácito não era aplicável a censuras e penas eclesiásticas, no que foi acompanhado pelo bispo do Pará, d. Antônio de Macedo Costa. Agindo em conjunto, os bispos ultramontanos lideraram uma cruzada no Recife para expurgar os maçons das irmandades, negando-lhes a absolvição divina e excluindo-os do batismo de descendentes, da sepultura de ascendentes ou do matrimônio de correntes. Em pouco tempo, algumas irmandades solicitaram a intervenção da Coroa, que por intermédio do Conselho de Estado recomendou suspender as afrontas aos maçons.

Sem êxito pela via do Conselho, recorreu-se ao Ministério dos Negócios Estrangeiros, que instruiu o barão de Penedo em 1873 a obter mediante uma missão diplomática à Santa Sé o apoio de Pio IX na resolução da questão, o que efetivamente ocorreu — pelo menos num primeiro momento. A Santa Sé ordenou a restauração das irmandades censuradas, sugerindo, portanto, leniência para com os maçons, mas insistiu igualmente na intocabilidade dos bispos, que não poderiam sofrer ato qualquer de admoestação. Antes de as boas notícias chegarem ao Rio de Janeiro, todavia, o procurador da Coroa já havia apresentado denúncia formal contra os bispos, incriminando-os por desrespeito ao Código Criminal e à Constituição. No início de 1874, d. Vital e d. Macedo estavam presos, e o papa, após determinar a reversão das instruções encaminhadas a Penedo, comunicou a indefectível e consequente sujeição do imperador ao juízo divino. "Vossa Majestade [...] descarregou o primeiro golpe contra a Igreja", pontuou em carta direta a São Cristóvão, "sem pensar que ele abala ao mesmo tempo os alicerces de seu trono."[67]

Embora exagerada, visto que atravessada pelo rancor e, sobretudo, porque a classe dirigente imperial nunca foi ultramontana, a carta de Pio IX trazia à baila pelo menos implicitamente as insatisfações populares transpostas na crise religiosa. Quando a notícia da prisão dos bispos e a consequente condenação a trabalhos forçados ecoou na porção norte do país, ouviram-se reiterados vivas à religião e imediatos morras à maçonaria, que se processaram mais contra o reformismo excludente de Rio Branco do que a favor dos padres, eles mesmos divididos em relação à condenação dos bispos.

Ainda em 1874, João Cargas d'Água liderou em Campina Grande, na Paraíba, um movimento de quebra das novas medidas, então oficialmente instituídas. O sistema métrico decimal estabelecia suas frações de unidade a partir do metro e do quilograma em detrimento do que era usual à época: o moio, o saco, a pipa, o almude, a canada, o côvado, a vara, o pé ou a braça. O aborrecimento de Cargas d'Água tinha suas causas mais substanciais e menos exotéricas na obrigatória compra ou locação dos instrumentos de aferição, a preços, não módicos, que os comerciantes repassaram ao consumidor ou descontaram dos fornecedores, causando a frustração dos pequenos produtores. À maneira do ressentido pelos *muckers*, para os quebra-quilos o atravessador era o vampiro, uma alcunha também dada aos fiscais municipais que cobravam dos feirantes o recém-criado imposto do chão, ao fim igualmente reconduzido no valor final dos bens vendidos.

Os atos insubmissos reproduziram-se nas vilas de Alagoa Nova e Grande, Independência, Pedras de Fogo e Ingá, que foi tomada de assalto por mais de 800 pessoas. Em alguns casos, os vigários mobilizaram diretamente os rebeldes, porém, em outros, pediram calma e temperança. Em seguida, as insubordinações alcançaram Pernambuco, eclodindo num sem-fim de localidades: Itambé, Bom Jardim, Bonito, Bezerros, Garanhuns, Bom Conselho, Buíque e Ingazeira, onde as feiras foram palco do que era julgado como intromissão do governo em costumes arraigados — ou como exploração dos já despossuídos. Também na Bahia, no Piauí e no Rio Grande do Norte, os quebra-quilos não se limitaram à destruição das pesadas caixas de madeira enviadas pela Corte com as novas medidas. Foram dar nos arquivos e nos cartórios, para incinerar os registros civis, como o realizado com o censo de 1872. Julgaram que o governo os usaria para alterar a data de nascimento dos ingênuos, com vistas a escravizá-los. Se não isso, seria tão somente uma forma de dragar no manancial de livres pobres os novos recrutas solicitados pelas Forças Armadas.[68]

Rio Branco, não obstante, continuou a duvidar da possibilidade de os populares terem ideias próprias. Incapaz de abonar qualquer causa profunda para o descontentamento social, o gabinete tendeu a acreditar na ação mobilizadora de republicanos ou de irresponsáveis liberais. Sobretudo, vislumbrou nos padres a origem da estranha insubordinação de um povo tido oficialmente como pacífico por natureza. Intransigente em relação à eventual anistia dos bispos, tragado pela crise financeira global e esgotado por irrequietos feirantes, Rio Branco caiu em junho de 1875. Em seu lugar, d. Pedro II nomeou o duque de Caxias, que, embora maçom, se revelou favorável à anistia dos bispos — uma promessa para recompor a paz nordestina, pelo menos assim se acreditava em São Cristóvão. Não menos importante, o herói do Prata teria legitimidade suficiente para reagrupar o bloco conservador e, assim, para concluir o reformismo de Rio Branco, especialmente no que se referia à aprovação da Lei do Terço, aos projetos de desenvolvimento da capital e ao fomento à lavoura.

Empossado em junho, Caxias assinou em setembro de 1875 o decreto que anistiou os bispos, relegando ao sigilo perpétuo o conteúdo dos processos que motivaram as prisões. Tratava-se de evitar qualquer retorno às origens da crise, que Caxias resolveu cavalgando a Constituição, pois ao fim e ao cabo o poder espiritual sobrepôs-se ao temporal. Era o que retravava Ângelo Agostini, em *O Mequetrefe*, um semanário abolicionista, republicano e anticlerical. Na caricatura, Caxias tomava a Constituição pelas rédeas da corrupção, liderando seu cortejo de ministros pelas pétalas ultramontanas de d. Lacerda em direção à igreja de São Sebastião. O séquito de Caxias assemelhava-se a escravos transportando uma liteira, na qual repousava a figuração do imperador, *El-Rei Caju*, como ficaria conhecido na obra do dramaturgo Artur de Azevedo. Acima do monarca, ainda, a coroa espiritual do par de bispos encontrava-se em pé de igualdade com a princesa Isabel, cujas vontades, porque beatas para além da razão, teriam eclipsado o sol. Embora tenha logrado algum retorno à normalidade nos claustros católicos, a princesa Isabel, talvez injustamente, pagou o preço pela anistia dos bispos. Explicitamente, os maçons progressistas da rua dos Beneditinos tenderam a associá-la à resolução dita ilegal da questão religiosa, conferindo desde já maus presságios sobre um eventual Terceiro Reinado. Foi um primeiro distanciamento entre os pedreiros-livres e a herdeira da monarquia, o que se ratificaria por outras vias nos anos seguintes.[69]

Resolvido o grave imbróglio com a Igreja, Caxias tinha à frente duas largas agendas: o reformismo inconcluso e as insubordinações nordestinas, que assumiram amplitude nacional com a regulamenta-

Angelo Agostino acerca da anistia dos bispos. *O Mequetrefe*, 23 set. 1875.
Fundação Biblioteca Nacional.

ção do novo regime de aliciamento militar. Quanto à primeira incumbência, Caxias foi rio-branquino com excelência. Afora a Lei do Terço e a criação de um punhado de escolas primárias, o gabinete deu larga sequência às reformas urbanas da Corte. Desapropriou para realizar obras de abastecimento de água e de saneamento básico, sobretudo nos bairros então mais cobiçados, como Botafogo, Laranjeiras e São Cristóvão. Também previu a finalmente irrealizada construção de um nababesco túnel submarino para comunicar o Rio de Janeiro a Niterói, onde se aglomerava o proletariado carioca. Assim como Rio Branco, concedeu garantia de juros às letras hipotecárias dos bancos de crédito rural que se formassem e às companhias que estabelecessem engenhos centrais. Mais preocupado com o café e seu principal mercado consumidor, Caxias aprovou a celebração de um contrato de navegação entre os portos do Rio de Janeiro e de Nova York, uma linha que em poucos anos seria realizada sem escalas. Organizou a Inspetoria Geral das Terras e Colonização, para perfazer as necessidades jurídicas dos já agitados mercados de terra e mão de obra, e, de forma a atender às exigências do mercado financeiro, regulamentou a cotação oficial dos fundos públicos, das ações de sociedades anônimas e do câmbio, um sinal de adesão ao padrão-ouro internacional ancorado na libra esterlina. Do ponto de vista da política externa, além de acordos para a proteção de patentes estabelecidos com a Alemanha, a Bélgica, a França e a Itália, Caxias lançou mão de uma política de créditos, que permaneceria por ora letra morta, para a exploração do látex mediante a construção da Estrada de Ferro Madeira-Mamoré, prometida à Bolívia pelo Tratado de Ayacucho em 1867, em plena guerra contra o Paraguai, de forma a evitar um conluio antibrasileiro na América do Sul.

Como de hábito, toda a alma do gabinete estava na pasta da Fazenda, comandada agora por um herdeiro do pensamento econômico de Itaboraí, que faleceu em 1872. O barão de Cotegipe financiou a continuidade reformista com uma larga emissão de títulos da dívida pública, na perfeita esteira daquilo preconizado por seu pai intelectual, preferencialmente distribuídas no mercado financeiro via Banco do Brasil. Era uma concessão de espaçosa margem para desenvolver as demais operações financeiras do Banco. A instituição, que perdera a faculdade emissora em 1866, consolidou-se desde então como uma espécie de fiadora do Império.

Indefectivelmente, os ativos do Banco do Brasil conheceram um ritmo de expansão que acompanhou *pari pasu* o endividamento do Estado imperial: no espaço apenas da década de 1870, o país emitiu quase tantos títulos quanto os lançados durante o conflito no Prata ou três vezes o despejado entre 1840 e 1864. Era uma conta que transbordaria para os gabinetes seguintes, inclusive os liberais como o de Cansanção de Sinimbu, restringindo-lhes a margem de manobra fiscal e forçando uma ação tributária cada vez mais ortodoxa — como novamente sugeriria Ângelo Agostini numa impiedosa caricatura em que Cotegipe drenaria do corpo da pátria o sangue agora do Tesouro Imperial. "Maldita guerra, atrasa-nos meio século!", havia dito em 1866 o agora ministro da Fazenda, que ao fim encontraria pela via dos títulos ou dos tributos a maneira de reverter pelo menos a curto prazo a maldição.

Cotegipe dobrou o imposto sobre a armazenagem de secos e molhados, aumentou o de *indústrias e profissões* para certas categorias de renda média, alterou a décima urbana para residências onde agora passasse a rede de esgoto, reestabeleceu o de estadia nas docas, majorou os tributos de importação e impôs o de farol sobre os navios estrangeiros — o que, tudo somado, impactou os preços finais ao consumidor e sobretudo a renda dos menos prósperos. Enquanto

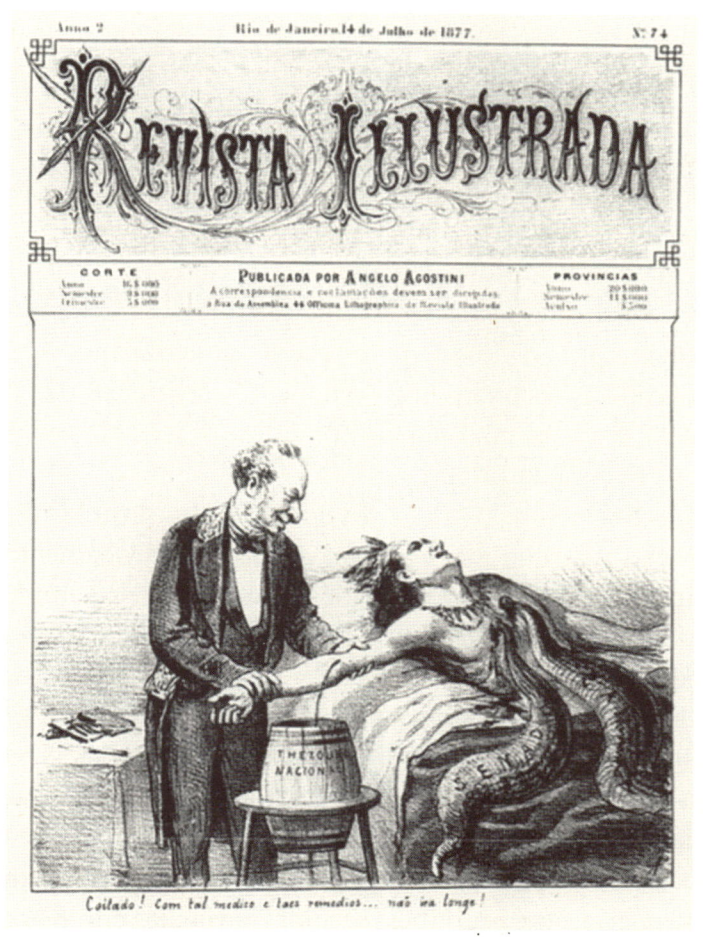

Angelo Agostini sobre a política tributária de Cotegipe.
Revista Ilustrada, 14 jul. 1877. Fundação Biblioteca Nacional.

isso, Caxias punha termo à segunda incumbência que Rio Branco lhe deixara. A espada que havia silenciado, no passado, balaios e farroupilhas docilizava agora os quebra-quilos do norte insurreto, de onde passavam a chegar notícias de motineiros que, para além dos registros civis, queimavam os registros de terras e impostos.

Praticamente ao mesmo tempo, nos estertores de 1875, os relatos sobre os quebra-quilos foram ampliados pela ação dos denominados rasga-listas, concentrados inicialmente nas mesmas regiões do agreste, do sertão e da mata, porém multiplicados da Bahia a Minas Gerais, até São Paulo. Embora houvesse participação masculina, em muitas recorrências, como na cidade de Ponte Nova, na província de Minas Gerais, os bandos eram compostos por mulheres que investiram contra as juntas de recrutamento e queimaram os registros de alistamento, rechaçando a possibilidade de terem novamente, como na guerra contra o Paraguai, seus próximos enviados aos quartéis. Deram então início a um dos primeiros movimentos populares liderados pelo sexo feminino.

A trama do novo episódio rebelde tinha sua origem na lei de recrutamento militar promulgada em 1874 como amparo às reivindicações castrenses por maior diversificação social da tropa, uma forma de conferir melhor aura à instituição. A medida retratava a nova dinâmica universalizante do recrutamento militar na Europa após a Guerra Franco-Prussiana, a mesma lógica coincidindo, no Brasil, com o pós-guerra contra o Paraguai, embora cá tivesse também o escopo de subtrair dos pleitos eleitorais a influência clientelista e a pressão patronal exercidas pela ameaça do recrutamento militar. A lei, que suprimia os castigos corporais, substituiu o recrutamento forçado e aleatório pelo serviço militar obrigatório, a ser realizado por sorteio para todos os homens entre 19 e 25 anos. Isso no plano das intenções, porque ela era toda de exceções. Ficavam fora do sorteio, entre outros da mesma classe social, os bacharéis, os proprietários, os administradores de fábrica ou os feitores de fazenda, os donos de comércio e todo aquele que apresentasse um substituto idôneo. Em outros termos, a universalidade do recrutamento restringia-se às camadas populares, que reagiram então à altura.[70]

Findo apenas em 1877, o movimento logrou interromper a aplicação da lei. Assim como os quebra-quilos, os rasga-listas tiveram êxito em seu propósito imediato, apesar da severa repressão do governo, que ao fim não esquentou a moringa e manteve tanto o alistamento forçado quanto as injustiças distributivas na incidência de impostos. O gabinete seguinte não alterou a ordem de acontecimentos, embora fosse liberal. Com a saúde já francamente debilitada, Caxias parecia pedir as contas, sugerindo, no entanto, que Cotegipe ficasse à testa do governo. D. Pedro II, que retornava de uma viagem cuja primeira parada fora nos Estados Unidos, não parecia avesso aos clamores dos novos tempos. Oportunamente, estivera na Filadélfia quando lá se celebrava o centenário da independência dos Estados Unidos, o que sugeria, para além do especial interesse imperial pelos descobrimentos científicos expostos na Exposição Universal de 1876, uma particular curiosidade pelo modo de funcionamento das repúblicas, notadamente a mais próspera do hemisfério americano. O imperador regressou mais inclinado do que nos anos anteriores a promover uma reforma constitucional que tornasse o voto direto, inclusive como forma de reverter as pressões do *bando de ideias novas* ou de apaziguar os ânimos exaltados da cidadania. Para tanto, compreendeu que o caso poderia fazer-se mediante um novo rebrote liberal: "ambos os partidos desejam [a reforma da eleição direta]", comentou d. Pedro II a Caxias horas antes de sua demissão, "e eu não tenho senão que a achar oportuna, entendo que deve ser o partido liberal, que primeiro e constantemente tem pugnado por ela, que a faça".[71]

Um pouco para a sorte do imperador, Zacarias de Góis e Vasconcelos, desafeto da Coroa desde 1868 e voz aglutinadora da oposição, faleceu subitamente em dezembro de 1877, o que abriu passagem para o retorno dos liberais no poder sob a batuta de José Lins Vieira Cansanção de Sinimbu. Tratava-se de um alagoano que havia governado as províncias do norte. Tinha quase 70 anos e era em tudo moderado, na linha do já desaparecido marquês de Olinda. Nesses termos e naquela hora, era um nome melhor para a Coroa do que Nabuco de Araújo ou José Antônio Saraiva, liberais de primeira expressividade, porém indóceis. Sinimbu assumiu em janeiro de 1878 e formou um gabinete sobretudo com a cepa nova. Os da antiga eram Paranaguá e Osório, fiéis monarquistas e da disciplina militar. Os da nova eram Lafaiete Rodrigues, que assinara o manifesto republicano de 1870; Gaspar Silveira Martins, um gaúcho de simpatias federalistas; Afonso Celso de Assis Figueiredo, o futuro visconde de Ouro Preto, que mostrava tendências abolicionistas; e Antônio Moreira de Barros, um paulista muito interessado pelo avanço da fronteira cafeeira para o oeste do Vale do Paraíba.

Malgrado tenha emergido no governo com ambições quase tão largas quanto as dos gabinetes anteriores, a tropa de Sinimbu foi tragada pela dívida pública. A maior parte dos recursos foi penhorada para a consolidação daquilo que fora emprestado durante a guerra no Prata e os gabinetes Rio Branco e Caxias. Sinimbu viu-se constantemente às turras com as contas públicas, num momento especialmente delicado, dado que a crise hídrica já flagrada novamente no nordeste ganhou especial intensidade a partir de 1877. Tal como durante o conflito contra López, o gabinete teve de lançar mão de um novo chamado empréstimo nacional em 1879, que, embora também processado por intermédio da emissão de títulos, tinha maior capilaridade financeira. Os novos papéis eram cotados a juros de 4,5%, no lugar dos usuais 6%, o que era um alívio para o governo, mas prometiam pagamento em libras esterlinas ou o equivalente em mil-réis conforme a cotação da taxa de câmbio, a um só tempo, nas praças do Rio de Janeiro, de Lisboa, de Londres e de Paris. Em outras palavras, Sinimbu compreendeu que, visto o tamanho da dívida pública, deveria contar com o investidor externo, que efetivamente se interessou pelos títulos brasileiros. Ou ainda, pela via tributária, com o contribuinte interno, que terminaria erguendo-se novamente contra o governo.

Embora liberal, Sinimbu teve de conviver com o fantasma da ortodoxia econômica de Itaboraí. O governo adotou medidas protecionistas, aumentou a tributação sobre a armazenagem na alfândega, taxou o embarque e o desembarque de mercadorias e duplicou o imposto de farol. Num tempo em que as barreiras alfandegárias representavam em torno de 70% da receita imperial, era natural que o comércio internacional fosse almejado como fonte primeira de recurso, mas não por isso os demais tributos foram desconsiderados. Sinimbu procurou instituir, inicialmente, dois tributos que prometiam alargar os cofres públicos.

Previu-se a criação de um imposto territorial, cujo fim último era promover indiretamente uma política de reforma agrária. Tratava-se de forçar, com uma tributação mais agressiva sobre a propriedade fundiária, a venda de lotes improdutivos num momento, nas próprias palavras de Gaspar Silveira Martins então na Fazenda, "que se vai preparando a substituição do regime de trabalho [servil]". Tal como ocorreu quase três décadas antes, na ocasião dos debates sobre a aprovação da Lei de Terras, o novo imposto permaneceu letra morta. Alcançou-se meramente a criação de uma taxa de 20 réis por metro quadrado em terrenos não edificados, exclusivamente na Corte: um valor irrisório para uma cobrança que terminaria ao fim revogada em 1880. O segundo insucesso tributário concerniu à criação de um imposto de renda mais rigoroso e, portanto, com maior extensão do que o tributo sobre *indústrias e profissões*, que não ultrapassava 3% da receita nacional. Objetivava-se taxar as rendas apuradas a partir da Lei do Terço, que havia estabelecido critérios mais rígidos de comprovação salarial. Na percepção do deputado pelo Maranhão Fábio Alexandrino de Carvalho Reis, o "imposto sobre a renda [seria] o único racional, o único imposto em que se pode guardar melhor proporcionalidade, o único em que se pode evitar a repercussão sobre terceiros e, por conseguinte, o único imposto legítimo". Dito de outra forma, o parlamentar defendia a instituição de um tributo que recaísse mais sobre os grandes salários do que sobre os pequenos e que fosse direto para não gerar eventual repasse sobre os preços de bens consumidos por toda a população. Praticamente isolado, o deputado fracassou retumbantemente, e o único que se logrou em 1879 foi uma cobrança retida na fonte de 5% sobre proventos oriundos de empregos públicos. Ainda assim, a taxa cairia para 2% no ano seguinte.[72]

Sinimbu teve mais êxito justamente naquilo condenado por Fábio Reis. Os novos tributos sobre os laudêmios e as taxas sobre a posse de escravos, que incidiram sobre as categorias sociais mais ricas, foram muito residuais em comparação à multiplicação dos tributos na alfândega, uma incidência tributária mais larga e menos equitativa, porque consequente nos preços finais a todo consumidor. Já aviltada por uma inflação crescente, fruto de quase uma década de política fiscal expansionista, a classe popular teve ainda de lidar com novas imposições sobre o tabaco, as bebidas alcoólicas e os selos cartoriais. Como se fosse pouco, Sinimbu criou o imposto do vintém sobre as tarifas cobradas nos bondes da Corte e seus subúrbios, o que foi a gota d'água para um novo levante popular cujo motivo ia muito além dos 20 réis correspondentes ao vintém.

Embora a nova taxa representasse, dependendo do trajeto, 20% do preço da passagem, a causa profunda do motim dizia respeito, localmente, à marginalização urbana das camadas populares e, nacionalmente, à ampliação tributária de um Estado que transformava o recolhido em benefício de políticas públicas mais atinentes às categorias ricas. Os projetos urbanos para o Rio de Janeiro revelavam a disparidade nos contrastes cada vez mais gritantes entre os sobrados e os mocambos ou entre os solares com iluminação pública e rede de esgoto e a opacidade de estalagens insalubres. De forma menos explícita, a revolta do vintém contra o reformismo da época manifestava o resultado desequilibrado de uma lógica de endividamento público que premiava com a venda de títulos as instituições financeiras em detrimento da massa populacional, que pagava o preço com tributos diretos e indiretos, quando as classes mais privilegiadas se negavam a fazê-lo.

Expressão das desigualdades socioeconômicas, o motim estourou no ano-novo de 1880, precisamente quando deveria entrar em vigor o novo imposto. Os primeiros sinais foram dados ainda em dezembro de 1879, quando uma multidão se dirigiu à Quinta da Boa Vista para solicitar ao imperador a revogação do tributo, que não cedeu por pressão do novo ministro da Fazenda Afonso Celso de Assis Figueiredo. Entraram então em cena José do Patrocínio, que já clamava por uma campanha pela abolição da escravatura no Brasil, e sobretudo Lopes Trovão, advogado da via revolucionária e popular para a realização da República. Distribuindo panfletos e realizando comícios, propunham uma política de desobediência civil. O novo imposto deveria ser boicotado, e a população deveria comparecer às ruas no 1º de janeiro de 1880. E assim efetivamente ocorreu. Do largo do Paço até o de São Francisco, ponto final dos bondes, mas especialmente à altura da rua Uruguaiana, formaram-se barricadas, e uma multidão de algo em torno de 500 pessoas atacou os bondes, matou as mulas que os puxavam e apedrejou os condutores.

Entre vivas à República e morras ao vintém, a polícia compareceu para controlar os motineiros. Sem êxito imediato, logo solicitou-se auxílio ao Exército, não sem antes infiltrar entre os revoltosos alguns policiais à paisana, que foram os primeiros a atirarem pedras assim que a soldadesca alcançou as imediações do largo de São Francisco. Conhecia-se o prestígio do qual o Exército gozava entre os populares, confirmado pela negação de alguns corpos a saírem dos quartéis para dissolver os amotinados: de fato, os insurretos saudaram as forças do capitão Bragança, que não obstante abriram fogo contra a massa sem proceder às intimidações legais, após a bem-sucedida ação dos policiais disfarçados e apesar dos soldados que se negaram a obedecer a voz de comando.

Em suma, o fatídico episódio findou com mortes e feridos. A tipografia da *Gazeta de Notícias* foi fechada, pelo menos temporariamente. Lá publicavam Patrocínio e Trovão. Alarmados, os ministros plenipotenciários escreveram a suas capitais, temendo uma revolução no Rio de Janeiro. O da Espanha viu ameaças comunistas, e o dos Estados Unidos, que lutaria pouco depois na causa abolicionista com Joaquim Nabuco, vaticinou que o regime mudaria em poucos anos. Mais grave, a população carioca teria nos dias seguintes ao motim os direitos de reunião e de inviolabilidade do domicílio negados na prática. Contudo, ganharia a suspensão definitiva do tributo em setembro e, ainda, a queda do ministério Sinimbu. Daí em diante, a própria palavra "povo" ganhou presença mais recorrente nos discursos parlamentares, o que igualmente era o caso, porém em toada mais lisonjeira, nos jornais vinculados à caserna.[73]

O ASSOCIATIVISMO CIVIL E O CORPORATIVISMO MILITAR

O crescimento do operariado brasileiro, especialmente nas cidades, como a Corte, onde o processo incipiente de industrialização demonstrara alguma notoriedade, redundou na multiplicação de associações inicialmente voltadas para os socorros mútuos. Mais de 180 sociedades mutuais, beneficentes ou assemelhadas foram constituídas entre 1850 e 1900, com expressiva singularidade a partir de 1870, quando um em cada quatro trabalhadores encontrava-se associado no Rio de Janeiro. De alguma maneira, essas agremiações vocalizavam uma circunstância internacional em que emergiu o estado de bem-estar social. O projeto do *sozialstaat* constituiu-se na Alemanha unificada por Otto Von Bismarck após a Guerra Franco-Prussiana, em 1871. Rapidamente, introduziram-se programas compulsórios de assistência social, como o seguro de saúde, as indenizações por acidentes de trabalho e as pensões por velhice e invalidez.[74]

No Império do Brasil, o poder público foi largamente mais taciturno a esse respeito, deixando a tarefa aos cuidados privados do associativismo mutualista. Talvez o único projeto público quanto ao que eventualmente teria sido o começo de uma agenda de bem-estar social, apenas constituída décadas depois com Getúlio Vargas, foi a pretendida Instituição de Rendas. Seria uma alternativa ao Montepio, cujo raio de amparo social era restrito, e ainda uma maneira de criar um fundo de capitalização talvez mais robusto do que a Caixa Econômica, porque mais remunerativo.[75]

Sem auxílio público, a prática do mutualismo foi obra sobretudo das categorias tipicamente operárias, como os tipógrafos, os empregados da construção naval, os sapateiros, os barbeiros e os maquinistas. Influenciadas pelos textos do socialista francês Pierre-Joseph Proudhon, assim como, no fundo, todo o fenômeno mutualista global, as associações voltaram-se para a defesa do trabalhador quando doente, acidentado ou incapaz. Não eram propriamente agremiações de acesso irrestrito. Previam o pagamento de uma joia, que poderia equivaler a 1/10 do salário anual de um operário comum, como no caso da Sociedade de Proteção aos Desempregados e sem Domicílio Fixo; ou talvez um pouco menos, como em relação à Sociedade Liga Operária Baiana. Costumavam também cobrar mensalidades, mais módicas, iguais ao valor de 10 quilos de batata ou três quilos de carne seca, como no caso do Clube Beneficente dos Guarda-Livros. Para tanto, precisariam contar com adesões em larga escala, de modo a terem seus estatutos aprovados pelo Conselho de Estado, o que não era de todo fácil.[76]

Assim como submetera a formação de sociedades bancárias à aprovação do poder público, a Lei de Entraves, de 1860, também o fizera em relação a outros tipos de associação. O Conselho de Estado moderou a constituição associativa não apenas pela avaliação da viabilidade financeira para as sociedades beneficentes e de auxílio mútuo, mas igualmente pelo escopo e pela composição social. A Sociedade Protetora dos Barbeiros e Cabeleireiros encontrou severas dificuldades para ter seu estatuto aprovado, devido a um número de membros vacilante e, especialmente, porque excluía os de cor preta.

Os conselheiros Bernardo de Souza Franco e visconde de Sapucaí apontaram ser "mais conveniente à sociedade, sem designar a cor, excluir individualmente o sócio que não lhe convenha", num movimento impeditivo que se reproduziu quanto à Sociedade Beneficente dos Artistas de São Cristóvão. Neste caso, apontou-se no Conselho de Estado que

> a exclusão de classes inteiras por motivo de natureza tão impolítica e ofensiva, tendo por fundamento a cor dos indivíduos, ou de sua liberdade, não pode jamais ser homologado pelo governo [...], muito menos [quando] os libertos estão por nossas leis habilitados [...] a ocuparem cargos públicos dos mais elevados.[77]

Seria um falso contrassenso para um Império escravista, na ponderação de Sidney Chalhoub, uma vez que a produção do silêncio sobre as raças tornava-se requisito para forjar o ideal de uma nação homogênea. O que é certo, considerando a manifesta apreensão imperial com uma visível racialização das tensões sociais, responsável por imensas instabilidades nos Estados Unidos. O próprio Conselho de Estado havia-o verificado quando avaliou os estatutos da Associação Brasileira de Seguro Mútuo Auxiliar do Trabalho Nacional e dos Ingênuos, que atraía um bom número de libertos e cujo escopo era captar recursos em favor dos livres de 28 de setembro que, ainda depois dos 21 anos de idade, não alcançassem uma situação salarial digna do termo. Ou, ainda, quando indeferiu os estatutos da Associação Beneficente e de Socorros Mútuos dos Homens de Cor e da Sociedade de Beneficência da Nação Conga, alegando que

> os homens de cor, livres, são no Império cidadãos que não formam uma classe separada, e, quanto aos escravos, não têm direito a associar-se. [Essas] sociedades [são] dispensáv[eis] e pod[em] trazer os inconvenientes da criação de antagonismo social e político: dispensáv[eis], porque os homens de cor devem ter e de fato têm admissão nas associações nacio-

nais, como é seu direito e muito convém à harmonia e boas relações entre os brasileiros.[78]

No reverso do ideal de uma nação homogênea, contudo, havia um tipo de associativismo ainda setorizado e preconceituoso, prova de que as solidariedades entre estratos sociais ainda claudicavam no início da década de 1870. Os recortes associativos eram sobremaneira por profissão, origem regional ou nacionalidade. Progressivamente, e mediante os ganhos obtidos com a *revolta da cidadania*, o cenário associativo nas camadas populares foi assumindo feições mais inclusivas. O mutualismo setorizado cedeu espaço a associações políticas, que deliberadamente falavam de e para uma classe. As associações de trabalhadores, tal qual a União Operária, buscaram conclamar por uma pauta de direitos sociais que incluía o repouso dominical, melhores condições salariais e assistência aos acidentes de trabalho. Rapidamente, deram lastro para o advento da imprensa operária, que somou um sem-fim de periódicos voltados para a causa: *O Tipógrafo*, *O Progresso* e a *Tribuna Operária* foram apenas alguns dos mais expressivos, com *A Gazeta Operária*, que aventava em meados da década de 1880:

> Todo coletivo divide-se e subdivide-se em muitas outras classes, que não são mais do que os diversos membros de seu corpo, ligados [...] pelos mesmos direitos e deveres: não há superiores nem inferiores, não há brancos nem negros, não há pequenos nem grandes, não há nacionais nem estrangeiros, há, sim, cidadãos trabalhadores que se devem mútuo respeito.[79]

Àquela altura, o movimento abolicionista já havia estourado, e certamente serviu como fator de polarização política para congregar num suposto corpo único — e trabalhador — todas as antipatias contra a classe dirigente, escravista até a dobra do último sino. No convívio íntimo das jornadas laborais, no entanto, o racismo não havia cedido sequer um palmo. Um certo viajante francês exclamaria, quando em visita ao Brasil naquela época:

Nada difere tanto de nossa classe operária como a dos operários brasileiros, sobretudo aqueles que pertencem à raça branca. Acostumados a terem negros sob suas ordens, e deixando ao cargo destes as obras mais grosseiras, eles exercem tão bem a dignidade da mestria, que, se vós mandais buscar um marceneiro para reparar um móvel ou um chaveiro para abrir uma ferradura, ele se poupará de carregar suas próprias ferramentas, e se apresentará em vossa casa vestido [...] com um chapéu de três pontas.[80]

O que francamente mudou na virada para a década de 1880 foi a composição de uma consciência trabalhadora para a qual os interesses setoriais deveriam superar os círculos estreitos, de maneira a moldarem-se como interesses comuns a uma classe social, e não apenas, então, próprios a um estrato profissional. "Podem estatuir que o operário é a última classe social", lia-se corriqueiramente na imprensa operária, "a nossa voz será uma e única no momento dado"; ou ainda, quando estavam em curso os debates parlamentares sobre reformas eleitorais, "se os caixeiros e os operários querem rever a habilitação de cidadãos brasileiros [...] devem associar-se para obter o sufrágio universal dos homens de trabalho".[81]

Representativo de uma parcela ainda pequena da população, o associativismo operário não logrou naquele momento erguer uma liderança orgânica e nacional, formada na própria classe e capaz de pautar suas reivindicações em escala única. Os republicanos civis de alto estrato, que patinavam nas tentativas de nacionalizar seus anseios, buscaram aproximar-se do operariado, alguns conclamando por posições de autoridade em tom mais aguerrido, como Vicente de Souza ou Lopes Trovão; outros, com mote mais oportunista e por fim rejeitados notadamente pela Liga Operária, a exemplo de Salvador de Mendonça e Saldanha Marinho. Foram os militares — e muito especialmente aqueles que Oliveiros S. Ferreira denominou de partido fardado, isto é, um segmento castrense mais circunscrito, porém também mais politizado, ágil e aberto à interação com a sociedade civil em benefício de um projeto por ele pautado como nacional — que lograram maior poder de impacto na vociferação do que entenderam ser, articulando-os à sua vontade, os pleitos das camadas populares.[82]

Na esteira dessa politização, mais desimpedida quando faleceram na virada para a década de 1880 oficiais voltados à manutenção do *establishment* militar, nomeadamente o duque de Caxias e o general Osório, repousava a formação de um espírito de corpo militar que, apesar das tentativas anteriores mais volúveis, emergiu com a guerra contra o Paraguai. Em outros termos, o retorno dos campos de batalha conferiu especialmente ao Exército uma dimensão corporativa mais robusta, medida pela lealdade, pela disciplina militar e por uma ética própria à caserna, o que, considerando a paralela politização da tropa, bem se acomoda à interpretação teórica de Samuel E. Finer: a saída dos quartéis para as ruas, a depender da solidez das instituições civis, seria consequência da formação de um espírito de corpo castrense.[83]

Uma visão alternativa foi aquela de Samuel P. Huntington, para quem, de forma oposta, a profissionalização das Forças Armadas operaria, em tese, como garantia de não intervenção militar na política. Edmundo Campos Coelho pareceu apadrinhá-la, ao sugerir que, no Brasil, os quartéis teriam sofrido durante o Império uma política de erradicação. Os governos civis teriam mantido a caserna num estado de hibernação, refutado sobretudo na década de 1880 por militares ainda pouco profissionalizados. Caso antes o estivesse, recomenda implicitamente o autor, teria ocorrido tendência contrária a uma intervenção política que terminou sendo um artifício particularmente do Exército para não perecer.[84]

Os fatos, contudo, parecem dar razão à hipótese anterior. Ainda em 1871, oficiais inferiores como Floriano Peixoto, Sena Madureira e Severiano da Fonseca, todos veteranos da guerra contra o Paraguai, organizaram o Instituto Militar, cujo primeiro objetivo era o melhoramento da corporação militar. Foi dissolvido pelo governo de Rio Branco, que temia, justamente, a politização da tropa egressa do Prata, mas não por isso os oficiais inferiores permaneceram silenciosos.

Reiteradamente na década de 1870, conclamaram por reformas corporativas, a começar pelo aumento dos soldos. Rio Branco respondeu muito parcialmente, oferecendo um incremento salarial em 1873, que não vigorou. Um ano depois, as Forças Armadas reivindicaram formas mais universais de recrutamento. Ao passo que assinavam artigos emancipacionistas em *A Reforma*, um jornal liberal muito lido pelos militares nos campos de batalha, os setores castrenses assinalaram que a inclusão de libertos de guerra nos batalhões imperiais que lutaram no Prata ia de encontro às ambições da tropa por quartéis formados por livres e instruídos, e não por ex-escravos e analfabetos. O próprio Caxias havia-o manifestado, quando exclamou que "a introdução do elemento servil esta[va] produzindo já seus maléficos resultados por meio de exemplos imorais e, de fato, contrários à disciplina e à subordinação [...] praticados por homens [...] que se consideram ainda escravos, que apenas mudaram de senhor".[85]

A inclusão de libertos incomodava, em última análise, porque fazia do escravo o defensor de um Império escravocrata. O recurso a eles, em pleno combate, apenas ratificara tanto a corriqueira aversão popular pelo ofício das armas quanto a implícita associação entre os destinos cativo e militar. Se era contra os homens do gabinete que os militares se levantavam, nada melhor, então, do que ventilar a bandeira contrária à escravidão, pois seria forma de enfraquecer aqueles que influenciavam ou ditavam os rumos políticos do Império: os senhores, na percepção dos militares.

A insubordinação, não diretamente às altas hierarquias marciais, mas sobremodo ao governo, havia ganhado ímpeto tanto na soldadesca quanto no oficialato, inclemente quanto à urgência do reequipamento militar e à ausência dos militares nos rumos do país. O contexto regional parecia efetivamente grave aos quartéis. Apostava-se numa iminente guerra contra a Argentina, e havia razão para tanto. Embora Nicolás Avellaneda, presidente eleito em 1874, tenha buscado pôr panos quentes nas até então muito conflituosas relações com o Brasil, especialmente quando da presidência anterior de Domingo Faustino Sarmiento, permaneciam graves dissabores relacionados aos espólios da guerra contra o Paraguai, que tinham origem no Tratado de Tríplice Aliança. Pelo acordo, confirmou-se por um lado a ascendência argentina sobre o território de Missões — uma confirmação *de jure* do que existia *de facto* — e sobre todo o Chaco Boreal até Bahia Negra; e, por outro, o domínio imperial sobre a franja de terra entre os rios Apa e Branco, a contar da região de Sete Quedas até o rio Paraguai.

Num jogo de desconfianças recíprocas, os conservadores haviam tolhido a expansão argentina, e o desgaste ganhou impulso quando Sarmiento tomou ciência do acordo Cotegipe-Lóizaga entre o Rio de Janeiro e Assunção. Concluído em separado e ao arrepio do Tratado da Tríplice Aliança, o acordo de 1872 assegurou não apenas as fronteiras desejadas pelo Brasil, mas igualmente a livre navegação no rio Paraguai, o que era escopo secular do país, vista a inexistência de comunicação terrestre com a província do Mato Grosso. Por sua parte, Sarmiento vislumbrava no Paraguai não mais do que um protetorado do Império, que também teria assegurado seus interesses num Uruguai liderado predominantemente por *colorados*, partido tradicionalmente aliado do Brasil. No caso de Assunção, a formação do Governo Provisório, oriundo da missão diplomática de Paranhos em 1869, ocasionou a formação de um triunvirato constituído por figuras contrárias a Solano López e influenciadas pelo Brasil: Cirilo Rivarola, José Diaz de Bedoya e Carlos Lóizaga.

Não obstante, a execução da difícil tarefa de reconstrução paraguaia emperrava, a um só tempo, no bloco argentinizado — cujas lideranças eram Benigno Ferreira, Facundo Machaín e José Segundo Decoud — e na facção lopista, chefiada por Cándido Bareiro e Bernardino Caballero. Nas eleições constituintes de 1870, a facção argentinizada alcançou a maioria das cadeiras, e a resposta imperial deu-se pela ação do Exército ainda estacionado em Assunção, que cercou a assembleia e garantiu a posse de Rivarola. O desenrolar dos acontecimentos não foi menos difícil. Alertando o Brasil sobre a inconsistência

Mapa 2. Definição dos limites no pós-guerra

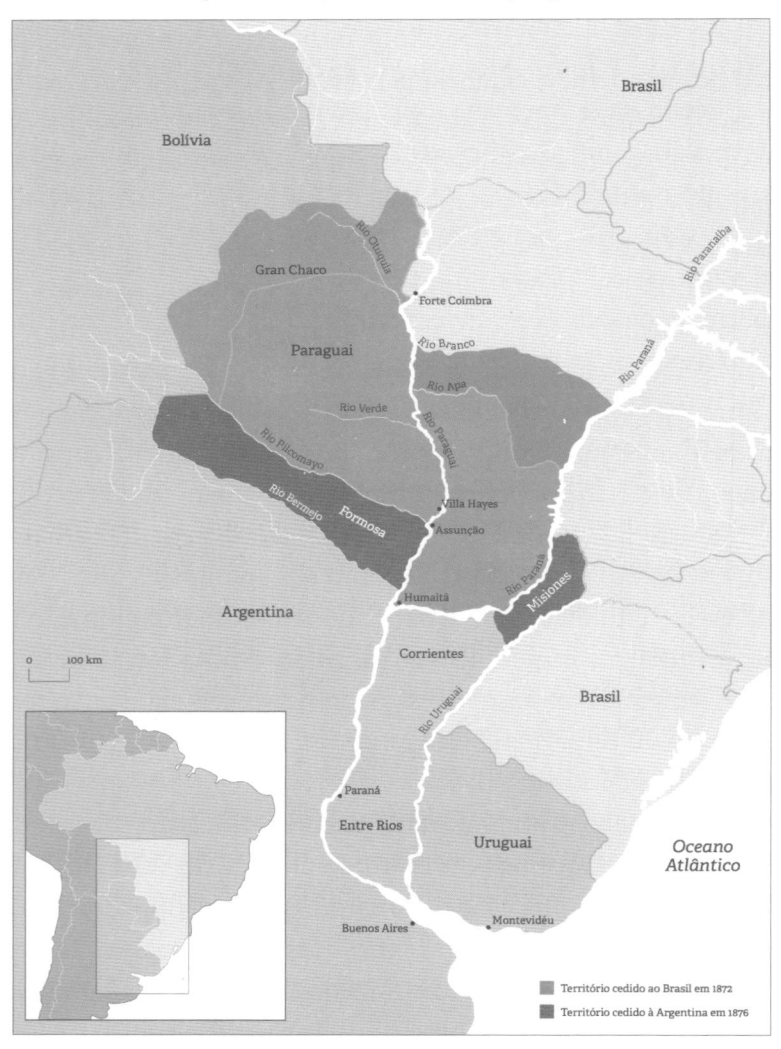

Fonte: Ricupero (2017).

de Rivarola para estimular a propriedade privada e o livre comércio, Juan Bautista Gill buscou alçar-se à presidência. Em 1874, a diplomacia imperial voltou a intervir no Paraguai, e Gill instalou-se no comando do país. Assim como em 1872, chegou-se perto de um conflito contra a

Argentina. Se não isso, pelo menos de um incidente armado, quando um veterano desavisado da Marinha imperial ordenou, também em 1874, o bombardeio da cidade argentina de Alvear.

Embora a distensão tenha somente ocorrido em 1876, quando as tropas brasileiras finalmente deixaram Assunção — uma ocupação, portanto, de quase sete anos — e quando Buenos Aires assinou um tratado de paz com o Paraguai pelo qual ratificou a posse de Missiones e Formosa, os quartéis imperiais permaneceram agitados. Sena Madureira acabava de publicar um relatório, fruto de uma missão militar a Viena para avaliar os rumos militares europeus, que se desejava um verdadeiro programa de ação. Para além de conclamar pelo robustecimento militar do Império, porque se reduzira contínua e drasticamente o contingente castrense após a guerra contra o Paraguai, Madureira entendia que o Brasil deveria articular a balança de poder na América do Sul, tal como o faziam os Estados Unidos acima do estreito de Panamá, para que, como líder regional, não se tornasse presa dos imperialismos de então. Numa fração rápida de tempo, surgiram jornais militares que indicavam as vias para o reposicionamento do Império na ordem internacional. Indefectivelmente, o caminho era a industrialização.

Prova de que a corporação ganhava corpo, um grupo de veteranos do Exército e da Marinha — a exemplo do próprio Sena Madureira, mas também de Cunha Matos, Eduardo Wandenkolk, Floriano Peixoto e Tibúrcio de Sousa — procurou definir os ideais coletivos da caserna. Seriam um espírito só e um corpo único, alegadamente, na realização de ambições, também pretensamente, nacionais. Afora as sempre reiteradas exigências por medidas de enaltecimento institucional, em jornais como *O Rebate*, a *Alvorada*, *O Soldado* e a *Tribuna Militar*, pedia-se o soerguimento de barreiras alfandegárias para desenvolver a indústria nacional. Uma espécie de protecionismo educador, nos termos teóricos do economista germânico Georg Friedrich List, para quem a indústria nacional deveria resguardar-se do livre-comércio até que estivesse em condições de concorrer com a internacional. Também conclamavam pelo relaxamento dos juros bancários, um setor julgado concentrado demais, e pela institucionalização do crédito ao consumo. Em tudo isso pareciam emular os rumos dos Estados Unidos após o término da Guerra de Secessão, inclusive com um tinteiro cada vez mais ostensivo contra a escravidão. Mais particularmente, bradavam pelo transbordamento do fardo tributário para o setor cafeeiro, considerado por eles o baluarte de um Império cuja classe dirigente seria imoral, devido à vilipendiada transformação de interesses particulares, próprios ao mundo agrícola, em objetivos coletivos.

Para o grupo, que assumia os contornos de um partido fardado, a moralização do país dizia respeito à convocação do povo para assumir os rumos nacionais. "Saudamos neste momento o povo", dizia-se em *O Soldado*, "que é nosso companheiro de desgraças, vítima da prepotência e do massacre [...]. A aristocracia do dinheiro e dos pergaminhos cairá ante a soberania nacional, [...] no dia em que nós [o soldado e o povo] manifestarmos a opinião sincera do país." Para os autores — veteranos do Prata que citavam a torto e a direito os pais fundadores dos Estados Unidos, o advento de um Executivo forte no México e a desfeudalização de um Japão agora industrializante —, somente os militares, vozeando os anseios populares, teriam legitimidade e representação para formular novos projetos para o Brasil: "eles não sabem governar, aviltando-se ante um título de distinção", lia-se como que ouvindo berros novamente na imprensa militar, num tom próprio ao binarismo do nós contra eles e, portanto, à radicalização contra o governo.[86]

O tino militar de pendência pública em relação aos quartéis ganhava então sua recíproca: a responsabilidade castrense perante os rumos do país. Esse sentimento, que nada mais era do que a *veterania*, lograva reunir inclusive a geração militar do pós-guerra numa cruzada contra a direção do Estado tal qual realizada pelos partidos imperiais: uma moralização, no fundo, que se escorava na defesa do mérito e do talento individual, em alçada muito semelhante ao positivismo então em voga, e que, ainda mais profundamente, tinha na classe média o ideal nacional. Porque ordeira, laboriosa, mais branca do que negra, educada e inclinada às veredas industrializantes, a classe média, quando ampliada, teria feito a riqueza das nações — nomeadamente a alemã.

Defendendo o voto universal, porém esclarecido pela barreira de alfabetização, a caserna captou as pressões que provinham do mundo industrial nascente e as incorporou. Coincidindo com o surgimento da imprensa politizada dos quartéis, emergiram jornais ligados ao mundo fabril, como *O Industrial*. Traziam manifestos, como o da Associação Industrial redigido por Antônio Felício dos Santos, que clamavam pela industrialização como meio para alcançar a independência econômica. Falava-se em combater a monocultura e nacionalizar o abastecimento interno com a adoção de barreiras alfandegárias. Como na caserna, também se reivindicava o crédito fácil, rápido e barato; e o desenvolvimento do operariado como forma de ocupar a população ociosa. Em tudo invocavam uma ideologia de classe média, em termos assim definidos: somente o trabalho libertaria, e o reconhecimento do mérito laboral daria disciplina e constância às forças produtivas nacionais.[87]

Os membros da Associação Industrial eram fabricantes de tecidos, violas, tintas e mobiliário, floristas, ourives e litógrafos. Comerciantes de secos e molhados seguiram a mesma linha, enfaticamente mostrando aversão pelo que consideravam um ininterrupto aperto tributário. Muito atuante na imprensa, o Centro Comercial de Secos e Molhados rapidamente ganhou espaço em jornais abolicionistas e republicanos, como *O País*, para condenar "o imposto da taverna, que recai sobre a classe média e pobre, tornando mais caros os artigos de alimentação, considerados de primeira necessidade". Tomando o aluguel imobiliário como referência de custo, pontuavam que enquanto o tributo da taverna "esta[va] na razão de 70% [...], o imposto sobre os mercadores de café permanec[ia] na de 27%". Uma injustiça, salientava-se ao fim, visto que o valor lucrativo do café era muito mais alto do que o do taverneiro.[88]

A resposta veio a galope. Por meio da Associação Comercial do Rio de Janeiro e de São Paulo, e do Centro da Lavoura e Comércio do Café, os produtores agrícolas assinalaram que o protecionismo teria o efeito duplamente negativo de inflacionar os preços finais ao consumidor e de desabastecer o mercado interno, porque a indústria nacional, segundo eles, era de estufa. Pior, como a população era rural, defender as fábricas e os setores comerciais vinculados seria socorrer alguns poucos em detrimento de outros muitos — um argumento que se sustentava apenas do ponto de vista demográfico, porque o lucro cafeeiro, para dizer o óbvio, não era exatamente distribuído de forma equitativa. Caso houvesse deslocamento da mão de obra para as cidades, insistiam, o principal polo gerador de renda para o país e consequentemente a composição do orçamento nacional seriam golpeados por eventuais retaliações internacionais ao protecionismo educador.[89]

Embora o Império tenha cedido em benefício do café, o que seria uma surpresa apenas para o mais desavisado dos industriais voluntaristas, a década de 1870 demonstrara que a secular desigualdade socioeconômica do país passava a manifestar-se numa polarização política caracterizada por uma aversão ao governo, agora mais larga e mais organizada. Em certo sentido, os eventos que retrataram a *revolta da cidadania* eram manifestações de uma tempestade ocorrida no Prata. As forças profundas que a habilitaram — seja pela via industrial, militar ou operária; ou pela indocilidade dos estratos populares e a rispidez dos médios — advinham das contradições de um Império que pagava a conta da guerra e da sustentação da classe economicamente dominante com políticas públicas reprodutoras das desigualdades políticas, econômicas e sociais. Não por coincidência, as novas ideias tiveram grande apelo, visto que se apresentavam como alternativas a uma permanência que se desejava romper. Como os *roaring twenties* do século XX, os anos de 1870 também foram agitados. Deram o lastro fundamental sobre o qual se assentou, dando-lhe viabilidade, o primeiro movimento efetivamente de opinião pública no país, na feliz expressão de José Murilo de Carvalho, pois logrou congraçar a população numa causa única: a abolição da escravatura.[90]

PARTE II.

A fronda republicana (1880-1900)

Antônio Luiz Ferreira, Sessão de aprovação da Lei Áurea, 1888.
Instituto Moreira Salles.

CAPÍTULO 3

A PROCLAMAÇÃO DA REPÚBLICA

Em 1889, a República foi proclamada por militares, embora com apoio civil. Das oito pastas ministeriais, três foram assumidas por ex-combatentes do Prata, isso sem contar o chefe do Governo Provisório, Deodoro da Fonseca, um veterano que lutou a guerra de fio a pavio. Apenas quatro das 20 unidades da nova Federação, que se tornavam estados, foram governadas por civis: São Paulo, Minas Gerais, Espírito Santo e Rio Grande do Norte. Todas as outras, e apesar de bruscas ou repetidas trocas de poder, foram atribuídas inicialmente a militares, em sua quase totalidade, veteranos do Paraguai. Para um país que inaugurava um federalismo exacerbado, o cargo de presidente de estado — hoje governador — não era uma mera sinecura. Pelo contrário, era o suporte, com a presença castrense no Rio de Janeiro, para a formação de uma República dos veteranos. Ratificá-lo-ia, pouco depois, a imensa presença de ex-combatentes na Constituinte de 1890.

O que haveria então ocorrido para que a caserna impusesse uma república contra uma monarquia que consolidara a unidade do país, que abolira o tráfico e a escravidão e que constituíra as fundações do sistema representativo de governo por meio de eleições ininterruptas? Era um pouco do que o imperador, já no exílio, se queixava em carta a Louis Pasteur, um íntimo, num momento em que a iminente morte da imperatriz Tereza Cristina redobrava a frustração da súbita partida para a Europa: "alguns espíritos pouco filosóficos tomaram o governo [...]. Deveriam tê-lo pedido, já que tanto o ansiavam. O teria dado [...]. Já houve algum republicano a quem recusei um serviço, um posto, um comando?". E completou, em tom pouco habitual para o espírito reservado e comedido que o caracterizava, "que não se vangloriem de terem fundado a República do Brasil. O verdadeiro fundador desses novos Estados Unidos sou eu. Eu acostumei o povo às ideias de liberdade. Ou não fui eu quem aboliu a escravidão?".[91]

Menos retóricas e mais ingênuas, as perguntas de uma atônita princesa Isabel igualmente testemunharam a angústia do instante. Poucas horas após o golpe e quando ainda a bordo da embarcação que levava a família imperial para longe do Brasil, a princesa confidenciou que não suspeitava a insurreição, exclamou a impossibilidade de o gabinete ter possuído conhecimento da trama golpista e interpelou o oficial de fazenda e o comandante do cruzador que acompanhavam a monarquia deposta sobre as razões do golpe. O oficial, sem esconder seu espanto, respondeu que a transferência de poder era necessária, mas que deveria ter ocorrido por outro meio. Referindo-se aos meros dois deputados republicanos que se elegeram na última legislatura, disse que a mudança se daria, inevitável, porém lentamente, porque "a nação iria elegendo cada vez maior número de deputados republicanos". A culpa, arrematou, seria das Forças Armadas, com o que o comandante concordou — "tudo foi feito pelo Exército e pela Armada, pela força", não sem acrescentar que se os militares tinham de obedecer, "também quem manda deveria [...] lembrar-se que manda em pessoas a quem deve certas considerações". Num à parte que teria sido temerário dias antes, o comandante ainda completou que o Império havia errado ao obrigar o Exército a caçar "pretos fugidos de São Paulo".[92]

Numa lógica semelhante, os primeiros relatos testemunhais sobre o Quinze de Novembro circunscreveram-se à ação republicana, civil ou militar. Pelo lado dos vencidos, o visconde de Ouro Preto, último chefe de gabinete do Império, equiparou a República a uma parada militar, movida por interesses pessoais de alguns oficiais pouco ordeiros, e entendeu que o novo regime faria apenas uma paródia do sistema democrático. Pelo lado dos vencedores, disse-se, em especial Quintino Bocaiúva, que a República havia conquistado o povo e que o Império estava viciado. Separadas por paixões e vaidades características daqueles que viveram os fatos, ambas as correntes se ancoraram numa interpretação irremediavelmente personalista da queda do Império. Teriam sido Deodoro, Benjamin Constant ou Lopes Trovão os heróis da República; ou d. Pedro II, a princesa Isabel e o conde d'Eu os que, representando as instituições imperiais, teriam sido injustamente tomados de assalto.[93]

Dos três últimos, apenas o conde d'Eu voltou a pisar no Brasil após o governo de Epitácio Pessoa revogar a lei de banimento da família imperial, em setembro de 1920. Num tempo em que a Primeira República mostrava sinais de exaustão, rapidamente ampliados pela crise do tenentismo no centenário da Independência, o conde d'Eu reabilitou a interpretação que dera à derrocada da monarquia quando em alto-mar, imediatamente após o golpe: "Não me admirou, nem fiquei surpreendido, senão por sua demora", disse na ocasião, "esperava a República desde o fim da Guerra do Paraguai". Em muitos aspectos, foi a versão de Oliveira Viana, que a sistematizou com maior destreza. Oco em seu liberalismo, porque os partidos políticos não teriam representado reais correntes de opinião, o Império teria fracassado quanto à produção de massas coesas, portadoras de um ideal coletivo ou de um projeto nacional. Os partidos políticos, encastelados em interesses regionais, teriam incompatibilizado a monarquia e a Federação. Nesse compasso, a abolição, fruto de uma suposta cumplicidade entre o monarca e os abolicionistas, teria atingido fatalmente os fundamentos econômicos da lavoura. Então, um punhado de republicanos sem capilaridade nacional teria explorado o momento para aliciar tanto os fazendeiros desamparados quanto os militares insatisfeitos, a ponto de empurrá-los para o golpe.[94]

Com a democratização de 1945 e o término do Estado Novo, desenvolveram-se versões mais progressistas do Quinze de Novembro. Buscou-se sobremodo enxergar na pluralidade republicana a ação decisiva de certos grupos de personagens. George Boehrer abriu a caixa-preta do partido republicano, salientando suas matrizes diferentes, mas não por isso deixou de assinalar uma linha partidária que incluía a defesa da Federação, a áspera relação com a Igreja e a aspiração abolicionista. Por sua parte, José Maria dos Santos vislumbrou em São Paulo o coração da República de 1889: teriam sido os convencionais de Itu que teriam liderado o Império para a abolição, e daí para a ruína.[95]

Uma segunda corrente tendeu a apadrinhar o pensamento marxista e teve, entre seus principais expoentes, Caio Prado Jr., Nelson Werneck Sodré e Leôncio Basbaum. Condenava-se, em primeira instância, a redução do processo a uma sucessão de meros acontecimentos fugazes que teriam minado o Império. A República não poderia ser um somatório de variáveis causais sobrepostas umas às outras: os militares mais do que os republicanos civis; a incapacidade partidária mais do que os detratores do Império. Não sem razão, o latifúndio, a urbanização e a industrialização foram os pontos de partida da segunda corrente. Somente a partir da compreensão de uma formação social, sugeriu-se então, seriam vislumbráveis atores históricos constituídos em relações contraditórias, que dariam forma a um todo orgânico.[96]

A segunda corrente tomou a República a partir da inadequação das instituições imperiais às transformações nas estruturas produtivas fundamentais. O avanço da questão servil teria acarretado o surgimento de novos tipos de proprietários agrícolas, cujos métodos de produção teriam demandado incentivos que o poder imperial não soube conceder. Vítima de suas próprias fraquezas, o Império teria negado a Federação, num contínuo processo de isolamento que, paralelamente, teria coincidido com o reordenamento do espaço produtivo nacional em benefício de uma província erguida, na proposta, com braço imigrante: São Paulo.

Rica em hipóteses mais do que em comprovações, a segunda corrente produziu uma antítese que, paradoxalmente, prestou ouvidos moucos à tese. Burguesia, classe média e força produtiva foram os termos que substituíram Campos Salles, Deodoro da Fonseca e visconde de Ouro Preto. Preocupados em demarcar as possibilidades limitadas de transformação histórica, refutando assim o simples acaso dos acontecimentos, foram trabalhos mais engajados ou interpretativos do que guiados pelos fatos. Havia ainda, por conseguinte, um bom número de questões carentes de respostas, como afirmara Emília Viotti da Costa. Quais eram as ambições da nova cafeicultura paulista? O Exército tinha projeto político? As classes média e popular estavam politizadas?[97]

Os 100 anos da abolição e da Proclamação da República não passaram em branco na historiografia, mas o resultado não foi uma síntese que devolvesse as estruturas a seus agentes. Numa década de 1980 em que se dispunha não haver coisa parecida a uma sociedade, mas apenas indivíduos, a República reemergiu atomizada em seus fatores constitutivos. Em suma, a pulverização da República não significou apenas um realinhamento de certos atores em detrimento de outros, mas a quebra de unidade em cada um desses fatores: não houve militares, mas um grupo de militares em colisão contra outro; nem uma Proclamação, mas proclamações que se negaram umas às outras; e tampouco classes, mas o exercício de uma cultura timidamente democrática por cidadãos mais reativos do que propositivos.

Os ganhos foram inegáveis, em primeiro lugar, porque as conclusões alcançadas tinham suas raízes em rigorosa pesquisa e, em segundo, visto que a análise pela pluralidade de atores trouxe o benefício do cuidado na caracterização. Em especial quanto à corporação militar e aos ideais republicanos, como fizeram Celso Castro e José Murilo de Carvalho, foi reconsiderada uma suposta coesão, na análise historiográfica, traçada como uma marcha inexorável em direção à República. De forma semelhante, os cidadãos especialmente do Rio de Janeiro mais consentiram com a República do que a fizeram, o que não significaria, de modo algum, uma *bestialização* perante uma quartelada, como quis Aristides Lobo, mas uma desafeição ao regime em queda. São os termos de Maria Tereza Chaves de Mello.[98]

A bipolaridade de interpretações terminou sendo resolvida por um dos lados. Ganharam as personalidades sobre as classes, e os relatos de síntese, como acontecia com os mais antigos, tenderem a apresentar a Proclamação da República como um desfiladeiro de *questões* — a servil, a republicana, a militar e a religiosa — que teria implodido a sustentabilidade da monarquia. O quadro não foi o das estruturas sociais, mas o da indeterminação dos acontecimentos. Na versão talvez mais popularizada — e, no fundo, reabilitada —, a queda do Império teria beirado o livre-arbítrio. O enfermo e hesitante Deodoro, apesar das pressões contrárias da mocidade militar, não teria optado pela República, mas pela derrubada do gabinete de Ouro Preto.[99]

De alguma forma ou de outra, o que se perdeu com as abordagens mais estruturalistas somente é recuperável, nas palavras de Emília Viotti da Costa, com a reinserção das personalidades nas permanências ou nas transformações históricas, cuja tessitura realiza-se não na eventual arbitrariedade das escolhas individuais, mas nos condicionamentos que as mulheres e os homens, constituídos em classes, se interpõem mutuamente. Como quem diz, de maneira jocosa, um Deodoro não faz República, e tampouco um imperador, Império.

A ECONOMIA POLÍTICA DA ABOLIÇÃO

Não era fortuita a retomada em 1878 das discussões sobre a locação de serviços. A Lei do Ventre Livre estava prestes a completar oito anos, e abriam-se então as duas possibilidades legalmente previstas quanto ao futuro dos ingênuos. Para os fazendeiros, não era exatamente uma escolha de pesos equivalentes, já que, caso optassem pela indenização, perderiam o lucro que o ingênuo poderia render tão logo atingisse a idade de lavoura. Antes, tratava-se de pautar uma transição gradual e segura para o trabalho livre, porque o futuro do cativeiro era incerto.

Foi esse um dos principais teores do Congresso Agrícola do Rio de Janeiro, convocado tão logo Cansanção de Sinimbu chegou ao poder. Nele, rapidamente se formaram dois blocos, cujos projetos eram, portanto, opostos. O primeiro exigia uma legislação mais rigorosa para a contratação da população nacional e manifestava desconfianças em relação aos resultados da imigração. Discorreram assim os fazendeiros do Vale do Paraíba, sobretudo fluminense, e os mineiros também. O segundo era regionalmente mais coeso: os cafeicultores do Oeste Paulista e apenas uma parte daqueles do Paraíba paulista julgaram arriscado no longo prazo depender do trabalho de ingênuos e libertos, assim como do nacional livre. Para eles, a solução era a imigração subvencionada e defenderam a importação de *coolies* chineses — ou *chins*. É certo que, em nome da Comissão de Lavradores de São Paulo, Campos Salles condenava a dita raça oriental como forma de povoamento, mas aceitava-a na lavoura como meio de transição para o regime de mão de obra livre, especialmente porque os *chins*, supunha-se, aceitariam salários inferiores aos locais. Implicitamente, entendia-se que a decorrente queda nos custos de produção compensaria as perdas de uma eventual abolição sem indenização. Especialmente Antônio Moreira de Barros, um campineiro de Taubaté, sustentou a posição, o que não era pouco, visto que ocupava então a pasta dos Negócios Estrangeiros.

Sem desmerecer a posição paulista e, no fundo, secundando-a, Cansanção de Sinimbu arguiu em favor de incentivos à mão de obra livre nacional. Assim ditava sua posição de chefe de gabinete, ministro da Agricultura e organizador do Congresso Agrícola. Não obstante, a proposta de aumentar os salários da lavoura não ganhou amplitude qualquer. Conforme postulado pelos fazendeiros, a lavoura não suportaria pagamentos que ultrapassassem o custo máximo de manutenção servil, uma soma, ao fim, tão estreita quanto a ética dos homens de grossa aventura. Embora sem crer em sua eficácia, inclusive os paulistas consentiram com outros estímulos, porque não implicavam aumento no custo de produção. O Clube de Rio Claro recomendou a dispensa do recrutamento militar para o lavrador nacional. Pensava-se que o repúdio à caserna estimularia o trabalho no cafezal. Certo ou não, o caso é que o incentivo dificilmente seria aprovado numa conjuntura de franco acirramento das tensões entre as Forças Armadas e o governo. Falou-se também, como apelo à imigração europeia, em promover a igualdade política, o casamento civil, a secularização e a nacionalização. Possível solução, ainda, poderia vir de uma nova legislação sobre a locação de serviços que permitisse, a um só tempo, manter os salários em patamar inferior ao custo de manutenção servil e assegurar a prestação de serviços por tempo certo. Para tanto, a nova lei deveria operar por intermédio de uma polícia rural, proibindo a errância, regulamentando os contratos de longa duração e estabelecendo punições às violações contratuais e às insurgências coletivas contra as condições de trabalho, nomeadamente as greves.[100]

Das soluções propostas, apenas duas ganharam concretude. Sinimbu conseguiu aprovar a Lei de Locação de Serviços em 1879, e Moreira de Barros lançou as primeiras missões diplomáticas à China, país com o qual foram então formalizadas as relações diplomáticas em 1880. Nenhuma das medidas, contudo, teve efeito na prática. A legislação contratual somente acirrou a aversão pelo trabalho fixo na lavoura, e a diplomacia migratória emperrou na oposição comercial

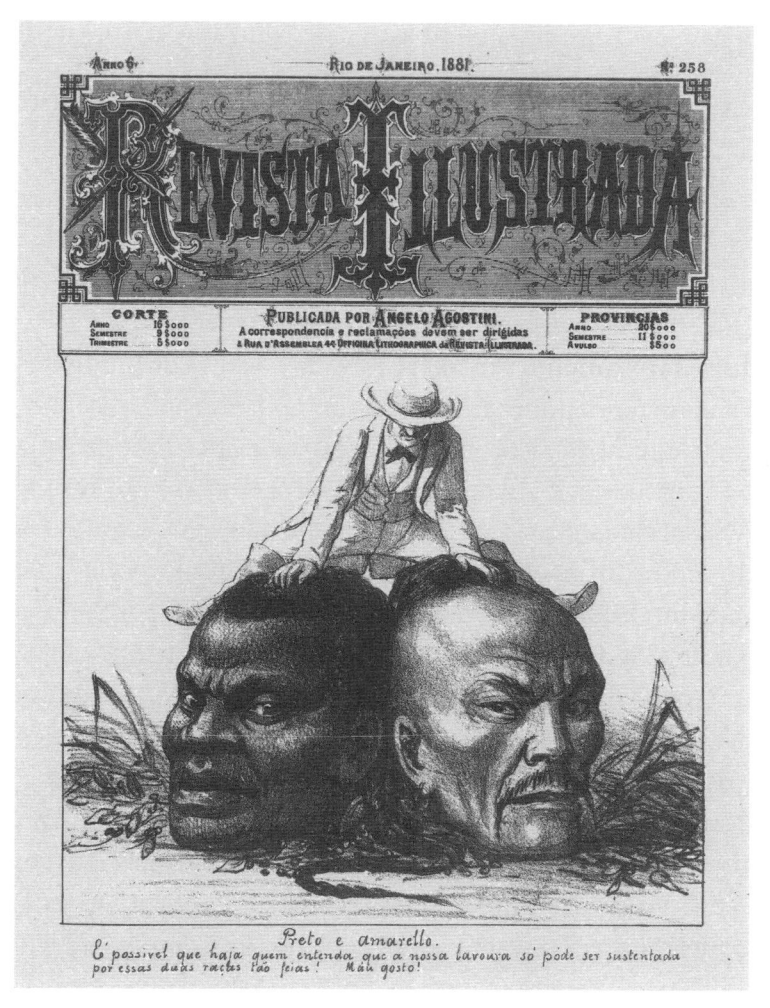

Angelo Agostini sobre a política de importação de *chins*.
Revista Ilustrada, 30 jul. 1881. Fundação Biblioteca Nacional.
Termo derivado do hindi, *coolie* significa etimologicamente jornaleiro, ou trabalhador diário, e caracterizou migrantes chineses e indianos. O comércio de *coolies*, em muitos aspectos, guardou semelhanças com o tráfico negreiro: apinhados em navios sobrecarregados, habitualmente morriam de inanição durante as viagens. Chegaram em números expressivos especialmente às colônias britânicas da América quando lá se aboliu a escravidão. Entre meados da década de 1830 e o término da Primeira Guerra Mundial, em 1918, foram quase 700 mil *coolies* introduzidos na Guiana Britânica, em Trinidad, na Jamaica, em Guadalupe e no Suriname, mas também em Cuba e nos Estados Unidos. No Brasil, o projeto para importá-los naufragou em razão da preferência por trabalhadores europeus, julgados mais aptos a purificar a raça das supostas máculas africanas.

britânica e portuguesa ao embarque de *chins* nos portos de Hong Kong e Macau. Londres, pressionada pela Sociedade Anti-Escravista Britânica, havia proibido a saída de *chins*, exceto para as colônias britânicas; e as relações sino-lusitanas andavam tão estremecidas que também se coibiu a emigração por Macau. A disponibilidade de mão de obra, livre e escrava, ainda era problema central para a lavoura, e o regime de trabalho cativo, em que pesem as incertezas que sobre ele pairavam, continuava a ser a opção economicamente mais racional.[101]

Muito rapidamente, então, o Clube da Lavoura de Campinas buscou à sua maneira pontuar a economia política da abolição. Não se tratava de radicalizar o processo a ponto de pôr em xeque o gradualismo emancipatório, mas o que antes era hesitante tomou forma mais consolidada. Se no último semestre de 1878 o Clube havia-se posicionado contra a aprovação, na Assembleia Provincial de São Paulo, de um imposto sobre o tráfico interprovincial de escravos, no começo de 1880 tudo parecia haver mudado. A ambiguidade deliberada a respeito da escravidão, que havia caracterizado os campineiros, cedia lugar às posições agora mais claras de ninguém menos do que Campos Salles, o principal articulador da lavoura paulista.[102]

A tarefa não era simples, visto que os interesses políticos eram conflitantes dentro e fora de São Paulo. A opção de Campos Salles foi encontrar um ponto de equilíbrio que permitisse reabilitar estrategicamente a questão servil sem pôr em risco a cafeicultura paulista. Corria desde 1879 um projeto na Assembleia Geral do Império que previa a abolição do tráfico interprovincial de escravos. A oposição geral à possível lei não mudou senão em 1880, quando se abriu uma frente parlamentar paulista que passou a defender o projeto. Encabeçava-a Moreira de Barros, e contava com o apoio do Clube de Campinas. Dizia-se que a abolição do tráfico interprovincial repousava sobre dois argumentos: o primeiro dizia respeito a um princípio humanitário, pois o projeto, se convertido em lei, evitaria o desmembramento das famílias escravas e os riscos acrescidos de insubordinação; e o segundo, a uma questão econômica, porque era medida de salvação da lavoura sulina, dada a tônica abolicionista que pairava no norte com maior expressão.

Menos retórico do que o primeiro, em que pese a concretude da rebeldia escrava, o segundo argumento sedimentava-se num espelhamento, novamente, com o cenário estadunidense. Recordando aos deputados a centralidade da questão servil na oposição entre o norte abolicionista e o sul escravocrata à época da Guerra de Secessão, Moreira de Barros salientou que a abolição do tráfico interprovincial era maneira de sustar o antagonismo que via desenvolver-se entre as duas partes do Império do Brasil. Não que a oposição levasse forçosamente a um conflito civil, como no caso dos Estados Unidos, porém a manutenção da escravidão em dimensão nacional evitaria o isolamento do sul escravocrata na hora de resolver, com o norte abolicionista, a sorte do cativeiro. De outra maneira, caso não arrefecesse o tráfico interprovincial, a concentração de cativos no sul levaria à abolição pelas vias de fato no norte, pois ali as forças produtivas alicerçadas na escravidão deixariam simplesmente de o ser.[103]

Os números jogavam a favor do argumento de Moreira de Barros. Em 1877, Minas Gerais, Rio de Janeiro e São Paulo possuíam mais escravos do que o conjunto de todas as outras províncias do Império. Como se não bastasse, a aprovação da Lei do Ventre Livre mostrara quão fundamental era o peso legislativo do norte na agenda servil — na ocasião, o visconde do Rio Branco valera-se sobretudo dos parlamentares dali para promulgar a lei. Não sem razão, eles foram implacáveis na oposição ao projeto: interromper o tráfico significaria verem-se pressionados por suas respectivas forças econômicas escravistas, o que deixaria o sul em posição de vantagem na condução da economia política da abolição.

Àquela altura, pois, a posição das províncias do norte já havia mudado. Nas décadas de 1860 e de 1870, testemunharam-se nas assembleias provinciais da Bahia, do Maranhão, da Paraíba e de Pernambuco interesses que opunham os favoráveis ao imposto àqueles que o condenavam. Premidos por circunstâncias econômicas adversas, alguns proprietários e seus representantes legislativos desejavam manter o livre fluxo de escravos para o sul, com vistas a obter melhores preços pelos cativos vendidos. Era o retrato de uma economia ofegante, porque caracterizada por más safras e por uma oferta inelástica de capital, o que ficara claramente plasmado no Congresso Agrícola de Recife, convocado imediatamente após o do Rio de Janeiro e, em larga medida, como desagravo a um gabinete julgado prestativo apenas para o mundo cafeeiro. Um outro grupo, especialmente formado por senhores de engenho, negava a livre exportação, visto que trazia concorrentes ao mercado: ao demandarem mais escravos num cenário de oferta cativa relativamente engessada, terminavam apreciando o preço servil e pondo em risco a produção — e o lucro — do açúcar regional. Embora os governos provinciais tenham concedido o imposto, nunca o tornaram proibitivo.[104]

Em âmbito nacional, o projeto não passou em 1880. O novo gabinete encontrava-se às turras com a aprovação de uma nova reforma eleitoral. Sinimbu caiu imediatamente após a crise do vintém, e d. Pedro II encontrou em João Antônio Saraiva o comedimento que melhor se prestava àquela hora. Tal qual o imperador, Saraiva era um liberal de temperatura morna. Embora apegado aos direitos e às liberdades individuais, não representava risco qualquer à ordem socioeconômica vigente, especialmente quanto às muito buliçosas, naquele então, agitações de livres e cativos. À moda dos principais chefes de gabinete do Império, havia feito seu luzeiro no Prata, liderando a missão de 1864, que na prática forjou a Tríplice Aliança contra o Paraguai. Quando chamado a governar, tragou a ansiedade costumeira de seus pares e permaneceu ainda alguns dias em sua fazenda de Pojuca, na província da Bahia. Traço infalível de Saraiva, a demora não era sonolência ou amor ao engenho, mas habilidade para reafirmar o prestígio de homem indispensável.

O messias de Pojuca valeu-se de todos os subterfúgios resvaladios para aprovar a reforma. A Constituição de 1824 era incompatível com o sistema de eleições diretas — o escopo primeiro da reforma —, o que requeria a abertura de uma Constituinte para tal fim. Saraiva julgou que o momento se prestava a tudo, menos a uma revisão da Carta Magna e, à força, logrou aprovar a medida como lei ordinária. A Câmara inteiramente liberal, assim composta em 1878 para homologar a vontade eleitoral do imperador, auxiliou-o por inteiro, e os artigos da lei saíram como azeitados por um consenso de camarilha. Nas aparências, era uma questão de lisura do voto e de legitimidade de representação. Abolir a distinção entre votantes e eleitores, supostamente, tornaria o processo menos fraudulento, visto que as notabilidades locais não poderiam exercer coação qualquer entre o primeiro e o segundo voto. Daí a razão, somente desfeita em 1985, para introduzir o critério de alfabetização para votar: o esclarecido não seria tão manipulável. O mesmo motivo tornava o voto facultativo, já que esvaziaria os denominados espoletas eleitorais, uma estranha forma de sitiante muitas vezes analfabeto mantido nas propriedades apenas para fins eleitorais.

Na contracapa da reforma, temia-se que uma década de tamanhos projetos alternativos à ordem e da consequente *revolta da cidadania*, notadamente nas cidades, onde a coerção eleitoral claudicava, redundasse talvez em personalidades heterodoxas na Câmara. Saraiva encerrou então o longo ciclo de reformas, iniciado com o Ventre Livre, mediante uma lei que também estabeleceu métodos mais rígidos, já que o critério censitário fora corroído pela inflação, para comprovar a renda mínima de 200$000 réis. Simples declarações do empregador não prestariam, e o alistamento eleitoral seria individual, e não mais realizado pelas Juntas de Qualificação, cabendo os custos dos documentos exigidos pelo juiz municipal a cada um que desejasse sufragar.

O resultado foi uma severa redução do eleitorado. Na década de 1870, votavam no Império do Brasil em torno de 10% da população total. Após a Lei Saraiva, aprovada em 1881, as urnas pareceram de ouro. Num universo onde mais de 80% dos brasileiros eram analfabetos, o homem do engenho de Pojuca refinou bem seu açúcar, porque passaram a votar pouco menos de 100 mil pessoas, quase 1% da população total. O imenso resto era bagaço, tal qual na maior parte da Europa ocidental. No início da segunda metade do século XIX, na Grã-Bretanha, bastião histórico do sistema representativo de governo, votavam 3% da população; na Holanda, 2,5%; na Espanha, 2,6%; e na Itália, 2%. As exceções globais eram a França e a Suíça, que haviam adotado o sufrágio universal masculino, e progressivamente os Estados Unidos, onde votaram 18% da população no término da década de 1880. Não à toa, José Bonifácio, o Moço — e neto do patriarca da Independência —, diria em discurso antológico na Câmara de Deputados, após recordar os analfabetos defensores do Império contra Solano López, que "esta soberania de gramáticos é um erro de sintaxe política. Quem é o sujeito da oração? Não é o povo? Quem é o verbo? Quem é o paciente? Ah! Descobrimos uma nova regra: é não empregar o sujeito".[105]

Num contexto legislativo pouco propenso a novos ruídos, Campos Salles buscou a alternativa provincial para a edição do imposto sobre o tráfico interprovincial. O Clube de Campinas logrou em 1881 a aprovação do tributo, na esteira do Rio de Janeiro e de Minas Gerais, que seguiram igual caminho. Campos Salles começava a encontrar o ponto de equilíbrio que almejava. Ao tornar virtualmente proibitiva a importação servil do norte, e esgotando assim a oferta de mão de obra cativa, o preço do escravo conheceria intensa valorização, o que, devido à eclosão do movimento abolicionista, se revelou equivocado. A hipótese, contudo, sugeria imenso agrado a gregos e troianos da lavoura sulina. Os emperrados paulistas e fluminenses teriam seus patrimônios multiplicados, o que impactaria positivamente o trânsito com o Banco do Brasil.

A contemporização campineira com o trabalho servil era parte essencial da política de paciência estratégica. A solução imigrantista não deveria significar o repentino descompromisso com a escravidão. Embora o republicanismo campineiro fosse contrário à escravidão pelo menos em princípio, nada deveria rimar com revolução, haja vista o possível impacto sobre o valor imobiliário. Progressivamente, os campineiros pareceram ganhar as simpatias da bancada paulista mais emperrada, que tendeu a apoiar a estratégia campineira de transição para o trabalho livre quando o movimento abolicionista ganhou o momento.

As mobilizações começaram ainda no final na década de 1870, no mesmo instante em que os fazendeiros organizaram seus congressos. Na Câmara, Joaquim Nabuco, já em franco contato com abolicionistas europeus, apadrinhou a estratégia empregada por William Wilberforce ainda cedo no século XIX para romper os grilhões do tráfico e do cativeiro no Império britânico. A ideia era agir pela obstrução, propondo constantemente projetos emancipacionistas — e, portanto, graduais em seu antiescravismo — até vencer pelo cansaço e obter a conversão dos projetos em lei. Nabuco formalizou em 1880 um anteprojeto cujo objetivo era erradicar a escravidão em 1890. Com a esperada recusa da Câmara para sequer julgar a urgência da proposta, Nabuco constituiu um bloco legislativo abolicionista que, num piparote e com apoio de André Rebouças, fundou a Sociedade Brasileira Contra a Escravidão. Simultaneamente, José do Patrocínio, um jornalista negro de oratória inigualável em suas paixões, articulou a agitação nas ruas, promovendo panfletos e conferências públicas, manifestações políticas e artísticas, cujo arremate era a alforria de escravos — rotulados por ele, melhor, de escravizados, para ressaltar que não havia nada de natural numa condição transitória e imposta. Rebouças faria a articulação do mundo legislativo com o espaço público, fundando com Patrocínio a Associação Central Emancipadora. O objetivo, tal como o da Sociedade, era instigar uma espécie de democracia rural alicerçada na pequena propriedade.

Os resultados pareceram auspiciosos. Embora Nabuco não tenha logrado reeleger-se, o que lhe deu a oportunidade para encontrar na Europa o apoio à causa e o tempo para redigir seu famigerado livro *O abolicionismo*, o alvoroço nacionalizou-se, e até 1885 surgiriam nada menos do que 227 sociedades abolicionistas congraçadas na

Confederação Abolicionista, de 1883. Obra novamente de Patrocínio e Rebouças, a organização propunha a abolição imediata e sem indenização, e para tanto a tática seria libertar progressivamente do jugo servil sucessivas parcelas territoriais, sempre adjacentes, até alcançar os principais nódulos escravistas.[106]

Tamanhas ambições somente encontraram materialidade porque foram sustentadas pela agitação dos escravos. Atentos aos ruídos legislativos, os cativos organizaram fugas coletivas das fazendas na expectativa de encontrar abrigo nas cidades. Quando não, optaram pelo confronto e pela resistência, tão bem plasmados no Quilombo de Jabaquara, formado em Santos no ano de 1882. Somando algo próximo a 10 mil libertos por si mesmos, a comunidade prontamente chamada de Canaã dos Cativos ergueu barracas de palha e taipa — e chegou a estabelecer um comércio local blindado por sentinelas que expulsavam os capitães-do-mato. No mesmo ano de 1882, denotando a força de um contágio rebelde não apreensível na simples procura de uma liderança escrava nacional, de resto, inexistente, irromperam fugas coletivas no sul da Bahia que se desdobraram, igualmente, em formações quilombolas.

Muitas vezes incitados por estrangeiros abolicionistas que penetravam as fazendas mesmo após os galos cantarem, os escravos eram reiteradamente auxiliados pelo estratégico fenômeno dos quilombos volantes. Eram agrupamentos que podiam alcançar mais de 30 pessoas — entre elas, escravos fugidos e homens livres. O objetivo era auxiliar as fugas em massa, fornecendo um amparo imediato aos que rompiam os grilhões. Errante por definição, o quilombo volante organizava-se costumeiramente em torno de lideranças religiosas e por meio de alianças com comunidades assemelhadas no afã de formar uma autonomia alternativa ao inclemente controle senhorial do tempo e do espaço.[107]

Também concorreram para a aceleração da marcha abolicionista as classes média e popular. Muito reveladoras foram as sociedades que apresentaram, em suas denominações, características socioprofissionais típicas dessas classes, como a Sociedade Abolicionista Comercial da Bahia, o Clube Abolicionista Caxeiral Cearense ou a Sociedade Abolicionista dos Funcionários Públicos do Rio Grande do Sul. Jeffrey Needell entendeu que haveria desde o começo do movimento abolicionista uma solidariedade racial afro-brasileira, que teria dado liga e sentido à agitação. Nessa interpretação, a historiografia não teria suficientemente percebido um protocolo relacional do Império moldado para acobertar origens raciais, quando necessário. As plateias abolicionistas teriam sido afro-brasileiras, então, e o silêncio das fontes históricas quanto a isso apenas ratificaria uma etiqueta que impunha mudez sobre a descendência negra de mulheres e homens de maior envergadura social — ou de potenciais lideranças abolicionistas, ainda que populares. É desses silêncios que emergiriam, na análise de Needell, novas figuras orgânicas do movimento, como Vicente de Souza ou Miguel Antônio Dias.

Vislumbrando a história por outro prisma, talvez menos dócil quanto a uma humanidade que reiteradamente faltou ao Brasil, foi sobretudo a condição socioeconômica, e não tanto a solidariedade racial, o que na década de 1880 serviu de fundamento para uma coligação abolicionista entre classes sociais impactadas por políticas excludentes. Não foi por caridade ou compaixão que a classe média — ou a popular branca — encontrou subitamente o humano do negro. Foi antes uma posição constituída pelo vínculo nacionalmente percebido entre os que possuíam escravos e os que dirigiam a economia política do Império. Se a posse servil antes da abolição do tráfico, definitiva em 1850, não estava distante de uma quase universalidade para a classe média, quando o preço do escravo se tornou proibitivo, superando o salário anual de comerciantes, empregados públicos, militares, notários e de seculares e regulares, o cativo tornou-se tamanha medida de distinção social que ratificou, antes de mais nada, uma concentração de riqueza associada aos donos do poder.[108]

Os militares perceberam-no rapidamente. Para eles, no entanto, a equação era socioeconômica apenas no segundo plano. Talvez a abolição significasse um incremento de mão de obra disponível para o desejado desenvolvimento industrial, do qual a classe média se beneficiaria, mas para a caserna o abolicionismo era sobretudo uma política de poder — e muito menos uma dívida social. As Forças Armadas passaram ao largo das agendas de integração dos libertos na sociedade de classes, ponderando na bandeira abolicionista uma inescapável renovação dos grupos dirigentes. Não por acaso, os militares foram amplamente mais uníssonos em relação ao fim do cativeiro do que em outros assuntos ideológicos.

O apadrinhamento de teses positivistas não foi consensual no Exército, ainda menos na Marinha. O republicanismo tampouco era regra. Havia certezas mais prontas na Escola Militar do que no alto oficialato. O abolicionismo seguiu outra norma nos quartéis. Do alto ao baixo oficialato — ou entre praças, também —, o fim do cativeiro fez dos militares, militares, e não grupos de militares. Afora a ação na imprensa, os militares atuaram fartamente no campo associativo abolicionista. Quando não integraram sociedades abolicionistas compostas por civis, formaram as deles. Em julho de 1881, Severiano da Fonseca, irmão de Deodoro e também veterano do Prata, assumiu a presidência do Clube de Emancipação, ligado à Escola Militar. Para a ocasião, que não era de pouca monta, organizou-se uma celebração com presença de ninguém menos do que abolicionistas civis de primeira expressão, como João Clapp e Domingos Gomes dos Santos. Pouco depois vieram à tona o Clube Abolicionista Militar de Fortaleza e a Associação Abolicionista do 15º Batalhão de Infantaria do Ceará.[109]

A resposta do governo não tardou em chegar. Naquela altura, Saraiva já havia cedido seu lugar a Martinho Campos por pressão da cafeicultura fluminense. Escravocrata da gema, como ficaria rapidamente conhecido, a canoa de Martinho soçobrou em seis meses. Era um homem fora do tempo para o movimento abolicionista, e d. Pedro II não encontrou melhor solução do que convocar ao poder em 1882 João Lustosa da Cunha Paranaguá, cuja única marca de juventude na barba branca que o caracterizava era o principal objetivo de seu programa: a proibição nacional do tráfico interprovincial. Sem êxito imediato quanto a seu escopo, Paranaguá interrompeu a circulação dos jornais militares e ordenou a dissolução das guarnições abolicionistas. Tratava-se sobretudo de evitar uma solução de força, orquestrada pelos quartéis, que solapasse o emancipacionismo gradual em benefício da abolição imediata.

Em fevereiro de 1883, Paranaguá determinou que o 15º Batalhão fosse transferido para o Pará. Os oficiais da unidade redarguiram, alegando que a conversão em sociedade abolicionista fora motivada pelas felicitações que o imperador dera à Sociedade Cearense Libertadora quando libertou Acarape da escravidão. Era o primeiro município livre do Império. Paranaguá não transigiu, o que, no entanto, resultou numa sensação de vitória para o batalhão, porque no porto de Fortaleza reuniram-se em torno de 15 mil pessoas para saudar os militares. O movimento espalhou-se como rastilho de pólvora, e houve rápidas adesões aos militares em Pernambuco, em Goiás, no Rio Grande do Sul e no Pará, onde o batalhão foi recebido com novas ovações. Pouco depois, o tenente Manuel Joaquim Pereira, não por acaso do Ceará, integraria a Confederação Abolicionista.

Para enfraquecer governos julgados escravocratas, a via eleitoral tampouco escapou aos quartéis, mas os resultados não foram prósperos. Na legislatura de 1881 a 1884, apenas um deputado era militar; na de 1886 a 1889, tão somente dois. Não obstante, a aposta castrense pareceu acertada: a abolição, que se apresentava aos militares como mecanismo de ingresso na política nacional, renovou as cadeiras nas principais instâncias de tomada de decisão. O último gabinete do Império, instituído após a abolição e formado pelo visconde de Ouro Preto, não teve sequer uma figura ligada à antiga classe senhorial. Na Assembleia Geral, também houve ampla renovação, apesar do Senado vitalício. A novidade estava nos rostos que passaram a compor a Câmara. Em que pesem as reiteradas fraudes eleitorais, nada menos do que 55% dos deputados gerais eram novos, também no sentido etário, sem experiência qualquer, tampouco, em outras instâncias superiores, como os ministérios, o Senado e o Conselho de Estado.

Os resultados de agosto de 1889, no entanto, foram muito parciais. O avanço liberal deu-se tão somente como mecanismo para impedir o republicano. Ouro Preto parecia endossar, tal qual fizera Rio Branco, a política de reformas pelo alto. Na expectativa de manter docilizadas as lavouras paulista e fluminense, o gabinete autorizou a emissão de novos créditos agrícolas. Para a caserna, o novo gabinete cheirava a naftalina. Se Ouro Preto pusesse em prática sua agenda reformista — que excluía a Federação, não previa a industrialização e rebaixava a corporação militar —, pouco mudaria para que tudo permanecesse como antes. O clima era de agora ou nunca. Rapidamente, a tropa encontrou lastro nos republicanos paulistas, e deram-se então as reuniões secretas que levaram à queda do Império. Insustentável na década de 1890, dadas as incompatibilidades que a caracterizaram, a improvável aliança somente se realizou a partir do tensionamento implosivo das estruturas econômicas do Império na década de 1880. Em última instância, o espaço de ação que a caserna encontrou originou-se das contradições entre os gabinetes, os cafezais, especialmente paulistas, e os bancos, marcadamente fluminenses.

O CAFEZAL, O GABINETE E O BANCO

O cafeeiro é uma árvore pequena que não costuma ultrapassar os cinco metros de altura. Dá-se bem em solos relativamente profundos, ácidos, bem drenados e pouco pedregosos ou arenosos. O Oeste Paulista reunia no XIX ótimas condições para seu plantio: no transcorrer de séculos, uma manta de lava decompôs-se para formar uma argila porosa rica em ferro e potássio, dando uma coloração à terra do vermelho ao roxo, um indicativo de acentuada acidez. No Vale fluminense, as circunstâncias geológicas não eram radicalmente distintas, a não ser pelo mar de morros, onde o desmatamento e a ação das chuvas provocaram a erosão da fina camada do solo arável, carregando para as baixadas a matéria fértil, agora muito úmida para o café. Teria sido necessário lutar constantemente contra a natureza, plantando milho, mandioca e feijão, para devolver à terra o adubo favorável à cafeicultura. Não que a prática fosse esotérica no Vale, muito pelo contrário, mas o caso é que o equilíbrio desencontrado entre a modesta adubação mais por reflexo do que por ciência e a abundância de águas pendeu no tempo curto de duas gerações para o declínio da produção vale-paraibana — e sobretudo da produtividade com o esgotamento do trabalho cativo.

Os cafeicultores do Vale encontraram-se no início da década de 1880, resultado de uma sempre crescente concentração de escravos em poucas mãos, com plantéis servis muito inchados para as permissividades físicas da região. Igualmente grave, a política de incentivos à lavoura promovida por Rio Branco começava a passar sua fatura. Como o cafeeiro tardava um lustro para chegar à plena maturidade, os últimos anos da década de 1870 foram muito excepcionalmente de supersafras no Vale, o que redundou numa abundante oferta de café — e num consequente desequilíbrio com a demanda internacional pelo grão.

Assim, o quinquênio 1882-86 foi absolutamente catastrófico para o Vale. O valor médio pago pelo café brasileiro nos Estados Unidos caiu a patamares praticamente inéditos no Segundo Reinado. Devido à relativa inelasticidade-preço da demanda pelo produto, o que sugere a inalteração do volume consumido mesmo quando o preço declina, o excesso de café encalhou, num contexto ainda agravado em 1882 por nova crise nas bolsas de Lyon, Paris e, pouco depois, Nova York. Na Europa, o desemprego rapidamente disparou, e nos Estados Unidos greves operárias estouraram no 1º de maio de 1886, especialmente em Chicago. Como se não bastasse, o senhoriato do Vale tampouco podia respaldar-se no valor empatado no plantel de escravos, a joia das fazendas, porque a eclosão do movimento abolicionista provocava uma derrubada tão vertiginosa no preço dos cativos, que os próprios bancos passaram a refrear seus empréstimos hipotecários à lavoura.[110]

Gráfico 2. Produção cafeeira por zonas em percentuais da produção brasileira total, 1870-1930

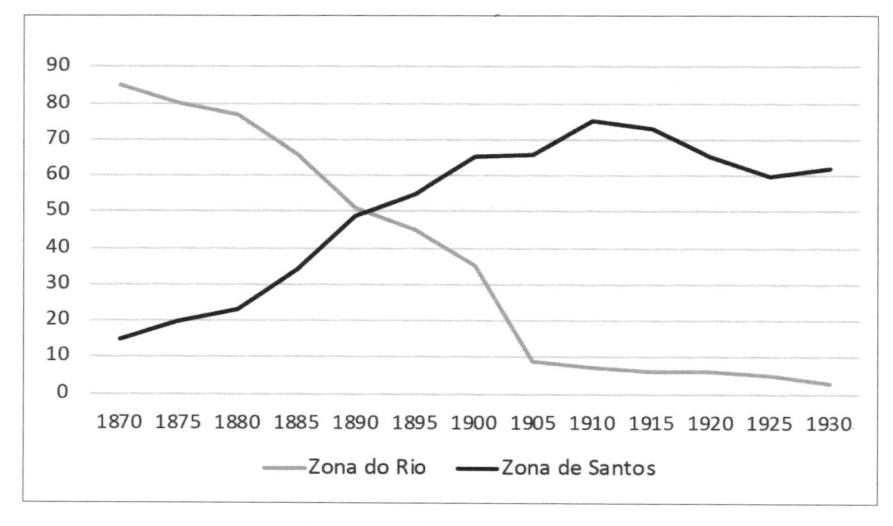

[Gráfico de linhas mostrando a evolução da produção cafeeira entre 1870 e 1930. Eixo Y de 0 a 90 (percentuais). Zona do Rio: começa em cerca de 85% em 1870 e declina até próximo de 0% em 1930. Zona de Santos: começa em cerca de 15% em 1870, ultrapassa a Zona do Rio por volta de 1890, atinge o pico de aproximadamente 75% em 1910 e termina em cerca de 60% em 1930.]

Fontes: Bacha e Greenhill (1992); Luna e Klein (2014).

A via de salvação foi então encontrada justamente no mundo bancário, num movimento que tão somente aperfeiçoava o processo de financeirização da economia fluminense vislumbrado desde o término da guerra contra o Paraguai. Isso não pelo suposto interesse em migrar da condição de devedor à de credor da lavoura, sequer da paulista. A rota fluminense era a de fuga dos cafezais. Contrariamente à percepção que apadrinha como processo, no fundo, os raros episódios de compra de terras no Oeste Paulista por fazendeiros do Vale — o que, de resto, seria impraticável, considerado o tamanho das dívidas vale-paraibanas —, o senhoriato das mansões de pintura descascada seguiu de perto, para refazer os rebocos, os projetos do Banco do Brasil.[111]

Desde o início de 1880, o Banco havia retrocedido no impulso à carteira hipotecária, congelando naquele ano as emissões de novas letras. Quatro anos depois, materializando a preocupação de seus acionistas com o movimento abolicionista, o Banco suspendeu indefinidamente a concessão de hipotecas para os fazendeiros, no que foi seguido pelas demais instituições hipotecárias. Os riscos de insolvência haviam-se tornado patentes. Deixava-o claro a ação dos quilombos volantes. Se, em 1882, 70% dos contratos estavam em dia com seus pagamentos; em 1885, eram apenas 55%, dos quais ¼ apresentava atrasos de mais de cinco anos. O Banco do Brasil respondeu enviando peritos às fazendas, para sindicarem as causas da inadimplência, e apuraram, sem contar os escravos porque talvez proximamente libertos, que as terras e as benfeitorias valeriam o correspondente, em média, a menos da metade dos débitos de cada mutuário.[112]

A aposta do Banco do Brasil, apesar das vindouras execuções, estava no gabinete. Ávido por reequilibrar a crônica persistência da dívida pública, o governo Paranaguá flexibilizou a Lei de Entraves, justamente quando o preço do café despencou. Objetivou-se, por um lado, fomentar a constituição de sociedades anônimas, notadamente bancos de crédito, de depósitos e de descontos, porém não hipotecários, de maneira a dinamizar o consumo interno de bens nacionais ou importados; e, por outro, o gabinete estimava que a criação de sociedades de importação de maquinário agrícola devolveria o sol às fazendas assombradas pelo abolicionismo, medida que combinou com novo empréstimo externo no eloquente valor de 4 milhões de libras esterlinas para o desenvolvimento ferroviário. Forçosamente, emitia títulos para cobrir antigas e novas dívidas, fazendo do Banco do Brasil o melhor intermediário possível. O mecanismo de conversão da dívida externa explicitou-se melhor pouco depois, em 1886, quando o barão de Cotegipe assumiu o gabinete, rapidamente tornando-se o presidente do Banco do Brasil.

Com a persistente queda nos preços do café até 1886 e a tenaz concentração bancária do Império, as políticas de Paranaguá não lograram devolver respiro qualquer ao Tesouro, e Cotegipe, um herdeiro da ortodoxia econômica de Itaboraí, arranjou-se de modo mais engenhoso. O governo obteve autorização legislativa para recolher os títulos de juros a 6%, pagando o valor de face, e imediatamente lançou mão de títulos a 5%, no intuito logrado de perfazer a troca por particulares entre os de 6% e os de 5%. O fôlego ao Tesouro assim suspostamente encontrado, no entanto, precisaria de dois intermediários não pouco relevantes. Para cobrir a despesa, Cotegipe levantou 6 milhões de libras, de modo costumeiro para o Império, com a casa N. M. Rothschild & Sons, que o Banco do Brasil converteu em dívida interna, emprestando 50.000:000$000 réis ao governo, justamente, mediando a venda de títulos a 5%. Por todas as evidências, Cotegipe não resolveu o problema da dívida pública, apesar da manutenção de seu relativo controle pelo menos até 1889, mas redobrou a financeirização das antigas fortunas do Vale, que correram novamente às portas do Banco do Brasil para adquirir os títulos do Tesouro e as ações do Banco — ao todo, abandonando os cafezais e fugindo da abolição já muito próxima.[113]

Cada vez mais livre dos grilhões, o Vale, que antes era o escravo, consolidava assim sua transição financeira do jeito despudorado que encontrou com o Banco do Brasil. O caso de Francisco Belisário Soares de Souza foi particularmente emblemático. Casado com uma Teixeira Leite, da tradicional linhagem de cafeicultores do Vale fluminense, fora membro do Conselho Diretorial do Banco do Brasil, assumiu a pasta da Fazenda durante o gabinete de Cotegipe e, portanto, realizou na prática a conversão da dívida externa. Para o escândalo de um abolicionista da envergadura de José do Patrocínio, Belisário simplesmente acabava de hipotecar, quando o Banco do Brasil trancava sua carteira a novos empréstimos agrícolas, seus escravos e sua própria fazenda à instituição. Não era pouca coisa, nem pelo valor, nem pela promiscuidade política que o episódio evidenciava. Tratava-se de uma propriedade de 380 alqueires de terra, 400 mil pés de café e quase 200 escravos. Era um valor hipotecário singularmente alto, que o Banco do Brasil não endossaria caso não fosse da esposa do ministro da Fazenda.[114]

Concluía-se então um processo de recunhagem da moeda imperial, para retomar, alargando-a, uma expressão de Ilmar Rohloff de Mattos. Se antes o governo e a lavoura fluminense autorizavam em simbiose a posse cativa da mão de obra, tornando-a, como faces complementares de uma mesma moeda, uma política de Estado e uma condição para o desenvolvimento material; a partir da década de 1870, o governo e o Banco do Brasil — para onde migrava o grande capital cafeeiro fluminense — blindaram-se mutuamente contra os efeitos da agenda servil por intermédio de um recíproco amparo financeiro, no qual credores e devedores estavam diretamente relacionados. Por trás do caso Belisário, tão somente o verniz do novo mobiliário, a evolução paralela da dívida pública e dos ativos do Banco do Brasil ratificava com todas as letras a financeirização da economia fluminense.[115]

De fato, as fortunas fluminenses constituídas nesse tempo foram sobretudo de gênese financeira, e não mais cafeeira. O visconde de Figueiredo investia robustamente em títulos desde 1868. Migrou pro-

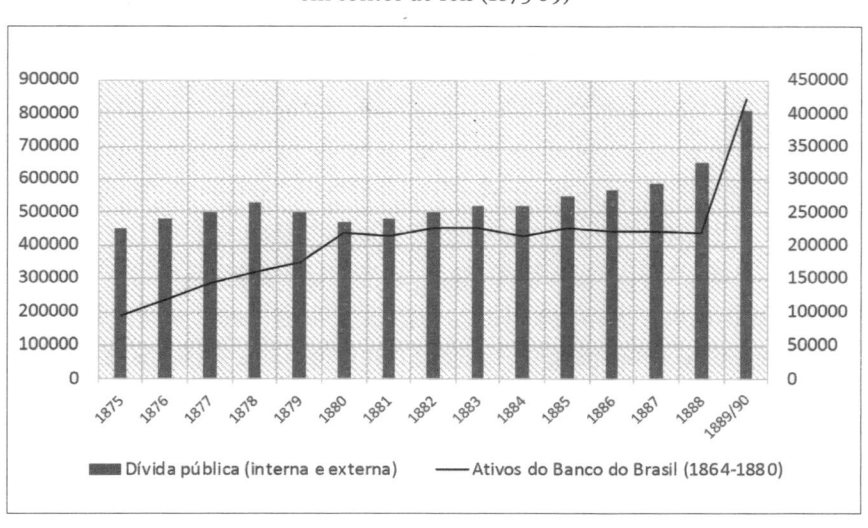

Gráfico 3. Evolução da dívida pública e dos ativos do Banco do Brasil, em contos de réis (1875-89)

Fontes: Relatórios do Ministério da Fazenda (1875-90); Carreira (1980); Gambi (2015); e Summerhill (2015).

gressivamente para as ações do Banco do Brasil, a ponto de tornar-se membro do Conselho Diretorial no final da década de 1870. Ao término da seguinte, Figueiredo havia formado três outros bancos: o Banco Internacional do Brasil, o Banco del Credere e o Banco União do Crédito, que, juntos, somavam 11% dos ativos bancários totais do Rio de Janeiro em 1888. Um ano depois, em 1889, Figueiredo lançou as bases do Banco Nacional do Brasil.

Francisco de Paula Mayrink igualmente dava o sinal do novo tempo. Seu pai fora o presidente do Banco Comercial do Rio de Janeiro, instituição que Francisco veio rapidamente a dirigir, tornando-se um dos homens mais ricos de sua era. Mayrink resgatou a Estrada de Ferro Sorocabana de uma gestão deficiente em 1880. Nela encontrou a expressão do deslocamento do eixo produtivo nacional para São Paulo. Fundou também a Companhia de Colonização Agrícola, no intuito de servir ao apetite paulista por mão de obra imigrante. Em pouco tempo, alçou-se à condição de acionista majoritário da Estrada de Ferro Santos-Jundiaí e de outros potenciais baluartes da economia nacional: a Companhia Frigorífica e a Companhia Brasileira de Navegação. Homem de virtude financeira, Mayrink fundou o Banco de Crédito Real, assumiu o controle do Banco Predial e, pouco antes do Quinze de Novembro, constituiu os pouco ortodoxos jornais *O Globo* — que em nada se assemelhava ao atual — e *O País*, este francamente republicano pela pluma de seu primeiro redator-chefe, Rui Barbosa. O momento, antes, acompanhou-se por uma aquisição que simbolizava os presságios de um novo capítulo na história do Brasil. Mayrink comprou o Palácio do Catete, no Rio de Janeiro, que fora erguido na década de 1850 pelo ex-traficante de escravos e cafeicultor Antônio Clemente Pinto, o barão de Nova Friburgo. Era talvez a melhor expressão da financeirização da economia fluminense, quando — bastava acompanhar inclusive o portfólio de investimentos do próprio Mayrink — São Paulo assumiu a proa produtiva do país.

Até lá, o núcleo campineiro acelerara a política da paciência estratégica, expressivamente após a edição do imposto provincial sobre o tráfico de escravos. Era necessário redobrar as pressões pela importação de mão de obra estrangeira. Os resultados iniciais não foram auspiciosos. Atingiu-se o tímido número de quase 16 mil imigrantes desembarcados em São Paulo no quinquênio de 1880 a 1884: pouco, quando comparado a uma população cativa local que em 1885, incluídos os ingênuos, beirava os 168 mil. No entanto, as primeiras experiências sob o regime do colonato ganharam ímpeto no mercado paulista de mão de obra.[116]

A um custo largamente menor do que o imposto sobre o cativo de outra província, a remuneração dos colonos subdividia-se em três partes, sendo a primeira um salário anual fixo correspondente ao tratamento do cafezal; a segunda, um salário anual variável conforme a colheita por alqueire; e a terceira, o pagamento não monetizado relativo ao uso da terra para cultivo próprio. Ao todo, o salário não ultrapassava o preço do aluguel de um escravo, o que, alegadamente, constituía o custo máximo suportável pela lavoura. Não sem razão, a política de paciência estratégica recolheu maiores êxitos a partir do momento em que o movimento abolicionista ganhou maior envergadura.

Disso soube tirar proveito uma folha muito próxima do núcleo campineiro, *A Província de São Paulo* — o atual, e muito diferente, *O Estado de S. Paulo*. Em 1881, o jornal afirmava que a escravidão era um estado transitório e que a sociedade espontaneamente a rejeitaria quando estivesse reparada em termos laborais. Pouco depois, o periódico não escondeu seus apelos abolicionistas. O núcleo de Campinas, então, apadrinhou o jornal e buscou empregá-lo para fins eleitorais. Francisco Rangel Pestana, à época proprietário da folha, elegeu-se nas provinciais de 1881 e carregou consigo Prudente de Morais, Campos Salles e Martinho Prado — uma vitória fartamente celebrada no Teatro São Carlos de Campinas.

Naturalmente, quando *A Província de São Paulo* acelerava demais o passo dos acontecimentos, adensando a pressão abolicionista e sobrepondo-se ao tempo de transição pautado pelo bloco campineiro, o PRP intervinha, inclusive reprimindo seus correligionários. Mas quando a pauta servil voltou a ganhar primeira expressividade no governo nacional, o avanço na política migratória tomou novo tino, praticamente coincidindo, a partir de 1884, com o ritmo do movimento abolicionista. Nesse mesmo ano, São Paulo assumiu o ônus da imigração. Aprovou-se na Assembleia Provincial uma medida que previa a alocação de fundos orçamentários para o subsídio migratório, ficando, ainda, o governo provincial autorizado a estabelecer núcleos coloniais nos principais distritos agrícolas, marcadamente os do Oeste Paulista. A fração paulista do Vale do Paraíba protestou, arguindo que o Oeste pretendia que toda a província custeasse os interesses do bloco de Campos Salles. De pouco serviu. O muito oportuno Antônio de Queirós Teles chegava à presidência de São Paulo: tratava-se do presidente da Companhia Mogiana de Estradas de Ferro, quem rapidamente lançou mão de iniciativas para a construção da Hospedaria dos Imigrantes.[117]

O mesmo ano de 1884 trazia o liberal Manuel Pinto de Souza Dantas à chefia do gabinete e com ele um projeto de lei que concederia liberdade aos escravos maiores de 60 anos, sem indenização. A medida previa igualmente a criação de um imposto sobre a propriedade cativa, anulava registros incertos, proibia formalmente o tráfico interprovincial, e concedia pequenos lotes nas margens das ferrovias a libertos, assim como um salário-mínimo. Francisco Glicério, o diplomata campineiro, rapidamente escreveu a Bernardino de Campos, talvez o primeiro abolicionista do bloco, alertando-o a respeito do que deveria ser a posição do PRP — e, sobretudo, pedindo calma.

> Tens observado com atenção o rumo que vão levando as coisas públicas em relação à situação criada pelo ministério Dantas pela reforma do estado servil? Pois, mais do que nunca, devemos ser discretos como temos sido em relação ao assunto. Toda a reserva em nossa atitude, já como coletividade, já como indivíduos, nos trará imensos resultados.

Nós [...] não aceitamos [...] coisa alguma que nos possa responsabilizar pelos fatos, atos e ideias abolicionistas ou antiabolicionistas [...]. Mais um pouco de paciência, e o problema se resolverá drasticamente com a responsabilidade da Coroa [...]. Marchemos unidos para tirar todo o proveito possível desta situação criada pelo projeto e cometimento de Dantas.[118]

Embora fossem da mesma opinião, Campos Salles e Prudente de Morais acreditaram ser aquele o momento oportuno para fazer um aceno maior ao movimento abolicionista, que havia efetivamente alcançado resultados extraordinários. No Ceará, a tática de libertação progressiva dos territórios redundou na declaração de extinção formal do cativeiro na província ainda no começo de 1884. Pouco depois, seria a vez do Amazonas. Os recém-eleitos deputados republicanos por São Paulo foram favoráveis ao projeto de Dantas, sugerindo que a substituição do trabalho escravo pelo livre faria as vezes de uma indenização. Embora a retórica parecesse convincente, não convenceu imediatamente aqueles que Campos Salles e Prudente de Morais diziam representar. Glicério, sempre agindo como algodão entre dois cristais, escreveu imediatamente a Campos Salles, vaticinando que o mais importante, para manter os paulistas unidos, era explicitar ao bloco emperrado o golpe fatal que o fim da escravatura sem indenização representaria à cafeicultura fluminense.[119]

Nisso acertava. O valor contábil dos escravos fluminenses representava praticamente as dívidas totais dos fazendeiros do Rio de Janeiro. No entanto, a lavoura paulista rachou. Na Comissão Permanente de Campinas, coração agrário-intelectual do republicanismo paulista, as tentativas de pacificação promovidas por Glicério não deram resultado imediato. O momento era de intensa polarização política em âmbito nacional. Surgiram nada menos que 49 Clubes da Lavoura, absolutamente emperrados no cativeiro, que pediram a degola política de Dantas — quando, ao mesmo tempo, pressionavam pela demissão de funcionários públicos abolicionistas e orquestravam prisões de líderes antiescravistas. O imperador tentou resistir, trazendo novamente à baila o messias de Pojuca em maio de 1885. Saraiva alterou o espírito do projeto e, a título de indenização ao senhoriato, definiu que os cativos de 60 anos deveriam prestar serviços por mais três anos — caso tivessem 63, até os 65. A abolição do tráfico interprovincial foi nacionalmente implementada, o que já era fato e interesse dos escravistas, e Saraiva ainda flexibilizou os registros dos escravos, de maneira a legalizar a propriedade daqueles traficados entre 1831 e 1850.[120]

Como se fosse pouco, Saraiva teve de entregar a cadeira ao ultraconservador barão de Cotegipe. Aos olhos dos abolicionistas, o novo chefe de gabinete nada mais era do que um bandoleiro de escravos fugidos, porém, na perspectiva dos acionistas do Banco do Brasil, onde ainda restavam hipotecas anteriores ao congelamento de empréstimos, Cotegipe era uma salvaguarda para estancar a sangria antiescravista. Sua nomeação foi a única maneira encontrada para aprovar a Lei dos Sexagenários, ou a Lei Saraiva-Cotegipe, porque dependia do bom trânsito conservador no Senado. Era uma farsa docilizadora dos humores da hora, no entender antiescravista: a simples possibilidade de o escravo alcançar 60 anos era tão remota quanto a própria permanência da escravidão.

O caso é que o republicanismo campineiro perdeu representação nacional com a sucessão de dissoluções legislativas que ocorreu entre os gabinetes de Dantas e Cotegipe. Campos Salles e Prudente de Morais pareciam ter dado uma passada larga demais. Contudo, os emperrados paulistas demoraram pouco em aderir à estratégia campineira. Na visão de Glicério, a chave para desfazer o pomo da discórdia era Antônio Prado, não só por ser irmão do campineiro Martinho, mas também porque era nome afável aos escravocratas paulistas. Após a aprovação da Lei dos Sexagenários, que havia primeiro negado e depois defendido, Prado arguiu à Câmara de Deputados, numa toada campineira por excelência, que um adendo necessário à lei era estabelecer provisões para auxiliar a importação de imigrantes europeus.[121]

Sinal da força material paulista, Antônio Prado assumiu a pasta da Agricultura, Comércio e Obras Públicas do gabinete Cotegipe e rapidamente autorizou a construção de novas ferrovias no Oeste Paulista. Agia paralelamente com o governo de São Paulo, que não tardou em apresentar melhores resultados quanto à política migratória. Até 1889, São Paulo registraria o ingresso de quase 168 mil imigrantes, ou praticamente o número de cativos na província. Eram sobretudo italianos da região do Vêneto, que sofreram as amargas consequências, após a unificação italiana realizada pelo norte industrializante, relativas à eliminação das propriedades coletivas e à abolição, portanto, do uso comunal da terra. Mas não só. A pauperização dos chamados *braccianti* adveio igualmente da drástica queda nos preços internacionais do trigo, que ceifou qualquer possibilidade de camponeses pobres ou de pequenos arrendatários resistirem à compra de terras pelo grande capital fundiário italiano ou, mais simplesmente, à redução na demanda por trabalho. Superando até meados da década de 1890 o fluxo para os Estados Unidos e a Argentina, São Paulo atraiu-os por meio da subvenção integral das passagens e do sistema do colonato. Perfazia-se assim o ideal do imigrante campineiro e da Sociedade Promotora de Imigração: a família europeia branca, disciplinada e ordeira.[122]

Completando a obra, Antônio Prado assinou em meados de 1886 o Regulamento Negro, tal qual apelidado por abolicionistas como José do Patrocínio. O decreto previa dois anos de prisão para quem auxiliasse fugas de escravos, podendo o governo dispor da cavalaria e infantaria para capturar foragidos e abolicionistas. Ao mesmo tempo, a medida considerava a Corte como parte da província do Rio de Janeiro, o que significava conceder livre mobilidade de escravos entre a capital e o Paraíba fluminense. A contradição era apenas aparente. Não apenas a monarquia seria responsabilizada pelas atrocidades decorrentes e com ela o partido conservador, mas também Antônio Prado sabia que, numa circunstância em que o movimento abolicionista chegava às vias de fato, a compra de cativos era um mau negócio e facilitá-la, no fundo, era empurrar o que restava da cafeicultura fluminense para o abismo.

O núcleo campineiro ganhou duplamente. O partido conservador fraturou-se, e a lavoura paulista reagiu dobrando-se às recomendações do PRP. Dadas as tensões abolicionistas do momento, o bastião conservador de São Paulo, liderado por Prado, compreendeu que mais valia fazer circular o capital do que o manter empatado no empreendimento servil. Em maio e junho de 1887, um punhado consequente de fazendeiros paulistas começou a libertar seus escravos, na condição, todavia, de manterem-se os libertos atados à lavoura por contratos de trabalho. Nesse mesmo contexto, Antônio Prado afastou-se do gabinete de Cotegipe. As reiteradas ações abolicionistas avolumaram-se a tal ponto, que a situação torceu definitivamente os últimos ortodoxos paulistas.[123]

Acontecimento de amplo destaque midiático, que se apresentou aos campineiros como apogeu de uma trama que rumava ao conflito civil, foi a *Chacina de Cubatão*, de outubro de 1887. O caso vinha na esteira de um notório acirramento do movimento abolicionista, que decididamente trocou as flores pelas balas, na expressão de Angela Alonso. Na província fluminense, em Campos de Goitacazes, rebeldes abolicionistas queimavam canaviais, forçando a evacuação de escravos das fazendas. Em São Paulo, o movimento dos caifazes, liderado por Antônio Bento, não só reproduzia os acontecimentos de Campos, como raptava os cativos e levava-os ao porto de Santos, que ganhou em 1886 a condição de cidade livre. O objetivo último, de todos os modos, era o embarque de fugitivos para o Ceará. Fato é que a formação das redes libertadoras ganhava o país, multiplicando os quilombos e as fugas coletivas, apadrinhadas pela mão de cidadãos comuns sem forçosa conexão com os abolicionistas de barrete frígio ou de cartola inglesa.

O clima, pois, era de desobediência civil quando 150 escravos de ambos os sexos fugiram, num episódio cinematográfico, de suas fazendas na região de Piracicaba. Quando alcançaram Capivari, defrontaram-se com uma força enviada pelo delegado de polícia de Itu. O conflito foi inevitável, e os cativos, após mortes do lado da ordem, escaparam rumo a Santos, onde as lideranças caifazes os aguardavam. A resposta veio literalmente a galope. O chefe de polícia de São Paulo ordenou a formação de um piquete de cavalaria, que foi rapidamente destroçado. Formou-se então um cerco na altura da estrada de São Bernardo, na entrada da serra de Cubatão, mobilizando-se para tanto uma guarnição inteira do Exército ampliada por capangas a soldo de fazendeiros, que aniquilou o grupo rebelde. Pelas autópsias realizadas, os fugitivos não teriam em três dias ingerido alimento qualquer.[124]

Exagero da imprensa abolicionista ou não, o caso é que a *Chacina de Cubatão* teve efeitos deletérios para Cotegipe. Queirós Teles, alegando motivos de saúde, pediu demissão da presidência de São Paulo e, em dezembro do mesmo ano de 1887, tomou parte na assembleia de fazendeiros paulistas que deu prazo de três anos para a abolição da escravatura. Pouco mais de 200 firmas foram coletadas, entre elas as de Antônio e Martinho Prado, Campos Salles e Moreira de Barros. A partir daí, o núcleo campineiro ensaiou os primeiros movimentos para o contato formal com o recém-fundado Clube Militar, cujo presidente, Deodoro da Fonseca, negou-se a fazer dos militares capitães-do-mato. O próprio Clube declarou abertamente sua convicção abolicionista após a *Chachina de Cubatão*, e os cafeicultores paulistas assumiram que a República estava à espreita, porque a abolição, alegadamente, teria efeitos funestos para a monarquia.[125]

Vislumbrados desdenhosamente na Corte como os novos-ricos do Império, os fazendeiros do Oeste Paulista queriam voz e vez. Entendiam-se como gente nova — e industriosa. Não pertenciam às famílias tradicionais do Rio de Janeiro, e quando falavam ou escreviam, faziam-no substituindo as antigas expressões de tratamento, como o *Vossa Mercê*, pelos mais modernos *Senhor* ou *Senhora*. Reflexo de um tempo que o Oeste queria moribundo, a província de São Paulo tinha apenas nove cadeiras na Câmara de Deputados; o Rio de Janeiro tomava 12; Pernambuco, 13; Bahia, 14; e Minas Gerais, 20. Para os paulistas, a desproporção entre as representações política e econômica ensejava um governo central que dava a eles apenas 27% do arrecadado provincialmente: um tolhimento, em suma, aos projetos imigrantistas e ferroviários. Estavam insatisfeitos, ainda, com os bancos da Corte, e muito especialmente com a carteira hipotecária do Banco do Brasil, que não cabia no tamanho de suas ambições produtivas.

Procuraram então a via da força, compondo-se com o Exército exaurido pelo que considerava reiterados abusos da autoridade civil. São Paulo deu-lhe carta branca. "[O Exército], neste país tão estragado, tão corrompido, sabe agir com verdadeira e louvável solidariedade", lia-se nos finais de 1888 em *A Província de São Paulo*, ao passo que Campos Salles declarava na Assembleia Provincial de São Paulo que o governo imperial confundia "disciplina militar com submissão servil". Nessa aliança entre o capital produtivo e a espada, que rapidamente se mostraria tão contraditória quanto a oposição de São Paulo ao Rio de Janeiro, a janela de oportunidades estava escancarada. Campinas não tinha mais o que esperar.

O GOLPE CIVIL-MILITAR DE 1889

Tão somente seis dias antes do que viria a ser a Proclamação da República, a Coroa, costumeiramente avessa a grandes festividades, promoveu um baile na Ilha Fiscal que em tudo recordava os maiores despropósitos nababescos da Corte de Luís XVI, deposto havia 100 anos. Foram praticamente 2.500 convidados que se sentaram a mesas dispostas como ferraduras sob a luz de 14 mil velas. Nelas, trafegaram 800 latas de lagosta, outras 1.200 de aspargos e mais 800 de trufas, no que foram apenas as entradas. Em instantes, rumaram 1.500 costeletas de carneiro, 300 presuntos, 65 faisões, 80 marrecos e 12 cabritos, entre tantas outras caças, que abriram passagem para as pastelarias, os fios de ovos, as gelatinas e os sorvetes. Entre uma garfada e outra, foram 10 mil litros de cerveja, 20 caixas de Bordeaux, 40 de Borgonha, 20 de Madeira e 60 de Porto, isso sem mencionar o champanhe, o vermute, os licores e os conhaques.

Formalmente, o evento celebrava as bodas de prata da princesa Isabel e do conde d'Eu, mas igualmente se homenageava a oficialidade das embarcações chilenas estacionadas na baía de Guanabara no mês anterior. As relações de Santiago com Buenos Aires andavam estremecidas em razão de critérios demarcatórios no extremo sul patagônico, e também o Brasil andava às voltas com a Argentina devido a disputas lindeiras ainda abertas. Informalmente, o gabinete do visconde de Ouro Preto, que amparou o acontecimento, lutava pela popularidade da monarquia especialmente entre os bastiões produtivos que haviam escorado a Coroa nas quatro décadas anteriores. Apenas em 1889, São Cristóvão distribuiu 92 títulos de nobreza a fazendeiros do Vale, galardões mal harmonizados com os barretes frígios de segunda mão que subitamente lhes cobriram os tímpanos após a abolição do cativeiro, em 13 de maio de 1888.

Os republicanos do 14 de maio frustraram-se com uma lei que não os indenizara diretamente pelos escravos perdidos e, com surpresa apenas numa abordagem apressada, congraçaram-se em projetos alternativos à Coroa. Um mês após a Lei Áurea, Vassouras lançou seu muito interessado manifesto republicano. Foi assinado por praticamente todos os maiores proprietários do município cafeeiro. No entanto, chegaram tarde à partilha do butim. Àquela altura, os republicanos puro-sangue de São Paulo e do Rio de Janeiro já andavam pelos quartéis, sonhando com uma República proclamada no 14 de julho de 1889, exatos 100 anos depois da Revolução Francesa.[126]

Irrequieta com um retorno pouco lisonjeiro dos pântanos paraguaios, a tropa manteve incólume seu clamor pela industrialização do país. Seria a única maneira de deter tanto as ameaças muito concretas do imperialismo global na fronteira amazônica quanto as pressões lindeiras de Buenos Aires. Num tempo em que a Grã-Bretanha mantinha uma força de 4.500 homens distribuídos entre a Guiana Inglesa e as Bermudas, mais do que o posicionado na China e na África do Sul, o desenvolvimento industrial soava especialmente ao médio oficialato não apenas como garantia para alçar o Brasil à notoriedade que os Estados Unidos alcançavam na ordem internacional, mas também como salvaguarda líquida e certa para o reequipamento militar. Em última instância, mobilizável contra eventuais intenções bélicas de ambiciosos britânicos na região do Pirara, de incansáveis franceses na do Oiapoque e de argentinos turrões na de Palmas, no extremo ocidente de Santa Catarina. Especialmente grave era o caso do Amapá, pelo menos na retórica castrense. Embora declarado território neutro em 1841 por brasileiros e franceses, a região conheceu em 1885 a instauração da caricata República de Cunani, proclamada por membros da Société de Géographie de Paris que insuflaram negros locais, tal qual Trajano Benitez, para aderirem a um país livre do cativeiro.[127]

Julgando-se responsáveis pelos rumos do país e arrolando-se o direito para tanto, os quartéis não toleraram qualquer cerceamento corporativo advindo do poder civil. A origem do que à época se denominou questão militar foi um fastidioso projeto de montepio remetido em 1883 pelo gabinete Paranaguá. A medida, zelosa de perfazer um sistema de previdência social com ares de imposto de renda, impunha ao servidor público, para além da possibilidade de pronta demissão, a contribuição obrigatória de 4% sobre os proventos, além dos 2% já descontados na folha de pagamentos para fins de reforma ou aposentadoria. Sem distinção de categoria, significando que o senador contribuiria tal qual o médio oficialato, o projeto foi asperamente fustigado pelo presidente do Diretório Militar, o veterano do Paraguai Antônio de Sena Madureira, que logrou reunir em seu entorno, graças a uma franca agitação nos jornais, todas as guarnições provinciais, assim como os alunos das escolas militares do Rio de Janeiro e do Rio Grande do Sul.

Tamanha foi a pressão, que o governo imperial efetivamente recuou, porém não sem antes cercear, o que já ocorria na prática, a manifestação dos anseios militares na imprensa. O fato pareceu grave à caserna não apenas pela perda de um espaço predileto de exposição política especificamente perante a classe média, mas igualmente devido à liberdade de expressão, que em oposição permanecia, apesar dos empastelamentos, a regra do Império. Ainda em 1883, o jornalista negro Apulcro de Castro, redator do feroz *Corsário*, fora assassinado a tiros e punhaladas por oficiais da primeira cavalaria. Não que o tino abolicionista do jornalista lhes causasse desconforto, como tampouco o fariam as constantes denúncias de abusos do poder civil. Incomodava, pelo contrário, que um assim considerado negro e semianalfabeto ousasse macular a honra da tropa com artigos atentatórios à caserna.

Inimputáveis talvez em razão de os civis também imputarem ao jornalista idênticas características, os oficiais assassinos apenas aprofundaram o clima de discórdia militar com a política partidária. Em questão de meses, Sena Madureira recebeu em festa na Escola de Tiro de Campo Grande, no Rio de Janeiro, o jangadeiro Francisco do Nascimento. Também conhecido como Dragão do Mar, o cearense destacara-se no movimento abolicionista ao negar o embarque de escravos em Fortaleza. Novamente, não era aquilo a expressão de um súbito afeto racial, e tampouco compaixão pela vida cativa, mas um aceno favorável da espada à agenda abolicionista, que voltava a ganhar vulto quando o liberal Sousa Dantas assumiu a chefia do gabinete em 1884.

A repreensão a Sena Madureira acirrou ainda mais os ânimos. Nos primeiros meses de 1886, muito aborrecida com a ascensão ao poder do barão de Cotegipe e com a consequente Lei dos Sexagenários, que para propósitos abolicionistas não fedia nem cheirava, a tropa voltou à carga pela mão do também veterano Ernesto Augusto da Cunha Matos. Após inspeção aos quartéis do Piauí, o oficial do partido liberal acusou o capitão local, ligado ao bloco conservador, de reiteradas irregularidades financeiras. Nada muito novo, a não ser pela clara mensagem despachada quase diretamente a Cotegipe. Em 1877, quando o barão era ministro da Fazenda, fora acusado de envolvimento no escândalo das popelines: condenou-se a empresa comercial da qual Cotegipe era sócio por evasão fiscal, quando omitiu na declaração alfandegária que as roupas por ela importadas eram confeccionadas em frondosa popeline. No lugar, alegou-se que eram tão somente linhas de coser.

Percebendo a implícita ilação, e que o episódio materializaria talvez as críticas dos quartéis à política imperial julgada corrupta, os conservadores na Câmara de Deputados difamaram Cunha Matos a ponto de insinuar que, durante a guerra no Prata, teria dado aos paraguaios conhecimento sobre as estratégias militares dos aliados. Ou traído o Brasil. Cunha Matos correu então novamente à imprensa, no que foi acompanhado por Sena Madureira. Ambos terminaram severamente censurados por Alfredo Chaves, o ministro da Guerra, que sustentava deverem os militares, conforme avisos de 1859, obter primeiro consentimento ministerial para expressarem-se nos jornais. Era um rodeio jurídico, ao fim e ao cabo, não apenas visto que os militares já se expressavam correntemente na imprensa, mas também porque Chaves, um dos nove deputados que apenas dois anos depois votariam contra a Lei Áurea, queria trancar a tropa abolicionista nos quartéis.[128]

O instante era crítico, ainda, em razão do alento que a agitação castrense dava às forças republicanas. Na Corte, Quintino Bocaiúva cedia à caserna todas as linhas de *O País*, o que era exatamente o caso do positivista Júlio de Castilhos com *A Federação*, no Rio Grande do Sul. Os republicanos paulistas, por sua parte, também foram entreter-se com a espada mais aguerrida no Rio de Janeiro. Francisco Glicério, como de hábito para o diplomata da lavoura campineira, e Francisco Rangel Pestana, a mando de *A Província de São Paulo*, recomendaram à Comissão Permanente do PRP atrair os militares para a esfera de influência paulista. Receava-se que a precipitação armada dos acontecimentos concedesse margem de ação ao ideal republicano radical de Silva Jardim ou de Lopes Trovão. Inflamar as ruas com vaticínios lisonjeiros quanto à consagração da soberania popular era o avesso da República campineira e daquela dos signatários do manifesto de 1870.

Em maio de 1887, Campos Salles chegou furtivamente à Corte no intuito de forcejar a Proclamação da República imediatamente após a conclusão da questão militar. Tragou um brioche na estação Dom Pedro II e logo rumou à casa de Aristides Lobo, onde um capitão de artilharia, o republicano e abolicionista Inocência Serzedelo Correia, apertou-lhe a mão e prometeu-lhe a adesão dos tarimbeiros do Prata, naquele então já constituídos em alta patente do Exército. Transcorridos tão somente dois dias, José Antônio Correia da Câmara, o visconde de Pelotas, que fora responsável pela captura e morte de Solano López nas barrancas do arroio Aquidabã, reuniu secretamente a *veterania* no Grande Hotel. Numa sala à meia-luz, o oficial anunciou o respaldo de Campos Salles, mais necessário do que o de Aristides Lobo ou Quintino Bocaíuva, porque a viabilidade orçamentária do arranjo que daquela reunião surgisse dependeria dos paulistas. Confabulou com Benjamin Constant sobre a aquiescência da Escola Militar da Praia Vermelha, o que foi prontamente confirmado. Serzedelo pediu a imediata cessação do uso civil da tropa para a captura dos escravos foragidos. Rotineiramente autodeclarado monarquista por força da preservação disciplinar ante as patentes mais baixas e por precaução corporativa perante o poder civil, Deodoro da Fonseca consentiu com a assim chamada revolução — "se tem de ser amanhã, que seja logo hoje. Estou pronto", disse a Pelotas —, porém, naquele momento, apenas para destituir o gabinete de Cotegipe.[129]

As condições estavam reunidas para a Proclamação da República: o deslocamento do eixo produtivo nacional para São Paulo forjara uma nova fração de classe dominante, muito contrária à sua cara-

-metade fluminense encastelada nos bancos devido à pujança de um movimento abolicionista que, de resto, era atalho para o poder na perspectiva da tropa. "Como liberal que sou", dizia Floriano Peixoto entre um cigarro e outro, "não posso querer [...] o governo da espada; mas não há quem desconheça [...] que é ele que sabe purificar o sangue do corpo social, que, como o nosso, está corrompido." Era uma retórica, tantas vezes reempregada nas décadas subsequentes, que atribuía à caserna a incumbência de guiar o corpo da pátria, expurgando-o das mazelas próprias aos governos civis em prol da moralidade, da cordura e da retidão. Um palavrório, ao fim, que encantou a classe média, como ratificado pela adesão à República do Batalhão Patriótico dos Empregados do Comércio ou de correlatos para empregados públicos, farmacêuticos, cirurgiões e notários. O próprio poder público havia percebido o encantamento. Ainda em 1885, Paulino de Sousa havia dito no Senado que seria

> na classe média, da qual todos nós saímos, caracterizada pelo interesse na estabilidade, pelo espírito ordeiro e pelo sentimento de liberdade, que procuram assento e apoio os governos regulares para a fiel execução das leis, para o resguardo dos interesses sociais, para a promoção da prosperidade da pátria.

Outro palavrório — porquanto Paulino era tudo, menos oriundo da classe média — que tinha sua razão de ser na percepção clara acerca do consentimento que a classe média daria a eventual mudança de regime.[130]

O que ainda não estava dado, por outra parte, era a organização acontecimental da trama golpista. Se mal formulada, poderia redundar num eventual contragolpe, que retardaria a formação de uma nova hegemonia no poder. Era preciso concertar-se com as forças militares estacionadas nas províncias, sondar os batalhões de polícia e certificar a posição da Marinha, assim como encurralar o gabinete, formar o Governo Provisório e, quando chegasse a hora, capturar os telégrafos, interceptar a família imperial e garantir o apoio internacional — notadamente dos Estados Unidos, que provavelmente respaldariam uma República americanista em sua agenda econômica.

A prova de fogo para testar o raio de ação militar e seu respaldo no mundo civil contestatário seria a resolução da questão militar pela derrubada de Cotegipe — ou uma vitória da espada contra tudo o que o cativeiro representou, anos a fio, na formação da classe dirigente imperial. Recusando-se a punir os oficiais considerados rebeldes pelo gabinete e em perfeita sintonia com Pelotas, àquela altura senador, Deodoro da Fonseca fundou em junho de 1887 o Clube Militar, com o objetivo estatutário de "estreitar os laços de união e solidariedade entre os oficiais das diferentes classes do Exército e da Armada". Com ele, arregimentaram-se Sena Madureira, Benjamin Constant e o coronel José Simeão de Oliveira; o bloco da Marinha, a seu turno, compôs-se com os nomes dos capitães de mar-e-guerra Custódio José de Mello, José Marques Guimarães e Eduardo Wandelkolk. Assim como os oficiais do Exército, eram veteranos do Paraguai e futuras lideranças militares da República — com a singular diferença que os da Armada romperiam rapidamente, após o Quinze de Novembro, com Deodoro e Floriano Peixoto.[131]

Até lá, a banda militar marchou afinada. Ainda em maio de 1887, temendo que as tropas saíssem às ruas, o Senado retirou os famigerados avisos. Deodoro e Pelotas, com o auxílio de Rui Barbosa, haviam já lançado o *Manifesto do oficialato* em *O País*, desabonando o gabinete. Então, Antônio Prado renunciou ao Ministério da Agricultura, Comércio e Obras Públicas, e Campos Salles passou a frequentar o Clube Militar, que, pouco depois, emitiu nota pública desobrigando oficiais a caçarem escravos, retirando-lhes a condição de capitães-do-mato. Era uma mensagem de alento ao movimento abolicionista ou uma oportuna forma de confraternização com a amplitude social que

Angelo Agostini sobre a questão militar. *O Mequetrefe*, 20 maio 1887.
Fundação Biblioteca Nacional.

materializava o antiescravismo, mas igualmente uma passada larga para obrigar Cotegipe, coagido pela sombra de Deodoro e Pelotas, a largar a pasta.

No final de 1887, Deodoro candidatou-se ao Senado em chapa conjunta com Benjamin Constant e Quintino Bocaiúva. Não teve fôlego diante da máquina eleitoral de Paulino de Sousa, porém parcialmente perante a Coroa. O imperador, ausente desde meados daquele ano para tratamento de saúde na Europa, cedera a regência à princesa Isabel, que interrompeu então a novena e indicou o abolicionista moderado Pereira da Silva para a cadeira senatorial, quando Cotegipe havia-a destinado a Chaves. Novamente derrotado, o gabinete não suportou a abertura do ano legislativo e caiu em março de 1888.

Subitamente convertida ao abolicionismo, a regente, que havia defendido até o último suspiro o barão de Cotegipe, convocou João

Alfredo Correia de Oliveira à presidência do Conselho. Campinas e Itu andavam em polvorosa com assaltos antiescravistas, e os últimos fazendeiros paulistas emperrados no cativeiro haviam feito sua conversão. Temendo pela popularidade de um Terceiro Reinado que jamais veio a lume, a princesa fez de João Alfredo sua maior aposta. O principal nome da antiga ala moça ministerial de Rio Branco havia amadurecido. Antigo presidente das províncias do Pará e de São Paulo, ministro, conselheiro de Estado, senador e agora chefe de gabinete, João Alfredo era um conservador heterodoxo muito moderado e de largo trânsito político. Trazia, portanto, boas credenciais para editar a lei que findaria a escravidão no Brasil.

Dadas as circunstâncias abolicionistas daquele início do ano de 1888, não pareceu a João Alfredo que a aprovação da lei seria especialmente tortuosa no legislativo. As agruras do trâmite estariam indefectivelmente no Banco do Brasil, cuja carteira hipotecária ainda apresentava créditos não ressarcidos. Os nervos da liberdade estavam no Banco, também porque o impacto financeiro de uma abolição sem reparações aos escravocratas redundaria em saques inclusive daqueles, apavorados, que emprestavam no mercado informal do crédito hipotecário. Tudo somado, a consequência seria uma desvalorização das ações do Banco e a queda de seus ativos. Seria um efeito grave em duas medidas. Os fazendeiros escravocratas do Vale perderiam tanto em cativos quanto em aplicações financeiras, o que não sugeria um endosso ao Terceiro Reinado. Ainda, o principal banco do Império, que refrearia qualquer empréstimo ao setor produtivo, teria sua margem financeira constringida, na percepção de João Alfredo e da imprensa perversamente alarmista, a ponto de limitar sua participação no mercado de títulos da dívida pública. Era um mal presságio para a solvência do Estado em momento tão dramático quanto aquele.

O primeiro impulso de João Alfredo, portanto, foi bater às portas do Banco do Brasil, que trocou o consentimento abolicionista por uma imediata injeção de liquidez em seus cofres. O gabinete endossou a

> **Fructos do abolicionismo**
>
> No *Diario do Brazil* lê-se o seguinte:
>
> «As apolices da divida publica estão cotadas a 1:030$000. Ainda ha pouco estavam a 1:080$000.
>
> As acções do Banco do Brazil estão cotadas a 250$. Ainda ha pouco eram cotadas a 300$000.
>
> Todos os papeis de credito, emfim, perdem do valor dia por dia.
>
> A desconfiança é geral. O capital se retrahe. O espirito de empreza desapparece.
>
> As economias nacionaes emigram constantemente do nosso paiz, e vão alimentar o trabalho e as industrias de outros povos.
>
> O commercio queixa-se com fundamento de avultados prejuzos por esta depressão geral de valores.»

A *Justiça*, 28 set. 1884. Fundação Biblioteca Nacional.

condicionalidade, adotando uma estratégia de três frentes. João Alfredo procurou a casa bancária britânica N. M. Rothschild & Sons, em primeira instância, para contrair um crédito de 6 milhões de libras — superior àquele de 1865, quando estourava a guerra contra o Paraguai — que transformaria em novos auxílios à lavoura por meio do sistema bancário. Nessas condições, que deveriam ser imediatamente redobradas logo após a abolição, o Banco do Brasil aceitaria o término do cativeiro. João Alfredo concordou, porque os Rothschild também aquiesceram: indenizado, o Banco socorreria a lavoura, por um lado, também recolhendo juros da compra de títulos, que, por outro, autorizaria o Império a rolar a dívida externa — igualmente a juros.[132]

Jurada, concertada e na prática indenizada, quando a letra da lei previa o oposto, a abolição finalmente ocorreu em 13 de maio de

1888. Em tão somente cinco dias, a Câmara e o Senado aprovaram a lei, em que pese a resistência dos últimos emperrados, tal qual Cotegipe e Paulino de Sousa, e de alguns poucos da oposição partidária, como Sinimbu e Saraiva, que desejavam uma abolição pautada pelos liberais. Talvez ainda não tivessem atinado para o fato que todas as medidas emancipacionistas desde o término do tráfico em 1850 haviam sido editadas por conservadores, no intuito assim desejado pelo imperador de melhor guiar a urgência reformista. Quando promulgada a Lei Áurea, a princesa Isabel colheu majoritariamente os louvores que mal se prestavam a um desempenho muito ancilar no 13 de maio, inclusive porque a libertação dos 700 mil cativos restantes em 1888 — eram pouco mais de 1,5 milhão em 1872 — foi mais obra do movimento abolicionista e dos acertos com o Banco do Brasil do que uma canetada imperial.

Seja como for, a Corte, que já andava em festa desde o 8 de maio, quando o projeto foi introduzido na Câmara, foi capturada por um delírio popular sequer visto nas coroações imperiais. O júbilo começou com uma missa solene em São Cristóvão, à qual compareceram, naturalmente, a princesa Isabel e um conde d'Eu muito satisfeito com a realização de um clamor que manifestara desde o término da guerra contra o Paraguai. Também parecia regozijar-se com uma adulação popular à Coroa que muito contribuiria, talvez, para desfazer a pecha de francês e surdo que a imprensa republicana lhe havia impingido. Um dia depois, organizaram-se corridas no Derby Club, passeios gratuitos na Estrada de Ferro Dom Pedro II e espetáculos em quase todos os teatros. As celebrações prosseguiram até o 20 de maio, como num carnaval fora de época em que se contavam às centenas os embriagados atirados nas calçadas: eram procissões e bandas de música que desfilavam nas ruas, e regatas que percorreram a enseada de Botafogo. Por fim, os festejos culminaram com um desfile militar, para o qual concorreram os mesmos comerciantes e caixeiros que tanto haviam enaltecido o abolicionismo castrense.[133]

Concluída a primeira etapa da abolição, restava ao governo entabular as manobras financeiras prometidas ao setor bancário. A segunda fase, então, efetivou-se por um acordo mediante o qual o gabinete injetaria o equivalente a quase 20% do orçamento imperial nos cofres do Banco do Brasil e, em proporção irrisória, no Banco da Bahia. Pelo mesmo contrato, João Alfredo forneceria metade dos fundos isenta de juros, e os bancos, em contrapartida, poderiam cobrar dos fazendeiros até 6% ao ano. Indenizadas as forças financeiras da situação, consoante a estratégia do gabinete, a terceira etapa ampararia a oposição... ao regime. João Alfredo constituiu uma comissão bipartidária, liderada pelo visconde do Cruzeiro, um conservador e ex-diretor do Banco do Brasil, e pelo visconde de Ouro Preto, um liberal de tendências monetárias heterodoxas. O objetivo declarado era reestabelecer os bancos de emissão, o que, na aposta de João Alfredo, serenaria o apetite paulista por capitais e avolumaria a moeda em circulação, dinamizando os negócios urbanos atinentes à classe média e, sobremodo, fornecendo a liquidez necessária para arcar com os salários dos libertos.

Sensata no plano das ambições, a estratégia de João Alfredo frustrou a todos no das realizações. Até 1889, disponibilizou "apenas" 1/6 do previsto, especialmente para o Banco do Brasil: uma esmola aos olhos de seu novo presidente, o barão de Cotegipe, que refreou novos empréstimos, inclusive a um Oeste Paulista em plena marcha imigrantista. Por sua parte, o visconde do Cruzeiro, cuja matriz teórica era a do conservador Itaboraí, limitou a emissão bancária. Era o avesso do que apetecia a Ouro Preto, muito mais próximo do pensamento econômico do liberal Bernardo de Sousa Franco.[134]

Sem largas surpresas, a província de São Paulo ergueu-se enfurecida contra uma ortodoxia monetária que tinha apenas no combate à inflação uma meta pouco alusiva ao notório influxo de investimentos externos, sobremaneira nas ferrovias e nos serviços públicos urbanos, e à consequente quimera, realizada na virada de ano, do câmbio no patamar dos 27 *pence*. Em outras palavras, haveria largo espaço para

Antônio Luiz Ferreira, Missa campal celebrada em ação de graças pela abolição da escravatura no Brasil, 17 maio 1888. Instituto Moreira Salles.

ampliar a criação monetária e, portanto, o crédito à lavoura verdadeiramente produtiva, a paulista. Ressentidos, os perrepistas buscaram as alternativas possíveis e limitadas pelo tamanho do orçamento provincial. Continuaram pagando de seu próprio bolso o translado de novos imigrantes e tomando os empréstimos que, igualmente, suas carteiras autorizavam. Havia sido o caso em 1888, quando São Paulo encontrou num consórcio constituído pelo London and Brazilian Bank, o Banco de Crédito Real de Mayrink e o Banco Internacional do visconde de Figueiredo um balão de oxigênio inchado de 700 mil libras.[135]

No fim daquelas contas, João Alfredo não resistiu. D. Pedro II, de retorno ao Império e recuperado sequer nas bordas de um sexagenário que aparentava muito mais, procurou desesperadamente um Rio Branco de melhor estrela para a nova urgência reformista. Não o encontrou em Cotegipe, que após uma síncope cardíaca em fevereiro de 1889 foi dar no cemitério de São João Batista, e tampouco no irascível

Paulino de Sousa, que não abriria mão nem de um níquel. Numa aposta pouco usual para um imperador que vislumbrava oportunamente nos conservadores os melhores reformistas, Saraiva declinou o magnânimo convite, porque a generosidade, em seu entendimento, deveria ser para com as províncias. Ouro Preto declarou-se, de outro modo, absolutamente hostil ao federalismo e prometeu, em primeira instância, a reforma financeira que João Alfredo não concretizara. Trazia boas intenções para o campo bancário, e talvez seus êxitos como ministro da Marinha durante a guerra contra o Paraguai pudessem apaziguar a espada turbulenta.

O objetivo central de seu reformismo, que se revelaria rapidamente tão frustrado quanto o de Rio Branco, era reabilitar a popularidade da Coroa. Antecipando o pior, o conde d'Eu vinha agindo tardiamente assim desde março de 1889, quando empreendeu viagem à província de São Paulo, trazendo consigo médicos e medicamentos destinados às áreas assoladas pela febre amarela. Em junho, ampliou a jornada, que duraria três meses para alcançar as províncias do norte. Acompanhou-o ninguém outro do que Silva Jardim, que pretendia solapar a campanha monarquista do príncipe consorte. Ano e pouco antes, em fevereiro de 1888, Silva Jardim havia conclamado pela execução do conde, e tudo aquilo pareceria resultar em problema, o que efetivamente ocorreu durante a parada em Salvador. Lá, após uma fria recepção do conde d'Eu, a Guarda Negra quase ceifou a vida de Silva Jardim à altura da ladeira do Taboão.[136]

A Guarda Negra, formada em setembro de 1888 e depressa nacionalizada, era uma arregimentação de libertos operando talvez menos em gratidão à princesa Isabel do que como repulsa a uma reescravização julgada certa com o advento de uma República de fazendeiros. Trazia em seu âmago os nomes de João Clapp e José do Patrocínio e, sobretudo, confirmava a racialização das classes em curso com a diversificação da malha societária oriunda da abolição do tráfico. Era a manifestação resistente e armada de uma consciência de classe e partidária negra, que ratificava a superposição entre a cor e a condição socioeconômica.[137]

Havia razão estrutural para tanto. Embora Joaquim Nabuco e sobremaneira André Rebouças tivessem proposto a integração social do ex-escravo na sociedade de classes, nomeadamente por meio, nos termos de Rebouças, de uma *democracia rural* que significasse em primeiro lugar a *nacionalização do solo*, o governo João Alfredo, submerso nas tramas bancárias, havia ignorado a condição dos libertos. Os homens do gabinete compreenderam que eventual divisão de terras improdutivas em benefício de ex-escravos redundaria em nova concentração fundiária, já que os libertos tenderiam a vender aquilo que lhes seria dado. Também deram de ombros aos projetos para o translado dos libertos a terras públicas no Mato Grosso, no que seria uma política de povoamento dificilmente consentida pelos supostamente interessados, se consideradas as distâncias em relação aos principais centros consumidores.

Descartados rapidamente, os projetos para estabelecer uma quimérica democracia rural cederam lugar àqueles voltados para a incorporação do negro no mundo urbano. Pensou-se num microscópico estado de bem-estar social para os ex-cativos, que garantisse uma espécie de salário inicial de inserção urbana, que tampouco vingou. No máximo, reabilitou-se um velho projeto para constituir uma caderneta com registro policial de criados e servidores — nada outro do que uma ratificação das inquietações governamentais quanto às desordens de um novo e suposto proletariado industrial. Embora a caderneta tenha ao fim caído, a tutela dos libertos realizou-se sobretudo pelo controle dos candomblés, dos sambas e das capoeiras nas cidades. Ou dos renovados quilombos volantes que se formaram no campo como alternativa à recondução dos libertos nas fazendas antes escravistas.[138]

De volta à vaca fria, não era exatamente no campesinato negro e tampouco na assim dita malta urbana de capoeiras da Guarda Negra que Ouro Preto depositava suas expectativas de conduzir serenamente a passagem para eventual Terceiro Reinado. A tal ponto, inclusive, a jornada do conde d'Eu revelou-se contraproducente, que os jornais republicanos — tais como *O Mequetrefe*, *O País* e *A Província de São Paulo* — fizeram do príncipe consorte um agiota dos cortiços. Isso em meio a um atentado contra o imperador em julho de 1889, realizado por um caixeiro desempregado. Ágil num momento emergencial, também porque a maioria conservadora impingiu-lhe o voto de desconfiança, Ouro Preto solicitou a um concordado imperador a dissolução da Câmara. A nova legislatura lidaria imediatamente com um leque de reformas voltado, desigualmente na largura das concessões, para a classe média e os militares; para os paulistas e os cafezais; e para o velho baronato fluminense e os bancos.

De forma mais exígua para o primeiro bloco, Ouro Preto prometeu o voto universal alfabetizado, o fim da vitaliciedade do Senado e, muito em particular, a promoção de estabelecimentos de crédito destinados ao comércio e à indústria, assim como a edição de medidas protecionistas para a alfândega. Especialmente para o oficialato, Ouro Preto ofereceu títulos de nobreza aos marechais-de-campo e a Ordem da Rosa a cada brigadeiro. Vistoso talvez, era aquilo pouco perto do que efetiva e indiretamente concedeu aos paulistas — e pó de traque em comparação ao oferecido aos bancos. Tal qual João Alfredo, porém com garbo de visconde, Ouro Preto telegrafou ao N. M. Rothschild & Sons de modo a preparar o que seria o mais espetacular empréstimo nacional da história do Império. Racionalizando o passado, dramatizando o presente e subestimando o futuro, Ouro Preto contraiu mais do que o equivalente à receita imperial a juros de 4%, inferiores à conversão de títulos a 5% em 1886, porém com pagamento em libras esterlinas. Necessariamente, então, soergueu quase 20 milhões de libras com os Rothschild, no objetivo declarado de converter a dívida externa em interna, para ao fim completar os auxílios de João Alfredo à lavoura e aos bancos.

A operação, como de hábito, seria realizada por meio do Banco do Brasil, que comprou e lançou os novos títulos no mercado. Num clima de total euforia financeira, a demanda foi quatro vezes maior do que a oferta, resultando numa margem redobrada de lucro bancário. Ou triplicada, porque Ouro Preto disponibilizou instantaneamente os recursos do empréstimo nacional, isentos de juros, mediante acordos com 17 de instituições financeiras que poderiam emprestar à lavoura a taxas de 6%. Novamente e sempre, o Banco do Brasil saiu-se largamente favorecido de todo o arranjo, suas ações e seus ativos dispararam, e a indenização pelo 13 de Maio pareceu completa. O valor de mercado dos 700 mil escravos existentes no Império às vésperas da abolição coincidiu com o valor contábil do empréstimo — e com o custo do que haveria sido uma indenização direta.

Calculando matar dois coelhos de uma cajadada só, Ouro Preto assumiu que o Banco do Brasil e os cafeicultores do Vale que nele investiam se dariam por satisfeitos, ao passo que, por seleção natural, as fazendas paulistas seriam as primeiras beneficiadas. Para azeitar o crédito rápido a São Paulo, no entanto, seria necessário romper com a morosidade do Banco do Brasil, hesitante em tomar a terra sem escravaria como garantia de empréstimo hipotecário. Ouro Preto procurou rapidamente o dinheiro novo, mais inclinado ao risco, e assinou com Mayrink uma série de acordos para a concessão de empréstimos garantidos com terras, equipamentos agrícolas e safras futuras. Tratava-se de um muito especial interesse paulista: o próprio Antônio Prado acabava de formular um novo projeto de lei de terras, não aprovado no tempo do Império, que recomendava a regularização das novas posses quando cultivadas e, ainda, o aumento do preço das terras devolutas, para evitar que o imigrante se tornasse proprietário e para que assim garantisse a mão de obra produtiva à terra ainda não juridicamente perfeita.[139]

A maior aposta para o crédito rápido, no entanto, estava no visconde de Figueiredo. Assumindo que o câmbio se manteria no limiar dos 27 *pence*, o que seria uma forma de adesão ao padrão-ouro, o gabinete autorizou a formação de novos bancos de emissão com lastro metálico. Constituíram-se provisoriamente nada menos do que 14, mas apenas o Banco Nacional do Brasil — uma fusão do Banco Internacional agora com a Banque de Paris et des Pays-Bas como sócia — efetivamente criou moeda. O novo banco de Figueiredo recebeu autorização para emitir três vezes o seu capital nominal, o que era uma soma superior a todo o papel-moeda em circulação. De forma mais eloquente, ainda, Ouro Preto concedeu ao Banco Nacional do Brasil o prazo de cinco anos para substituir todas as notas do Tesouro por suas próprias conversíveis em ouro, amparadas por emissões de papeis públicos e pelo câmbio — caso cedesse, automaticamente o Banco poderia interromper a conversibilidade. Em outros termos, Ouro Preto concedeu ao Banco Nacional do Brasil o monopólio sobre a emissão de moeda, salvaguardando-o de crises cambiais, visto que seria o credor em último recurso nos perfeitos moldes do Bank of England ou do que fora, até 1866, o Banco do Brasil.[140]

Em que pesem as boas intenções, o reformismo sobretudo financeiro de Ouro Preto foi um desastre. O novo banco da ordem incomodou imensamente o Banco do Brasil e seus investidores, insuficientemente satisfeitos com a indenização indireta pelo fim do cativeiro, dado que preteridos no que julgavam seu papel histórico na formação monetária do Império. Por sua parte, São Paulo seguiu à míngua de capitais. Apenas dois entre os 17 bancos contemplados por Ouro Preto para agenciar os auxílios à lavoura eram paulistas, e receberam parcelas amplamente menores de liquidez do que os predominantes bancos da Corte. Pior, a vultosa disponibilidade de moeda foi sobremodo dar na Bolsa de Valores do Rio de Janeiro, e não nos cafezais do Oeste Paulista. A capitalização na praça do Rio de Janeiro alcançou valores assombrosos: o equivalente à dívida pública. Era o prenúncio de uma próxima crise financeira, ratificado pelo baixo investimento produtivo. Os bancos congraçaram a maior parte do capital especulativo, cuja origem primeira, pelo menos no entender perrepista, era pública.

Para os homens ligados a Campos Salles, o contrassenso era frustrante. São Paulo era a província que mais contribuía com a receita do Império, à razão de 17%: duas vezes o tamanho contribuinte da província do Rio de Janeiro; e três vezes o de Minas Gerais. Fato grave, porque na última legislatura ainda eram 12 deputados representando o Rio de Janeiro, e 20 vozes de Minas Gerais. São Paulo tinha apenas nove. Em outras palavras, embora menos representados, eram os paulistas que em última instância mais arcariam, uma vez que a dívida pública sobejamente ampliada correria décadas a fio, com um programa de auxílios à lavoura que socorreu um sistema bancário pouco afeito a voltar suas ambições para São Paulo. Numa graçola talvez irônica e vingativa, característica dos cúmplices de longa data, em 12 de novembro de 1889, Francisco Glicério, que havia partido para o Rio de Janeiro à procura dos arremates finais à agitação republicana, enviou à primeira vista insuspeito telegrama a Campos Salles, que aguardava, ansioso em São Paulo, as novas da Corte. "Banco aceita transação", dizia a nota, "mande notícia do penhor agrícola." O risco era mínimo. O governo, inquieto com a possibilidade de uma insurgência republicana, não desconfiaria de nada: era apenas mais um paulista pedindo dinheiro ao Rio de Janeiro. Pela chave de decodificação, não obstante, o teor das palavras era inteiramente outro. *Banco* significava *Exército*; *transação*, *revolução*; e *penhor agrícola*, o *10º Regimento de Cavalaria*. Assim, sorrindo, Campos Salles leu: *Exército aceita revolução; mande notícia do 10º Regimento de Cavalaria* (estacionado em São Paulo).[141]

Enquanto a Corte despertava ainda meio mareada do baile da Ilha Fiscal, a contradição nodal entre o capital produtivo e o financeiro já tinha encontrado seu ponto de síntese nas Forças Armadas. A mocidade militar da Praia Vermelha, apadrinhada pelos oficiais da Artilharia, havia assinado os afamados pactos de sangue. "O bacharelado que monopoliza o governo da nação", disseram, indenizara os bancos pela abolição, sem rastro, o que era desejo castrense, de um direcionamento orçamentário para a indústria. De forma correlata, a notícia de que os bancos de Ouro Preto o ajudaram a eleger os novos deputados nas eleições de agosto de 1889 apenas atestava a retórica da corrupção pública tão copiosamente mobilizada pelos militares desde o término da guerra contra o Paraguai.

Vislumbrado como liderança inconteste das Forças Armadas, no mesmo instante que Campos Salles recebeu o telegrama de Glicério, Deodoro deu o sinal verde: "queria acompanhar o caixão do imperador, que está idoso e a quem respeito muito. Mas o velho já não regula bem, portanto, já que não há outro remédio, leve à breca a monarquia. Nada mais temos a esperar dela. Que venha, pois, a República". O clima era efetivamente em tudo golpista. Desde finais de outubro, os confrontos entre os batalhões do Exército e a polícia eram recorrentes em todas as províncias, o que levara Ouro Preto a avolumar o contingente da Guarda Nacional em detrimento daquele do Exército. Em resposta, por ocasião de outro banquete realizado em benefício dos oficiais da marinha chilena em visita ao Rio de Janeiro, a mocidade militar reivindicou explicitamente a República. O Clube Militar engrossou o coro, realizando uma série de reuniões promovidas por Deodoro. Uma semana depois, na madrugada do 15 de novembro de 1889, as tropas marcharam em direção à presidência do Conselho de Ministros. Ouro Preto, desesperado, encastelou-se no quartel-general, nas vizinhanças do Campo de Santana. Tentou reagir, porém encontrou no ajudante-general do Exército, que supostamente deveria blindar o ministério, o que julgou a maior traição do Império.

Compelido por Ouro Preto a atirar contra as forças de Deodoro, tal qual fizera quando em combate, Floriano Peixoto redarguiu que, lá, no Paraguai, "as bocas de fogo eram inimigas. Aquelas que Vossa Excelência ali está vendo", prosseguiu, apontando para a janela, "são brasileiras; e eu sou, antes de tudo, soldado da nação brasileira.

Estas estrelas que trago nos punhos foram ganhadas nos campos de batalha, e por serviços prestados à nação, e não aos ministros". Nesse ínterim, arribou o barão de Ladário, então ministro da Marinha, e atirou contra um oficial, buscando alvejar Deodoro. Recebeu em troca um revide que quase lhe custou a vida. Atônito, Ouro Preto voltou então seu peso contra a parede e deslizou, feito o Império, para o rés do chão.[142]

Juan Gutierrez, Cais Pharoux (Rio de Janeiro) durante a Revolta da Armada, c. 1893.
Fundação Biblioteca Nacional.

CAPÍTULO 4
A GUERRA CIVIL BRASILEIRA

Numa passagem de *Esaú e Jacó* que se tornaria antológica na literatura brasileira, a Proclamação da República pareceu resumir-se a tudo aquilo embutido na simples tabuleta do padeiro Custódio. Para seu azar, o golpe civil-militar ocorreu precisamente quando havia enviado o letreiro para conserto. Custódio era o dono da *Confeitaria do Império*, e manter a tabuleta com o nome que trazia era mal presságio para a clientela. Ao mesmo tempo, o padeiro andava incerto sobre a troca para *Confeitaria da República*, porque se houvesse nova reviravolta, ficaria no ponto em que estava, perdendo novamente o dinheiro do reparo. O velho conselheiro Aires, um diplomata comedido talvez por ciência ou talvez por ignorância, recomendou a seu vizinho que fosse o proprietário da *Confeitaria do Governo*, pois o nome serviria tanto a um regime quanto ao outro.

Um pouco à maneira de Aristides Lobo, que ponderou a bestialização do povo perante nada mais do que uma parada militar, Machado de Assis transpareceu em Custódio a apatia popular por uma República — ou coisa pública — cujo interesse resolvia-se nos limites dos ganhos privados, no caso, próprios a uma tabuleta.

Havia algo de certo na metáfora machadiana, porque os últimos monarquistas se dobraram rapidamente à partilha do espólio nacional, porém a desilusão de Aristides Lobo contemplou mal o clima de expectativas redobradas que caracterizou a população brasileira naquela hora. Assim como Silva Jardim, que se atirou no Vesúvio desapontado com uma República alegadamente destruída pelos próprios republicanos, Aristides Lobo esperava mais do povo brasileiro, sem perceber que consentimento não é forçosamente contemplação passiva. Em outras palavras, o Brasil aderiu à República numa aposta ativa e altiva de transformação que tinha na purificação institucional, na inclusão social e na redistribuição de riquezas os termos de sua equação.[143]

Ao fim frustrada, a filiação entusiasmada ao novo regime em nada se assemelhou às dúvidas do tumultuado período posterior ao Sete de Abril de 1831, a Regência, a não ser pela guerra civil que dele derivou. Quando d. Pedro I abdicou, o país pareceu implodir em pedaços, que se julgavam mais o todo do que as partes. O efêmero levante monarquista dos batalhões de infantaria e artilharia catarinenses, baianos e maranhenses, ocorrido ainda quando vigia o prazo de 48 horas dado por Deodoro para o exílio definitivo da família imperial, não foi sequer a sombra dos separatismos regenciais, assim como tampouco o foram as largamente mais duradouras revoltas da Marinha, dos maragatos sulinos ou dos sertanejos nordestinos. No pós-1889, nenhum estancieiro gaúcho sonhou com um Império do Piratini e tampouco qualquer paulista com um Reino de Campinas. Não era, pois, uma alternativa ao Rio de Janeiro o que fez a República entrar em contradição, mas o controle da União, irremediavelmente disputado pelo alto.[144]

O fuzilamento em massa de negros que atacaram a sede de um jornal republicano em 17 de novembro de 1889 na cidade de São Luís do Maranhão, evento que a população nacional ignorou por julgar justa uma investida contra ex-escravos supostamente fanáticos e temorosos da reescravização, foi provavelmente a fiel certidão de batismo para o nascimento de uma República oligárquica. Muito mais do que por temor a um contragolpe monarquista, Deodoro criou um tribunal excepcional sobretudo para reprimir as manifestações contrárias às articulações políticas do Governo Provisório. Receava as deslealdades provavelmente advindas das reconfigurações de poder nas localidades. À exceção de São Paulo e muito eventualmente de Minas Gerais, os novos presidentes de estado não eram notabilidades de raízes largas, em termos políticos ou econômicos, e suas respectivas nomeações por Deodoro, que favoreceu tanto quanto pôde as personalidades militares, incomodariam as famílias preteridas. Era um sinal, melindroso para o espírito centralizador e autoritário de Deodoro, dos necessários ajustes com os estados e municípios para a governabilidade de uma Federação, àquela época, de quase 8 milhões de quilômetros quadrados.[145]

De modo a subtrair qualquer seiva de legitimidade dos potentados locais contrários a seu projeto político, Deodoro decretou tão cedo quanto em 19 de novembro de 1889 a recondução da tônica excludente própria à Lei Saraiva. Apesar da abolição do critério censitário, os analfabetos não votariam nas eleições para a Constituinte que deveria iniciar seus trabalhos em 15 de novembro de 1890. Tampouco o fariam, como mais tarde ratificado no texto constitucional, os menores de 21 anos, os mendigos, os praças, os religiosos sujeitos ao voto de obediência, os estrangeiros que tivessem contestado a naturalização compulsória e muito menos as mulheres. O processo eleitoral — na prática em votação aberta, e não secreta — seria conduzido pelos intendentes municipais, nomeados pelos presidentes de estado e controlados, então, pelo Governo Provisório. Expurgando as autoridades judiciárias do processo eleitoral, o que fora determinação da Lei Saraiva, os intendentes cuidariam da composição das mesas qualificadoras e apurariam o resultado do pleito. Era uma manobra que faria sonhar as antigas oligarquias saquaremas, tão combatidas pelos militares agora no poder.

A esperança de garantir assim uma tranquilidade pública pautada pela continuidade produtiva, bancária e orçamentária no trânsito para o governo constitucional foi malograda não por eventual insubordinação popular à causa republicana que ainda embriagava, mas sobretudo devido aos clamores das oligarquias civis pela partilha do butim. Como previsto ainda às vésperas da Proclamação da República, as pastas da Guerra e da Marinha ficaram respectivamente com Benjamin Constant e Eduardo Wandenkolk, e as demais foram divididas entre os republicanos das linhagens fluminense e paulista. O PRP tomou a Justiça com Campos Salles e conclamou, com êxito em janeiro de 1890, para que a Agricultura, Comércio e Obras Públicas ficasse nas mãos de Francisco Glicério. Cedeu em relação a Aristides Lobo no Interior e a Quintino Bocaiúva nas Relações Exteriores, porque em nada o desafiavam, porém interpôs, sem sucesso, reservas quanto a Rui Barbosa na Fazenda, visto que defensor de um federalismo domesticado e de um alento público ao setor industrial.

Assumindo acertadamente que o pomo da discórdia republicana estaria em São Paulo, Deodoro encomendou as diretrizes fundamentais para a Constituinte à pasta do Interior, da qual Aristides Lobo abdicou apenas dois meses após a nomeação em razão de severa oposição às tendências autocráticas do marechal. Em junho de 1890, o Regulamento Alvim, do nome do novo ministro do Interior, determinou que as primeiras eleições presidenciais seriam indiretamente realizadas por intermédio do Congresso Nacional, cujo Senado deveria representar a proporção de três cadeiras por estado. A Câmara seguiria a proporcionalidade populacional de cada ente federativo — entre os maiores, Minas Gerais levou 37 assentos; Bahia e São Paulo, 22; Pernambuco e Rio de Janeiro, 17; Rio Grande do Sul, 16; Ceará e a antiga Corte, agora Distrito Federal, 10 —, o que claramente assinalava a necessidade de os paulistas comporem-se com os mineiros para levar a termo o sentido oligárquico-agrário que desejavam dar à República.

A fé do PRP, que já havia logrado graças a Campos Salles aprovar o casamento civil obrigatório e separar a Igreja do Estado, estava na Comissão de Petrópolis, especialmente em Francisco Rangel Pestana, cujo escopo era a elaboração de um anteprojeto constitucional. O documento veio a lume com a celeridade típica dos ansiosos. Buscava-se limitar o raio de ação ditatorial de Deodoro e despachar os sinais de concórdia interna que faltavam aos credores externos. Embora o anteprojeto tenha sido endossado por Rui Barbosa, o desgosto foi do tamanho da impaciência. Apenas um mês após as eleições para a Constituinte, que deram notável representação aos setores castrenses, Deodoro modificou o texto, descaracterizando-o pelo viés centralizador. A União, cujo mandatário eleito indiretamente governaria por seis anos, ficaria com o maior retalho das atribuições tributárias e fundiárias, e as leis federais teriam forçosa primazia sobre as estaduais em competências concorrentes.[146]

Tornando tudo o mais complexo, pelo menos aos olhos dos perrepistas, no começo de 1891 Deodoro exonerou Jorge Tibiriçá da presidência do estado de São Paulo. No lugar do fazendeiro de Itu, cujo pai fora um dos fundadores do PRP, o chefe de Estado nomeou Américo Brasiliense, considerado um traidor por Campos Salles. Em troca da cadeira, o dissidente paulista dispôs-se a colaborar inclusive com o golpe dentro do golpe abertamente acalentado pelo marechal quando nos estertores de 1891 ordenou o fechamento do Congresso. Caso lograsse o feito, Deodoro deglutiria o PRP. Seria uma perfeita emulação do que fizera com o Partido Republicano Mineiro (PRM) por meio da nomeação de Cesário Alvim, o mesmo do Regulamento, para a presidência de Minas Gerais em detrimento das ambições mais radicais dos ultrafederalistas mineiros. Teria, portanto, fracionado as principais bancadas do país. Até lá, os perrepistas históricos valeram-se da mesma astúcia deodorista para implodir as próprias Forças Armadas e esgarçar o governo. Apenas dois anos após a Proclamação da República, pois, os quartéis andavam novamente em polvorosa, agora partidos pela trama conspiratória de civis que eram legalistas apenas nos limites da vitrine constitucional. Indefectivelmente, o resultado foi uma guerra civil cujos efeitos alastraram-se até 1898, quando Campos Salles assumiu a presidência e completou, tal qual os saquaremas da década de 1850 o fizeram em relação ao projeto regressista de 1837, aquilo que o PRP vislumbrou em Itu, no então longínquo ano de 1873.

A DIPLOMACIA ECONÔMICA DO LATIFÚNDIO E A LEI BANCÁRIA DE RUI BARBOSA

Embora não fossem naquela época sequer a tintura do que se tornariam no século XX, os Estados Unidos emergiram de sua respectiva guerra civil, especialmente a partir da década de 1870, com imenso espaço na corrida industrial global. Até a eclosão da Primeira Guerra Mundial, em 1914, os Estados Unidos controlariam 1/3 da produção mundial de manufaturas, deixando amplamente atrás a Alemanha, com 15%, e a Grã-Bretanha, com 14%. Foi o resultado da implementação de técnicas tayloristas de administração empresarial, escoradas na racionalização eficiente de tarefas simples confiadas a operários especializados. O lugar alvissareiro que os Estados Unidos alcançaram na divisão internacional do trabalho, no entanto, era obscurecido pela pujança internacional da Europa nos fluxos comerciais e financeiros. Com uma taxa de crescimento no volume das exportações à razão de 4% ao ano, o velho continente controlava praticamente 65% do comércio internacional, contra apenas 13% articulados pelos Estados Unidos. Manifestação emblemática da superioridade britânica nesse âmbito, Londres possuía 60% da rede telegráfica transoceânica global, e foi a partir de Greenwich que os britânicos em 1897 cindiram o mundo em fusos de 24 horas. No campo financeiro, nada muito dissemelhante. Em torno de 90% do capital investido internacionalmente era europeu, e as cifras já superlativas das décadas anteriores eram constantemente sobrepujadas pelas das seguintes: 9 bilhões de dólares em 1870; 28, em 1900; 44, em 1914. Londres, o centro financeiro do mundo, possuía 44% do capital europeu, que, de resto, administrava por meio de investimentos diretos e indiretos, de curto e longo prazo e, muito singularmente, emprestando aos governos estrangeiros.[147]

Ainda que alicerçada no mercado interno e em barreiras alfandegárias protecionistas, a produção industrial estadunidense era largamente dependente dos investimentos britânicos. Em toada sempre ascendente desde o término da Guerra de Secessão, os Estados Unidos tornaram-se o principal destino dos capitais britânicos: sequer o Canadá e a Argentina somados, os seguintes na lista de investimentos, alcançavam a predileção britânica pelos *yankees*. Embora não exclusivamente, o partido republicano foi particularmente enfático quanto à minoração da dependência financeira externa pela expansão da esfera de influência comercial, nomeadamente na América latina, que seria um balão de ensaio para ampliações posteriores. Aquele tempo prestava-se perfeitamente ao caso. Na corrida imperialista característica da passagem para o século XX, enquanto britânicos e franceses digladiavam-se pela partilha de territórios na África e na Ásia, a Rússia reabilitou o pan-eslavismo do começo do XIX, encontrando extensos ecos nos Bálcãs e nas atuais Ucrânia e Polônia, mas também imediatos tolhimentos no pan-germanismo alemão, que, ambicioso, se estenderia da Escandinávia às portas da atual Turquia.[148]

James G. Blaine talvez tenha sido o estadunidense que melhor capturou as vantagens de pôr aceleradamente em marcha o movimento pan-americanista, precisamente quando, à maneira do que ocorria entre o Rio de Janeiro e São Paulo, o eixo produtivo global territorializava-se a quilômetros da Grã-Bretanha, cada vez mais financeirizada. Membro do partido republicano e líder proeminente na Câmara de Deputados, Blaine procurou desde 1881, quando pela primeira vez no Departamento de Estado, a constituição de uma Conferência Pan-Americana que teria como escopo principal o fomento às exportações manufatureiras dos Estados Unidos para a América latina. Os acordos de reciprocidade comercial deveriam ser bilaterais, sempre, de maneira a evitar conluios latino-americanos contrários a

Washington, que trocaria especialmente o açúcar e o café dos latinos por produtos estadunidenses de maior valor agregado, sem pôr assim em risco a proteção ao algodão do Deep South e ao trigo do Midwest. Extraindo as melhores lições do padrão britânico de inserção internacional à época da Primeira Revolução Industrial, Blaine assumiu que, afora a redução nos custos de alimentos calóricos e estimulantes, os acordos comerciais teriam o efeito de suavizar, pelo aumento da produção, as tensões empregatícias estadunidenses, claramente avolumadas naquele então: até 1886, eclodiram 3.902 greves fabris nos Estados Unidos, que culminariam na revolta de *Haymarket* e no fortalecimento notório do Partido do Trabalho no crucial estado de Nova York.[149]

Nessa conta, as maiores ambições comerciais de Blaine forjaram-se em relação ao Brasil, cujo comércio com os Estados Unidos era quatro vezes maior do que o estadunidense com a China e praticamente equiparável às trocas de Washington com a África e a Ásia combinadas. Foi nessa janela de oportunidades que Salvador de Mendonça encontrou os melhores ventos para o exercício de uma paradiplomacia republicana em tudo reveladora das ambições formuladas ainda em Itu. Ciente da virada de poder em benefício dos democratas, cuja política externa inclinava-se para o livre-comércio naquela época, Salvador de Mendonça empenhou-se em revelar a criação de comércio que eventual acordo bilateral poderia acarretar. Reconfortando os democratas, a estratégia do antigo cônsul em Baltimore, que assumiu o consulado em Nova York para tornar-se cônsul-geral nos Estados Unidos em 1876, garantiria a preferência estadunidense pelo café brasileiro num contexto de isenção tarifária aplicada à importação do grão desde 1872. O benefício eventualmente alçaria, o que não era preocupação central de Salvador de Mendonça, o açúcar brasileiro à condição semelhante nos Estados Unidos.

O declaradamente republicano dirigiu-se à comissão estadunidense para assuntos comerciais de modo a asseverar que o Brasil poderia comprar dos Estados Unidos o que adquiria da Grã-Bretanha. Para ele, a consolidação do trânsito direto entre os portos brasileiros e estadunidenses erradicaria a rota atlântica triangular dominada pelos britânicos, que traziam bens manufaturados ao Brasil, para então despejar café nos Estados Unidos e regressar a Liverpool carregados de petróleo, banha de porco e trigo. Isso, sem contar as compensações bancárias que se fariam em Nova York, e não mais em Londres. A predisposição americanista de Salvador de Mendonça encantou os estadunidenses, e especialmente os cafeicultores do Oeste Paulista, que apostavam nos Estados Unidos para obter um imediato reconhecimento internacional da República brasileira. E assim foi. Quando caiu o Império, que resistia a qualquer acordo comercial com os Estados Unidos, o plenipotenciário Robert Adams Jr. assinalou a Quintino Bocaiúva que Washington manteria relações diplomáticas com o Governo Provisório. O cônsul-geral dos Estados Unidos no Rio de Janeiro já havia alertado, ainda em junho de 1889, que os setores brasileiros interessados na produção manufatureira, nomeadamente os militares, "começariam a exercer influência na legislação do país". Seria necessário, portanto, acelerar os ponteiros de um acordo bilateral, como Adams escreveu ao novamente secretário de Estado Jamais Blaine, precisamente quando o entusiasmo americanista da República brasileira se coloria num arremedo verde-amarelo do pavilhão estadunidense.[150]

Tolhido no início da década de 1880, o anglófobo Blaine logrou convencer tanto o democrata Grover Cleveland quanto a presidência republicana seguinte de Benjamin Harrison sobre as oportunidades comerciais do estreitamento de relações no hemisfério americano, e em outubro de 1889 ocorreu em Washington a cerimônia de abertura da I Conferência Pan-Americana. Não sem razão, os delegados estadunidenses eram atacadistas, fabricantes de carruagens e de aço, donos de fábricas de tecelagem e banqueiros. Após rápido périplo pelos centros industriais ao leste do rio Mississippi, a conferência foi reatada rigorosamente três dias após a Proclamação da República no

Brasil, que respondeu substituindo o equívoco chefe de delegação Lafaiete Rodrigues pelo insuspeito Salvador de Mendonça. Em seu perfeito elemento, Mendonça fora instruído por Bocaiúva a dar "espírito americano" às posições brasileiras e apadrinhou, então, todos os projetos de Washington: a união aduaneira, as linhas diretas de navegação a vapor, as patentes, a moeda comum, a substituição de Londres por Nova York como centro financeiro do hemisfério e a arbitragem obrigatória como regra para a solução de diferendos, o que era para os Estados Unidos uma forma de alijar o envolvimento de potências europeias, sobrepondo-se a elas, em quaisquer assuntos continentais.

Por sua parte, Washington fracassou em praticamente tudo, logrando apenas fundar uma repartição de compilação estatística denominada Bureau Comercial das Repúblicas Americanas. José Martí, futuro mártir da independência cubana, resistiu ao que julgava um encontro de patrocínio à jovem indústria estadunidense e em benefício, reciprocamente, de oligarquias exportadoras de *commodities* de baixo valor agregado. Mas as inclemências vieram sobremodo da Argentina, que não encontrou vantagem alguma para seus bens agropecuários, como o trigo, a lã e a carne bovina, no mercado estadunidense concorrente. Apesar dos êxitos de Roque Sáenz Peña e Manuel Quintana, os delegados argentinos, quanto ao congraçamento de hispano-americanos contrários aos Estados Unidos, Buenos Aires encontrou no lado oposto o México, cujo relacionamento cordial com o vizinho do norte era uma salvaguarda à soberania nacional, e muito expressivamente o Brasil.[151]

Corria naquele então a disputa entre Buenos Aires e o Rio de Janeiro acerca de um triângulo de terra, conhecido como a região de Palmas ou das Missões, entre os rios Peperi-Guaçu, Santo Antônio e Jangada. Como alento para um célere reconhecimento da República brasileira pela Argentina, realizado tão cedo quanto em dezembro de 1889, Bocaiúva cedeu às pretensões de Estanislao Zeballos, na pasta argentina das Relações Exteriores, e simplesmente dividiu o território disputado ao meio. O voluntarismo romântico de Bocaiúva, que difamava na perspectiva militar a legitimidade do Governo Provisório em nome de uma lua de mel platina, foi soterrado por ninguém outro do que Salvador Mendonça, naquele momento em reuniões de bastidores com James Blaine para demover a liderança latina conclamada por Buenos Aires na I Conferência Pan-Americana.

Portanto, ao passo que Sáenz Peña e Quintana faziam obstáculos às vontades estadunidenses, Mendonça ofereceu a Blaine um acordo comercial em separado, precisamente quando no Rio de Janeiro se recuperou o entendimento ainda de 1889 sobre a constituição de um árbitro internacional, que deveria ser o presidente dos Estados Unidos, para a resolução da Questão de Palmas. A diplomacia econômica de Mendonça, ainda, tinha pelo menos outras duas frentes. A constituição de uma aliança toda especial com Washington era recurso de força para a salvaguarda da fronteira setentrional em detrimento dos caprichos imperialistas de Paris e Londres, que tardaram, respectivamente, até junho de 1890 e maio de 1891 para reconhecer a República brasileira. Imbuído de ideias próprias ao protecionismo educador, Benjamin Harrison acabava de aprovar a tarifa McKinley, que, embora tenha aumentado o nível geral de proteção ao mercado estadunidense, concedeu isenções alfandegárias para o café, as peles, o açúcar, o chá e o melaço. No entanto, por iniciativa de Blaine, emendou-se a tarifa com a possibilidade de o presidente manipular as taxas sobre os produtos isentos, a depender de um acordo com os países que, para manter as isenções, deveriam endossar a reciprocidade comercial com os Estados Unidos. De alguma forma ou de outra, Salvador de Mendonça caiu na arapuca de Blaine, julgando imperativo o acordo comercial para resguardar a liberdade com a qual o café brasileiro, à razão de 2/3 do total consumido nos Estados Unidos, ingressava pelo porto de Nova York.

Principalmente preocupado com os latifúndios do sudeste, Mendonça formulou também um embuste para o qual, entusiasmado, empurrava Deodoro. Era a outra frente da estratégia diplomática,

Mapa 3. Os limites da Questão de Palmas

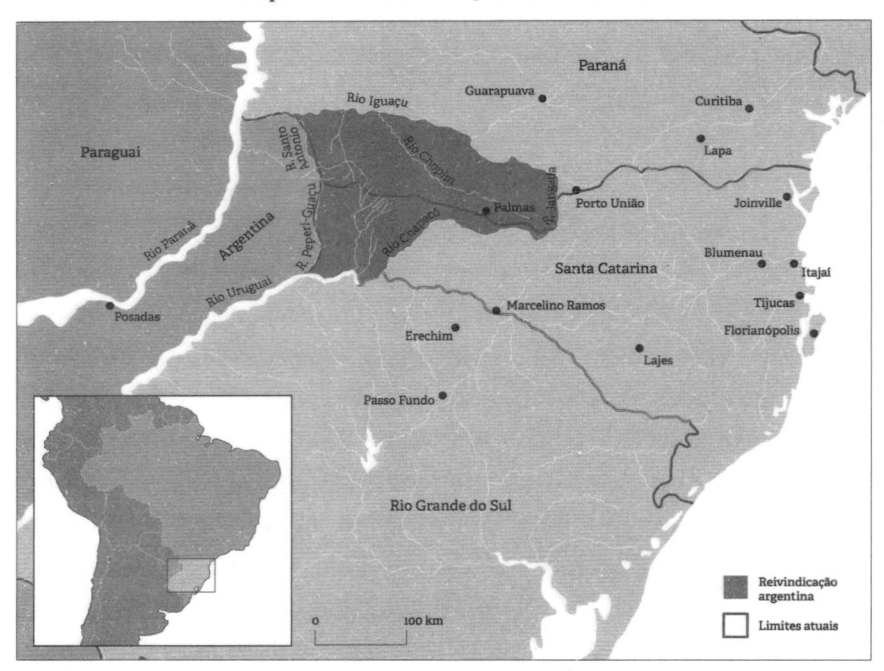

Fonte: Ricupero (2017).

claramente de efeitos internos. Progressivamente contrariado no Congresso, Deodoro aceitaria, como efetivamente o fez em janeiro de 1891, um acordo que supostamente reavivaria a exportação açucareira. Era uma garantia de apoio nordestino contra um ajuste mineiro-paulista desejoso de ver o marechal derrotado nas eleições de fevereiro de 1891. A armadilha era dupla. Por um lado, Mendonça tinha plena ciência de que os Estados Unidos estenderiam, como o fizeram em maio de 1891, os privilégios açucareiros a Cuba e Porto Rico, devido a uma febre imperialista materializada quando da Guerra Hispano-Americana em 1898. Mantendo a açucarocracia nordestina em sua decadência característica, Mendonça corroboraria, por outro lado, a métrica perrepista de implosão da caserna. Partidário de um regime mais centralizado, tal qual Deodoro, porém largamente mais embebido do positivismo dito ilustrado, o bloco florianista condenaria o acordo, como o fez, porque prejudicial à indústria brasileira. Embora fosse uma liderança minoritária no Congresso, Floriano Peixoto vislumbrou no acordo a reabilitação republicana da trama econômica do Império, e o exato oposto do industrialismo como projeto pautado pelos veteranos do Prata ainda nos últimos anos do Império. Não à toa, renunciou ao ministério da Guerra em janeiro de 1891.[152]

Com ele, também se demitiu o ministro da Fazenda Rui Barbosa, o que terminou redundando na demissão de todo o gabinete. Na superfície, a causa era a construção do porto de Torres, no Rio Grande do Sul, para o que Deodoro prometeu garantia de juros a um íntimo, Trajano de Medeiros, com a obrigação de erguer ali a colônia de Deodorópolis. O enredo profundo, no entanto, era todo outro. Estava plasmado no Tratado Blaine-Mendonça, que, assinado em janeiro de 1891 por decreto e sem consentimento do Congresso, removeu efetivamente os impostos aduaneiros para o maquinário agrícola, as ferramentas, o ferro, o aço, os carros e as manufaturas de algodão, além de desonerar, em gesto de animosidade em relação à Argentina, o trigo estadunidense, em troca de isenções recíprocas para o café, o açúcar e os couros brasileiros. Deodoro traía o ímpeto industrial dos quartéis do Quinze de Novembro, numa manobra, forçadamente a contragosto, que perfilava a recondução cafeeira do Brasil. Rui Barbosa percebera-o nitidamente: o Governo Provisório pisava em seus próprios calcanhares, visto que a Fazenda tão cedo quanto em janeiro de 1890 havia-se lançado num projeto econômico de eixo industrializante.

Naquele momento, o cenário nacional era particularmente adverso para tanto, não apenas devido às expectativas paulistas e do braço diplomático que encontraram em Salvador de Mendonça, mas também em razão das desconfianças bancárias internacionais quanto à solvência da República brasileira. Os Rothschild recusaram-se a entabular quaisquer novas negociações pelo menos enquanto novas eleições não estabelecessem a legitimidade do novo regime. A Banque de Paris et des Pays-Bas congelou por sua vez os créditos a seu associado, o Banco Nacional do Brasil. Provavelmente instigados pela aversão ao americanismo próprio à pasta das Relações Exteriores, os comerciantes britânicos lideraram uma fuga de capitais coincidente com o imobilismo do Foreign Office. Inevitavelmente, a taxa de câmbio despencou dos milagrosos 27 *pence* alcançados em 1889 para claudicantes 20, o que punha em xeque, pelo menos à primeira vista, a criação monetária autorizada por Ouro Preto.[153]

Do alto de seus 40 anos e com pouco mais de um metro e meio, Rui Barbosa dobrou a aposta. Estimulava-o o paradigma monetário dos Estados Unidos, que desde 1862 ignoraram o imperfeito equilíbrio entre as descobertas auríferas e a aceleração econômica, para depositarem sua confiança, justamente, na moeda fiduciária. Em janeiro de 1890, o novo ministro da Fazenda procedeu àquilo que Machado de Assis chamou de "o primeiro dia da criação". Assumindo que haveria uma súbita expansão da massa assalariada, tanto em decorrência da abolição quanto da imigração, Rui Barbosa entendeu que poderia sustentar a atividade produtiva criando bancos de emissão. Tratava-se de revisitar a política econômica de Ouro Preto, pautada na inutilização da República. Realizou a manobra, estranhamente talvez, por meio de uma continuidade alargada em chave industrial. Inicialmente, seriam três bancos com monopólio de emissão sobre suas respectivas macrorregiões: Salvador controlaria o Norte; Porto Alegre, o Sul; e o Rio de Janeiro, o Centro. Maltratando as combinações pretéritas entre Ouro Preto e Figueiredo, Rui Barbosa autorizou a emissão de duas vezes e meio o estoque de moeda corrente. No Centro, ao Banco dos Estados Unidos do Brasil, referenciando inclusive como passou-se a denominar o país, caberia praticamente metade do total autorizado, o que foi um afago a Mayrink. Era ele o principal acionista do Banco e notoriamente mais íntimo de Rui Barbosa do que um agora atravessado Figueiredo. As emissões, por sua vez, teriam lastro em títulos da dívida pública, e certamente não em ouro, que escapava das mãos da Fazenda.

Substituindo Figueiredo por Mayrink, para efeitos práticos, no comando monetário do Brasil, Rui Barbosa julgava reorientar, nos limites da primazia cafeeira sobre a ordem econômica, a alocação de recursos em benefício do capital produtivo industrial. "A República só se consolidará sobre alicerces seguros", dizia o antigo radical baiano, "quando suas funções se firmarem na democracia do trabalho industrial, peça necessária no mecanismo do regime, que lhe trará o equilíbrio conveniente." Campos Salles evidentemente protestou, e São Paulo obteve seu próprio banco de emissão, porém com autorização para emitir sequer o suspiro daquilo confiado a Mayrink. Farejando melhor o vapor das usinas do que o cheiro do café, Rui Barbosa autorizou os novos bancos a participarem do capital das empresas incorporadas. Todos teriam carteiras comerciais e hipotecárias, e preferências em contratos ferroviários, mineiros e migratórios, tal qual o direito de expropriar as terras requeridas para essas finalidades prioritárias.

De maneira ainda mais eloquente, demoveu-se o que era considerado excesso de burocracia na produção industrial, e os últimos retalhos da antiga Lei de Entraves foram rasgados. As sociedades anônimas poderiam estabelecer-se sem autorização do governo e apenas 10% do capital integralizado eram requeridos para o funcionamento das sociedades, forçosamente cotadas na bolsa. Pouco após suprimir as barreiras à entrada de novos concorrentes no mercado, Rui Barbosa refreou, em maio de 1890, o programa de auxílios à lavoura e, em outubro, aumentou as tarifas alfandegárias sobre os têxteis, o que julgava um recurso para despressurizar uma vacilante balança comercial e para eximir o Tesouro de novos empréstimos. Sobretudo, era uma desforra contra as negociações de Salvador de Mendonça.[154]

Os resultados pareceram à primeira vista auspiciosos. As sociedades incorporadas emergiram às dezenas. Especialmente para a indústria têxtil, o capital social das fábricas cotadas na bolsa de valores do Rio de Janeiro foi multiplicado por seis. A importação de bens de capital, notadamente da Grã-Bretanha, praticamente dobrou em relação à década de 1880. O próprio operariado do Distrito Federal conheceu melhor ritmo de crescimento. O mais espetacular, porque tudo aquilo era superlativo, foi a criação de novos bancos. Havia mais de 100 bancos registrados em 1891, a maioria com volume de capital impraticável para qualquer operacionalidade bancária. Impossíveis no Império, agora despontaram o Banco Comércio e Indústria do Brasil, o Banco Economia Popular e o Banco do Povo.[155]

A menos que o principal capital produtivo de determinado país se reacomode em outro setor econômico movido por uma efetiva demanda agregada nacional ou internacional, por sua parte, soerguida na maturação de um novo ciclo econômico interno ou externo, todos os incentivos públicos à reorientação nacional da produção costumam ser apenas um comércio de fumaça. Em outros termos, as oportunidades industriais do Brasil seriam mais bem encontradas nas crises globais que sucederam à Primeira Guerra Mundial: até lá, Rui Barbosa deu com os burros n'água. A principal indústria do país, a têxtil, sequer capitalizou 10% do incorporado pelo setor bancário, uma prova de que eram baixas as expectativas de lucro fabril — ou, simplesmente, que o custo de oportunidade para tanto era alto demais.

A criação monetária, portanto, tendeu a permanecer em sua forma financeira, dispersando-se apenas lateralmente no café, cujos preços se encontravam em alta devido à desvalorização cambial. Foram ilusões perdidas, porque a especulação resistiu mal à concretude que lhe faltava. Quando a Fazenda compreendeu que a indústria nacional era de papel e que poucos nela apostariam diante do consentimento que Deodoro dava a Mendonça, decretou-se o surgimento do Banco da República dos Estados Unidos do Brasil. Na prática, o novo banco tinha o monopólio de emissão e, considerando que suas cédulas seriam lastreadas agora em ouro, deveria regular o volume de crédito e o mercado de câmbio. Ao todo, era quase o muito ortodoxo e moribundo Banco do Brasil do falecido visconde de Itaboraí. Como uma diferença, no entanto: nascera pela mão de um heterodoxo, cujo intento agora de refrear a criação monetária que engendrara vinha no fastidioso conchavo entre a alta inflação e o vacilante crescimento econômico. Não à toa, a bolha financeira estouraria no ano seguinte, em 1891.

Marc Ferrez, *Escravos em terreiro no Vale do Paraíba*, Rio de Janeiro, c. 1885. Instituto Moreira Salles.

Marc Ferrez, *Embarque de café para a Europa*, Santos, c.1910. Instituto Moreira Salles.

Marc Ferrez, *Colonos na colheita de café*, São Paulo, c. 1890. Instituto Moreira Salles.

Marc Ferrez, *Estação da Luz*, São Paulo, c. 1900. Instituto Moreira Salles.

Marc Ferrez, *Avenida Central* [atual Avenida Rio Branco], Rio de Janeiro, c. 1910. Instituto Moreira Salles.

Manoel Tondella, *Bairro dos Coelhos*, Recife, c. 1905. Fundação Joaquim Nabuco.

Guilherme Gaensly, *Avenida Paulista*, São Paulo, c. 1905. Biblioteca Nacional.

Albert Frisch, *Habitação de tapuias*, Manaus, c. 1870. Instituto Moreira Salles.

Gomes Júnior, *Vendedores de jornal*, Rio de Janeiro, c. 1900. Instituto Moreira Salles.

Marc Ferrez, *Retrato de escrava com criança*, Salvador, c. 1885. Instituto Moreira Salles.

Marc Ferrez, *Indígena do povo Aimoré*, Sul da Bahia, c. 1875. Instituto Moreira Salles.

ELIHU ROOT NO RIO DE JANEIRO
CHEGADA

1 E 2, NO CAES PHAROUX, DESEMBARQUE — 3, A BORDO DO CHARLESTON — 4, O COLLEGIO MILITAR FORMADO EM FRENTE AO PALACETE ABRANTES 5, O POVO NA PRAIA DE BOTAFOGO, PROXIMIDADES DO PALACETE — 6, CHEGADA DO LANDAU AO PALACETE ABRANTES — 7, NO PALACETE

Revista *Kosmos*, Agosto de 1906, Rio de Janeiro. Coleção particular.

A Excursão do Presidente Eleito
ESTADO DO CEARÁ

DR. AFFONSO PENNA E DR. ANTONIO PINTO NOGUEIRA ACCIOLY PRESIDENTE DO ESTADO

Revista *Kosmos*, Agosto de 1906, Rio de Janeiro. Coleção particular.

Flávio de Barros, (Provável encenação de) *Prisão de jagunços pela cavalaria*, Canudos, 1897. Instituto Moreira Salles.

Fotógrafo não identificado, *Revolta Naval*, Rio de Janeiro, 1910. Instituto Moreira Salles.

A CRISE DO ENCILHAMENTO NA CONSTITUCIONALIZAÇÃO DA REPÚBLICA

Disposto a tudo, porque nada queria perder, Deodoro acelerou a marcha das perseguições no segundo semestre de 1890. Benjamin Constant, que faleceria logo depois, foi acusado de conspirar contra o governo, visto que supostamente desejava a presidência. Em seguida, Deodoro despachou uma guarnição liderada pelo chefe da Segurança Pública contra a antiga *A Tribunal Liberal*, sob o pretexto de monarquismo, porém com a intenção velada de silenciar o liberal-constitucionalismo característico da folha. Ao término do ano, já estava claro que a política de aproximações com a bancada nordestina, cuja liderança repousava nos ombros muito enobrecidos do barão de Lucena, redundaria numa dissolução de todo o gabinete.

A incontestável e irredutível defenestração dos ministros vinha em péssimo momento, visto que a Constituinte instalada em 15 de novembro de 1890 não dava a Deodoro licença para, à moda do Império, centralizar o poder no Rio de Janeiro. Júlio de Castilhos e Borges de Medeiros hospedavam em seus bigodes uma retórica ostensiva pela autonomia do Rio Grande do Sul, nos quadros de um Executivo estadual preponderante. Por sua parte, os paulistas também andavam angustiados, e era o caso havia décadas, com as morosidades públicas para a consagração de um modelo administrativo hiperfederalista. Temiam que o alastramento das discussões constitucionais retardasse a reabilitação dos fluxos internacionais de investimentos para o Brasil, que São Paulo canalizaria em benefício próprio.

À diferença da Constituinte de 1823, o pomo da discórdia republicana concerniu à dosagem de atribuições aos entes federativos, qual seja, a distribuição vertical do poder. A horizontal foi muito mais rapidamente resolvida. Tripartido, a face Executiva do poder seria liderada pelo presidente da República por mandatos irrenováveis de quatro anos, e não seis como proposto inicialmente.

A eleição para o vice-presidente seria realizada em separado. Embora fizesse fantasiar alguns como Deodoro, o chefe do Executivo não poderia dissolver a Câmara. O Poder Moderador era agora tão só uma quimera. Eleitos para mandatos de três anos, os deputados formavam com os senadores, votados para um exercício de nove anos, o Congresso Nacional, que orçaria as despesas, legislaria sobre a política econômica e resolveria definitivamente sobre tratados internacionais, inclusive autorizando o Executivo a declarar guerra ou fazer a paz.

A seu turno, o presidente deteria a prerrogativa de sancionar e promulgar as leis do Congresso, e, como chefe de Estado e de governo ao mesmo tempo, nomearia os ministros, incluído o corpo diplomático, podendo dispensá-los quando bem entendesse. A hipercefalia presidencialista, em tudo uma reprodução da Constituição estadunidense, igualmente se fundava na vantagem de nomear os membros do Supremo Tribunal Federal (STF), a terceira face da divisão horizontal do poder. A instância máxima do Judiciário dirimiria conflitos entre juízes de todos os entes federativos e, muito especialmente, litígios entre a União e os estados, precisamente a partir de onde os projetos constitucionais tenderam à contradição.

Implacável, a bancada paulista logrou atrair a sua volta os federalistas, que finalmente derrotaram os projetos dos unionistas. O anteprojeto constitucional, que carregava as marcas de Rui Barbosa, foi desfigurado em proveito dos estados, que obtiveram terra e capital por obra e graça do PRP. Efetivamente, foram três as reivindicações inegociáveis de São Paulo. As terras devolutas ficaram em posse dos estados, restando à União apenas as das fronteiras nacionais e as desapropriáveis para a construção de ferrovias federais. Ainda, para além do recolhimento pelos entes federativos dos impostos territoriais, correntes e futuros, e daqueles sobre as *indústrias e profissões*, a União cedeu os de exportação e tomou em troca os de importação. Era uma vingança paulista contra um Império que havia taxado mais do que acudido a antiga província. Na mesma toada, o PRP foi intransigente quanto à possibilidade de os Estados contraírem empréstimos internacionais, para nunca mais encontrar os tolhimentos que os bancos do Rio de Janeiro impuseram a São Paulo no tempo da Coroa.

Como se pouco fosse, os estados também adquiriram a possibilidade de eleger seus presidentes de Estado e de constituir forças públicas armadas, que até o término do regime, em 1930, alcançariam o número de praticamente 14.500 homens em São Paulo e 8.500 no Rio Grande do Sul, quando o Exército somava em torno de 43 mil. Tampouco poderia a União intervir nos estados, exceto para repelir invasão estrangeira, para manter a forma republicana e federativa de governo, em caso de decretação de estado de sítio, ou para garantir a execução de sentenças e leis federais, que, não obstante, não teriam primazia sobre aquelas dos estados em matérias de competência cumulativa.[156]

Embora derrotado especialmente pelos paulistas na Constituinte, Deodoro não renunciaria à presidência da República, e, para tanto, eram imprescindíveis os deputados nordestinos. Precisamente quando o barão de Lucena assumiu o gabinete, veio à tona a assinatura do acordo Blaine-Mendonça. Mais do que adoçar a boca do árbitro estadunidense, como sugeriu o plenipotenciário português no Rio de Janeiro, o tratado era o balcão de uma confeitaria para a açucarocracia nordestina, cujas deputações, não à toa, pesaram a favor de Deodoro nas eleições indiretas de fevereiro de 1891. Os paulistas buscaram reagir contra o generalíssimo, que Campos Salles considerava nada além de "um soldado chão, de paletó de brim branco, calças largas e boné". Lançaram a candidatura de Prudente de Morais, numa articulação com os mineiros ao fim vencida, para também derrocar o que consideravam um ministério se não de monarquistas encapotados como Lucena, então de conselheiros caricatos, tal qual o novo ministro da Fazenda Tristão Araripe, ou de ilustres desconhecidos, a exemplo de João Uchoa Cavalcanti na pasta do Interior.[157]

Naquele instante, Deodoro deixava claro que, caso não fosse eleito, uma guarnição militar dissolveria a Constituinte à viva força, na locução estimada pela general, levando à breca agora a nova carta. Os paulistas procuraram então uma estranha acomodação com Floriano Peixoto, candidato à presidência e à vice-presidência. O enigmático oficial tragava mal o súbito viés açucareiro de Deodoro, assim como as perseguições a colegas de farda positivistas, como o tenente-coronel do Exército Antônio Moreira César. As presunções operárias do tenente da Marinha José Augusto Vinhaes igualmente vinham ao socorro das ambições florianistas — e paulistas, por extensão e oportunidade. Vinhaes era a principal liderança do Centro do Partido Operário e um dos fundadores do Banco dos Operários, ambos constituídos em 1890. Às vésperas da promulgação da Constituição, Vinhaes pautou a eclosão da greve dos ferroviários no Rio de Janeiro, em manifesto sinal de desaprovação a Deodoro. "O salário aumentou [...], mas este aumento foi como um, ao passo que os gêneros de primeira necessidade aumentaram como dez", ponderou o tenente na *Gazeta de Notícias* em alusão ao processo inflacionário que parecia a seus olhos resumir o errático governo do generalíssimo.[158]

Temendo eventual quebra na ordem hierárquica da corporação militar, que o próprio Deodoro havia enaltecido com o aumento exponencial do contingente, dos salários e das promoções, o Clube Militar usou a mesma *Gazeta* para pelo menos afirmar que estava à espreita, deixando impunes os oficiais que individualmente ameaçaram com um golpe caso Deodoro saísse derrotado nas eleições. Em meio a boatos divulgados por legações estrangeiras sobre a compra de votos em favor do governo, Deodoro efetivamente dobrou os paulistas e venceu as eleições, mas tudo anunciava um imenso temporal. Em 26 de fevereiro de 1891, um dia após as eleições, o generalíssimo foi muito friamente recepcionado na Quinta da Boa Vista, que servira para albergar a Assembleia Constituinte, em explícito contraste com os aplausos dirigidos ao vice-presidente eleito. A sombra do Jaburu, àquela época projetada na silhueta de Floriano Peixoto, era o perfeito presságio daquilo que Vinhaes havia manifestado na *Gazeta de Notícias*: o governo constitucional não sobreviveria aos efeitos inflacionários da política econômica de Rui Barbosa.[159]

Apesar das dificuldades na Constituinte, o entusiasmo especulativo permaneceu intacto até o início de 1891, quando os efeitos de uma crise financeira na Argentina trocaram os sinais do encantamento quase pueril que caracterizava a Bolsa de Valores do Rio de Janeiro. A presidência de Miguel Juárez Celman adotara políticas financeiras liberalizantes com o intuito de manter incólumes os fluxos de investimento, especialmente britânicos, que sustentavam o modelo agroexportador de Buenos Aires. Quando a capitalização financeira sobrepujou, em muito, a capacidade produtiva, os bancos quebraram, e o Estado, agora incapaz de sustentar o pagamento da dívida pública, declarou moratória. Era quase uma antecipação do que aconteceria no Brasil. Imediatamente, a Unión Cívica, de onde emergiria a atual Unión Cívica Radical, tomou o parque de artilharia de Buenos Aires em novo esteio de conflito civil que assumiu o nome de *Revolución del Parque*. Para azar de Deodoro, a promulgação da Constituição coincidiu com uma fuga de capitais no Brasil. Os investidores externos compreenderam que o Rio de Janeiro seguiria o mesmo curso de Buenos Aires, a partir de onde o Banco Barings de Londres foi praticamente à bancarrota, e aceleraram um movimento de retração financeira também na Austrália, nos Estados Unidos, na Alemanha e na Itália, que terminaria abandonando o padrão-ouro.[160]

Foi acusando a crise internacional que Rui Barbosa se defendeu, anos mais tarde, da estagflação característica daqueles anos iniciais da República. Não obstante, a crise do Encilhamento, assim chamada em alusão às apostas entre o encilhar e disparar dos cavalos nos hipódromos, certamente guardou relação com a política econômica muito heterodoxa de Rui Barbosa. Isso em que pesem as tentativas malfadadas, já na virada para o ano de 1891, de reduzir o meio circulante. O nódulo da especulação foi a prática denominada de *watering of stock*. Banqueiros, comerciantes, industriais e inclusive políticos forjavam o estatuto de uma empresa, declarando capital acima das necessidades fabris reais. Em seguida, obtinham uma concessão de terra, de forma a conferir valor intrínseco à atividade. Incorporavam a companhia com o mínimo exigido por lei — ou talvez sequer isso, porque era recorrente a prática bancária de emitir recibos falsos para integralizar o capital —, cotavam-na então na Bolsa e declaravam alto dividendo sobre ações escoradas em nada além do que em pó e vento.

Evidentemente, a euforia que levou o dinheiro em circulação a expandir-se 40% em apenas nove meses tornou-se água quando os capitais internacionais sumiram do país, levando a taxa de câmbio a inacreditáveis 14 *pence* no início de julho de 1891. Com o mil-réis valendo praticamente a metade do que antes auferia, o mundo produtivo fabril não logrou arcar com as máquinas já encomendadas no exterior, nem com a importação de matérias-primas não produzidas no Brasil, como a cevada, as lãs e os corantes. Quando o ritmo de quebras se acelerou, os investidores, que haviam integralizado apenas 10% do capital societário porque assim permitia a lei, simplesmente se furtaram a entregar o res-

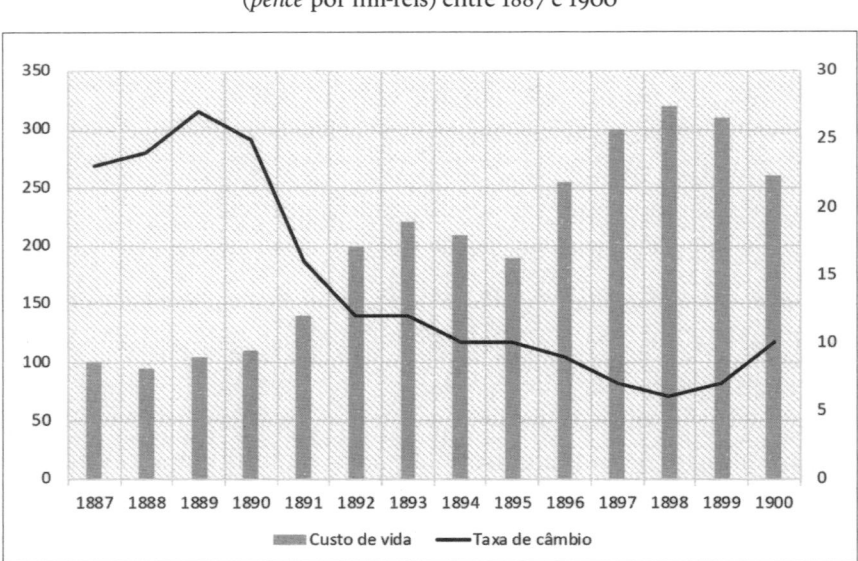

Gráfico 4. Evolução do custo de vida (1887 = 100) e da taxa de câmbio (*pence* por mil-réis) entre 1887 e 1900

Fonte: Luna e Klein (2014).

tante, perdendo pois o capital inicial. Como entre eles havia banqueiros, o terremoto foi efetivamente plurissetorial, atingindo em cheio as classes média e popular, que mais sentiram o exponencial aumento no custo de vida induzido pela criação monetária de Rui Barbosa.

Em meio à drástica queda na taxa de câmbio, à consequente dificuldade de importar bens de primeira necessidade e às também decorrentes agitações nas ruas do Rio de Janeiro, o governo de Deodoro e Lucena insistiu em medidas expansionistas para a saída da crise. Autorizou-se o Banco da República dos Estados Unidos do Brasil a emitir sem lastro nada menos do que o correspondente a 150% da oferta monetária de dezembro de 1887. Foi a maneira vislumbrada para socorrer bancos e indústrias de papel — e assim evitar as falências em cadeia. Incomodado até a medula, o PRP refreou a iniciativa no Congresso. Paradoxalmente, a economia paulista havia-se beneficiado do Encilhamento carioca, pelo menos no curtíssimo prazo, devido à queda na taxa de câmbio. As sacas exportadas via Santos entre 1891 e 1895 tiveram um aumento de 63% em relação ao quinquênio anterior ou, em valor, de 152%. Como prova que a matriz formadora de hegemonias é a robustez material, e não a financeira, o orçamento ordinário de São Paulo praticamente quadruplicou: as receitas de exportação eram agora estaduais, o que deu ensejo à contínua concessão de novas terras. Até março de 1891, nada menos do que o tamanho de alguns Estados europeus fora outorgado a particulares.[161]

Por mais auspicioso que fosse, todavia, o orçamento paulista não era o da União e tampouco poderia prescindir do capital estrangeiro. Contrariamente às correntes historiográficas já mais antigas, porém ainda de grande impacto interpretativo, os paulistas foram reiteradamente mais ortodoxos do que o contrário. Defenderam o equilíbrio orçamentário, o controle monetário e a estabilidade cambial, nos limites exíguos da compatibilidade entre o sustento à exportação e à infraestrutura produtiva, aí incluídos os portos, as ferroviais e a mão de obra imigrante. Trocando em miúdos, embora uma política de desvalorização cambial pudesse amparar a produção cafeeira, dado que o produto se tornaria mais barato para os consumidores internacionais, seria também um desestímulo ao capital externo, porque a receita em mil-réis dos investidores tenderia a cair. Pior, a queda no valor da moeda nacional constituiria um desestímulo à compra da dívida pública, especialmente pelos bancos internacionais, considerando que, como os empréstimos externos eram cotados em libras, a confiança na capacidade de o Brasil rolar a dívida externa seria maculada. Como a desvalorização numa economia de tração agroexportadora tinha notório impacto sobre a inflação, tornando os produtos estrangeiros mais caros para o consumidor nacional, os próprios cafeicultores paulistas foram amplamente mais comedidos do que Lucena quanto aos efeitos inflacionários de determinada política econômica: como pouco depois a história o provaria, uma greve no porto de Santos seria deletéria para os negócios do café.[162]

A rispidez contra a nova medida monetária de Lucena também se apresentava como resposta à política de intervenções nos estados comandada por Deodoro. Em março de 1891, o generalíssimo simplesmente decretou o afastamento compulsório do republicano histórico Jorge Tibiriçá e entronou Américo Brasiliense na presidência de São Paulo, que em troca do cargo prometeu a docilidade paulista. Até 1926, quando se fundou o contestatório Partido Democrático de São Paulo, seria a única fratura de monta entre os paulistas. Em Minas, nada muito dissemelhante. Deodoro cortou as esperanças do mais arredio Jacques Bias Fortes e, em junho, reposicionou Cesário Alvim no governo estadual, precisamente quando o Congresso se reuniu por primeira vez como Legislativo ordinário. Como as bancadas foram rigorosamente as mesmas da Constituinte, a ascendência foi de perrepistas puro-sangue. Na Câmara baixa, Bernardino de Campos perdeu a presidência para o mineiro situacionista João da Mata Machado, o que em nada arrefeceu o clima de discórdia também capitaneado e ampliado pelos paulistas na alta, onde Campos Salles era líder incontestado da oposição. Lá, Prudente de Morais obteve a maioria dos votos para a composição da mesa, cedendo o posto de presidente do Senado, contudo, para o vice-presidente da República Floriano Peixoto, como previa o texto constitucional.[163]

Tornando tudo o mais crítico, às notícias de que a oposição a Júlio de Castilhos, no Rio Grande Sul, emigrara para o Uruguai de forma a preparar uma invasão ao estado somaram-se contínuas desfiliações a Deodoro nas Forças Armadas. No Exército, um bom bastião de oficiais não tolerou os arroubos econômicos de Lucena e seus efeitos no dito povo, alegadamente um alicerce do Quinze de Novembro. Passou à aberta oposição sob os impulsos do general José Simeão Oliveira, e do vice-presidente Floriano Peixoto. A Marinha, por sua parte, andava especialmente inquieta com o que julgava um progressivo processo de concentração de poder nas mãos de Deodoro. A contestação lá grassou de maneira mais virulenta pelo punho de Eduardo Wandenkolk e Custódio de Melo quando Deodoro vetou a aprovação da lei de responsabilidades, que, na prática, redundaria numa espécie de *impeachment* contra Deodoro.

Desgovernado, o generalíssimo fechou o Congresso em 3 de novembro de 1891, no rescaldo de uma nova greve dos ferroviários da Central do Brasil, antiga Estrada de Ferro Dom Pedro II, que provavelmente voltou a surpreender Aristides Lobo e sua ideia de um povo bestializado. Assim como a intenção dos grevistas era isolar a capital por terra, apenas alguns dias depois das tropas deodoristas ocuparem a Quinta da Boa Vista, sede do Legislativo, a Marinha fechou a baía de Guanabara no intuito de evitar que os estados situacionistas enviassem reforços. Lucena pediu então amparo financeiro aos Rothschild, que vislumbraram tudo na América do Sul, menos um lugar seguro para novos empréstimos. Afora a dupla crise argentino-brasileira, irrompeu também em 1891 uma guerra civil no Chile que opôs o presidente José Manuel Balmaceda ao Congresso, quando o Executivo aprovou o orçamento sem esperar o aval do Legislativo. Derrotado nas batalhas de Concón e Placilla, Balmaceda deu um tiro no peito, o que, do outro lado da cordilheira dos Andes, significou um lúgubre alerta para o generalíssimo.[164]

Prevendo que Concón e Placilla cá seriam Niterói e Uruguaiana, Deodoro da Fonseca, àquela altura já confirmado como o homem errado na hora igualmente errada, renunciou após a edição de um manifesto frustrado em que pretendia recuperar a honra do país. O segundo golpe em menos de dois anos, este conhecido como o de Três de Novembro, foi menos consentido do que o primeiro, porém assinalava que as instituições republicanas recém-saídas do papel pareciam nada mais do que isso, de papel.

A TOMADA DAS ARMAS

Retrato da escalada expansionista liderada pelos imperialismos europeus, a década de 1890 reabilitou a alternativa militarista como garantia à segurança nacional, que, dada a crise financeira global, forçosamente açambarcava a recuperação econômica. Na vizinha Buenos Aires, Julio Argentino Roca foi o principal articulador das forças políticas que sufocaram a *Revolución del Parque* e o principal nome do programa de austeridade econômica conduzido durante a presidência de Carlos Pellegrini. Sua imensa popularidade nacional, com exceção das contínuas resistências na capital, o levaria novamente à presidência em 1898. Mais eloquente quanto à autoprojeção da farda como via de salvação nacional foi a segunda presidência de Porfírio Diaz, no México, que direcionou a captação de recursos externos para o desenvolvimento industrial e, muito marcadamente, para a infraestrutura de integração física do país. Ainda mais próximo da fórmula de governo que apadrinharia Floriano Peixoto foi o boulangismo, na França. Após uma série de êxitos eleitorais no Legislativo, o general Georges Boulanger foi instigado por bonapartistas e orleanistas a promover um golpe de Estado em 1889, que provavelmente teria encurtado a Terceira República. Fracassou, mas lograra o inédito até então na França: irmanar o proletariado radical, os estratos médios urbanos e a ultradireita monarquista num movimento político único.

Em muitos aspectos, o boulangismo teve sua correspondência brasileira no florianismo, com uma singular diferença. Enquanto lá o antiparlamentarismo serviu como fator de agregação entre partidos díspares, foi cá especialmente o antimonarquismo, forjado na assombração fantasiosa do retorno dos barões, que congraçou polos contraditórios em torno à figura do marechal. Veterano como Julio Argentino Roca e positivista como Porfírio Diaz, Floriano Peixoto interpôs-se na política republicana como a representação de demandas heterogêneas, de resto, supostamente irreconciliáveis no sistema institucional então existente. O florianismo era a austeridade econômica reivindicada pelos paulistas e o impulso à industrialização exigido pela classe média urbana, mas igualmente o amparo às oligarquias estaduais que romperam com Deodoro e ao proletariado urbano que sofrera com o Encilhamento. Força convergente de supostas equivalências, no fundo, em tudo contrárias, o florianismo foi uma espécie de significante vazio, materialmente realizado na luta contra a desordem interna e por meio de um nacionalismo agressivo, para o que o antilusitanismo e a ameaça argentina bem serviram. Havia florianistas de governo, que eram mais oportunistas como os do PRP, e os de rua, os chamados jacobinos, sempre prestes a tudo em nome do *marechal vermelho* ou do *Robespierre brasileiro*, como ficaria conhecido Floriano Peixoto: eram florianistas diferentes, uns contemplativos e outros ativos, mas ao fim todos somavam.[165]

Enquanto Deodoro preparava uma segunda Constituinte, com eleições marcadas para 20 de fevereiro de 1892, o bloco histórico do PRP liderado por Campos Salles acelerou a marcha de um contragolpe secretamente respaldado por Floriano. Procuraram-se, como visto, os ferroviários da Central do Brasil para que isolassem o generalíssimo por terra, ao passo que a Marinha, aonde chegaram ordens de prisão contra Wandenkolk e Custódio de Mello, fecharia as vias marítimas de comunicação. Na madrugada do 22 de novembro de 1891, as belonaves *Aquidabã*, *Primeiro de Março* e *Riachuelo* revoltaram-se na baía de Guanabara com apoio, por terra, dos alunos da Escola

Militar. Talvez porque tenha visto nos nomes das embarcações a sombra agora transfigurada de suas batalhas contra o Paraguai, Deodoro sofreu uma crise de dispneia e, temendo uma guerra civil que ao fim aconteceria, entregou as rédeas do poder no dia seguinte.

O florianismo pôs-se então em movimento. Uma série de comícios na rua do Ouvidor, vislumbrando no marechal uma salvação contra a alta dos preços e uma reabilitação do espírito industrialista, terminou com a depredação dos jornais *Novidades* e *Diário do Comércio*, que haviam apoiado o golpe de Deodoro. Em São Paulo, Campos Salles e Bernardino de Campos compuseram a Junta Revolucionária para depor Américo Brasiliense, no que foi a frente perrepista da remoção por Floriano de todos os presidentes de estados envolvidos no Golpe de Três de Novembro, como Cesário Alvim em Minas. No âmbito da União, fazendo jus à frugalidade que encantava as classes popular e média, Floriano reduziu as pastas ministeriais. Quando tomou posse no palácio do Itamaraty, então sede do Poder Executivo, Floriano nomeou Custódio de Mello na Marinha e José Simeão no Exército. Eram igualmente veteranos do Prata e notórios antideodoristas naquele momento. Os demais ministérios seriam regidos pela toda-poderosa Fazenda, não à toa cedida a um paulista, Rodrigues Alves.

Embora designado para acelerar o interrompido processo de industrialização, Rodrigues Alves lançou mão, em primeiro lugar, de medidas monetárias claramente ortodoxas. A cessação drástica das emissões e a decorrente recuperação cambial, ponderou à presidência, eram condições determinantes para a importação, requerida pela indústria nacional, de maquinário ou matérias-primas. Tratava-se de uma desculpa, não havia dúvida, porque as atenções da Fazenda eram todas voltadas para os cafezais. Apesar de sua ascendência vale-paraibana paulista, de onde o PRP extraía por questões demográficas parcela expressiva de votos, Rodrigues Alves tinha na estabilização da economia a condição para ganhar novamente a confiança dos bancos britânicos e assim assegurar a solvência da República. Mas também para assegurar a reorientação de capitais para o Oeste Paulista, fosse por meio da União ou de empréstimos externos contraídos pelo estado de São Paulo. Não sem razão, Rodrigues Alves, como bom paulista, permaneceu firme na crítica à concentração de capitais no Distrito Federal.

A obra começaria pelo principal banco da República, o de Mayrink, também porque o banqueiro se envolvera numa tentativa de derrubar Floriano ainda nos primeiros meses do mandato. Como de hábito, o marechal respondeu à força e destituiu Mayrink de seu banco, que agora ganharia o nome de Banco da República. Em tudo modificada, a nova instituição perdeu a autonomia relativa que antes a caracterizara. O presidente teria poder de veto sobre as decisões monetárias. Mas não só. O banco era outro, também devido à severa restrição que deveria impor às novas emissões, sempre lastreadas em títulos públicos. Paralelamente à reforma bancária, Floriano apresentou ao Congresso a tributária, a ferroviária e a educacional, além de uma política de captação de imigrantes chineses e japoneses, de fomento à indústria nacional e de erradicação da febre amarela no Distrito Federal, que deveria ser transladado, num vaticínio profético, para o Planalto Central.

O projeto da dita Cidade Tiradentes tardaria ainda 70 anos para tornar-se Brasília, porém não todas as reformas permaneceram no plano das intenções. A fidelização das ruas foi alcançada por decretos de isenção tributária sobre alimentos de primeira necessidade e pelo tabelamento dos aluguéis. O pacote de estímulo à indústria, ainda, viria não apenas com medidas protecionistas para a alfândega, mas igualmente com empréstimos concedidos via títulos e repassados pelo Banco da República. Rodrigues Alves, que constituíra uma comissão junto ao muito suspeito Paulino de Sousa para captar os assim denominados auxílios à indústria, simplesmente opôs-se à medida, o que lhe custou a substituição por Serzedelo Correia, mais inclinado a patrocinar as fábricas, num arranjo fiscal e monetário ainda muito ortodoxo.[166]

Até lá, frustrara-se a possibilidade de um êxito fabril devido ao descontentamento esgrimido pelo PRP e à sempre persistente dependência em relação ao café para sustentar o orçamento republicano, agora acometido por um conflito civil. Ainda em março de 1892, autoridades militares publicaram um manifesto que contestava a legitimidade presidencial. O *Manifesto dos Treze Generais* exigia respeito à regra constitucional que previa a convocação de novas eleições caso o vice assumisse nos dois primeiros anos do mandato presidencial. Floriano ignorou o pleito, alegando que disposições transitórias assegurariam a permanência no cargo. Para ele, a regra constitucional se aplicaria apenas a presidentes eleitos diretamente, e então reformou os oficiais descontentes, seus antigos companheiros nas baterias imperiais contra López. Decretou imediatamente o estado de sítio, a suspensão de garantias constitucionais e posteriormente das eleições legislativas, numa política de perseguições que o levou a banir para aldeias no alto Amazonas cerca de 40 conspiradores, entre os quais figuravam parlamentares, militares, jornalistas e os assim considerados banqueiros do Encilhamento.

Ao mesmo tempo, de forma a silenciar o alvoroço legislativo que poderia ter seu esteio de glória no parlamentarismo postulado no sul por Silveira Martins, Floriano Peixoto aquiesceu a Júlio de Castilhos no governo gaúcho. Embora tivesse tacitamente endossado o golpe de Deodoro, o novo presidente do Rio Grande do Sul coincidia em seu positivismo autoritário com as aspirações de Floriano, já voltadas para o objetivo precípuo de consolidar a República: nada mais do que uma retórica de poder assentada num projeto industrializante, que não decolaria, alegadamente, enquanto pairasse a forjada ameaça de uma contrarrevolução operada por monarquistas, naquele então, tão raros quanto a paz e o bom senso.

Com a invenção de símbolos republicanos, como a figura mitológica de Tiradentes ou o desalentado hino de clamores a uma liberdade que abriria *suas asas sobre nós*, Floriano fez de todos os seus adversários perfeitos monarquistas. O perigo verde-bragantino transformou o liberalismo de Silveira Martins numa nostalgia imperial subitamente capaz de reunir em torno ao marechal de ferro a claque do PRP e os ambiciosos coronéis adesistas, os bastiões operários do Rio de Janeiro e também a empobrecida classe média urbana; quando, no fundo, Silveira Martins conclamava com seu Partido Federalista pela supressão da reeleição indefinida do presidente gaúcho, pela liberdade de imprensa, pela renovação bienal da Câmara estadual e pela adoção do sistema parlamentarista.[167]

Enquanto a imprensa florianista se encarregava de criar a assombração da Coroa, Serzedelo Correia demitiu-se do governo. Não o moviam discordâncias ideológicas, mas o controle dos cofres. Negou-se a sustentar Castilhos no sul. O conflito civil decorrente levaria a uma expansão fiscal incompatível com sua luta contra a alta dos preços. Em questão de horas, Custódio de Melo entregou a pasta da Marinha e coordenou subsequentemente uma greve de almirantes, todos contrários a Floriano. Não coube senão a Felisbelo Freire, o novo ministro da Fazenda, emitir moeda para sustentar uma guerra civil claramente deflagrada quando, em setembro de 1893, a Marinha insurreta juntou-se às forças de Silveira Martins. Desde o começo daquele fatídico ano, os rebeldes haviam-se articulado para o conflito. Os maragatos de Silveira Martins, termo que referenciava os colonos espanhóis da Maragateria instalados no Uruguai, haviam cruzado a fronteira do exílio platino para combater as tropas de Porto Alegre. Também para lá, no Prata, havia embarcado Eduardo Wandenkolk, no intuito de chefiar uma ofensiva engrandecida a partir de Buenos Aires.

Embora os governos de Luis Sáenz Peña e de Julio Herrera y Obes, respectivamente da Argentina e do Uruguai, não tenham formalmente respaldado os insurretos brasileiros, não faltaram lideranças locais que o fizeram. Foi especialmente o caso dos cívico-radicais argentinos, que apostaram num eventual socorro da Marinha brasileira contra as forças de Buenos Aires por meio da troca de armas e munições encaminhadas à fronteira gaúcha, onde igualmente as avolumaram caudilhos uruguaios. Movendo-se celeremente pelos igarapés da política hemisférica, muito enredada na política interna, Floriano não encontrou ninguém melhor do que um barão para resolver uma disputa lindeira contra a Argentina, o que potencialmente poderia ampliar sua sorte presidencial. José Maria da Silva Paranhos Jr., filho do falecido visconde do Rio Branco, venceria o pleito em 1895, valendo-se sobremodo dos princípios de *uti possidetis* — isto é, quem possui de fato, possui de direito — e das fronteiras naturais. Até lá, no entanto, fora crucial para Floriano, à moda do Império, conter o alargamento da esfera de influência argentina. Temia-se em 1893 que saísse vitoriosa no Paraguai a candidatura de José Segundo Decoud, falsamente suspeito de consentir com a anexação de Assunção a Buenos Aires. Em questão de meses, Floriano despachou a missão Amaro Cavalcanti no intuito de promover um golpe de Estado, ao fim realizado em junho de 1894, contra o então presidente Juan Gualberto González, que secundava Decoud. O feito custou a Floriano o respiro do Tesouro, mas elegeu-se Juan Bautista Egusquiza, um brasilófilo de primeira mão.[168]

Nesse entretempo, ainda, Floriano procurou ratificar a aliança com a Casa Branca, de onde sairia o laudo arbitral da Questão de Palmas. Imediatamente após a insubordinação da Marinha, Salvador de Mendonça, que permanecera em Washington, lançou-se numa cruzada propagandística para convencer o governo estadunidense sobre o caráter supostamente monárquico e restaurador do movimento naval, o que terminou também persuadindo boa parte da historiografia, a começar pelo muito irrequieto e então desempregado Joaquim Nabuco. Os Estados Unidos efetivamente deixaram-se influenciar, embora tivessem perfeita ciência de que, malgrado a adesão aos rebeldes do monarquista Saldanha da Gama, "em caso algum [Custódio de Melo] trabalharia pela restauração da monarquia". Eram os próprios termos do líder sedicioso, que muito mais pugnava pelo respeito à ordem constitucional e pelo aviltamento do que parecia transformar-se, pela mão dos paulistas, numa república oligárquico-latifundiária. O que interessava a Washington era o civilismo-agrário dos republicanos paulistas, o nódulo de uma ordem econômica complementar ao comércio e às finanças estadunidenses. Apesar de seus magros resultados para os Estados Unidos, visto que não redundou em qualquer salto nas transações correntes, o tratado Blaine-Mendonça era prova suficiente da inclinação no Brasil pela abertura dos mercados à indústria e aos bancos estadunidenses, em detrimento do eventual alinhamento, como ocorria na Argentina, às forças produtivas e financeiras britânicas.[169]

Com efeito, os Estados Unidos somente deslocaram tropas para sustentar o florianismo quando se tornou flagrante o acordo tácito entre a presidência e o PRP, pelo meio do qual, desincumbindo-se do trabalho sujo, os paulistas patrocinaram homens e armas em troca do mandato seguinte. Naquele instante, ainda, publicizaram-se boatos de que banqueiros britânicos, instigados por homólogos brasileiros do Encilhamento, sustentariam as forças rebeldes. O relato era inexato, porém naquela hora as notícias falsas serviam bem à realidade, muito castigada pelas baterias de Custódio. Supostamente com apoio de Mayrink, os revoltosos haviam de fato tomado 15 navios de guerra e nove embarcações comerciais. Bloquearam então o porto da capital e impingiram da baía de Guanabara constantes bombardeios contra as fortificações militares situacionistas.

Após declarar o Rio de Janeiro "cidade aberta", como tática para poupá-la das destruições, o governo orientou Salvador de Mendonça a adquirir uma flotilha de 12 navios estadunidenses por meio do empresário Charles R. Flint, que se especializara, na década anterior, na venda de armas à América latina. Frota de papel comandada pela "pior escória de flibusteiros americanos", na ponderação pouco laudatória de Joaquim Nabuco, a Esquadra Flint foi acompanhada por uma força naval de cruzadores e *destroyers*, forçando a retirada dos rebeldes, que, em parte, encontraram asilo em corvetas portuguesas.[170]

Nada melhor poderia ter ocorrido para o florianismo, muito agitado nas ruas do Rio de Janeiro com os sucessivos espancamentos de varejistas portugueses acusados pelo governo de serem a causa da inflação, o que era em tudo equivocado, vista a política emissionista adotada pela Fazenda desde 1893. A maquiagem diplomática, que levou Floriano a romper relações com Portugal em maio de 1894, apenas tonificou a popularidade do presidente, robustecida pela denúncia do tratado Blaine-Mendonça. Jogando para seu campo, Floriano sabia que a medida em nada afetaria as relações com os Estados Unidos, que modificaram a legislação alfandegária com os democratas no poder, porém granjearia o suporte da ainda muito incipiente indústria nacional. Paralelamente, o marechal já havia voltado seus canhões para Desterro, atual Florianópolis, onde as forças de Custódio de Melo encastelaram-se com os aliados federalistas para em seguida tomar Curitiba. Entre uma degola e outra, o que ceifaria a vida de 15 mil pessoas até o fim do conflito em 1895, Prudente de Morais venceu as eleições de março de 1894 com praticamente 90% dos votos e graças a um outro tipo de degola, que excluiu do pleito os estados do Paraná, de Santa Catarina e do Rio Grande do Sul. Temendo o pior, isto é, a eventual relutância de Floriano Peixoto em deixar o cargo, Bernardino de Campos manteve as tropas em prontidão no estado de São Paulo. Mas o fato é que a margem de ação presidencial se encurtara perante o ampliado espaço econômico do PRP na própria sustentação do conflito. Seguramente desgostoso, Floriano tomou o bonde para sua trivial residência no subúrbio do Rio de Janeiro e, sem ir à posse no 15 de novembro de 1894, entregou as chaves do palácio.[171]

Eleito pelo Partido Republicano Federal (PRF), uma recém-criada agremiação partidária larga o suficiente para que servisse, sob os auspícios de Glicério, como suporte nacional dos anseios paulistas, Prudente de Morais assumiu com a intenção de pôr termo à persistente escalada inflacionária e, consequentemente, ao gasto público. O momento era particularmente premente, não apenas em razão do conflito que ainda se alastrava no sul, mas também devido à queda nos preços do café. A euforia do Encilhamento, que teve nos cafezais sua expressão mais produtiva, redundou em milhares de novos hectares plantados. Passados cinco anos, os brotos tornaram-se árvores maduras o suficiente para sobrepujar a demanda internacional. Também sofreram a balança comercial e sobretudo a arrecadação tributária, o que levou o novamente ministro da Fazenda Rodrigues Alves a adotar o perfeito modelo saquarema de política fiscal, a partir de uma quase correspondência invertida entre o café e a dívida pública. Quando o preço do grão cedeu, Rodrigues Alves retomou a emissão de títulos, com vistas a sustentar o próprio orçamento, a enxugar o excesso de moeda em circulação e, em última instância, a limitar a queda na taxa de câmbio.

Persistindo na tônica deflacionária, a Fazenda insistiu na interrupção de novas emissões de moeda, para o que deveria concorrer o imediato encerramento do conflito no sul. Tão somente seis meses após a posse, Prudente de Morais negociou um pacote de anistias. Obteve, inclusive, um favorável aceno dos Rothschild para a obtenção de novo empréstimo internacional e o Tratado de Amizade, Comércio e Navegação com o Japão para a captação de mão de obra imigrante. O instante parecia auspicioso para o governo de Prudente, igualmente porque o presidente Grover Cleveland proferiu, em sua decisão arbitral, ganho de causa integral ao Brasil, fazendo do barão de Rio Branco um repentino notável da República e de Estanislao Zeballos, o representante argentino, um eterno desafeto do Rio de Janeiro.

Não obstante, a virulência da política interna não cederia um palmo perante as conquistas externas. A ala jacobina do PRF não suportou os termos da paz entabulada por Prudente no sul e lançou-se num movimento de reabilitação do florianismo, se necessário, por meio de um golpe de Estado orquestrado pelos alunos da Escola Militar. A cirrose hepática que acometeu o marechal levou-o para o túmulo naquele inverno de 1895, porém as agitações jacobinas não cessaram. Entre tantos outros saques, o *Jornal da Cidade*, liderado por José do Patrocínio, foi apedrejado em razão da relutância em hastear a bandeira a meio pau após a morte de Floriano. O acontecimento foi particularmente grave. Testemunhava a insatisfação do baixo oficialato, o famigerado partido fardado, com a reconstituição da República em toada oligárquica. Sobretudo, ocorria quando um novo conflito se avizinhava no nordeste.

Às margens do rio Vaza-Barris, no sertão baiano, formara-se desde cedo na década de 1890 o arraial de Canudos. Liderava-o Antônio Conselheiro, um beato devotado ao ascetismo e às boas obras, que percorria os sertões havia décadas para promover a reconstrução de igrejas, capelas e cemitérios. Progressivamente, Conselheiro apadrinhou uma espécie de doutrina social da Igreja talvez inspirada na obra *Utopia*, de Thomas More, o que redundou numa série de projetos voltados à formação de uma comunidade onde todos obrassem, pelo menos no plano das intenções, pelo dito bem comum. Perfeito produto de uma região historicamente assolada por sucessivas secas, pela inclemência orçamentária do poder público e pela decorrente pobreza, Antônio Conselheiro logrou mobilizar um séquito de sertanejos, entre eles muitos ex-escravos, que encontrou nas pregações do beato um amparo social ausente nos cafezais paulistas ou nos seringais amazônicos. Historicamente ocupada por latifúndios decadentes, a região caracterizava-se pelo desemprego crônico, efeito também da contínua devastação ambiental oriunda de queimadas que tornavam o solo muito menos fértil do que o discurso salvacionista de Conselheiro.

Enquanto permanecesse um sacerdote errante, recolhendo atrás de si uma massa populacional destinada a fins eleitorais, os coronéis em seus feudos trataram-no como peão e aliado nas disputas contra notabilidades rivais. Fora o caso do usineiro barão de Jeremoabo e de seu desafeto Luiz Vianna, vindouro presidente da Bahia. Ou inclusive da Igreja Católica, que nele enxergava um tentáculo de força mais do que um potencial concorrente. No entanto, quando em 1893 fundou Belo Monte, nome que dera a Canudos, subitamente Antônio Conselheiro se tornou um milenarista fanático e um profeta monarquista: um risco tanto para o monopólio da fé pela Igreja quanto da força pelos coronéis. Livre de impostos, porque o elo de solidariedade deveria resumir-se à compaixão dos caboclos, Belo Monte instituiu o aproveitamento comunal da terra e do que dela se extraía, incluídos os bens levemente processados, como o couro curtido. O resultado foi a realização de um poder ímpar de atração populacional.

Eram quase 30 mil pessoas em Canudos quando estourou o conflito em outubro de 1896. A causa aparente era nada mais do que uma remessa de madeira para a construção de uma nova igreja em Belo Monte, que foi retida após o pagamento. No entanto, a razão de fundo, que fez os seguidores de Conselheiro serem retratados como uma horda de selvagens pronta para saquear Salvador e depois o Rio de Janeiro, dizia respeito à intransigência sobretudo paulista quanto a modelos de República alternativos a um muito imperial liberalismo oligárquico de tração agrária. Não à toa, o parlamentarismo de Silveira Martins, o constitucionalismo de Custódio de Mello e o comunitarismo de Antônio Conselheiro foram todos projetos associados interessadamente ao monarquismo. Os diferentes conflitos tornaram-se assim uma guerra civil única, pelo menos para o positivismo autoritário dos militares, o liberalismo oligárquico perrepista e uma história menos fechada sobre suas especialidades.

O próprio Euclides da Cunha, que pouco depois mudaria de posição, comprou a percepção situacionista. Numa série de artigos chamada *A nossa Vendeia*, em referência à resistência monarquista da Vendée, região que se opôs aos revolucionários franceses de 1789, o ainda jovem e franzino jornalista de formação militar entendeu Canudos como uma espécie de contrarrevolução urdida no messianismo de um bárbaro sertanejo. Àquela altura, as forças de Belo Monte haviam repelido as tropas despachadas a conta-gotas pelo presidente da Bahia, porque se acreditou numa rápida vitória. Em questão de semanas, seguiram-se duas expedições coordenadas pelo Exército. Tampouco tiveram êxito. Pior, quando chegaram ao Rio de Janeiro as notícias da morte de Moreira César, notável coronel positivista que havia vencido os revoltosos no sul, a legitimidade do governo foi novamente questionada com sucessivos levantes jacobinos na capital. Interrompendo abruptamente a convalescença que o obrigara a entregar em novembro de 1896 a presidência ao vice Manuel Vitorino, de resto, sempre acusado de quaisquer conspirações, Prudente reassumiu o governo e imediatamente nomeou Carlos Machado Bittencourt na pasta da Guerra.

Era o ponto final numa política que buscava desmobilizar a base jacobina do Exército mediante o corte de verba militar, para o que também concorreu a demissão de funcionários públicos ligados ao florianismo. Paralelamente, Prudente cindiu o alto do baixo oficialato, tornando o Exército menos uma instituição total do que uma entidade vinculada à presidência. Nesses termos, a nomeação do marechal Bittencourt em tudo aludia à cooptação do alto oficialato num momento particularmente grave, visto que, em algum lugar, a sobrevida política do perrepismo dependia da captura de Antônio Conselheiro.[172]

Após uma série de embates tão desproporcionais quanto o ruído das botas ante o rastejar dos chinelos, o marechal Bittencourt liquidou o arraial. Conselheiro teve a cabeça decepada. Os homens, as mulheres e as crianças que se renderam encontraram nas promessas de perdão apenas a execução sumária apelidada de gravata vermelha. Ao todo, foram quase 25 mil mortes, pouco mais de 5 mil casebres incendiados e 12 mil soldados mobilizados, num universo militar de pouco menos de 30 mil. Para um marechal que vira uma relativa estabilidade no Prata realizar-se tão somente após a destruição do Paraguai, talvez o massacre de Canudos pudesse igualmente dar a paz à República.

O feito, todavia, custou-lhe a vida. Em novembro de 1897, o anspeçada florianista Marcelino Bispo tentou assassinar o presidente durante a cerimônia organizada para receber os batalhões de Canudos no Rio de Janeiro. Falhou, mas logrou apunhalar o marechal Bittencourt, que veio a óbito dias depois e semanas antes de Bispo ser encontrado morto na prisão, enforcado num lençol. Prudente valeu-se do episódio para decretar estado de sítio e perfazer os últimos expurgos. Em março de 1898, Campos Salles indefectivelmente venceu as eleições contra o último resquício positivista segregado na figura civil do paraense Lauro Sodré. Foram pouco mais de 90% de votos a favor da candidatura perrepista. Com um atraso de quase 10 anos, após uma crise econômica inigualável e mais de 50 mil baixas, finalmente vinha à baila a República campineira vaticinada em 1873, sob os lúgubres holofotes, no entanto, de um Euclides da Cunha já transformado: "não é o bárbaro que nos ameaça", diria no célebre *Os sertões*, "é a civilização que nos apavora".[173]

PARTE III.
A estabilidade instável (1900-20)

Retrato oficial de Campos Salles, 1898. Arquivo Nacional.

CAPÍTULO 5
A ROTINIZAÇÃO DO REGIME

Arquiteto da ordem oligárquica finalmente rotinizada a partir de 1898, Manuel Ferraz de Campos Salles deu muito o que falar, e isso não apenas entre seus contemporâneos no Legislativo e no Judiciário, nos partidos estaduais e entre coronéis municipais, nos bancos, nas docas e nos cafezais ou mesmo na *City* de Londres, que pareceu naquela época uma instituição tão fundamental para a pacificação da ordem nacional quanto a assim chamada política dos governadores por ele instituída. Na historiografia, Campos Salles também foi todo polêmico. Nelson Werneck Sodré e Hélio Jaguaribe, na década de 1960, tenderam a vê-lo como a expressão primeira da afirmação dos interesses cafeeiros, e paulistas, na consolidação de uma ordem republicana e, então, latifundiária. "A capacidade de articulação [da oligarquia cafeeira]", diria numa primeira abordagem Boris Fausto, "permitiu que ela fosse mais que beneficiária da ação do Estado e que forjasse as instituições estatais e as transformasse no instrumento de seu interesse". Eram aquelas, em muitos aspectos, páginas condutoras das propostas de Celso Furtado, que não deixou de sugerir a formação republicana do Brasil nos quadros de um comitê executivo densamente vinculado ao café e, em última instância, constitutivo do próprio Estado.[174]

As reinterpretações vieram sobretudo pela mão de brasilianistas estadunidenses, numa década de 1980 muito incomodada com as teses estruturalistas do pensamento marxista. Especialmente Joseph Love, embora sem refutar as bases agrário-exportadoras da preeminência paulista, tendeu a refutar a perfeita acomodação dos interesses cafeeiros na execução da política econômica federal, a começar pela revisão da proposta furtadina sobre a socialização das perdas. Para Celso Furtado, os repetidos ciclos de desvalorização cambial seriam articulados com vistas a multiplicar as exportações cafeeiras e a renda latifundiária, forçando um ritmo inflacionário, porque o processo encarecia as importações, faturado da sociedade mais larga como o ônus da defesa de interesses econômicos mais estreitos. Seria um artifício impossível, aventou Love, em razão de as próprias lideranças perrepistas, como Campos Salles, serem ultraortodoxas na execução das políticas econômicas. O fato fora antes salientado por Peláez, Vilela e Suzigan, e derivou, na década de 1990, na negação das análises que subsumiriam o Estado no café, consoante as ponderações de Renato Perissinoto e de um já mudado Boris Fausto.[175]

O passo seguinte, que tendeu a privilegiar mais o político do que o econômico, cobriu as extensas pendências do ensaísmo da década de 1960. Nos rumos do que Joseph Love fizera para São Paulo — ou John D. Wirth para Minas Gerais e Robert M. Levine para Pernambuco —, as investigações voltaram-se para a composição das elites regionais e, subsequentemente, para a costura de convergências interoligárquicas. Inspiradas pela contribuição de José Murilo de Carvalho acerca da constituição das elites imperiais, os aspectos biográficos das oligarquias regionais primaram sobre o lugar de cada um na formação e na circulação de capital, o que certamente cooperou para o alijamento do conceito de classe dirigente ou dominante: um fenômeno característico da ciência política estadunidense daquele então. O *estilo mineiro* de fazer política, dada a ausência de qualquer hegemonia estadual em termos econômicos, caracterizaria, antes de mais nada, a autonomia das leis, formais ou informais, em relação aos cofres. Quanto à abordagem teórica, o ponto de partida de Amilcar Martins foi o patrimonialismo muito caro a Raimundo Faoro, na mesma trilha perfilada por Simon Schwartzman, para quem os detentores do poder se originariam de um núcleo profissional específico, e não da representação conflitante de classes socioeconômicas preeminentes.[176]

Num tempo em que Renato Lessa postulava a formação de uma política demiúrgica, estabelecida a partir de um conluio mineiro-paulista capaz de congelar o poder, Cláudia Viscardi negou a solidez da aliança, arguindo em favor das incertezas políticas que persistiram após o pacto entabulado por Campos Salles. Com um novo instrumental metodológico para reabilitar a história política, muito castigada no século XX pois julgada acontecimental demais, Marieta de Moraes Ferreira voltou-se para o Rio de Janeiro e, sem desconsiderar o declínio da economia fluminense na fragmentação das elites locais, buscou um melhor desenho do sistema federalista republicano, que integrasse a formação de eixos alternativos de poder. No entanto, a relativização da hegemonia paulista permaneceu o principal rumo historiográfico, por meio de novas investigações sobre as elites regionais: Surama Pinto o faria também para o Rio de Janeiro; Axt Gunter para o Rio Grande do Sul; João Edson Fanaia para o Mato Grosso; Sílvia Sarmento para a Bahia; e Leandro Quintão para o Espírito Santo.[177]

Um pouco à maneira do que ocorreu na historiografia sobre a crise do Império, as oligarquias da Primeira República foram fracionadas em suas clivagens regionais, criando-se assim um efeito de dispersão de poderes incompatível com a suposta primazia da unidade mineiro-paulista. Azedado, o *café com leite* só teria sido política numa grande estrutura interpretativa tapada devido à incapacidade de conter as negociações constantes entre personalidades políticas plurais, que ao fim teriam rechaçado o ilusório poder nacional estancado numa bebida de sobremesa. Louvável em imensas dimensões, a proposta talvez tenha resvalado numa tautologia, porque a hegemonia é sempre negociada: pressupõe que o grupo dominante interiorize as ambições daqueles sobre os quais se exerce poder, numa relação de compromisso na qual o próprio bloco hegemônico sacrifica uma parcela de seus interesses. Para retomar uma expressão de Eduardo Kugelmas, a hegemonia a todo momento é *difícil*. O custo político de manter a ordem pela coerção é amplamente mais alto e arriscado do que o de forjar o consentimento, incessantemente negociado nos limites, contudo, daquilo que é essencial e daqueles que importam à própria sustentação do bloco hegemônico. Campos Salles entendeu-o bem, e usando mais a diplomacia do que a espada, projetou não um engessamento, mas uma rotinização do regime cuja natureza era toda de infindáveis transações, a começar, talvez de forma insólita à primeira vista, pela frente externa.[178]

CAMPOS SALLES E OS TERMOS DA HEGEMONIA PERREPISTA

Quase uma década de crise econômica e conflito interno foi suficiente para inviabilizar a principal forma que o Império havia encontrado para financiar-se após a guerra contra o Paraguai. A persistente alta da inflação, na década de 1890, corroera os ganhos reais obtidos com os juros da dívida interna a ponto de esgarçar inteiramente a confiança nos títulos do Tesouro. Se na década de 1870 a razão entre a dívida interna e a receita orçamentária girara em torno dos 300%, às vésperas da posse de Campos Salles declinou para 150%, o que seria um bom augúrio caso a dívida externa não tivesse disparado proporcionalmente, chegando a representar exatos 300% da receita nacional em 1898.

Nesses termos, o que preocupava Joaquim Murtinho, quando assumiu a Fazenda no governo de Campos Salles, era a requalificação da crença externa na solvência do Estado brasileiro, pois não seria das fronteiras para dentro que emergiriam subitamente os recursos para sustentar qualquer projeto de reativação econômica. Como era de se esperar, a fé última do governo estava no cafezal e no decorrente valor exportado, cuja expansão contribuiria para captar divisas necessárias à reapreciação cambial e à estabilização inflacionária. Também alargaria uma receita da União ainda muito dependente dos tributos sobre importações.

Ao contrário do que sugeririam as teses da desvalorização cambial como maneira de sustentar da renda cafeeira, Joaquim Murtinho tinha na captação de libras a chave de todo o seu arranjo econômico, e isso não apenas para assegurar a rolagem da dívida externa, naturalmente cotada em moeda estrangeira. Ao término do Império, São Paulo adensara seus empréstimos externos com o claro propósito de investir ali onde os bancos da antiga Corte mostravam se não aversão, pelo menos uma timidez incompatível com o apetite paulista. No mundo urbano, o capital estrangeiro, sobretudo britânico, foi dar no pequeno comércio, nas casas populares, na engenharia civil, em algumas fábricas e nos edifícios públicos. O elo com o rural, centro das atenções perrepistas, realizou-se por meio de investimentos nas pontes, nas docas e nas ferrovias, estimulando em última medida a expansão da fronteira cafeeira. No médio prazo, a depreciação cambial oriunda do Encilhamento agravara as contas paulistas, a ponto de pôr em xeque a sustentação orçamentária do estado, também incapaz de emitir dívida interna pois tolhido pela externa, muito ampliada com a queda na taxa de câmbio. Consequentemente, se obstaculizariam os investimentos no aperfeiçoamento da rede de integração física entre o cafezal e o porto.

O segundo agravante da moeda fraca concerne às vias de financiamento da produção cafeeira. Os bancos hipotecários de São Paulo ganharam robustez após a Proclamação da República, especialmente devido ao relaxamento monetário de Rui Barbosa, porém seus ativos permaneciam aquém da voracidade cafeeira. Cautelosos, seus acionistas refrearam as emissões para além do legalmente autorizado, inclusive porque o lastro em papéis públicos minguava, fruto da depreciação, na proporção do estrangulamento orçamentário paulista. Os mais expressivos entre eles foram o Banco de Crédito Real e, muito secundariamente, o Banco União de São Paulo. Ambos eram dirigidos por homens da grande lavoura, com notória participação acionista de assíduos perrepistas, como Campos Salles, que direcionam os empréstimos hipotecários apenas em benefício dos fiéis aos candidatos indicados pela comissão executiva do partido. Embora de imensa filiação cafeeira, o maior banco paulista nunca empenhou mais do que 20% de seus ativos nas hipotecas; o segundo não ultrapassou a marca dos 10%.

A alternativa foi procurar as companhias exportadoras de café, quase todas estrangeiras. Diante da impossibilidade de tomar o antigo escravo como garantia de empréstimo, as firmas substituíram-no pelas sacas estocadas nos armazéns gerais, construídos pelas próprias casas exportadoras, porém com garantias públicas de lucro. Os estoques, além de servirem como meio para regular a oferta e o preço das sacas, prestavam-se sobremaneira para a emissão de títulos — ou *warrants* — trocáveis por moeda quando as vendas se completassem ou, melhor, entregáveis como garantia de empréstimos hipotecários. O sucesso do negócio para as firmas foi imenso, e rapidamente se constituíram armazéns de maior envergadura, como aqueles da Registradora de Santos e da Companhia Paulista de Armazéns Gerais, posteriormente fundidas na Brazilian Warrant Company. Assim, a sustentação do câmbio não era apenas uma maneira de preservar as exportadoras, cujo lucro era auferido em libras — em 1898, apenas 1% dos 6 milhões de sacas vendidas o foram por companhias nacionais —, mas antes uma salvaguarda para o financiamento do café.[179]

Nessas condições, Joaquim Murtinho não hesitou. Mais do que um simples darwinismo econômico, que delegava a sorte dos empreendimentos aos próprios empreendedores, o projeto da Fazenda girava em torno de uma necessária ortodoxia monetária e fiscal, com vistas a resguardar a confiança dos investidores externos no ressarcimento dos empréstimos realizados no Brasil. Escorando-se no que fora pelo menos um melhor desempenho de São Paulo na década de 1890 em relação à União, Murtinho contrabalançou a fragilidade da poupança interna pela captação da externa, assim reproduzindo a substituição paulista, também realizada em Minas Gerais, dos credores nacionais pelos internacionais.

O cenário global prestava-se sublimemente para tanto. O longo ciclo degenerativo iniciado com a crise de 1873 finalmente se encerrava, não apenas em razão de novas descobertas auríferas no Alasca e

Gráfico 5. Dívida interna e externa da União, em contos de réis, entre 1889 e 1910

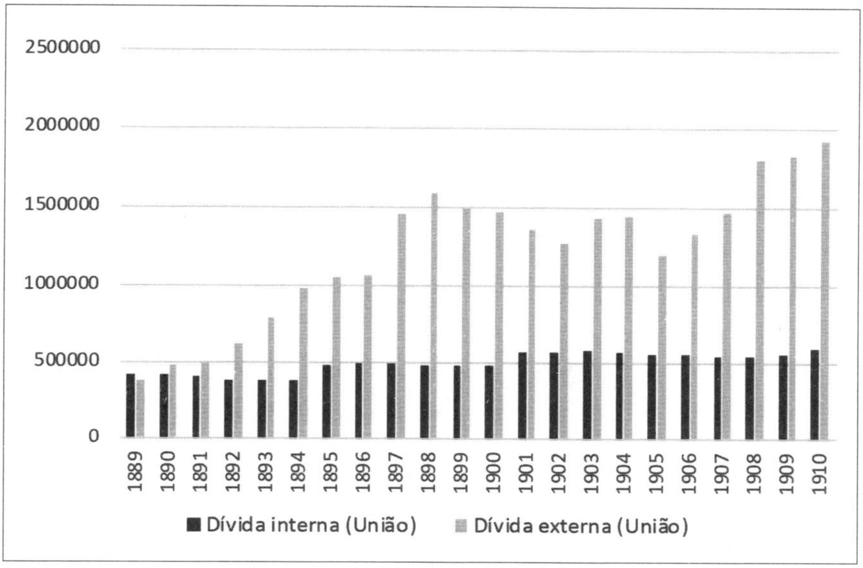

Fontes: Relatórios do Ministério da Fazenda (1890-1911); Ziliotto (2011).

na África do Sul, o que derivou num ganho de liquidez internacional, porém sobretudo devido a uma série de inovações técnico-científicas. Mais elástico e resistente do que o ferro, o aço assegurou o barateamento da produção industrial e da construção civil, promovendo também a redução dos custos rurais. A mecanização da agricultura, em muito amparada por um motor a combustão mais leve igualmente em decorrência do aço, ampliou o tamanho dos pratos nas cidades, para onde se intensificou um movimento migratório atraído por melhores soldos, direta ou indiretamente oferecidos por novos setores industriais vinculados também ao aço: o automobilístico, o petrolífero e, em seguida, o aeronáutico.

Quando ampliados os salários, na esteira de um barateamento industrial induzido pelos ganhos de produtividade próprios à propagação da eletricidade, irrompeu um consumo de massa somente quantificável pelas novas unidades métricas da época: o ohm, o tesla, os watts e os amperes. Os resultantes ganhos de capital tonificaram a tendência à formação de imensos aglomerados industriais e bancários — a US Steel, criada por um banqueiro estadunidense, superaria rapidamente a marca do bilhão de dólares —, que drenaram agressivamente a poupança das classes média e alta.[180]

Tamanha disponibilidade de crédito internacional, ratificada por investimentos na América do Sul que saltaram de 44 milhões de libras na década de 1870 para 200 milhões na virada do século, permitiu então a Joaquim Murtinho assinar, tão logo assumiu a pasta da Fazenda, o primeiro empréstimo republicano de consolidação da dívida externa. O *Funding Loan* de 1898 foi acertado nos escritórios do N. M. Rothschild & Sons, em moldes semelhantes ao mesmo tipo de empréstimo concedido à Argentina em 1891. A emissão dos títulos respeitaria o limite de 10 milhões de libras — até 1901, seria resgatado um total de 8,6 milhões — e cobriria, impedindo um eminente calote, o serviço da dívida externa e as garantias ferroviárias, trocadas por *rescission bonds*, que alcançariam 16,5 milhões de libras. O pagamento das amortizações seria suspenso por 13 anos, porém cobrado pelos seguintes 50, até 1961, portanto. Por sua vez, os juros correriam praticamente de forma imediata, a taxas de 5%.

Forçosamente, tão largas vantagens tinham imensas contrapartes. A principal garantia do empréstimo foi a arrecadação das alfândegas do Rio de Janeiro e, de forma auxiliar, as de outros portos brasileiros. Lançados os títulos, o correspondente meio circulante convertido à taxa de 18 *pence* seria recolhido em bancos estrangeiros, a maioria britânica, e depois incinerado em cerimônias públicas. Como se pouco fosse, o governo comprometia-se com um severo pacote de ajuste tributário, caracterizado pela criação de um imposto em ouro na alfândega, além de novos selos tributários estampados nos bens de consumo: os produtores terminariam repassando os impostos aos consumidores, que rebatizariam Campos Salles com o nome de Campos Selos.

Os resultados do programa, semelhantes às promessas da teoria quantitativa da moeda, não estiveram distantes do que se previa em 1898. A emissão de moeda foi drasticamente reduzida e, num cenário pretérito de contração da demanda, a inflação começou a ceder tão cedo quanto em 1899. O câmbio apreciou-se e quase atingiu a paridade de 18 *pence* em 1905. Com a dívida interna controlada num contexto em que o pagamento do principal da externa estava congelado, houve espaço para um incremento nos investimentos públicos, especialmente destinados às reformas urbanas na capital: se em 1900 representavam apenas 3% das despesas totais, em 1905 atingiriam os 10%, e ainda 24% até 1912.

São Paulo seguiu rumo parecido. A apreciação cambial, também acelerada pelas exportações de borracha no norte, reduziu os encargos da dívida externa estadual, e tanto a prefeitura paulistana de Antônio Prado quanto o governo paulista de Rodrigues Alves deram sequência a investimentos urbanos e na estrutura de integração física do estado. Paradoxalmente para um ministro da Fazenda que negara o socorro direto aos cafeicultores, as 490 mil toneladas de café produzidas em 1900 tornaram-se 725 mil em 1906. O *Funding Loan* parecia ter feito maravilhas para os latifundiários paulistas. As regiões araraquarense, sorocabana e mogiana, numa toada de constante expansão da fronteira agrícola, registraram as maiores taxas de reposição com o plantio de novos pés, com bons auspícios para as receitas do estado, porque o preço do café tendia à alta. Nesses termos, ajustados pelo federalismo, nada se assemelhava mais a um saquarema do que um perrepista no poder, estadual e nacional, com uma larga diferença, no entanto.

Quem saiu perdendo foi o sistema bancário nacional, a começar pelo Banco da República, até então o mais expressivo do país, que já havia perdido a faculdade emissora durante o governo de Prudente de Morais. O enxugamento da base monetária sufocou-o a ponto de não ter outro remédio senão o da liquidação extrajudicial. Com ele, também quebraram o Banco Rural e Hipotecário e seis outros da capital. Os bancos paulistas tampouco tiveram melhor fortuna, e as respectivas carteiras hipotecárias, ratificando a muito palpável expansão dos bancos internacionais em São Paulo, foram drasticamente reduzidas. Como a fixação era o câmbio, recriou-se em poucos anos o Banco do Brasil, porém sem qualquer relevância no financiamento da dívida interna, como fora o caso ainda no Império. Diretamente controlado pela União, o Banco deveria estabilizar o câmbio, do qual dependia a rolagem da muito ampliada dívida externa. Proibiram-se empréstimos ou descontos com prazo maior de seis meses e vetou-se a compra de ações de outras companhias. O objetivo da instituição, dito de outra maneira, não era suprir, mas regular a circulação de capital. Assim, o Tesouro depositaria seus fundos no Banco, para que tivesse volume de ação nas operações com moeda estrangeira: uma competência exclusiva, por sinal.[181]

Concluídas as negociações externas, a montagem da hegemonia perrepista orientou-se para dentro das fronteiras, onde as também necessárias transações testaram a ferro e fogo o poder de barganha paulista. Se garantir a governabilidade do regime era assegurar a unidade entre o Executivo e o Legislativo, a União deveria contar com o apoio dos estados, que articulavam localmente as eleições para o Congresso. Em troca, a União apoiaria os presidentes de estado e os aliados regionais que melhor a atendessem. "Entendi dever consagrar meu governo a uma obra puramente de administração", jurara Campos Salles, assinalando "que não seria através da vivacidade incandescente das lutas políticas que chegaria a salvar os créditos da nação, comprometidos em uma concordata com os credores externos!" Nesses termos, apaziguar os estados não era dar voz às minorias, para as quais o poder coercitivo melhor se empregou, mas antes prestigiar os grupos dominantes pelo consenso, o que forjaria uma paz pelo alto com vistas, em última análise, a tranquilizar o agora tão necessário capital internacional.[182]

Num processo, pois, coconstituído pela via externa, a hegemonia interna tinha nos estados sua pedra de toque, embora o controle do poder local fosse uma importante viga de sustentação do edifício político. Garantir a eleição de deputados estaduais e federais coligados ao Executivo nacional era forçosamente fiscalizar os votantes locais, e, para tanto, os coronéis tornaram-se peças-chave do regime. Resultado da "superposição de formas desenvolvidas de regime representativo a uma estrutura econômica e social inadequada", na ponderação de Vitor Nunes Leal, o fenômeno coronelista, no fundo, expressou menos uma excentricidade quanto a um modelo federalista ou eleitoral supostamente puro do que a incapacidade de os paulistas assegurarem nos sertões do Brasil o controle partidário que lograram em São Paulo, onde o PRP era absoluto. O coronelismo emergiu sobremodo ali onde o fazendeiro entrou em declínio, porém sem o substituir por inteiro. Foi uma forma esgarçada de mandonismo, porque antes caracterizado pelo compromisso. Na prática, os presidentes de estado galgavam o apoio dos coronéis locais, favorecendo administrativa ou financeiramente certas famílias em detrimento de outras, e, em troca, os coronéis davam-lhes as cédulas eleitorais de suas esferas locais de influência, o que logravam por meio de promessas, difusas ou concretas, quanto à realização de direitos civis apenas juridicamente consentidos — ou sequer isso, no caso dos direitos sociais. Se o poder local discordasse dos anseios dos presidentes, restava ora arregimentar outra base coronelista, ora intervir militarmente.

Embora a rotinização do regime no modelo de Campos Salles tivesse o coronelismo por base, os estados por meio e a União por fim, não por isso as eleições, sempre fraudadas, eram apenas a consagração do óbvio ou a manifestação de um republicanismo obtuso, visto que menos público do que privado. Mais do que uma simples troca de favores e promessas, que não deixavam de expressar, ainda que subalternizada, uma margem de negociação cidadã, as eleições eram uma forma de medir o poder local de cada coronel e de assegurar uma institucionalização informal da política dos estados. Sem consolidar um pretenso congelamento do poder, o projeto de fato funcionou, a considerar a persistente pujança dos Tarasca em Minas Gerais, dos Acióli no Ceará, dos Néri no Amazonas, dos Rosa e Silva em Pernambuco ou dos Borges de Medeiros à frente do Rio Grande do Sul, nesse caso, por mais de 20 anos.[183]

Ainda, uma alteração notória para viabilizar o modelo de Campos Salles não concerniu à legislação eleitoral propriamente dita, mas antes ao regimento interno do Legislativo. A mudança ocorreu na Comissão de Verificação de Poderes, órgão vinculado à Câmara de Deputados que se encarregava de validar os pleitos. O reconhecimento das cadeiras legislativas era dado pelo presidente da Câmara, até então o mais velho entre os eleitos, quem nomeava os deputados posteriormente membros da Comissão. Com a reforma de Campos Salles, instituiu-se que, quando reeleito, o presidente da Câmara na legislatura anterior permanecesse no cargo para formar a nova Comissão. Caso fosse favorável às políticas públicas do chefe de Estado, o Executivo articularia continuadamente o resultado eleitoral em seu benefício, promovendo por via da Comissão as degolas que fossem necessárias.

Apesar dos sobressaltos, como nas eleições de 1910, de 1922 e de 1930, a política dos estados de Campos Salles marcou a cadência do andar republicano, sem que o exercício da hegemonia perrepista significasse uma sucessão de inabaláveis presidências paulistas. De fato, quase o contrário ocorreu. O Catete foi apenas quatro vezes paulista durante a Primeira República, num total de 13 mandatários. Entre 1898 e 1909, quando o modelo de Campos Salles melhor operou, as pastas ministeriais não estiveram em mãos de paulistas, que tampouco predominaram no Supremo Tribunal ou no Banco do Brasil até 1930. Sem constituir uma exata assimetria entre o poder político e o econômico, na verbalização de Simon Schwartzman, a hegemonização perrepista realizou-se num arranjo mais negociado com Minas Gerais do que com os ditos estados de segunda grandeza, nos quais o poder coercitivo em eventuais intervenções foi limitado ou, quando exercido, via de regra por oligarquias antiperrepistas excepcionalmente no poder.[184]

Estado mais populoso da Federação e, portanto, com a maior bancada na Câmara, Minas Gerais teve todas as simpatias de São Paulo. O conluio mineiro-paulista atendia ao PRP, na medida em que asseguraria o controle, exclusivamente pela União, da moeda, do orçamento e do câmbio: políticas capitais tanto para sustentar a renda cafeeira quanto as novas vias encontradas para financiar o estado de São de Paulo e ao fim o Brasil. Uma aliança, por um lado, oportuna para os mineiros que viviam igualmente do café ou que produziam derivados da pecuária para o mercado consumidor sudestino; e urgente, por outro, para o governo de um estado mediterrâneo. Em comparação a São Paulo, Minas Gerais dependia significativamente mais do orçamento nacional, como o ratificou a expansão ferroviária mineira na década de 1900 ou mesmo a construção de Belo Horizonte em 1897. Assim, uma coisa era ser paulista, e outra, perrepista.

Em toada semelhante, embora não tenha havido inabalável fluidez no arranjo entre mineiros e paulistas, a rotinização do regime foi também alcançada por meio da docilização de estados que possuíam expressiva bancada legislativa, mas pouca suficiência econômica. A Bahia e o Pernambuco possuíam juntos mais deputados do que, separadamente, São Paulo ou Minas Gerais. Se o PRP e o PRM se desentendessem ou, ainda, se os estados nordestinos se coligassem, estariam dadas as condições para eventual reajuste, notadamente, na Comissão de Verificação de Poderes. No entanto, a brecha oligárquica abriu-se raramente. Como eram escassas as receitas alfandegárias derivadas da exportação nos estados nordestinos, as oligarquias locais tenderam a digladiar-se por recursos federais, que mineiros e paulistas repartiam, apadrinhando os alinhados em detrimento dos insubordinados, nos limites da preservação da costura perrepista na União.

O Rio Grande do Sul foi amplamente mais problemático para o bom trânsito da articulação mineiro-paulista e, não à toa, esteve no cerne das crises eleitorais de 1910 e 1922, mas sobretudo na de 1930, quando o gaúcho Getúlio Vargas alcançou o poder. Com a quarta maior população do país, perdendo apenas para Minas Gerais, São Paulo e Bahia, o Rio Grande do Sul logrou até 1920 amealhar a segunda maior produção agrícola e industrial *per capita*, o que se refletiu no alto valor de suas terras, em tudo propício à captação de empréstimos e investimentos externos. Não era, portanto, a política cambial perrepista o que incomodava as oligarquias gaúchas, mas a eventual desestabilização dos preços nacionais oriunda, como ocorreu na década de 1900, de uma política fiscal mais heterodoxa. A corrosão do poder aquisitivo nacional impactava desfavoravelmente a economia gaúcha, porque voltada para o mercado interno: um cenário agravado pelas importações de derivados da pecuária platina costumeiramente a preços mais baixos. Àquela época, a indústria da carne argentina e uruguaia já congelava e enlatava, restando ao Rio Grande do Sul, até a consolidação da indústria frigorífica gaúcha em 1917, apenas o mercado de charque ou trigo, ainda assim muito disputado pelos vizinhos platinos.

Muito contrariadas pelo que julgavam uma República voltada para o café, as oligarquias gaúchas escoraram sobremodo na caserna seu poder de barganha por recursos federais. Embora perdessem para São Paulo quanto ao efetivo policial-militar, os gaúchos possuíam enaltecedor equipamento militar, com destaque para os rifles. Exceto a Escola Militar no Rio de Janeiro, a única outra academia militar do país localizava-se em Porto Alegre, que possuía inclusive mais cadetes do que a capital. Efetivamente, 1/3 dos generais de divisão foi gaúcho durante a Primeira República, que, aliás, manteve a tônica imperial de estacionar expressiva parte do Exército no Rio Grande do Sul devido às eventuais ameaças de Buenos Aires.[185]

Nessas circunstâncias, interessou ao perrepismo manter os estados do norte alinhados, notadamente a Bahia e Pernambuco, de maneira a evitar uma contra-articulação gaúcha que carregasse consigo pelo menos uma parte do Exército, talvez reabilitadora da lógica intervencionista do partido fardado. Apesar das imensas diferenças em relação a 1889, o caso terminaria ocorrendo em 1910 com a eleição de Hermes da Fonseca, mas até lá o civilismo perrepista concorreu para a manutenção da *pax* oligárquica entabulada por Campos Salles: a docilização permanente dos entes federativos internos, com vistas a resguardar a credibilidade internacional da República perante os investidores externos. Nessas condições, o Itamaraty teria função basilar não em negociações diretas com credores britânicos, franceses, alemães ou estadunidenses, porém na preservação da paz, especialmente quanto à Argentina, onde eventual mobilização armada nas fronteiras daria lastro e voz, tal qual ocorrera no Império, aos anseios políticos gaúchos.

O ITAMARATY NA COLMEIA OLIGÁRQUICA

Quando ainda presidente do estado de São Paulo, Campos Salles informara ao Palácio do Catete, então regido por um amigo de longa data, que os bancos britânicos não aceitariam "operação financeira qualquer [...] enquanto persistissem pendências" nas relações entre o Rio de Janeiro e Londres. Referia-se explicitamente à questão da ilha de Trindade. Sob o pretexto de construir uma base para a passagem de cabos submarinos, a Grã-Bretanha apossou-se em 1895 da ilha, localizada a pouco mais de mil quilômetros do litoral capixaba, precisamente quando ainda imperava o caos na jovem República. Décadas antes, Londres havia operado de igual maneira em relação às Malvinas, em instante crítico de fragmentação argentina, o que sugeria agora ao Brasil eventual mobilização militar, provavelmente à perda.[186]

Na perspectiva de Campos Salles, resolver diplomaticamente a questão seria imediato sinal despachado à *City* quanto às intenções pacíficas do Brasil, com boas consequências para a preservação do orçamento nacional. Efetivamente, o ainda presidente de estado tinha perfeita ciência que os bancos costumam procurar os cofres, e não forçosamente os diplomas internacionais. A mediação portuguesa, após o reatamento das relações rompidas em 1894, quando duas corvetas lusitanas asilaram os insurgentes da Marinha, caiu como uma luva naquelas condições. Lisboa acabara de ceder às pressões britânicas para a constituição de uma linha ferroviária longitudinal que vinculasse o Cairo à Cidade do Cabo, onde Londres daria início à segunda Guerra dos Bôeres pela posse da África do Sul. Rasgou-se assim o famigerado mapa cor-de-rosa, que vaticinava a formação do eixo português Luanda-Maputo. Por conseguinte, foi garantido o bom trânsito nas relações Lisboa-Londres.

Ciosa, portanto, da cordialidade portuguesa e da posse sul-africana, a Grã-Bretanha dobrou-se à mediação do marquês de Soveral e entregou a ilha de Trindade ao Brasil em 1896. O episódio, que teve impacto favorável na concessão do *Funding Loan*, deu a Campos Salles a métrica de ação a ser perseguida daí em diante pelo Itamaraty. A diplomacia brasileira deveria proceder a um encapsulamento das crises externas para alijá-las de qualquer incidência nas tratativas bancárias, assim tornando o Itamaraty, talvez não à primeira vista, uma instituição-chave na *pax* oligárquica ou, como um todo, na formação de uma identidade internacional do Brasil supostamente pacífica.

Foi precisamente nesse marco de acontecimentos que o barão do Rio Branco assumiu a muito espinhosa questão do Amapá, cuja origem remontava ainda ao período colonial. Em 1894, a região, que fora alvo da Société de Géographie de Paris na década de 1830, conheceu uma intensa mobilização de garimpeiros brasileiros ávidos pelas descobertas auríferas à altura do rio Calçoene. O fato era grave para a França e o Brasil, na medida em que ocorria na esteira da proclamação da muito efêmera República do Amapá. Em que pesem as preferências de Félix Faure, na presidência francesa, pela resolução bilateral da disputa, o que daria a Paris posição de força perante o Brasil, Prudente de Morais obteve o arbitramento internacional como meio para dirimir a nova fronteira. Um logro imenso, porque a solução do conflito por uma terceira parte agiria perfeitamente no sentido do encapsulamento das crises diplomáticas.

Ríspido inicialmente, o barão do Rio Branco responderia à altura de qualquer mobilização militar francesa, mas sua estratégia era outra. Equacionou a inferioridade militar brasileira pelas rivalidades entre Londres e Paris na corrida imperialista global. O retraimento britânico na ilha de Trindade veio assim bem a calhar, em razão da imediata contrariedade que o Foreign Office interpôs aos avanços sul-americanos do Quai d'Orsay — isto é, o Ministério dos Negócios Estrangeiros da França. Os termos informais da corrida expansionista europeia impediam a um Estado pôr-se à frente de outro, como o ratificou em 1898 a crise de Fachoda no continente africano, quando a Grã-Bretanha e a França estiveram à beira de um conflito armado.

Tão logo assinado o compromisso arbitral, cujo laudo viria das mãos do presidente do Conselho Federal da Suíça, ambas as partes passaram à elaboração de suas memórias. Pelo lado francês, Paul Vidal de la Blache, uma incontestável autoridade geográfica naquele então, alinhou seus argumentos à tese que trocava o rio Oiapoque pelo Araguari. As incertezas sobre o rio que faria o limite natural entre o Brasil e a França, na ponderação de la Blache, inviabilizariam o conhecimento sobre a qual dos rios aludia o tratado de Utrecht de 1713, supostamente o mais antigo fundamento jurídico para resolver a questão. Rio Branco demonstrou o contrário. A ocupação portuguesa do rio Oiapoque datava do período da França Equinocial, no século XVII, o que lhe dava margem para fundar seu pleito, tal como o fizeram os diplomatas do Império, no princípio de *uti possidetis*. Em dezembro de 1900, o árbitro suíço deu ganho de causa ao Brasil, que incorporou então nada desprezíveis 500 mil quilômetros quadrados a seu território, ou seja, pouco menos do que a França metropolitana. Era mais uma contribuição para a tão desejada aura de paz que Campos Salles revelava aos credores internacionais.

Paralelamente e também no sentido da preservação dos cofres, interessava a Rio Branco aprofundar o bom relacionamento com os Estados Unidos, nos limites dos interesses brasileiros, com vistas a constituir uma espécie de escudo bilateral contra eventuais desacordos vindos de Buenos Aires. No mesmo dezembro de 1900, Campos Salles concedeu benefícios alfandegários à importação de trigo estadunidense em detrimento do argentino. A rápida reação de Buenos Aires, que entendia formar-se um condomínio de poder na região articulado pelo Rio de Janeiro e por Washington, não encontrou boa aceitação no Itamaraty, que julgava irremediável a licença dada

Mapa 4. As fronteiras disputadas na Questão do Amapá

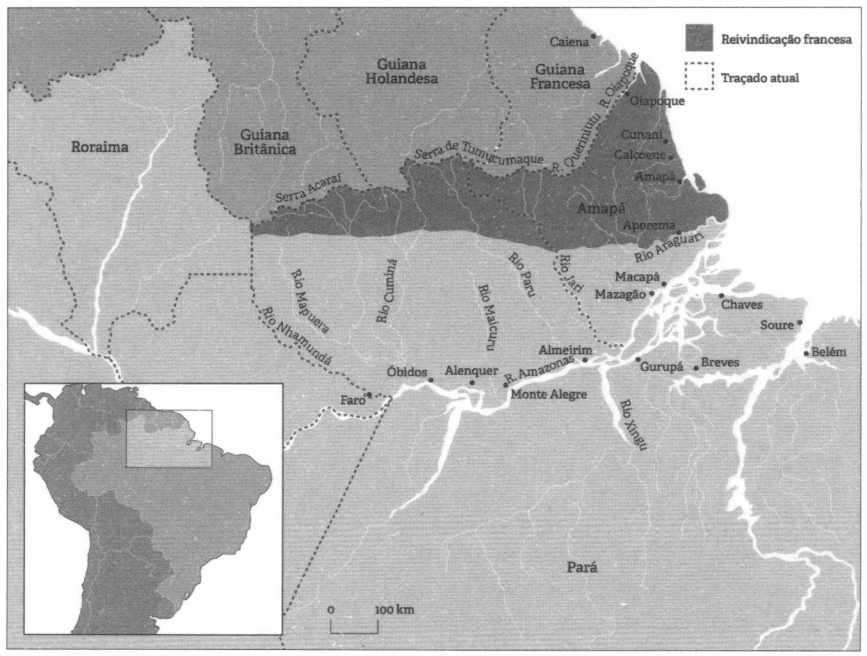

Fonte: Ricupero (2017).

aos Estados Unidos. Recusá-la seria forçá-los a aumentar os impostos sobre o café brasileiro. A guerra das farinhas resolveu-se ao fim a favor do Rio de Janeiro, que sugeriu a Buenos Aires reduzir as barreiras sobre o café para eventualmente reimportar trigo platino, caso acondicionado em barricas, tal qual o estadunidense, e não em sacos, como no caso argentino.[187]

Ainda antes de 1902, quando assumiu o Itamaraty, Rio Branco viu Buenos Aires efetivamente curvar-se diante das pressões comerciais brasileiras. Mas era pouco. O Brasil estava largamente atrás da Argentina em termos econômicos e militares. Não que a militarização fosse uma urgência no eixo diplomático Buenos Aires-Rio de Janeiro, mas garantiria pelo menos um poder dissuasivo atalhado pela aliança com os estadunidenses. Nesse sentido, o Brasil endossou, em 1903, as intervenções dos Estados Unidos na Colômbia, que buscavam tornar independente o Panamá, e não se opôs ao bloqueio naval à Venezuela executado por credores internacionais um ano antes. Ao passo que a chancelaria argentina lançava a Doutrina Drago, condenando ingerências militares para exigir o pagamento de dívidas externas, o barão do Rio Branco consentiu com a posição dos Estados Unidos, que abonou o bloqueio. Pouco depois, em 1906, o Brasil encomendou a compra de *dreadnoughts*, *scout cruisers* e *destroyers*, ficando atrás, em termos de equipamento naval, apenas da Grã-Bretanha e dos Estados Unidos.

De alguma forma, as aquisições militares eram também uma resposta à parcial derrota sofrida na questão do Pirara — talvez a mais delicada disputa lindeira, porque envolvia a Grã-Bretanha. A origem do pleito datava do período regencial. Uma expedição liderada pela Royal Geographical Society adentrara a região do Pirara, quando a província do Pará, em 1838, ainda sofria os efeitos da Cabanagem. Tal como ocorreu com a do Amapá, após alguns incidentes envolvendo o deslocamento de tropas, a região foi considerada neutra, o que muito alterou os limites das bacias fluviais do Amazonas e do Essequibo consensualmente estabelecidos até então. Sempre advogando a manutenção das fronteiras anteriores à expedição da sociedade geográfica britânica, o Brasil não alterou sua posição ao longo do século XIX. Por sua parte, a Grã-Bretanha propôs em 1898 a divisão da região disputada em partes iguais, o que, perante a negativa brasileira, redundou na submissão do litígio ao arbitramento do rei Vítor Emanuel III da Itália.

O que pareceria à primeira vista uma saída honrosa para o Rio de Janeiro, porque numa negociação bilateral a dependência financeira do Brasil daria poder de barganha à Grã-Bretanha, revelou-se rapidamente um desastre. Num contexto em que a Alemanha defendia a via expansionista da *weltpolitik*, a Itália, cujas pretensões africanas colidiam com as de Berlim, aproximou-se de Londres, dando assim o tom da clara anglofilia de Vítor Emanuel. Chegada a ocasião de apresentar ao árbitro a defesa brasileira, Joaquim Nabuco, que assumira a questão do Pirara em razão da exclusividade de Rio Branco com a do Amapá, teve sua margem de negociação notoriamente represada. Vítor Emanuel não renunciaria a seu apetite imperial por meio de uma decisão antibritânica ou pró-brasileira — ele mesmo dizia serem "os trópicos um lugar horrível" e que "não gost[ava] da gente que vive lá" —, mas sobretudo Nabuco pisava em ovos numa disputa que envolvia o coração financeiro da República brasileira.

Apenas 1/3 da região originalmente paraense subsistiu no Brasil após a divulgação do laudo arbitral em 1904. Desgostoso para alguém que finalmente emergia de largo ostracismo após a queda do Império, o resultado fez de Nabuco o maior americanófilo da hora. Não seria con-

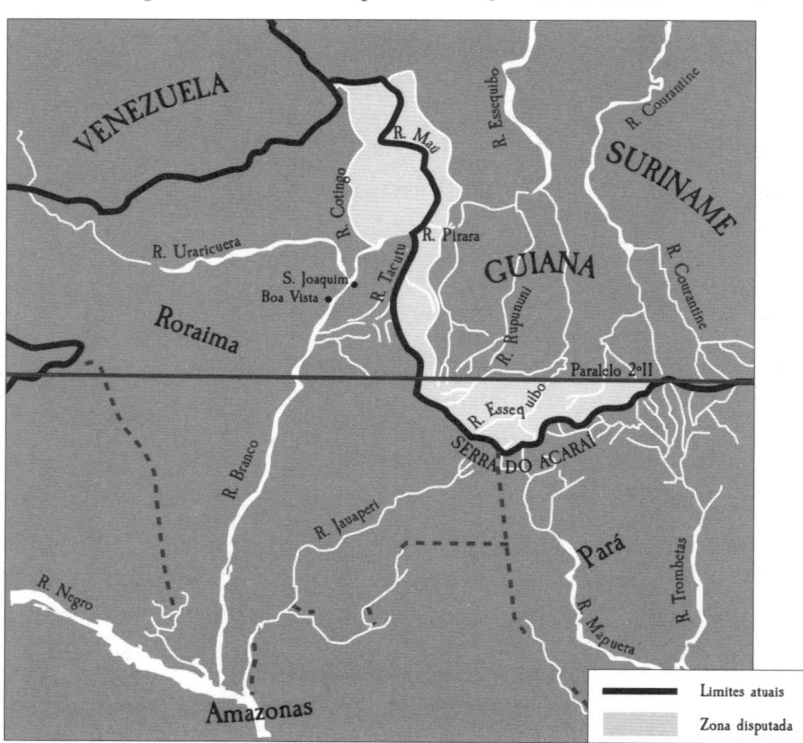

Mapa 5. As fronteiras disputadas na Questão do Pirara

Fonte: Goes Filho (2015).

tra a Argentina que a aliança com Washington deveria operar, mas especialmente contra os imperialismos europeus, visto que, para Nabuco, o americanismo brasileiro equivaleria ao "maior dos exércitos, à maior das marinhas, [...] que nunca poderíamos ter". Rio Branco o provaria equivocado em 1907, porém Nabuco, sempre afeito às grandes bandeiras, permaneceu tão americanista quanto abolicionista anos antes, o que lhe valeu o cargo de plenipotenciário em Washington, quando em 1905 a legação brasileira tornou-se finalmente uma embaixada. "*Too British* em Londres, *too Roman* na Itália, *too American* nos Estados Unidos", na crítica do também diplomata Oliveira Lima, Nabuco desconfiaria singularmente menos da Doutrina Monroe do que Rio Branco.[188]

Àquela época, a ideia de uma América para todos os americanos, em clara oposição às ingerências europeias, ganhava um corolário sob a presidência de Theodore Roosevelt. A diplomacia do *Big Stick* era uma forma suave pelas palavras, mas áspera pelo porrete para ratificar a preeminência dos Estados Unidos no hemisfério americano. À diferença de Nabuco, Rio Branco atuou no sentido de multilateralizar a Doutrina Monroe, na expressão de Gelson Fonseca Jr., para assim obstaculizar, pelo menos quando atingisse os interesses brasileiros, a política do *Big Stick*. Em outros termos, nos limites das possibilidades diplomáticas, o Brasil deveria interessar-se na execução da política externa dos Estados Unidos para o hemisfério, de forma a resguardar a soberania nacional.[189]

A estratégia operou a contento por ocasião da questão do Acre, quando esteve em jogo a cumplicidade entre o Brasil e os Estados Unidos. O *mapa da linha verde*, que orientara o Tratado de Ayacucho de 1867, deixara em aberto a disputa boliviano-brasileira pela região compreendida entre os rios Beni e Javari. A expansão da indústria do látex, na virada para o século XX, deslocou expressiva massa populacional nordestina para lá, dando margem ao Rio de Janeiro para valer-se do princípio de *uti possidetis* contra La Paz. Até a chancelaria de Rio Branco, contudo, o Itamaraty tendeu a fazer vista grossa à imediata resposta da Bolívia, que deslocou autoridades para o Acre. Quem as negou foram os brasileiros locais e, sob a liderança de Luiz Gálvez, um aventureiro espanhol, declararam o Acre independente enquanto o Brasil não o anexasse.

Foi nesse cenário, na avaliação de Rubens Ricupero, que a Bolívia cometeu grave erro estratégico. Subestimando tanto a capacidade de deslocamento das tropas brasileiras, visto que ainda não havia rota terrestre consolidada sequer para o Mato Grosso, quanto as intenções bélicas do Rio de Janeiro, La Paz concedeu o controle da região ao Bolivian Syndicate, um conglomerado de especuladores britânicos, mas sobretudo estadunidenses, vinculados financeiramente aos Rothschild. Larga, a concessão previa o uso de poder de polícia e a coleta de impostos. Em troca, o Bolivian Syndicate transferiria 40% dos lucros oriundos da exploração de látex ao governo boliviano.

Em resposta, sucederam-se novas revoltas locais, agora lideradas pelo gaúcho e antigo maragato Plácido de Castro, que tornou a declarar o Acre independente. No Rio de Janeiro, o barão do Rio Branco agiu com cautela característica. Urgia não se indispor com os Estados Unidos ou, melhor, evitar qualquer conchavo entre estadunidenses e europeus que resultasse, caso houvesse proteção diplomática aos acionistas do Bolivian Syndicate, tanto num desalinhamento com Washington quanto numa indisposição com a *City* Londres. O primeiro passo foi ordenar o fechamento do rio Amazonas à navegação internacional, o que cercearia o escoamento do látex acreano pelo Atlântico. O segundo, novamente como encapsulamento de crises, foi indenizar o Bolivian Syndicate num valor de 115 mil libras mediante renúncia a todo e qualquer direito que o governo de La Paz dera aos especuladores do Acre: um duplo afago aos bancos britânicos, porque a compensação obrigava o Brasil a contrair novo empréstimo, logo ampliado para indenizar a própria Bolívia em mais 2 milhões de libras. Por último, Rio Branco deslocou tropas brasileiras para a região, entre as quais se encontrava um ainda jovem Getúlio Vargas.

Consciente da fragilidade jurídica do Brasil, Rio Branco rechaçou o recurso à arbitragem internacional. A negociação seria bilateral, e assim a posição de força, brasileira. Pelo Tratado de Petrópolis de

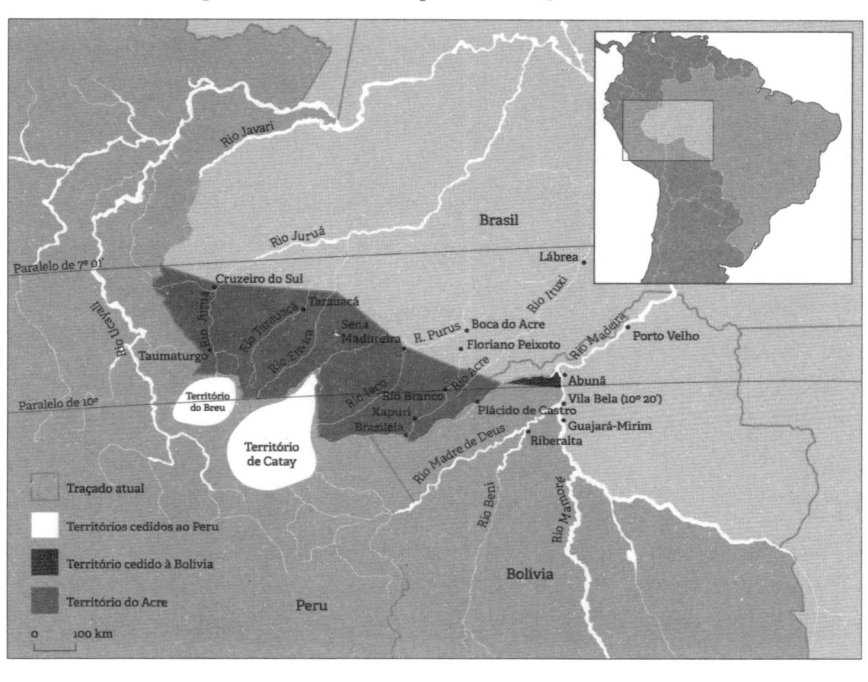

Mapa 6. As fronteiras disputadas na Questão do Acre

Fonte: Ricupero (2017).

1903, pelo qual o Acre se incorporou ao Brasil, prometeu-se à Bolívia a construção da ferrovia Madeira-Mamoré, ligando-a a Porto Velho, e a livre navegação no complexo fluvial amazônico, o que era vital para um país mediterrâneo. O principal motivo de discórdia foi a indenização, não por parte do governo boliviano, mas de uma das principais personalidades políticas brasileiras. Rui Barbosa opôs-se ferozmente, inclusive mobilizando todo seu barroquismo na imprensa. O caso é que o Peru também disputava a região, e se houvesse posterior acordo entre La Paz e Lima favorável aos peruanos, o que terminou ocorrendo por meio de arbitragem argentina, o Brasil perderia a terra e a prata. Os ajustes realizados em 1909, não obstante, o provaram equivocado. Após algumas tentativas peruanas de tomar à força os territórios contestados, seguidos da recusa brasileira em indenizar as pretendidas posses, Rio Branco consentiu em outorgar pequenas áreas às autoridades limenhas, tal qual fizera com as bolivianas em 1903.

A assinatura do Tratado de Petrópolis teve ainda outro desdobramento favorável ao Brasil. Às margens do rio Paraguai, no Mato Grosso, havia-se constituído um empreendimento de capital belga, precisamente na fazenda de Descalvados, para a promoção da indústria de charque e o estabelecimento de uma colônia estrangeira na fronteira com a Bolívia. A proposta contava com um Exército paramilitar liderado pelas forças belgas que haviam lutado no Congo, então sob controle pessoal do monarca Leopoldo II. Bruxelas apostava na vitória do Bolivian Syndicate, no caso acreano, para estabelecer uma nova fronteira com a Bolívia a partir de Descalvados. O projeto somente esmoreceu quando os Estados Unidos e a Grã-Bretanha não afiançaram os acionistas do Acre, redobrando novamente os êxitos da política brasileira de encapsulamento de crises — ou da própria multilateralização da Doutrina Monroe, já que as questões foram resolvidas sem ingerências europeias ou estadunidenses.[190]

O mesmo espírito estratégico operou em 1906 quando veio à tona a III Conferência Pan-Americana organizada no Rio de Janeiro. A vinda de Elihu Root, secretário de Estado sob a presidência de Theodore Roosevelt, deveria prestar-se não apenas para inaugurar o Palácio Monroe, com esse nome e construído para a oportunidade. Ao passo que, no plano multilateral, a visita operaria como sinal à Argentina de um permanente bom entendimento com os Estados Unidos, no bilateral, o Rio de Janeiro deveria insistir na não subserviência. Foi essa a posição de Rio Branco, que em célebre discurso na Conferência ressaltou as origens europeias da América Latina. Era uma forma de ratificar que Washington não poderia empreender o que desejasse no hemisfério ou, ainda, uma maneira de instigar, pela suspicácia, a cooperação com os interesses brasileiros. "Ela nos criou [a Europa]", arguiu Rio Branco, "ela nos ensinou, dela recebemos incessantemente apoio e exemplo, a claridade da ciência e da arte, as comodidades de sua indústria e a lição mais proveitosa de progresso."

Embora quase nada tenha emergido da Conferência, senão um vago projeto para erguer uma Secretaria das Repúblicas Americanas na capital dos Estados Unidos, a Argentina ressentiu-se do que julgava a consolidação do eixo Rio de Janeiro-Washington num momento claudicante das relações com o Brasil. Quando Rio Branco encomendou os *dreadnoughts*, seu homólogo argentino Estanislao Zeballos incitou a presidência de Figueroa Alcorta a promover uma corrida armamentista contra o Rio de Janeiro, rompendo, ao mesmo tempo, o pacto de equivalência naval com o Chile. Em questão de dias, Zeballos exigiu do Brasil, como prova de que ambos zelariam pelo equilíbrio do poder, um dos três *dreadnoughts* encomendados pelo Palácio do Catete. A recusa do Itamaraty levou Zeballos a elaborar um plano de ataque ao Brasil e de consequente ocupação do Rio de Janeiro. Por descuido, o projeto vazou na imprensa portenha, o que forçou a imediata demissão de Zeballos e reforçou sua aversão especialmente por Rio Branco.

Em 1908, a animosidade ganharia novo patamar. O antigo chanceler interceptou um certo telegrama número 9, que Rio Branco enviara à legação brasileira em Santiago, ajustou-o à sua maneira e publicou-o na imprensa. Pela decodificação de Zeballos, haveria um suposto conluio armado entre o Brasil e o Chile contra a Argentina. O Itamaraty apressou-se em tornar público o documento secreto, no qual se lia que Rio Branco intencionava constituir um eixo de amizade entre Buenos Aires, Rio de Janeiro e Santiago. Um ano depois, em 1909, o Itamaraty ratificou as efetivas diretrizes do telegrama número 9 e propôs a Santiago uma minuta de cordial inteligência entre os três países.[191]

Em que pese o declínio das hostilidades quando Roque Sáenz Peña assumiu a presidência argentina e proferiu a famigerada máxima "tudo nos une, nada nos separa", Rio Branco não teve amplo respaldo no projeto ABC, embora Santiago mostrasse melhor predisposição do que Buenos Aires. A Casa Rosada preferiu a manutenção do *status quo* subcontinental. Para Sáenz Peña, o condomínio tri-

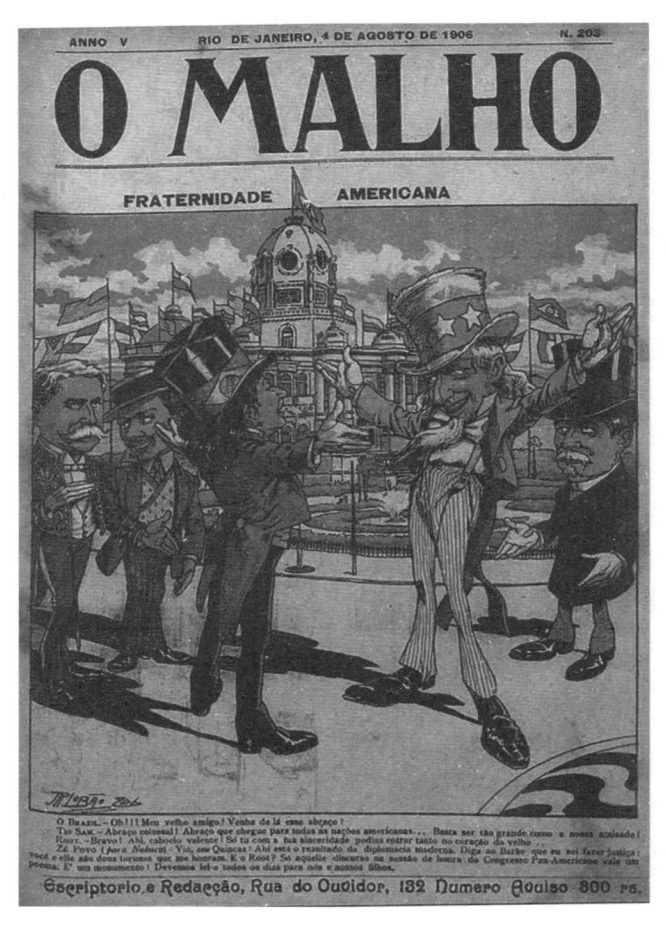

A Proclamação da República inaugurou no Brasil uma política externa de franca aproximação com os Estados Unidos, tendo como um de seus ápices a III Conferência Pan-Americana realizada no Rio de Janeiro em 1906. Na caricatura de *O Malho*, contudo, a suposta fraternidade parece forçada por Elihu Root (à direita), embora aceita de bom grado por Joaquim Nabuco (à esquerda). Um muito ilustrado Zé Povo recomendaria cautela ao representante brasileiro, sugerindo que o abraço do Tio Sam com a República brasileira seria ilusório. De alguma forma ou de outra, o padrão de inserção internacional do Brasil ao longo do século XX seguiria ora as tendências americanistas de Nabuco, ora as mais autonomistas de Rio Branco — e de Zé Povo.
O Malho, 4 ago. 1906. Fundação Biblioteca Nacional.

partite de poder na América do Sul alteraria as relações dos demais vizinhos para com o bloco. Especialmente paraguaios e uruguaios tenderiam ao distanciamento, o que era o exato oposto da política externa argentina, desde já voltada para a extensão de sua esfera de influência na região.

De modo dissemelhante, para Rio Branco o pacto era uma possibilidade de barganha ampliada contra eventuais pressões imperialistas, mais loquazes em decorrência de um certo incômodo com os Estados Unidos produzido em 1907, quando a cumplicidade pretérita não se confirmou. A II Conferência de Paz da Haia tinha por escopo contornar os riscos de um conflito mundial, uma vez que a formação, entre britânicos, franceses e russos, da Tríplice Entende, dava maus augúrios pela oposição à Tríplice Aliança, constituída por alemães, austro-húngaros e italianos. Ao contrário da I Conferência de Paz, realizada em 1899, agora se incorporaram 18 delegações latino-americanas. Rui Barbosa chefiava a brasileira e, quando passou em plenária o projeto para o estabelecimento de uma corte internacional justiça, foi instruído por Rio Branco a pleitear um assento permanente para o Brasil. Frustrado, Rui Barbosa viu os Estados Unidos manterem-se do lado europeu, que guardava posição discriminatória em relação ao mundo periférico, mas se sagraria no Brasil como a águia da Haia pela veemente defesa do princípio de igualdade jurídica entre as nações.[192]

Fumante inveterado como o pai, alternando uma alimentação desequilibrada com o sedentarismo que lhe era característico, o barão do Rio Branco adormeceu pela última vez sobre seus livros num sábado de carnaval do ano de 1912. Modesto talvez em seu foro íntimo, havia recusado a indicação para concorrer ao Catete e rechaçado o Nobel da paz. Encapsulara tão bem as crises externas, que o Itamaraty pareceu subitamente alheio à vida política interna, como se fosse uma ilha de prosperidade pública em meio às tensões que se redobraram a partir de meados da década de 1900. Enquanto tudo era governo, o barão na República parecia Estado, assim como seu próprio ministério. Deixaria imenso legado à política externa brasileira, caracterizado pela solução pacífica de controvérsias e pelo repúdio à ingerência externa, tão largo quanto as ovações e homenagens num ano em que adiaram o carnaval. Não fosse pela agitação nacional, condensada em 1912 no bombardeio de Salvador, o Brasil teria parecido encontrar seu rumo republicano. Era o exato oposto, no entanto, porque as desigualdades históricas permaneciam inalteradas.[193]

A ARQUITETURA DA DESIGUALDADE

Depois do périplo pelos sertões baianos, o destino de Euclides da Cunha voltou a confrontá-lo às mazelas de uma civilização que já o desencantava. Viajaria por todo o interior de São Paulo como engenheiro de obras públicas e testemunharia chagas sociais idênticas às encontradas em Canudos. Chegou a Santos pouco depois da greve coordenada em 1904 pelos trabalhadores da Companhia das Docas e pouco antes de uma nova paralização estourar, agora sob o impulso dos ferroviários. A mobilização alcançou as indústrias alimentícias e a metalurgia, num movimento que reuniu em torno de 2 mil operários. Entre eles, constava uma larga massa de estrangeiros, italianos na maioria, que transformava o sotaque, os cheiros e os sabores paulistas. Mais de 800 mil imigrantes haviam entrado pelo porto de Santos, para onde também trouxeram ideias pouco louvadas no Brasil, porém já claramente difundidas por tipógrafos da expressão de Edgard Leuenroth, que em 1906, quando ocorreu nova greve dos ferroviários, participaria do Primeiro Congresso Operário Brasileiro para mobilizar o ideário anarquista.

Presos, quando não deportados, os imigrantes tidos como baderneiros falavam de uma situação social que os sobrepujava. A exclusão de uma cidadania que se fazia às turras contra o Estado era o próprio de uma mentalidade dirigente ainda plenamente escravista. Na então longínqua Ribeirão Preto, para onde igualmente se alastrou a greve dos ferroviários, o regime do colonato, como em outras partes, coexistiu com a incorporação de antigos escravos à errância característica da população pobre. Caipiras, sertanejos e caboclos, considerados negros, meio negros ou negros da terra, faziam-se nas roças, atuando como vaqueiros ou tangedores, carregadores ou camponeses, quando o pagamento por empreita bafejava uma existência ainda miserável. Prova de que a preocupação do patronato ou da administração não era sentimento de humanidade qualquer, a poucos quilômetros dali, à altura de Bauru, a política paulista daria uma solução final às tribos *kaingangs*.

A construção da ferrovia Noroeste do Brasil, que finalmente interligaria o Distrito Federal a Campo Grande com ramificações até Ponta Porã e Corumbá, exigiu a remoção de tribos indígenas, entre elas, também os guaranis e os xavantes. O processo de demarcação fundiária não fora muito dissemelhante do ocorrido com os camponeses pobres — "disseram que o capitão era o dono", teria dito um simples posseiro no romance em tudo real de Hernani Donato, "porque tem um papel […] mais novo e com muito mais carimbo" —, com a singular diferença que os *kaingangs* resistiram até o último suspiro. As dadas, como eram conhecidas as expedições de caça ao bugre, eram formadas por assassinos profissionais, que atuavam mediante pagamento de fazendeiros e de especuladores fundiários. Eram o braço armado do grande capital, um pouco à maneira dos usos que os fazendeiros fizeram da Guarda Nacional no tempo do imperador. Perversamente cientes dos hábitos indígenas, as tropas de bugreiros costumavam aguardar os rituais religiosos — quando os *kaingangs* ingeriam bebidas alcoólicas e, portanto, manifestavam posterior fadiga — para investir contra os alvos agora mais fáceis. Também os envenenavam. Às escuras, deitavam quilos de estricnina nos mananciais antes protegidos pelos indígenas e, quando o sol raiava, queimavam as aldeias e os próprios cadáveres. A mesma desproporção entre os fuzis e as flechas sobressairia nos poucos testemunhos compadecidos, mas ao fim resignados com as indígenas, ainda moças, espetadas em estacas afiadas que as atravessavam até o pescoço.

Àquela época, o tom nacional em relação às populações indígenas era o de Hermann von Ihering, diretor do Museu Paulista e claro defensor do extermínio dos *kaingangs*, assim como as matas e florestas, vislumbrados como um nada. No máximo, ganharam expressão as formulações positivistas de Rodolfo Miranda, na pasta da Agricultura, Indústria e Comércio em 1909, e de Cândido Rondon, para quem, como os povos andinos, os *kaingangs* evoluiriam espontaneamente para um estágio da humanidade mais racional do que o religioso. Foi assim que a pacificação ocorreu em 1911, muito reveladoramente, quando o grupo foi exterminado. À frente do recém-criado Serviço de Proteção ao Indígena, Rondon chegou tarde para negociar com as lideranças *kaingangs*, que inclusive emprestaram seus pares para a atuação como intérprete da língua local. Talvez desolado, Rondon seguiria pouco depois a marcha de uma fratricida integração nacional com a construção de linhas telegráficas dali do Centro-Oeste até a Amazônia.[194]

Na mesma esteira desoladora de acontecimentos, Euclides da Cunha deixou a muito efêmera tranquilidade encontrada em Guaratinguetá e Lorena para embarcar num projeto que, supunha, lhe renderia talvez tantas palmas quanto *Os sertões*. No final de 1904, foi nomeado chefe da comissão mista brasileiro-peruana de reconhecimento do Alto Purus, com o objetivo de sanar com o Peru as eventuais pendências lindeiras da questão do Acre, caso Lima vencesse a disputa contra La Paz. Todo seu entusiasmo, não obstante, estava voltado para a situação dos seringueiros, o que lhe renderia a publicação póstuma de *À margem da história*. Com as novas formas descobertas de processar a borracha, especialmente para fins pneumáticos, intensificou-se a extração gomífera na região amazônica — um processo em curso já nos últimos anos do Império. Porque não se tratava de uma plantação, a atividade econômica exigia a dispersão de um volumoso número de trabalhadores que se enfurnavam então nos rios até alcançar, em meio a todo tipo de riscos sanitários e biológicos, as mais recônditas árvores seringueiras.

Até a crise da década de 1910, sucedida quando britânicos começaram a recolher o látex de plantações no Sudeste asiático, a região amazônica recebeu algo em torno de 260 mil seringueiros, sobretudo nordestinos, que mal resistiram ao sistema de aviamento. Euclides da Cunha entendeu-o como uma servidão por dívida, em que os seringueiros tinham de aceitar as condições de trabalho impostas pelos seringalistas, únicos supridores de bens essenciais à subsistência nos enclaves extrativistas. Sem recursos, dependentes dos salários que os seringalistas desejavam pagar e, portanto, sempre endividados, os seringueiros tornaram-se "expatriados na pátria", nos termos de Euclides da Cunha, realizando "uma tremenda anomalia: [...] trabalhavam para escravizar-se". Largamente menos à margem da história, os seringalistas tinham no Teatro Amazonas o símbolo esplendoroso de uma *commodity* que concentrou em mãos de poucos os dividendos de 40% das exportações brasileiras em 1910, quase superando o café. O germe do lucro faria sonhar, alguns anos depois, ninguém menos do que Henry Ford, num projeto, fracassado ao fim, de plantar árvores seringueiras na Amazônia. Teria sido apenas um prelúdio do desmatamento ocorrido posteriormente. A quilômetros dali, o mesmo contraste entre os lustres do Teatro e a miséria dos trabalhadores da borracha ressoou no Rio de Janeiro, onde Euclides da Cunha encerraria sua hora novamente frustrado com a barbárie civilizatória.[195]

Entre 1900 e 1910, a população brasileira saltou de quase 17 para 23 milhões. Ainda era predominantemente rural, porém as taxas de crescimento nos setores industriais e de serviços seguiam rumo ascendente desde a crise do Império, o que se verificou no desenvolvimento relativo das maiores cidades. Enquanto a população como um todo cresceu num ritmo de pouco mais de 2,5% ao ano, as urbes com mais de 50 mil habitantes o fizeram a taxas de 3,5%. Antônio Prado, prefeito de São Paulo de 1899 a 1911, respondeu à urbanização estendendo a iluminação elétrica e o sistema de transportes, aterrando as várzeas e abrindo largas avenidas, como a Tiradentes, que desobstruiu o fluxo viário entre as recém-inauguradas Pinacoteca do Estado e Estação da Luz. Um pouco mais ao sul, estreou-se a avenida Paulista e com ela as multas para os vendedores de galinha, vassouras, frutas e legumes, num esforço higienista que daria nome a um dos principais bairros da cidade, Higienópolis, além de redundar na fundação do Instituto Butantã.[196]

Foi na capital da República, todavia, onde o planejamento urbano assumiria suas melhores feições oligárquicas. Lá, engordavam os cortiços e as estalagens, ganhando progressivamente o nome de favelas, que foram associadas a focos de criminalidade, e seus habitantes, a casos de polícia. Eram as classes perigosas, dizia-se à época, cuja cor de pele era o exato oposto do branqueamento da população desejado pelas autoridades nacionais. Modernizar a capital era em primeira instância higienizá-la, varrendo para debaixo dos escombros urbanos a maioria negra ou parda, egressa do cativeiro e do nordeste, que permaneceu na República como região de maior perda demográfica.

Para tanto, o recém-eleito Rodrigues Alves nomeou Pereira Passos prefeito do Rio de Janeiro em 1902, concedendo-lhe poderes ilimitados para realizar uma reforma urbana que Lauro Müller e Oswaldo Cruz acompanhariam, respectivamente, com os olhos no porto e as mãos na seringa. Em outras palavras, tratava-se de importar a *Belle Époque* para a capital, o cartão-postal e a porta de entrada do Brasil. Alargar as vias da cidade, na concepção de Pereira Passos, atendia a um triplo escopo, não realizado à época das reformas urbanas entabuladas pelo visconde do Rio Branco. Em primeiro lugar, buscava-se higienizar a cidade pela passagem de maior fluxo de oxigênio, livrando-a de pestes, paludismos e cóleras que afligiam uma capital então muito febril, na expressão de Sidney Chalhoub. Em segundo, conter as barricadas, muito mais facilmente erguidas em vielas do que em bulevares, onde a polícia trafegaria desobstruída. Por último, acelerar a circulação de mercadorias, encurtando o tempo entre os portos e os pratos — ou os cabides e as perfumarias

Marc Ferrez, Avenida Central, 1906. Fundação Biblioteca Nacional.

das megalojas, a exemplo das Galerias Lafayette em Paris, que surgiram na virada do século.

Assim, dilataram-se as ruas do Rio de Janeiro, a começar pela Avenida Central — hoje, Rio Branco —, que ligou o porto ao centro consumidor da cidade. Desafogou-se o fluxo viário também pela construção da avenida Beira-Mar, que conectou o coração pujante da capital até os muito prestigiados bairros do Catete, Flamengo e Botafogo. Ainda que muito paulatinamente, impulsionou-se a ocupação de áreas então desabitadas, como eram Copacabana e Ipanema. Reformou-se, enfim, o tipo de habitação, privilegiando os aqui muito ecléticos prédios neoclássicos em detrimento dos casarões coloniais e dos barracões que ocupavam densamente os bairros populares da Saúde e Gamboa.

Ao passo que a avenida Central ganhava boutiques à moda de Paris, assim como projetos para erguer um teatro municipal e o palácio onde se realizaria a III Conferência Pan-Americana, os bairros populares, que recordavam a Pereira Passos os romances darwinistas de Aluísio de Azevedo, sofreram um radical bota-abaixo. Eram vistos como ninhos de promiscuidade entre brasileiros da capital e do interior, entre africanos e ex-escravos. Em questão de meses, entraria em cena o diretor-geral da Saúde Pública, Oswaldo Cruz, que implementou uma campanha de erradicação da varíola. Aprovada em outubro de 1904, a lei da vacina obrigatória dava carta branca às brigadas sanitárias para que entrassem nas residências particulares no intuito de aplicar vacinas que, naquela época, lembravam o tamanho de uma faca de açougueiro e eram aplicadas à altura da virilha. Fariam-no de bom grado, se não houvesse resistência, ou à força, caso necessário, o que se revelou o estopim para atos de insubordinação.

Exaltada, a classe popular do Rio de Janeiro incendiou bondes, depredou trilhos e quebrou postes, erguendo justamente as barricadas que Pereira Passos visara conter mediante a construção dos bulevares. Poucos dias depois, a mocidade positivista da Escola Militar da Praia Vermelha alinhou-se aos revoltosos. Provavelmente, a Revolta da Vacina teria assumido outras proporções caso a repressão não tivesse sido tão violenta. Declarado o estado de sítio, o governo debelou a revolta, deixando cerca de 30 mortos e algumas dezenas de feridos. As ruas foram efetivamente apaziguadas, e a Escola Militar, fechada para somente ser reaberta anos depois, em 1913, num distante Realengo. Os presos foram enviados ao recém-incorporado Acre, onde realizariam trabalhos forçados nos seringais. A obrigatoriedade da vacina, no entanto, foi suspensa.

Mais do que uma simples aversão pela vacina ou um atropelamento dos direitos civis com uma política de desalojamento urbano sem indenização qualquer, os insurretos da vacina expressavam antes as inconsistências de uma República para poucos. Realizado entre oligarquias, o pacto de Campos Salles não tinha a classe popular como signatária, malgrado constituísse a maioria da população. As fugas e as revoltas dos colonos no campo falavam a mesma língua dos insurretos urbanos. A cidade que segregava espacial e racialmente era, no fundo, uma caricatura em pequena escala de um Brasil fragmentado entre os tantos que viviam a diário o tempo longo e áspero de Canudos e os poucos que se encastelavam numa Constituição, em tese igualitária, para sossegadamente tomar café à altura da rua do Ouvidor.[197]

De fato, tamanha pareceu a serenidade dirigente, embora sempre respaldada em espingardas apontadas contra populares, que apenas dois anos após o episódio da vacina acordou-se a primeira política formal de valorização do café. A contínua expansão da fronteira cafeeira, num cenário de estímulo ao crédito rural por meio da estabilização do câmbio e, ainda, de constante influxo migratório, resultou na situação limite em que a oferta brasileira tendia a ultrapassar o consumo global de café. O próprio estado de São Paulo havia proibido novas plantações em 1902, temendo que o preço do grão sofresse novas quedas, como ocorria desde finais de 1900. Pouco depois, quando Rodrigues Alves encerrou em 1906 a presidência do país, produziu-se o equilíbrio entre a proporção perfeita de sol e chuva nos cafezais paulistas, anunciando uma supersafra que levaria ao colapso os preços do café.

Imediatamente, Jorge Tibiriçá tomou o assunto em mãos. Homem forte do PRP, governava o estado de São Paulo desde 1904 e havia profissionalizado a força policial, atraído imigrantes japoneses e estimulado o crédito agrícola. Foi dele o impulso para formar o Convênio de Taubaté em 1906, um arranjo com os estados de Minas Gerais e do Rio de Janeiro, porém com inteiro sotaque paulista, para defender os interesses do café. Pelo acordo, estabeleceu-se um preço mínimo para a compra dos excedentes do café. As aquisições seriam realizadas mediante empréstimos internacionais, contraídos sobretudo por São Paulo. As amortizações e os juros seriam compensados por um novo imposto, cobrado em ouro, sobre cada saca exportada. Ao mesmo tempo, os governos estaduais comprometiam-se a restringir novas plantações e a estimular o consumo global de café nas exposições universais.

Apesar da recusa inicial do governo federal em compactuar com os artífices do Convênio de Taubaté, em boa medida, porque os Rothschild alertaram Rodrigues Alves, um perfeito ortodoxo, sobre eventuais dificuldades quanto à rolagem da dívida externa, a solução de compromisso veio à baila em dezembro de 1906, apenas 20 dias após a posse presidencial do mineiro Afonso Pena. Embora não fosse, pelo menos na retórica oficial, uma resposta direta aos arranjos de Taubaté, na ponderação de Gustavo Franco e de Luiz Aranha Corrêa do Lago, a Caixa de Conversão atendeu perfeitamente aos anseios da lavoura cafeeira. Com a nova instituição financeira, procedia-se à adoção do padrão-ouro a taxas ligeiramente inferiores às que se encontrava o câmbio naquele momento. A Caixa absorveria as divisas introduzidas no país para evitar a apreciação da moeda, transformando-as em notas de emissão. Reciprocamente, no cenário oposto, a instituição manteria a paridade com a oferta de reservas no mercado monetário. Ainda, na eventualidade de as reservas esgotarem-se, o Banco do Brasil cobriria as operações.[198]

Para coroar a sustentação da renda cafeeira, o Congresso autorizou o Catete a contrair novos empréstimos internacionais, que imediatamente repassaria ao estado de São Paulo, igualmente envolvido em novos créditos especialmente com os bancos europeus. Mais do que em razão de uma desvalorização do câmbio ao fim não realizada, a socialização das perdas dava-se pela dívida externa, que privatizava os benefícios do cafezal e subtraía do país investimentos mais redistributivos. Nessas condições, o PRP deu carta branca a Afonso Pena para que ampliasse a rede ferroviária e telegráfica, a exemplo da Estrada de Ferro Noroeste do Brasil e das expedições de Cândido Rondon, e o êxito pareceu total. As exportações aumentaram; os preços do café também. Quando pressionado o câmbio pelo ingresso de divisas, a Caixa de Conversão operou a contento. Com os fundamentais macroeconômicos estáveis, tampouco pareceu aos banqueiros estrangeiros haver risco qualquer em manter o fluxo de investimentos no Brasil.

Quando tudo parecia para o melhor no melhor dos mundos, na célebre fórmula do filósofo francês Voltaire, as eleições de 1910 provaram o contrário. Desejoso de resguardar a presença mineira no Catete, Afonso Pena adotou uma política bifronte: por um lado, apoiou João Pinheiro, então à frente do estado de Minas Gerais, para a presidência da República; e, por outro, articulou um grupo de ministros e deputados do PRM, o chamado jardim da infância, que deveria sustentar a indicação. O fato é que, tão irônica quanto a do francês, na expressão do barão de Itararé, dali de onde menos se esperava qualquer concórdia, foi justamente de onde não saiu coisa alguma. Com o repentino falecimento de João Pinheiro, o jardim da infância cindiu-se entre os que passaram a apoiar o também mineiro Davi Campista e os que a ele se opunham. A divergência no seio do PRM assinalou uma fratura no próprio pacto oligárquico, que se alargou, criticamente, com o subsequente óbito de Afonso Pena no fatídico ano de 1909, pelo menos para as bancadas mineiras.

O momento foi menos trágico apenas para os estados ditos de segunda grandeza, que Porto Alegre buscou articular em seu benefício. Para o muito agitado José Gomes Pinheiro Machado, veterano contra López, senador pelo Rio Grande do Sul desde 1890 e conhecido como o condestável da República, dava-se a partir da crise mineira a oportunidade ideal para lançar os estados nordestinos, em bloco, contra a rotinização do regime entabulada por Campos Salles. Efetivamente, logrou mais do que congraçar apenas o nordeste. O apoio do vice-presidente fluminense Nilo Peçanha serviu-lhe bem para usar a máquina coronelista em prol de um acordo nacional, especialmente contra os paulistas. Concorreu também à perfeição o marechal Hermes da Fonseca, sobrinho de Deodoro, que se alinhou aos anseios de Pinheiro Machado para reabilitar o salvacionismo militar pela via eleitoral.

Tal como em 1889, falava-se em 1910 na necessidade de purificar as instituições, devolvendo-lhes agora o caráter republicano que os perrepistas teriam sabotado. Muito estrategicamente, porque o fundo da campanha era igualmente oligárquico, o marechal pareceu prestar ouvidos a anarquistas e sindicalistas, propondo uma agenda de reformas políticas e sociais para combater a fraude e apadrinhar as reivindicações do Primeiro Congresso Operário Brasileiro: a redução da jornada de trabalho, melhores condições salariais, o direito ao repouso, a proibição do emprego infantil e o tabelamento dos aluguéis.[199]

Curiosamente ou não, o programa de Hermes da Fonseca coincidia com o da oposição, encabeçada por Rui Barbosa, o candidato eternamente derrotado na Primeira República. A campanha civilista da *águia da Haia*, que contou com o apoio do antimilitarismo perrepista, também denunciava a fraude eleitoral oligárquica e conclamava por reformas sociais dilatadas, a ponto de endossar os anseios da classe média urbana. Para além dos paulistas, Rui Barbosa contava com suporte da oligarquia de seu estado natal, a Bahia, assim como uma fração modesta do PRM, que confirmou ao todo sua desagregação dos paulistas com a candidatura do mineiro Venceslau Brás a vice da chapa de Hermes da Fonseca. Divulgados em julho de 1910, os resultados confirmaram a primeira derrota do PRP em mais de uma década. Hermes da Fonseca venceu com praticamente 65% dos votos, o que era pouco nos termos eleitorais de uma época na qual candidatos chegavam a atingir 99% dos sufrágios. Em novembro, Pinheiro Machado lançou as bases do Partido Republicano Conservador (PRC), que deveria articular as oligarquias nacionais para a sustentação do novo governo. Defensor da Constituição e da dita pureza do regime representativo, o PRC advogava a estabilidade cambial e o equilíbrio orçamentário, assim como os interesses do comércio nacional e a formação de escolas superiores agrícolas. Perrepista nesse sentido, o PRC era-o menos no amparo ao reequipamento militar e à indústria nacional.

A defesa subsequente da louvada ordem republicana, no fundo, retrataria a preservação das hierarquias anto e ontológicas. A desigualdade era projeto, como no tempo do Império, e a administração era ainda vislumbrada como um clube de apadrinhados. Assim como Prudente de Morais, Campos Salles e Rodrigues Alves, Hermes da Fonseca era pedreiro-livre e viu aprofundarem-se verdadeiras ondas antimaçônicas na década de 1910. Tivesse a maçonaria impacto decisivo ou não na formação dirigente, o caso é que se atribuíram a ela práticas e pactos satânicos, tendências autoritárias e complôs globalistas. Atropelada novamente, a cidadania insistiria, não obstante, numa trama resistente que culminaria na greve geral de 1917, exatamente quando a Rússia, no decurso da Primeira Guerra Mundial, sepultaria o regime czarista.[200]

Palácio do Governo da Bahia após o bombardeio de 1912. Arquivo Nacional.

CAPÍTULO 6
A CONTINUIDADE ROMPIDA

Estado líder na campanha civilista, São Paulo viveu o ano de 1911 sob a sombra da intervenção federal, para o que também concorreram as eleições estaduais. No início daquele ano, Hermes da Fonseca havia cogitado enviar tropas do Exército a São Paulo, sob o pretexto de conter a solução estadual dada à resistência *kaingang*, mas foi apenas quando se descortinam supostas conspirações dentro da Força Pública Estadual promovidas por Rodolfo Miranda, um perrepista dissidente de inclinação próxima a Pinheiro Machado, que a situação se tornou potencialmente explosiva. Em questão de dias, formaram-se os Batalhões Patrióticos em todo o estado com vistas a conter o que seria uma fenda para a intervenção de Hermes da Fonseca.

Em meio à discórdia estadual, o que não se vislumbrava desde o governo de Deodoro, Jorge Tibiriçá candidatou-se novamente à presidência de São Paulo, em franca oposição ao muito vilipendiado Rodolfo Miranda. A solução de compromisso foi o nome de Rodrigues Alves. Quando no Catete, havia mantido bom trânsito com Hermes da Fonseca, promovendo-o inclusive a marechal, e em 1910 não mostrara pendor nenhum pela campanha civilista. Foi-lhe necessário, contudo, entregar 1/3 das cadeiras legislativas à facção de Miranda para assumir o governo em 1912 e, assim, preservar São Paulo da sorte que teve Salvador da Bahia.

Lá, imperou a desunião, o que se reproduziu em Alagoas, no Ceará, em Pernambuco e no Rio Grande do Norte, onde oportunamente prosperam mais as intervenções de Hermes da Fonseca. A crise baiana começara ainda no clima polarizado das eleições nacionais de 1910, especialmente quanto à disputa pela prefeitura de Salvador. Os situacionistas ligados a João Santos opuseram-se à alegada vitória de Júlio Brandão, um candidato da ala de J. J. Seabra, por sua vez, ministro da Viação sob Hermes da Fonseca. Enquanto a oposição apressou-se para solicitar a intervenção federal, o governo do estado armou jagunços de forma a inviabilizar o avanço seabrista no Legislativo baiano, que, não reconhecido pela situação, resultou numa duplicata de Assembleia estadual. Para tornar tudo mais tenso, J. J. Seabra lançou sua candidatura para as eleições estaduais, com ostensiva presença do Exército de Hermes em Salvador. O governo baiano optou então por transferir a Assembleia estadual para Jequié, sob os auspícios de Rui Barbosa, e ordenou o fechamento da duplicata remanescente na capital. Foi o estopim para o intenso bombardeio orquestrado pelo Catete, que ocorreu na tarde do 10 de janeiro de 1912, e o limite do salvacionismo militar de Hermes da Fonseca: seu ministério ameaçou com a renúncia, especialmente o barão do Rio Branco e Marques Leão, na Marinha, que terminariam, não obstante, falecendo pouco depois.

O fatídico episódio soteropolitano relevou por vias explícitas quão acertado, pelo menos para as forças hegemônicas, fora o equilíbrio encontrado por Campos Salles na balança republicana de poder. Melhor era ceder no limite do inegociável para persuadir sobre as vantagens pactuadas do que intervir num esforço coercitivo que terminaria custando a própria sustentação da ordem. Hermes da Fonseca levou dois anos para percebê-lo e, quando atinou, era tarde demais. A substituição forçada em março de 1912 do intervencionista Mena Barreto, no ministério da Guerra, por Vespasiano de Albuquerque, marcou o retorno do pacto oligárquico anterior. Almejando o declínio de Pinheiro Machado, mineiros e paulistas articularam-se novamente de maneira a retomar os termos de 1898, agora com o garantido revezamento automático entre eles na presidência da República.

Era todo o escopo do Pacto de Ouro Fino, pelo qual se resolveram as eleições de 1914 com a vitória de Venceslau Brás com mais de 90% dos votos. Por sua parte, os militares voltaram aos quartéis, porém permaneceram atentos a uma década caracterizada, no plano internacional, pela eclosão da Primeira Guerra Mundial. O conflito impactou a malha produtiva brasileira, reabilitando um projeto industrial que, como em 1889, a caserna tendeu a apadrinhar. Embora o Pacto de Ouro Fino fosse um desejado retorno à obra de Campos Salles, o mundo e com ele o Brasil já eram inteiramente outros na década de 1910. Como entre 1870 e 1880, as agitações sociais ganharam espaço entre as oligarquias nacionais, que, ao fim, como o visconde Rio Branco, teimaram em reformar o país pelo alto para controlar um tempo que então já acusava sua velhice.

O RETORNO DO SALVACIONISMO MILITAR

Por três repetidas ocasiões, em 1906, 1908 e 1910, oficiais do Exército brasileiro foram enviados à Alemanha com o objetivo de incorporar técnicas e doutrinas que aprimorariam a corporação. As missões ocorreram num contexto de reativação da Confederação Brasileira de Tiro e, sobretudo, de uma tentativa, novamente malfadada, de aprovar uma lei de sorteio para o recrutamento militar. O próprio Hermes da Fonseca, quando ministro da Guerra sob Afonso Pena, fora intransigente quanto ao reaparelhamento da corporação, impulsionando a instrução militar obrigatória nos colégios secundários. Rio Branco foi igualmente entusiasta das reformas militares e secundou como pôde as missões à Alemanha, onde servira como plenipotenciário entre 1901 e 1902.

A doutrina do Exército alemão, julgado o mais eficiente à época, pregava a responsabilidade da caserna perante os destinos nacionais, especialmente no âmbito da política externa, porém os oficiais brasileiros tenderam a associá-la ao modelo do soldado-cidadão, consagrado no manifesto de 1887 por Deodoro e Pelotas. Redigido por Rui Barbosa, que logo se arrependeria, a doutrina brasileira era a perfeita expressão da *veterania* oriunda do Paraguai: uma percepção de aviltamento em relação aos rumos político-administrativos do país e, sobremodo, de frustração, medida no descompasso entre as expectativas formuladas durante o conflito e as experiências de marginalidade no pós-guerra.

No Brasil, os oficiais ganhariam o nome de jovens turcos, em alusão àqueles que, após o convívio na Alemanha, regressaram a Istambul para engajar-se no Comitê de União e Progresso, um partido que mais tarde, nos escombros do Império Otomano, proclamaria a República da Turquia sob a liderança de Mustafá Kemal. Embora muito preocupados com o aprovisionamento técnico-militar, os jovens turcos não deixaram de esgrimir, ainda que rudimentarmente, projetos políticos para o Brasil. Bradavam contra a característica precipuamente agrária da economia, formulando vias para a industrialização e o aperfeiçoamento educacional, e qualificavam o país como essencialmente atrasado, não apenas em relação às principais potências da época, mas antes em comparação à Argentina ou ao Chile. Especificamente quando o intervencionismo arrefeceu, os jovens turcos lançaram o primeiro editorial de *A Defesa Nacional*, um periódico militar que qualificava o Exército como "única força verdadeiramente organizada, no seio de uma tumultuosa massa efervescente, que vai às vezes um pouco além de seus deveres profissionais para tornar-se, em dados momentos, um fator decisivo de transformação política ou de estabilização social".[201]

Não apenas se referiam à Revolta da Chibata, mas sobretudo aos tumultos que ocorrem na região do Contestado, entre o Paraná e Santa Catarina, e ainda na de Juazeiro, no Ceará. O primeiro episódio embasava todas as urgências conclamadas por reformas corporativas, embora a elas não se reduzisse. Historicamente, a Marinha caracterizou-se por uma clivagem racial entre oficiais e marinheiros muito representativa dos abismos socioeconômicos nacionais. Ninguém menos do que o barão do Rio Branco, entusiasta da modernização tecnológica da Marinha, costumava dizer que os fuzileiros eram "a escória dos centros urbanos, o subproletariado mais inútil". Descontado o elitismo classista, era fato que as tripulações navais se formavam sobretudo com ex-escravos e, se não isso, com filhos do ventre livre. À escassez de alimentos e às condições salariais somavam-se as barreiras informais, estabelecidas consoante à cor da pele, à ascensão hierárquica, mas sobretudo o aviltamento das chibatas. Ali, tudo lembrava a escravidão.

Não à toa, poucos dias após a posse de Hermes da Fonseca, cerca de 2 mil marinheiros amotinaram-se nos encouraçados recém-adquiridos e ameaçaram bombardear o Rio de Janeiro caso as penas de açoite não fossem banidas. O estopim fora a punição de 250 chibatadas impingidas a Marcelino Rodrigues Menezes. Segundo relatos da época, desmaiado, permanecera como uma tainha aberta para salgar. Não demorou muito para que João Cândido Felisberto, o assim chamado Almirante Negro, fizesse um pronunciamento ao Catete de claro matiz antirracista, no qual reclamava a cidadania ainda negada aos descendentes diretos e indiretos da escravidão. Queria, no fundo, uma República.

> Nós, marinheiros, cidadãos brasileiros e republicanos, não podendo mais suportar a escravidão na Marinha brasileira [...] rompemos o negro véu que nos cobria aos olhos do patriótico e enganado povo. Achando-se todos os navios em nosso poder, tendo a seu bordo prisioneiros todos os oficiais [...] mandamos esta honrada mensagem para que Vossa Excelência faça os marinheiros brasileiros possuirmos os direitos sagrados que as leis da República nos facilitam [...].[202]

Hermes da Fonseca cedeu na proibição às chibatadas e prometeu anistiar os revoltosos que se entregassem de bom grado. No entanto, publicou novo decreto, autorizando a expulsão por desmando de marinheiros insubordinados à hierarquia militar. A resposta veio com uma segunda rebelião, à qual seguiu árdua repressão e consequente instauração de estado de sítio. Como os insurretos da vacina, todos considerados "vagabundos", os presos foram despachados para os seringais amazônicos. Alguns deles terminariam executados a caminho. João Cândido, por sua parte, logrou sobreviver a uma cela de isolamento, sem ventilação qualquer, na qual as autoridades despejaram cal viva. Terminaria recluso num hospital psiquiátrico, após sofrer constantes alucinações oriundas do dramático episódio.[203]

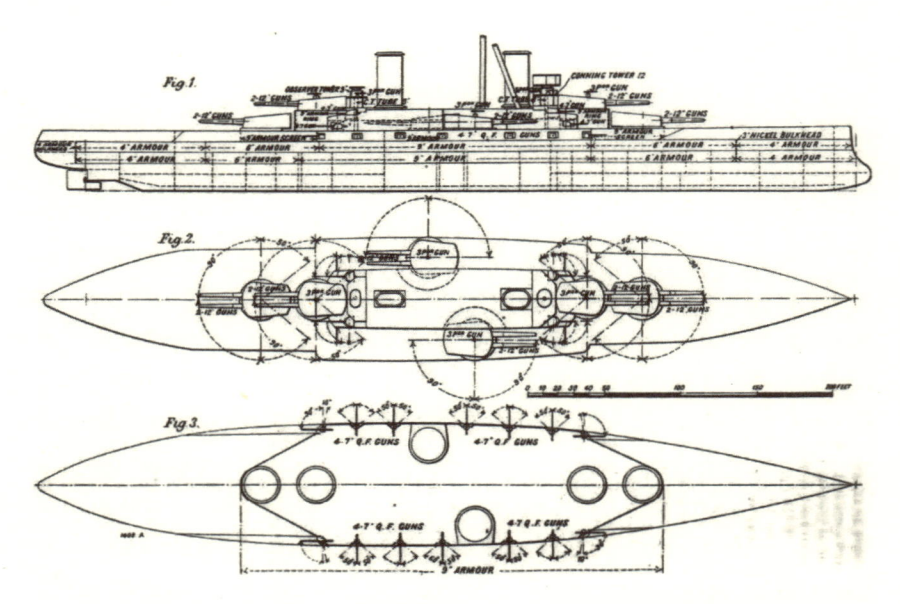

O *Minas Gerais* foi um encouraçado brasileiro do tipo *dreadnought*, à época, o que havia de mais eficiente em matéria de operações navais. Foi capturado pelas forças de João Cândido Felisberto, causando pavor ao Rio de Janeiro. Anos mais tarde, o *Minas Gerais* teria de enfrentar as tropas rebeldes do tenentismo, que lograram tomar a embarcação-irmã, o *São Paulo*. Eterno palco da política brasileira, seria no *Minas Gerais* que Getúlio Vargas pronunciaria em 1940 um célebre discurso de claros flertes com os ideais nazifascistas.
The Brazilian battleship Minas Gerais. *Journal of the United States Artillery*, n. 2, 1910.

Pouco depois, nos arredores de Taquaruçu, região disputada pelos estados de Paraná e Santa Catarina, irrompeu uma sedição que os jovens turcos vinculariam a um persistente fanatismo advindo de Canudos. Sob os comandos do monge José Maria de Santo Agostinho, como ficara conhecido um desertor condenado por estupro, formou-se uma comunidade de pequenos posseiros que resistia às desapropriações entabuladas com autorização federal pela Brazil Railway Company, cujo escopo era conectar o Rio Grande do Sul a São Paulo. À margem do assim considerado progresso republicano, a vida comunitária de forte apelo religioso materializou-se em aspectos semelhantes aos de Canudos: tudo pertencia a todos, apenas o escambo era permitido, a virgindade era louvada e a morte não passava de um estágio para a reencarnação. O monge chegou a nomear um governo independente, com um imperador e uma guarda de honra intitulada os *Doze Pares da França*, em homenagem a Carlos Magno.

Hermes da Fonseca não tardou em deslocar tropas federais para conter a comunidade teocrática do monge José Maria. Antevendo o pior, o carente séquito acompanhou seu líder no deslocamento a Irani, localidade sob jurisdição do Paraná, porém com pendências lindeiras em relação a Santa Catarina. O governo paranaense compreendeu o movimento como uma invasão catarinense e respondeu com o fogo das espingardas. Era outubro de 1912, e começava a Guerra do Contestado com a morte do próprio monge. Um ano depois, uma jovem fiel aos preceitos de José Maria relatou supostas ordens do além para seguir o confronto. A estratégia era permanecer na região do Contestado, de forma a opor paranaenses e catarinenses, e travar uma guerra santa articulada com técnicas de guerrilha. Para desespero dos insurretos, ações conjuntas de Santa Catarina, do Paraná e da União dizimaram os redutos resistentes, apenas progressivamente encerrando um conflito que deixou em 1916 em torno de 10 mil mortos.[204]

A alguns tantos quilômetros dali, no sertão do Cariri, um novo embate ratificou a constância de movimentos rurais forjados na combinação entre carência social e apelo religioso — tudo que a influência positivista dos jovens turcos rechaçava em seu projeto de República. Ainda em 1889, sangrara uma hóstia ministrada pelo padre Cícero a uma fiel, e o suposto milagre espalhou-se em Juazeiro com a força dos que resistiam ao desencantamento do mundo promovido pela laicização do Estado. A expressão político-religiosa que imediatamente ganhou o padre Cícero desagradou a Igreja Católica, em incessante confronto com as práticas sincréticas. O líder religioso terminaria excomungado em 1916, mas até lá, sem nunca romper com a Igreja Católica, Cícero amealhou imenso poder de mobilização popular.

Sob as súplicas do padre, Juazeiro transformou-se num local de peregrinação, onde instalou-se todo tipo de fiéis, algumas vezes cultivando algodão e mandioca. Eram pequenos comerciantes ou proprietários, mas sobremodo cangaceiros, desabrigados urbanos e posseiros expulsos. Com tamanho crescimento demográfico, a localidade reivindicou sua autonomia ante o município do Crato, o que resultou em cisões entre as bases coronelistas da região. Floro Bartolomeu, em aliança com o padre Cícero, logrou erguer Juazeiro à condição de sede municipal, prometendo lealdade à mais oligárquica família cearense, a dos Acióli, que perdia expressão em Fortaleza em decorrência de sucessivas manifestações em prol da renovação política do Ceará.

Em meados de 1912, Franco Rabelo elegeu-se presidente do estado em oposição aos Acióli e seus aliados, buscando sufocá-los com o pretexto de combater o banditismo dos cangaceiros e os fanáticos do padre Cícero. Àquela altura, Bartolomeu já estava no Rio de Janeiro, com a benção do padre, para conclamar pela intervenção contra Rabelo: um cenário favorável ao governo federal, ao fim e ao cabo, porque a duplicata administrativa dava motivo para uma intervenção que redundaria na nomeação de um militar para a presidência do Ceará. No ano seguinte, a sedição foi deflagrada com a invasão a Juazeiro pelas tropas de Rabelo. A Nova Jerusalém, como fora batizada, somente seria recuperada no início de 1914, quando as forças federais marcharam sobre Fortaleza, declararam estado de sítio e designaram o general Setembrino de Carvalho interventor no estado.[205]

O caso cearense foi particularmente grave para o governo de Hermes da Fonseca. Provocou uma cisão no seio das Forças Armadas potencialmente tão virulenta quanto aquela dos anos de Deodoro e Floriano. Os militares contrários ao que terminara sendo, estranhamente, um desfecho cearense favorável ao padre Cícero, porque Rabelo fora deposto, conclamaram pela substituição da doutrina do soldado-cidadão pela do soldado-profissional, o que significava manter a tropa despolitizada e, portanto, sempre dentro dos limites da caserna. Prova de que o amparo à intervenção militar foi tão plástico quanto o apoio ao Catete, entre os que agora condenavam o salvacionismo figuravam redatores de *A Defesa Nacional*. Mas não só. Ainda em fevereiro de 1914, o marechal Osório de Paiva parabenizou Rabelo pela resistência ao governo federal, e 28 oficiais da guarnição do Ceará imediatamente telegrafaram ao Clube Militar, no Rio de Janeiro, para auscultar a posição oficial das Forças Armadas sobre a reabilitação de Rabelo.

Quando 2/3 do Clube mostraram-se favoráveis ao político cearense, o 9º regimento militar do Rio de Janeiro os censurou, e Hermes da Fonseca compreendeu que eventualmente estaria à beira de um novo conflito civil. No Senado, Rui Barbosa cedia a palavra apenas àqueles que, com ele, condenavam o Catete, e começaram também a agitar-se as ruas de São Paulo em benefício do político baiano. Nessas condições, o presidente decretou novamente o estado de sítio e ordenou a prisão de parlamentares, dos 28 oficiais cearenses e de generais considerados rebeldes, incluído Mena Barreto, seu antigo ministro da Guerra.

Tornando tudo o mais áspero, pelo menos para o Catete, o país enfrentou severas restrições econômicas especialmente a partir de 1912. Devido à queda das exportações de borracha e à contração do preço do café, caiu o ingresso de divisas, o que restringiu as emissões da Caixa de Conversão. A decorrente contração do meio circulante impactou negativamente o crescimento econômico, num clima, ainda, de notáveis dificuldades orçamentárias. Não apenas as políticas salvacionistas pressionaram o Tesouro, mas sobretudo a retomada, agora com o câmbio depreciado, do pagamento da dívida externa: haviam transcorrido os 13 anos de carência que previa o primeiro *Funding Loan*, de 1898. O próprio Pará, cuja economia fundamentava-se na extração do látex, suspendeu seus pagamentos externos, sinalizando a possibilidade de contágio iminente em outros entes federativos.[206]

Para piorar o cenário, combinou-se uma greve rural em São Paulo à edição, nos Estados Unidos, de medidas jurisdicionais antitruste. Ainda em 1912, os colonos italianos em Ribeirão Preto alcançaram algum êxito com uma série de mobilizações que resultaram em aumento salarial. De fato, a facilidade para captar mão de obra — em que pesem decretos, como o Prinetti, que proibiam a emigração para o Brasil — traduzia-se em constantes abusos dos fazendeiros, que tiveram de ceder, não à toa, quando às vésperas da colheita os colonos simplesmente se negaram a sair de casa. No ano seguinte, em 1913, cerca de 10 mil camponeses das fazendas de Ribeirão Preto tentaram a mesma estratégica, porém desta vez foram severamente reprimidos por Francisco Schmidt, o denominado rei do café, e tantos outros latifundiários que chegaram a despedir sumariamente centenas de colonos.[207]

Paralelamente, embora o Brasil fosse o único país latino-americano a possuir um convênio de redução tarifária com os Estados Unidos, que perdurou de 1904 a 1922, um subterfúgio executado em 1911 para manter a alta dos preços do café provocou a intervenção repentina do procurador distrital de Nova York. A operação derivava de um empréstimo contraído pelo governo de São Paulo mediante a imediata entrega de 7 milhões de sacas de café. O controle das vendas ficou a cargo do Comitê de Valorização, no qual havia apenas um representante do governo brasileiro. O órgão, que distribuía o café nos Estados Unidos, passou deliberadamente a restringir a oferta do produto, de maneira a impulsionar seu preço. Quando a justiça estadunidense forçou a venda dos estoques, Domício da Gama, embaixa-

Guilherme Gaensly, Imigrantes posando no pátio central da Hospedaria dos Imigrantes, c. 1900. Fundação Patrimônio da Energia de São Paulo.

dor em Washington, intercedeu, obtendo finalmente a leniência do Departamento de Justiça dos Estados Unidos. A própria Casa Branca, já em polvorosa com os efeitos da Revolução Mexicana, preferiu atender à cordialidade reafirmada pelo Itamaraty quando da visita oficial de Lauro Müller, sucessor do barão do Rio Branco.[208]

O preço do café, não obstante, manteve a tendência declinante, e o PRP, tudo somado, aprofundou as articulações com o PRM, ratificadas desde 1913 pelo Pacto de Ouro Fino, para a substituição de Hermes da Fonseca. Devido ao falecimento de Campos Salles, aventado como o principal nome para aquela hora, Rodrigues Alves e Bias Fortes terminaram optando por Venceslau Brás, que obteve mais de 90% dos votos nas eleições de 1914. Retumbante, a vitória pareceu ampliada logo em seguida com o assassinato de Pinheiro Machado. Após uma série de manobras para impor a recondução de Hermes da Fonseca agora como senador pelo Rio Grande do Sul, o condestável da República foi apunhalado no Rio de Janeiro e, com ele, também desapareceu o PRC.

A PRIMEIRA GUERRA MUNDIAL E A REEMERGÊNCIA DO PROJETO INDUSTRIAL

Embora a normalidade oligárquica parecesse reestabelecida, a posse de Venceslau Brás não se realizou sob bons auspícios. Em agosto de 1914, o governo federal, à beira do calote, contraiu um novo empréstimo internacional de consolidação. O segundo *Funding Loan* levantou 15 milhões de libras, com carência de 13 para as amortizações, da mesma forma que o primeiro, e outros três para o serviço da dívida. No entanto, agora a totalidade das alfândegas do Brasil serviria como garantia de pagamento. Dias antes, a deflagração da Primeira Guerra Mundial forçou o abandono do padrão-ouro em escala internacional, visto que o fluxo global de capitais arrefeceu sobremaneira. No Brasil, a conversibilidade às taxas da Caixa de Conversão foi também suspensa, uma vez que cessaram os investimentos estrangeiros diretos e decaíram as exportações de café tanto nas *potências centrais*, lideradas pelas Alemanha e pela Áustria-Hungria, quanto na *tríplice entente*, aglutinada em torno da França e da Grã-Bretanha.

Nesse contexto, a Caixa de Conversão quebrou, e a dependência em relação aos Estados Unidos tendeu a agigantar-se, porque lá pairavam as esperanças quanto à manutenção dos fluxos de exportação cafeeira. Havia sido esse todo o escopo da visita oficial de Lauro Müller, que encontrou na presidência de Woodrow Wilson a cumplicidade que, apesar dos sobressaltos, caracterizara as relações entre o Brasil e os Estados Unidos desde o término do século XIX. Em meados de 1914, o bom trânsito diplomático seria novamente ratificado pela disposição brasileira em representar os interesses estadunidenses durante a crise política que sucedeu à Revolução Mexicana.

Após um golpe com ares de legalidade, o presidente José Victoriano Huerta entrou em conflito com as forças oposicionistas do então já assassinado Francisco Madero, que contavam com o suporte de José Venustiano Carranza, chefe do Exército constitucionalista. Sob o pretexto da injusta prisão de marinheiros bêbados, que em verdade serviu para tolher o descarregamento de armas destinadas a Huerta, Wilson ordenou a ocupação do porto mexicano de Veracruz e rompeu as já inexistentes relações com o México. Quanto ao Brasil, embora o Itamaraty não reconhecesse o governo de Huerta, a legação diplomática foi resguardada e tornou-se a principal sede para a vociferação dos interesses estadunidenses, agora favoráveis a Carranza. Foi esse o esteio para o subsequente relançamento, agora com maior êxito, do projeto ABC antes vislumbrado pelo barão do Rio Branco. As negociações de Niágara Falls, que asseguraram a paz entre os Estados Unidos e o México, foram mediadas pela Argentina, pelo Brasil e pelo Chile, o que, pouco depois, derivou na assinatura de um tratado para facilitar a solução pacífica de controvérsias internacionais. Tratava-se do Pacto ABC, cujo objetivo era garantir a paz na América do Sul sem constituir, no entanto, qualquer ascendência sobre os vizinhos e sem conferir ao pacto, pelo menos explicitamente, a imagem de uma tríade de resistência a eventuais impulsos expansionistas, inclusive estadunidenses. Embora promissor, o pacto terminaria soterrado pela não ratificação da própria Argentina em 1916, incomodada com as desconfianças que geraria notadamente no Peru, na Bolívia, no Paraguai e no Uruguai.[209]

A fidelidade do Brasil aos Estados Unidos permaneceu intacta também no decurso da Primeira Guerra Mundial. Acometidas pelo bloqueio naval alemão, a Grã-Bretanha e a França instigaram a ruptura das relações comerciais do Brasil com as *potências centrais*, o que Lauro Müller refutou, espelhando-se na neutralidade conclamada por Woodrow Wilson. A Casa Branca mudaria de posição apenas em janeiro de 1917, quando interceptou um muito suspeito telegrama enviado por Arthur Zimmermann, então à frente das Relações Exteriores da Alemanha, a seu embaixador no México. No documento, os alemães ofereciam aos mexicanos generoso suporte financeiro e a reconquista do Novo México, do Texas e do Arizona em troca de uma ação conjunta contra os Estados Unidos, caso Washington rompesse com Berlim.

A resposta de Wilson foi implacável. Suspendeu relações diplomáticas com as *potências centrais* e instou o Brasil a fazer igual. Embora fosse americanista, ou justamente por causa disso, Müller não cedeu, compreendendo a guerra como um assunto essencialmente europeu. Foi o que motivou Rui Barbosa a acusar o Itamaraty de germanofilia. Ele, que fora antes enfático quanto ao dever pró-*entente* dos neutros, estrategicamente procurou associar o sobrenome do chanceler a uma inexata vinculação com a Alemanha. A neutralidade por fim tornou-se insustentável, assim como o ministério de Müller, quando o navio mercante *Paraná* foi torpedeado em águas vizinhas ao litoral francês. O Catete rompeu então relações diplomáticas com a Alemanha, que respondeu bombardeando o *Tijuca* e o *Lapa*. Quando Venceslau Brás empossou Nilo Peçanha no Itamaraty, em maio de 1917, a opinião pública nacional já era francamente favorável à declaração de guerra, o que ocorreu em outubro paralelamente à apreensão de navios mercantes alemães na costa brasileira. Àquela altura, o Executivo já estava autorizado a declarar estado de sítio e a arrestar propriedades inimigas em solo nacional.

Único país sul-americano a participar do conflito, o Brasil apostou no envio de tropas, ainda que muito restritas, com o objetivo posteriormente alcançado de participar na reconfiguração do sistema internacional. Rumaram aviadores à Grã-Bretanha, além de uma missão médica à França. A mais expressiva foi a Divisão Naval em Operações de Guerra, que somou 1.500 combatentes e não chegou a tomar parte das hostilidades, a não ser pela famigerada *batalha das toninhas*, uma troça jornalística para difamar os militares brasileiros que teriam confundido o periscópio dos submarinos alemães com um gentil bando de golfinhos.

O País, 27 out. 1917. Fundação Biblioteca Nacional.

Menos alegóricos foram os logros diplomáticos do Brasil, aquilatados, como previa Rui Barbosa, na conferência de paz que ocorreu em Versalhes. Sob a chefia de Epitácio Pessoa, a delegação brasileira obteve dos aliados a redação dos artigos 263 e 297 do Tratado de Paz, que versavam, respectivamente, sobre as reparações financeiras que a Alemanha deveria oferecer ao Brasil em decorrência do café paulista retido em Berlim e sobre a posse dos navios definitivamente confiscados pelo Rio de Janeiro. Melhor, a primeira reunião da Liga das Nações, criada em 1919 como ente internacional para a manutenção da paz, contou com a participação da diplomacia brasileira, que obteve dos países vencedores a condição de membro temporário do Conselho da Liga.

Inicialmente com quatro membros permanentes — a Grã-Bretanha, a França, a Itália e o Japão —, o Conselho era o poder executivo da Liga, embora não tivesse capacidade coercitiva qualquer. Também o compunham outros quatro membros temporários, por mandatos de três anos, e a vaga brasileira foi resultado da insistência dos Estados Unidos, que, devido à obstinação do Senado em resguardar um relativo e securitário isolacionismo, encontraram no Brasil o representante natural do hemisfério americano. Ou pelo menos foi essa a interpretação de Gastão da Cunha, primeiro representante do Brasil na Liga das Nações, que forjou a tese do assim denominado mandato implícito para pleitear um assento permanente no Conselho. Reeleito com as mais expressivas votações para a cadeira temporária, o Itamaraty de Félix Pacheco, já na presidência de Arthur Bernardes, seria em tudo histriônico, a ponto de vetar o ingresso da Alemanha como membro permanente do Conselho, no intuito de obter a sonhada cadeira. O Brasil perdeu a eleição seguinte para os assentos temporários e, presunçoso, retirou-se então da Liga das Nações.[210]

Por sua parte, se as exportações brasileiras sofreram com a interrupção das aquisições cafeeiras na Europa, a indústria tendeu a beneficiar-se do conflito global, porém não porque tenha suprido o mercado internacional. Abasteceu sobretudo o nacional, desamparado pelo empenho europeu na fabricação de equipamento militar. Coincidentemente, as altas barreiras alfandegárias, que na prática poderiam alcançar 250% *ad valorem* para os têxteis, e o abandono do padrão-ouro, devido à quebra da Caixa de Conversão, apenas ampliaram a industrialização por substituição de importações, já que o preço relativo das manufaturas estrangeiras tendeu à alta. Como se fosse pouco num cenário de interrupção global do fluxo de capitais, Venceslau Brás, que era presidente da Companhia Industrial Sul Mineira, autorizou a expansão das emissões do Tesouro com vistas a estimular o crédito de curto prazo e de finalidades, ainda que timidamente, também industriais via o Banco do Brasil, que lentamente voltaria a ganhar a aura que tivera no passado.

Era ela uma reivindicação toda especial do setor cafeeiro, que reforçou justamente naquela época sua tendência à diversificação dos investimentos, notadamente na indústria, como forma de preservar-se de más safras, de baixos preços ou simplesmente de amparar o próprio setor agrícola. Uma vez por ano, quando começava a colheita, o sistema bancário nacional sofria uma crise de liquidez. A moeda era drenada dos centros financeiros para o pagamento aos trabalhadores rurais não só de São Paulo, que, em razão das exíguas redes bancárias estaduais, preferiam cédulas a depósitos bancários. O mundo urbano ressentia diretamente os efeitos do escoamento monetário, porque os bancos, de forma a preservar a proporção entre o caixa e os saques, restringiam seus empréstimos. A sazonalidade do crédito foi então pelo menos parcialmente superada com a política monetária de Venceslau Brás, que assegurou, também, o desenvolvimento regional da rede bancária do Banco do Brasil.[211]

Os resultados foram muito laudatórios para a indústria, embora a economia brasileira permanecesse, na proporção de 2/3, largamente agrícola. Graças à capacidade ociosa das fábricas, oriunda das importações de bens de capital no pré-guerra, houve notória expansão da produção e do consumo. O número de fusos em operação no setor têxtil saltou de 700 mil para mais de 1,5 milhão; o consumo de cimento, de 50 mil toneladas para mais de 400 mil; e a de aço, de 95 mil toneladas para mais de 500 mil. O estado de São Paulo foi particularmente beneficiado durante o processo, perfazendo um ritmo anterior já acelerado de crescimento industrial, a taxas de quase 10% anuais, e consolidando a diversificação da malha produtiva nacional. Não apenas se desdobraram as indústrias do calçado, dos fósforos, da cerveja, dos sabonetes e dos perfumes, mas igualmente a frigorífica, a madeireira e a metalúrgica, neste caso, aperfeiçoada com criação da Companhia Siderúrgica Mineira para produzir ferro em Sabará, a poucos quilômetros de Belo Horizonte.[212]

À maneira do que ocorrera no tempo de Rio Branco, o café continuou a tracionar, no de Campos Salles, os transportes e as manufaturas, tanto quanto o setor energético e o de serviços. Não obstante, três diferenças separaram as épocas e definiram a improbabilidade de o Rio de Janeiro, com a maior produção industrial até o início do século XX, rivalizar posteriormente com São Paulo. Na era do visconde, eram 200 mil toneladas anuais de café exportadas pela capital; quando Afonso Pena despediu-se do Catete, eram mais de 600 mil, porém pelo porto de Santos. A despeito das oscilações no preço in-

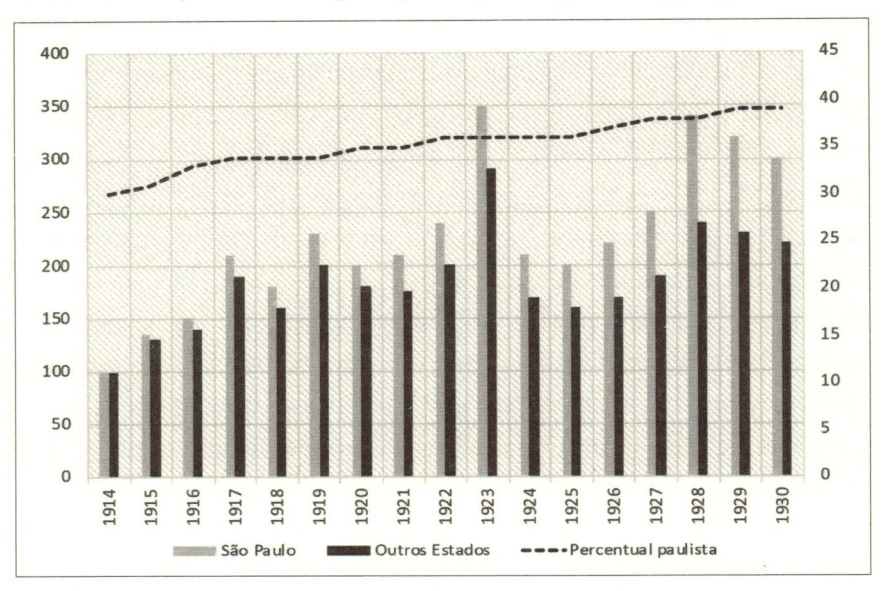

Gráfico 6. Evolução do valor da produção industrial e percentual paulista (1914 = 100)

Fontes: Luna e Klein (2014); IBGE, Anuário Estatístico do Brasil (1939-1940).

ternacional do café e da inflação interna, o salto produtivo significou forçosamente mais braços para plantar, processar ou transportar o café. Ou mais bocas para alimentar e mais pés para calçar. Mais energia e mais infraestrutura de transporte também, assim como mais crédito, formal ou informal, doméstico ou estrangeiro: superlativo, ao término da década de 1910 o estado de São Paulo concentraria mais de 40% da produção elétrica nacional.

A primeira diferença, portanto, concerniu ao tamanho do mercado. Até o início do governo de Getúlio Vargas, São Paulo captou mais de 50% de todos os estrangeiros que ingressaram no Brasil e hospedou, bem ou mal, em torno de 800 mil brasileiros oriundos de outros estados. Não sem razão, a população paulista cresceu praticamente cinco vezes entre 1890 e 1930 e atingiu a marca de 6,5 milhões de habitantes. Era o maior mercado consumidor do país, muito à frente do estado e da cidade do Rio de Janeiro, que, juntos, alcançavam apenas a metade da altura paulista. Tamanha perda de espaço na produção industrial do país refletiu-se na baixa capacidade fluminense e carioca de implantar novas fábricas: quando findou a Primeira Guerra Mundial — um tempo de largas oportunidades para a manufatura brasileira —, em torno de 50% do capital industrial do Rio de Janeiro ainda era de empresas estabelecidas antes de 1890.[213]

À época da Coroa, quando não havia reais discrepâncias populacionais entre as províncias do Rio de Janeiro e de São Paulo, os fazendeiros fluminenses não concorreram a um mercado reputado pequeno e quase exclusivo da indústria estrangeira. A segunda diferença concerniu à preferência do grande capital produtivo fluminense pelas altas finanças, e assim nenhum Matarazzo foi redentor das fábricas no Rio de Janeiro. O vínculo entre o cafezal e os bancos constituiu-se também em São Paulo, porém com largas expressões nas indústrias têxtil e alimentícia, as principais do país, que não deixaram de estimular, mesmo se excepcionalmente, personalidades sequer oriundas do mundo cafeeiro. Como outros de igual descendência, Francesco Matarazzo chegou a São Paulo no final do século XIX sem muito mais do que uma mala e uma cuia. Como perdera no desembarque a banha de porco que negociaria no Brasil, tornou-se mascate em Sorocaba. Com os pequenos lucros, passou a importar, redimido, banha de porco e depois farinha de trigo. Já na capital paulista, ergueu um moinho com crédito britânico, e ninguém mais o refreou: para ensacar o trigo, montou uma fábrica de tecelagem, na qual empregou seus concidadãos, que vestia, e para os quais, assumindo bancos, transferiria recursos à Itália. Em pouco tempo, recomeçaria o ciclo, porém com mais estofo, porque as importações de trigo argentino seriam agora realizadas com sua própria frota.[214]

Relacionada ao tamanho do mercado e às decorrentes preferências de investimento, a terceira diferença entre o tempo do assim chamado conde Matarazzo em relação ao do visconde de Mauá foi, mesmo se muito acanhada, a redistribuição de renda. Curiosamente, era uma das principais reivindicações de Mauá. A indústria paulista da era republicana não teve de lidar com a escravidão imperial, que empatava num indivíduo, apesar dos efeitos multiplicadores sobre o crédito, aquilo que na República se tornou salário e consumo. Em outras palavras, quando o saldo congelado numa propriedade foi transferido ao assalariado — parcialmente, pois o custo das diárias, à época do Império, era menor do que a manutenção do escravo, aí incluídos sobretudo os juros de aquisição —, alienou-se a responsabilidade pela moradia e, naturalmente, pela alimentação e pelo vestuário. O consumo derivado, mais diversificado, expressou efetivamente uma redistribuição de renda, porém na margem tacanha da história do país, visto que os magnatas notadamente em São Paulo foram lideranças à moda de Matarazzo nos novos mercados. Correndo definitivamente atrás da paulista a partir da década de 1910, a indústria carioca apresentava, ainda, a maior taxa média salarial do Brasil, fruto da precariedade da indústria alimentar fluminense e, portanto, do alto custo dos mantimentos. Vivendo dos serviços e de seu mercado para sua indústria, majestosa, a capital encerraria o primeiro ato republicano, em 1930, numa franca dependência do setor público.[215]

São Paulo, de outra maneira, investiu progressivamente nos mercados das demais regiões, competindo, portanto, com os bolsões industriais de Pernambuco e do Rio Grande do Sul, isto é, com as serrarias, o curtume, a moagem e, evidentemente, os tecidos. Mas não só. A construção do frigorífico de Barretos, uma obra dos Prado, adensou a captação de gado mineiro, mato-grossense e goiano, num volume de produção que rapidamente superou a demanda nacional: ao longo da Primeira Guerra, as vendas da *commodity* para a Europa foram multiplicadas por três. Fato talvez mais singular, porque a indústria nacional era impulsionada pelas culturas de exportação, foi a Amazônia não ter desenvolvido um significativo complexo industrial, quando a região deteve, de maneira eloquente na década de 1900, o monopólio mundial da produção de borracha. Mais intrincadamente do que a competição do Sudeste asiático na década seguinte, o influxo migratório na região amazônica, que equivaleu a apenas 30% do percebido em São Paulo entre 1880 e 1920, não redundou na abertura de clarões agrícolas ou pecuários. O Amazonas, centro da produção gomífera desde o término da década de 1880, importava os gêneros alimentícios, assim como os têxteis, de outros estados. Lá, no Amazonas, a industrialização foi igualmente tolhida pelos rios, que defenderam então a floresta. O sistema fluvial fez as vezes do ferroviário, abrindo espaço industrial apenas para as oficinas de restauro naval ou para os portos, onde vibrava timidamente a indústria madeireira. Transportando seringueiros mata adentro, os rios pareceram ao fim torná-los menos consumidores do que novos negros da terra.[216]

No fim das contas, a Primeira Guerra ampliou as desigualdades regionais no Brasil, com consequências na ordem política dos estados, na medida em que, nomeadamente em São Paulo, o investimento fabril rapidamente se revelaria uma cisão partidária entre o capital agrícola e o industrial. A criação em 1928 do Centro das Indústrias do Estado de São Paulo seria uma primeira prova. Até lá, Venceslau Brás não mediu esforços para recompor um orçamento em desajuste, devido à queda, durante o conflito mundial, dos tributos recolhidos na alfândega. Também como reflexo da Primeira Guerra Mundial, a União promoveu uma recomposição da política tributária que tendeu a pesar nos estratos populares e médios, especialmente devido aos acréscimos nas taxações sobre o consumo, porém também por meio do que seria o prelúdio de um mais efetivo imposto de renda. Como as novas emissões de moeda tenderam ao crescimento industrial inflacionário, num contexto em que os salários urbanos, roídos por impostos, não asseguravam senão uma penosa condição material, uma série de greves estourou, não sem razão, com epicentro em São Paulo.

Ápice do movimento operário, deflagrada no exato ano da Revolução Russa, a greve geral de 1917 foi tão somente o ponto de saturação num caldeirão buliçoso desde o início do século XX. A nova *revolta da cidadania*, tanto quanto nos motins da vacina, da chibata, do Contestado ou do sertão do Cariri, expressou-se nas mais

Gráfico 7. Participação percentual dos impostos sobre a importação, o consumo e a renda no total da receita da União, 1900-30

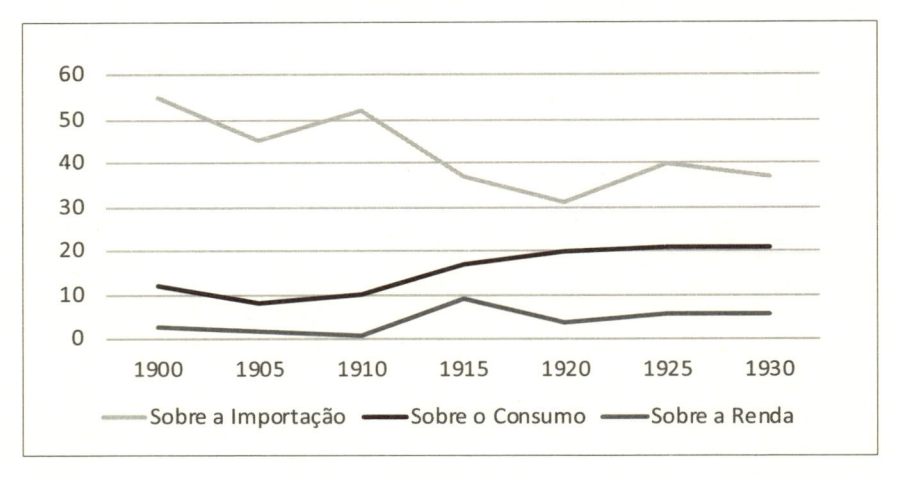

Fonte: Grandi e Saes (2020).

de 100 greves que se acumularam nos núcleos fabris de todo o país entre 1900 e 1910. Na década seguinte, até 1917, foram 258, em todos os setores produtivos. Com preponderância carioca e paulistana, constituíram-se 99 uniões operárias, sem mencionar as cooperativas, as ligas e os clubes. Quando o país se preparava para receber a III Conferência Pan-Americana, ocorreu o Primeiro Congresso Operário, também no Rio de Janeiro. Os operários falaram alto, para que todos os ouvissem do outro lado da avenida Central, no Palácio Monroe. A agenda de reivindicações girou em torno da redução da jornada laboral. Oito horas, no máximo, e os patrões deveriam abolir o trabalho por empreitada, porque enfraquecia a classe. Votou-se contra a formação de um partido político, o que era inegociável para a tendência majoritária anarcossindicalista, e preferiu-se, portanto, uma agremiação operária nos moldes da Confederação Geral do Trabalho, na França. Num momento de renovação das tensões com a Argentina, os operários bradaram também contra o militarismo, para o que deveriam lançar campanhas populares pelo não alistamento militar.

O governo reagiu não apenas reprimindo as greves. Em 1912, no mesmíssimo Palácio Monroe, Hermes da Fonseca encomendou a seu filho a organização daquilo que ficaria pejorativamente conhecido como o Congresso Pelego do Rio de Janeiro: nada outro do que uma tentativa de o Catete cooptar as principais lideranças sindicais por meio de uma agenda típica do trabalhismo. A lógica era simples: oferecer alguns direitos operários, que via de regra ficavam nos limites da conversa, para assegurar a burocratização dos sindicatos e conter os riscos à ordem patronal. Misto de promessa e ameaça, porque boa parte dos operários cariocas estava vinculada aos serviços públicos, a proposta buscava também soerguer a imagem dos militares, tão fustigada no Primeiro Congresso: no apagar das luzes do Congresso de 1912, sugeriu-se que os operários votassem sempre na farda, e depositaram-se flores, como ato final, nos túmulos de Deodoro da Fonseca, Benjamin Constant e Floriano Peixoto.[217]

Altivo, o movimento operário — e especialmente a fração anarcossindicalista — respondeu ao Catete com a convocação do Segundo Congresso Operário, em 1913. Apresentaram-se as delegações de Alagoas, do Amazonas, do Pará, de Minas Gerais, do Rio Grande do Sul e, sobremaneira, do Rio de Janeiro e de São Paulo. Além das reivindicações anteriores, renovadas graças a lideranças que negaram a cooptação militar, os operários defenderam a instituição do salário mínimo e mostraram-se muito avessos às associações beneficentes. Pelos princípios libertários dos anarquistas, os socorros mútuos, nem de longe o embrião do sindicalismo, apenas transfeririam os deveres patronais aos operários. Coincidindo com a tese de Eric Hobsbawm, justamente quando a indústria mais prosperou, a mobilização operária realizou sua maior paralisação. Arma decisiva dos anarcossindicalistas, a greve geral começou ainda em junho de 1917, quando um grupo de operários do Cotonifício Crespi pediu a supressão da contribuição pró-pátria: uma campanha instituída pelos patrões italianos para financiar o esforço de guerra na Itália por meio de descontos salariais no Brasil.

Em apenas alguns dias, a greve estourou na Companhia Antártica, na Mooca e, no dia 9 de julho, alcançou a Tecelagem Mariângela do todo-poderoso Matarazzo. A prefeitura de ninguém menos do que o futuro presidente Washington Luís despachou a cavalaria, o que resultou na morte de Francisco José Martinez, um sapateiro espanhol de 21 anos. Três dias depois, eram quase 70 mil trabalhadores parados, e o cenário, de guerra. Pelas ruas circulavam apenas comboios militares, requisitados pelo patronato fabril. Evidentemente, nos bairros populares do Brás, da Mooca e da Barra Funda, os tiroteios foram recorrentes entre as forças da ordem e os anarcossindicalistas encastelados nas barricadas ou nos telhados, de onde atiravam inclusive óleo quente. "Guerra aos produtos Matarazzo", ouvia-se em um ou outro armazém, saqueado. Na noite do 11 de julho, o Comitê de Defesa Proletária, liderado por Edgard Leuenroth, Francesco Cianci e Gigi Damiani, entre outros, arrolou uma série de condições para interromper a greve. Queriam a liberdade dos detidos pela cavalaria do prefeito, mas sobretudo que ninguém fosse demitido, que o trabalho infantil fosse proibido, que os salários fossem majorados, que as jornadas fossem reduzidas e que as mulheres fossem preservadas das atividades noturnas — uma reivindicação que, de alguma forma, ecoava a luta de Leolinda de Figueiredo Daltro e de Bertha Lutz pelo voto das mulheres e pela institucionalização de um Partido Republicano Feminino.[218]

Enquanto apenas arrefeciam as tensões em São Paulo, os sindicatos de operários gaúchos ergueram-se contra situações salariais igualmente degradantes. Inicialmente confabulada pelos ferroviários, a greve estendeu-se para a pequena indústria e os serviços, com ampla ação rebelde da Liga de Defesa Popular de Porto Alegre e do Comitê de Defesa Popular de Pelotas. Em meados de 1918, seria a vez do Rio de Janeiro conhecer uma insurreição anarquista, se não isso, pelo menos uma tentativa. José Oiticica, Astrogildo Pereira, João Pimenta

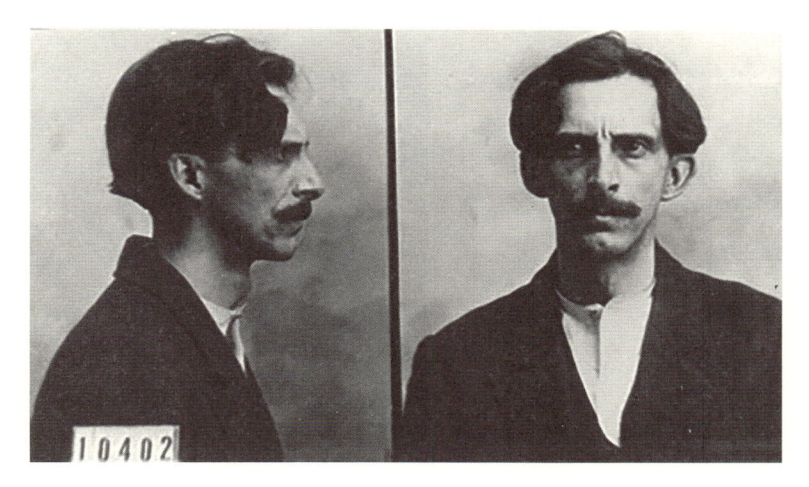

Descendente de alemães, Edgard Leuenroth nasceu em Mogi Mirim numa família de classe média. O falecimento de seu pai, no entanto, obrigaria a família a mudar-se para a cidade de São Paulo, especificamente para o bairro operário do Brás. Tipógrafo desde cedo, Leuenroth teve seus primeiros contatos com o anarquismo por via do Círculo Socialista de São Paulo. Atuaria incansavelmente pela causa operária, fundando centros e sindicatos, cujos resultados grevistas o tornariam constante alvo das forças policiais. Em 1917, terminaria condenado como um dos arquitetos da greve geral.
Fotografia da prisão de Edgard Leuenroth, em 1917.
Arquivo da Polícia do Estado de São Paulo.

e Agripino Nazaré mobilizaram tecelões e metalúrgicos no intuito — simples assim — de tomar o Catete, onde içariam uma bandeira vermelha após uma desejada — e tão somente isso — insurreição da soldadesca do Distrito Federal. O plano previa ainda o ataque à Intendência da Guerra, para capturar armas e munições, e os operários de Bangu deveriam tomar a fábrica de cartuchos no Realengo. Terminaram todos presos, assim como os gaúchos e os líderes paulistas, considerados mentores intelectuais da greve geral de 1917.

A marcha da repressão acelerou-se então pela via legislativa, porque, pela da força, o governo de São Paulo já havia deslocado dois navios de guerra até as docas de Santos. Retomaram-se as discussões sobre a ampliação do escopo da Lei Adolfo Gordo, cuja primeira versão, de 1907, ditava a expulsão dos estrangeiros envolvidos em greves operárias. Agora, regulamentou-se a proibição à entrada daqueles que trariam ideologias ditas subversivas ao Brasil, como evidentemente o anarcossindicalismo. Após a instituição do Terceiro Congresso Operário em 1920 — que teve como máxima "todo poder aos sindicatos", naturalmente emprestada dos soviéticos —, a repressão ganhou nova faceta. Produto do Terceiro Congresso, o Partido Comunista Brasileiro foi ilegalizado no mesmo de sua fundação, em 1922, e editou-se em seguida a Lei de Imprensa, que permitia o anonimato nos periódicos apenas para anúncios, editais e propagandas.

Não obstante, o poder público não pôde simplesmente ignorar as reivindicações dos grevistas de 1917. O próprio patronato havia formado uma comissão mediadora para interromper a greve, com êxito apenas quando os donos das fábricas concederam 20% de aumento salarial e a promessa de não demitirem os grevistas. Por sua parte, o governo do estado e a prefeitura de São Paulo concordaram em fiscalizar as condições de trabalho feminino e infantil, assim como libertar os operários detidos. Foi uma conquista imensa em sua parcialidade. Os patrões reconheciam a legitimidade do movimento operário, e não só eles, visto que as campanhas para as eleições presidenciais de 1919, sobremaneira a de Rui Barbosa, incorporaram o espírito do tempo. Redator em 1881 da Lei Saraiva, depois aliado do PRP, Rui Barbosa falava agora em democracia social. Recomendou o abandono do princípio de *laissez-faire* nas relações de produção e encantou assim as classes média e popular, especialmente no Distrito Federal, mas também na cidade de São Paulo. Obteve ao todo 1/3 nada desprezível dos votos.

Outra repercussão da greve geral foi a proposta para a edição do primeiro Código do Trabalho no Brasil. Maurício de Lacerda e Nicanor Nascimento, deputados costumeiramente submetidos a degolas eleitorais, pilotavam-na e eram ambiciosos. Propuseram que a jornada dos homens não superasse as oito horas e que a das mulheres fosse de seis. As grávidas teriam direito à licença antes e depois do parto, e creches seriam instaladas nas fábricas. Os menores não poderiam trabalhar senão a partir dos 14 anos, com salário que não deveria ser inferior a 2/3 do adulto. A União deveria criar o Conselho Nacional do Trabalho, no qual Getúlio Vargas se inspiraria mais tarde, para supervisionar as condições de trabalho e os salários, eventualmente, aplicando multas em caso de descumprimento da legislação trabalhista.

No Congresso, a Comissão de Constituição e Justiça reagiu, muito influenciada pelo *lobby* industrial, protelando indefinidamente as discussões com apelos à candura nacional que fizeram sorrir até mesmo os patrões. "Senhores", disse o deputado mineiro Augusto Lima, "não temos classes definidas [no Brasil]. [...] O brasileiro é naturalmente dócil e cordato; acaba tendo pelo proletário sentimentos paternais, adianta-lhe salários e deposita-[lhe] dinheiro nas caixas econômicas, independente de qualquer determinação contratual." Frustrados, Lacerda e Nascimento viram o projeto soçobrar, sobrando apenas a lei contra acidentes do trabalho e a de criação do Conselho Nacional de Trabalho, que permaneceu ao fim no papel, pois não havia real matéria para fiscalizar.[219]

A penosa condição operária teve outro desdobramento pouco auspicioso, agora pela via sanitária. Ainda no início de 1918, a Espanha começara a noticiar um surto epidemiológico nos Estados Unidos e nos *fronts* ocidentais. Os alemães chamavam-no *mal de flandres*, e os franceses, *mal alemão*, mas terminaria conhecido mundialmente como a gripe espanhola, em razão da neutralidade de Madri durante o conflito e a consequente maior liberdade de imprensa. A pandemia, que infectaria até 1920 em torno de 500 milhões de pessoas e entregaria à morte outras 40 milhões, mais do que a própria guerra, iniciou-se com uma primeira onda, aparentemente, detectada nos campos de treinamento militar do Kansas, nos Estados Unidos. De lá, alcançaria rapidamente a Europa, chegando ao Brasil em setembro de 1918.

Devastadora, a gripe espanhola entrou pelo porto do Recife, alastrando-se, no eixo norte, para São Luís, Natal e Maceió. Ao mesmo tempo, o vírus da influenza H1N1, como se descobriria mais tarde, alcançou o Rio de Janeiro e, acompanhando as ferrovias, chegou a São Paulo e Belo Horizonte. Em janeiro de 1919, o país já estava tomado pela pandemia. Mais preocupada com a convocação de novas eleições e a apresentação de novos candidatos, a União não formou qualquer política consistente para a saúde pública, inclusive porque entendia ser dever estadual o combate a surtos epidemiológicos. Não obstante, tampouco as Diretorias Estaduais de Saúde Pública foram alvissareiras nas medidas tomadas, a não ser pela tardia adoção do isolamento social. Entre os 200 mil brasileiros mortos em decorrência direta ou indireta da pandemia, alguns tantos intoxicados pelo consumo inconsequente de aspirina, os moradores das estalagens e dos cortiços foram os mais afetados, o que, de resto, perversamente consolidaria as políticas do bota-abaixo já entabuladas por Pereira Passos. No início da década de 1920, seria a vez Carlos Sampaio, prefeito do Rio de Janeiro, determinar a implosão do morro do Castelo e o aterro das margens da lagoa Rodrigo de Freitas, ambas localidades então povoadas pela população carente e consideradas os principais focos de insalubridade, na ocorrência, da capital.[220]

Até lá, as eleições de 1919 retiveram Rui Barbosa preso a suas derrotas, pois as oligarquias reinantes reuniram-se em torno de Epitácio Pessoa. Embora paraibano, o que poderia render bons resultados com as oligarquias nordestinas, Epitácio venceu pelo PRM com a anuência do PRP, cuja nova geração, liderada por Altino Arantes e Washington Luís, ainda não se firmara na política nacional. Eleito quando ainda representava o Brasil na Conferência de Versalhes, Epitácio encontraria, contudo, imediatos problemas econômicos.

É certo que a demanda internacional por café retomou ainda que brevemente o curso do pré-guerra, fruto da reabertura comercial e da reconstituição progressiva das economias europeias. O bom desempenho das exportações, seguido pelo das importações, aumentou a capacidade arrecadatória do governo, o que motivou o Catete a perfazer suas promessas eleitorais. Lançou-se um vasto programa de obras públicas, que, para além do embelezamento da capital, resultou na construção de açudes no nordeste de maneira a contornar as recorrentes secas e consequentes carestias.

Em meados de 1920, não obstante, o governo encontrou-se novamente na necessidade de retomar a defesa do café. Para contornar as já visíveis pressões inflacionárias do pós-guerra, a Europa adotou políticas de contração da demanda, o que levou, no Brasil, o estado de São Paulo a insistir na compra dos excedentes de café pela União. Epitácio Pessoa aquiesceu, e criou-se então a carteira de redesconto do Banco do Brasil que, para além de posteriormente descontar títulos da dívida pública, poderia emitir notas em troca de títulos comerciais relativos à compra de café por firma corretora instituída explicitamente para intervir no mercado. Endossados pelo Tesouro Nacional, os títulos então descontados pelo Banco do Brasil tornaram-se assim uma forma toda especial de financiamento doméstico do café, que poderia permanecer retido para melhor arbitrar seu preço.[221]

Promissora, a iniciativa encontrou rápidos limites quando a safra cafeeira de 1922 anunciou a espetacular produção de 11 milhões de sacas — algo próximo a 660 mil toneladas. Como de hábito nas políticas de valorização do café, a União levantou novo empréstimo externo, para o qual os estoques adquiridos via Banco do Brasil, por insistência de ortodoxos mineiros como Antônio Carlos de Andrada, foram dados como garantia de pagamento. Perdia-se assim a capacidade, adquirida com a carteira de redesconto do Banco do Brasil, de dispor nacionalmente dos estoques e de determinar o preço internacional do café. Uma coisa era certa, no entanto: o velho Banco do Brasil do visconde do Rio Branco e do barão de Cotegipe estava efetivamente de volta, e parecia largamente mais perrepista do que no passado.

Não apenas os industriais mais cindidos dos investimentos cafeeiros ressentiram-se do novo arranjo bancário, mas também os estados de segunda grandeza, que foram naquele momento muito loquazes na denúncia dos sucessivos planos de valorização do café. Pernambucos, baianos, fluminenses e gaúchos formaram a *Reação Republicana*, como ficou conhecida a candidatura de Nilo Peçanha, não à toa, uma figura de amplo apelo na cidade do Rio de Janeiro e, talvez, um precursor das lideranças populistas. Fustigava-se o assim chamado imperialismo paulista, vislumbrado na escolha de candidatos à presidência e, sobretudo, na influência sobre a formação das bancadas estaduais. Queriam, portanto, a reforma das práticas políticas, aí incluído o voto secreto, mas também a diversificação da malha produtiva nacional e, retoricamente, a integração do operário na efetiva cidadania: "O mundo não pode ser mais o domínio egoístico dos ricos", dizia Nilo Peçanha, "só teremos paz de verdade, e uma paz de justiça, quando em nossas propriedades [...] e em nossas consciências, sobretudo, forem tão legítimos os direitos do trabalho como os do capital."[222]

Do ponto de vista da caserna, o momento era oportuno demais para passar em branco. Hermes da Fonseca havia cogitado novamente a presidência, mas não teve chances perante a candidatura situacionista de Arthur Bernardes. Assim, coube a Nilo Peçanha o papel de mobilizar a tropa, já muito politizada com a reabilitação do discurso salvacionista. Em plena campanha eleitoral, dois falsários vinculados ao Exército publicaram no *Correio da Manhã* uma série de cartas nas quais, alegadamente, Bernardes promoveria uma cruzada contra os quartéis. Descontente, o Clube Militar aproveitou-se do episódio para instar, sob a liderança de Hermes da Fonseca, os batalhões pernambucanos a não coagirem as rebeliões ocorridas no Recife contra Bernardes, que venceu as eleições em março de 1922. A própria *Reação Republicana* havia solicitado a recontagem dos votos, na expectativa de manter os quartéis em alerta.

Enquanto o Legislativo preparava o que logo seriam leis contra as associações que promovessem agitação social, nomeadamente as operárias e militares, um punhado de oficiais de baixa patente aglutinou-se no Forte de Copacabana em protesto contra o fechamento do Clube Militar. Como em 1889, queriam que um Fonseca os liderasse, neste caso, Hermes, naquele momento detido. Era o 5 de julho de 1922, e o movimento político-militar, realizado às vésperas do centenário da Independência, pedia sobretudo uma nova República, porque a outra, logo denominada velha, teria deglutido aquilo que fora sonhado em 1889. Ainda amorfo, o projeto dos tenentes identificou-se inicialmente com as propostas para restringir a autonomia local e para moralizar os costumes, vagamente definidos pela retórica da anticorrupção. Dessa forma, se conferia lastro à purificação pela via militar. Entre eles, figuravam Antônio de Siqueira Campos e Eduardo Gomes, mas também Artur da Costa e Silva e Ernesto Geisel — futuros presidentes durante o regime de 1964. Aliados a Getúlio Vargas, os tenentes apadrinhariam poucos anos depois a concessão de direitos sociais ao operariado, a intervenção do Estado na economia e o planejamento público, assim como a diversificação agrícola e a industrialização. Derrotado em seus primeiros atos, o tenentismo, portanto, lograria levar a República de 1889 à breca, na mesma expressão que Deodoro usara para dar fim à monarquia.

"O sol do pensamento é a instrução." Escola Nilo Peçanha, São Paulo, 1911.
Coleção Fundo Museu Paulista.

EPÍLOGO

Se o Brasil não fosse um Estado laico, talvez se acreditasse que os bruxos o puniram em suas datas centenárias. Assim como as celebrações em 1922 ocorreram em meio ao rescaldo de uma gripe que ceifou a vida de milhares pessoas, em 2022 ainda se viviam as trágicas consequências de uma pandemia que teimava em registrar algo em torno de 70 mortes por dia: pouco, comparado ao ápice de 3 mil mortes, porém muito para o que fora considerado apenas um surto passageiro. Os mandatários das duas épocas tardaram em adotar o isolamento sistemático da população, receitando curas instantâneas e, como deuses, milagrosas para resguardar a saúde econômica do país. Falharam profundamente: no começo da década de 1920 os países consumidores de bens exportáveis brasileiros ainda ressentiam os efeitos da Primeira Guerra Mundial; neste início dos anos de 2020, tampouco foi possível ao Brasil, de maneira idêntica aos demais países da comunidade internacional, sustentar-se em bases autárquicas.

Em sintonia com alguns outros Estados, como a Itália ou a Hungria, o Brasil respondeu às dificuldades econômicas de ontem e hoje com iniciativas autoritárias. Em 1922, o país foi tomado pela eclosão do movimento tenentista e pela subsequente decretação de estado de sítio, que perdurou durante a quase integralidade do mandato de Arthur Bernardes, findo em 1926. Em 2022, as instituições republicanas, aquelas que resguardam a igualdade entre cidadãos e que ao fim são alicerces da democracia inclusive em regimes monarquistas, sofreram dura contestação com recorrentes súplicas ao estabelecimento do estado de exceção. Em comum, em que pesem os desfiles certamente mais vistosos no centenário da Independência, ambos os momentos se pautaram pela sempre reabilitada retórica da renovação, que fez Getúlio Vargas erguer na década de 1930 um Estado Novo em oposição a uma República Velha, ou Tancredo Neves pugnar por uma Nova República em substituição a um regime vetusto.

Não apenas o fizeram os tenentes em 1922, muito interessados em recuperar as frustrações de 1889 mediante o confronto com as expectativas que a República anulou. A intelectualidade de 1922 também retomou passo a passo o falso dilema da purificação nacional, habitualmente mobilizado para legitimar uma quebra da ordem, de maneira a preconizar, como se fosse possível, o recomeçar do zero. Queriam o desmonte das noções antigas de linguagem e romper com as tradições pictóricas e musicais, esculpindo assim uma nova interpretação do Brasil. O futurismo, o dadaísmo e o surrealismo, tão em voga na Europa daquele então, deveriam servir como meio para instituir descontinuidades nacionais, e então tomar o lugar do realismo, do naturalismo e do parnasianismo, que cheiravam a mofo e naftalina.

Menotti Del Picchia, que mais tarde apadrinharia as soluções autoritárias, carregou consigo uma miríade de intelectuais na Semana de Arte de 1922, notadamente Anita Malfatti, Oswald e Mário de Andrade, para ponderar um futuro nacional promissor tão somente a partir do descobrimento das singularidades brasileiras. Para deixar de ser colônia, latifúndio e escravidão, sem para tanto macaquear os costumes europeus, o país deveria rejeitar determinismos geográficos e raciais e vangloriar-se da deglutição do bispo Sardinha e de seus 90 tripulantes pelos índios caetés em 1556. Se *tupi or not tupi* era a questão, a resposta antropofágica seria a *bachiana brasileira* de Heitor Villa-Lobos, uma composição entre a música barroca alemã e os ruídos da floresta e dos trens caipiras.

Subsumidos em seus tamboretes para piano, seus cavaletes imensos e seus infindáveis recomeços de manuscrito, talvez o *Juca Mulato* dos modernistas se sentisse pouco parte da universalidade lisonjeira dos sertões tão aclamada em 1922 — ou ausente no suposto recomeço de 1889, que, oligárquico, esqueceu o povo. Lima Barreto havia-o entendido bem nas constantes denúncias contra um bovarismo republicano — ou uma autoimagem deturpada e arrivista, pouco fiel, portanto, à realidade despossuída da população — que apenas maquiava reiteradas desigualdades históricas. Como num golpe de teatro, dissera o mulato e autor de *Triste fim de Policarpo Quaresma*, a mudança do Império para a República fora de *toilette*.

Retrato fiel do tempo que interessou a este livro, Lima Barreto nasceu no Rio de Janeiro em 13 de maio de 1881, exatos sete anos da abolição. Sua mãe era filha de escrava e viu na educação talvez a melhor aposta de ascensão social. Professora, faleceu quando Lima Barreto tinha apenas seis anos. Seu pai também era descendente de escrava e ganhava a vida como tipógrafo. Aprendeu o ofício no Imperial Instituto Artístico, onde transitavam as caricaturas de Ângelo Agostini, que certamente cruzaram a infância de Lima Barreto. A República veio para ele em má hora, porque sua família era protegida do visconde de Ouro Preto. Aqueles primeiros anos de imensas expectativas nacionais significaram o desemprego do chefe de família e novos traumas para Lima Barreto. Suas frustrações apareceriam logo em seus primeiros relatos, como quando, nas *Recordações do escrivão Isaias Caminha*, um jovem do interior, encantado pela possibilidade de tornar-se doutor no Rio de Janeiro, foi em tudo tolhido, visto que negro e pobre. Leitor do cotidiano, Lima Barreto revelou o racismo característico do país numa simples cena de padaria, em que seu personagem principal seria costumeiramente servido depois dos demais clientes, porque brancos e da capital.

Lima Barreto atravessou assim os anos do bota-abaixo de Pereira Passos e da Revolta da Vacina, bem expondo anos a fio em livros e diários que, naquela República, "a capacidade mental dos negros [era] discutida *a priori*, e a dos brancos, *a posteriori*". Em plena presidência de Hermes da Fonseca, faria uma paródia de Floriano Peixoto, traduzida no anti-herói quixotesco Policarpo Quaresma. Também desiludido com os militares, flertou com o anarquismo quando o grupo de Edgard Leuenroth estava à beira da greve geral. A utopia de um país mais igualitário, novamente frustrada, entregou Lima Barreto ao alcoolismo e ao hospício. Um pouco à maneira de *Clara dos Anjos*, cheia de sonhos porém logo estuprada, Lima Barreto faleceu no centenário da Independência. Naquele ano em que as oligarquias reinantes, como sempre em disputa pelo Catete, deram a vitória ao situacionismo perrepista, Lima Barreto registrou em um de seus últimos artigos talvez a melhor síntese de sua interpretação nacional: "O Brasil não tem povo, tem público", assinou o suposto alienado em referência a como os do alto enxergavam os de baixo.

Efetivamente, a política pública que a longo prazo mais conduz à redução das desigualdades, isto é, a educacional, permaneceu uma questão de leis num país liderado por bacharéis que, ao todo, pouco as puseram em prática. O tão alardeado século da instrução popular, na expressão do historiador Émile Levasseur, findou de maneira lúgubre no Brasil: mais de 80% da população brasileira era analfabeta quando o Império ruiu. Com o advento da República, que reiterou a proibição instituída em 1881 de os iletrados votarem, buscou-se estabelecer um primeiro modelo mais sistematizado de alfabetização. Teve seu prefácio em São Paulo. A famigerada lei de 1892 cindiu o ensino público em três etapas. O primário seria obrigatório e gratuito, tal qual previa a Constituição de 1824, agora para os alunos de sete a 12 anos; o secundário abarcaria as escolas normais, cujo intuito era formar os novos professores; e o superior orbitaria em torno das formações mais prestigiosas à época: o direito, a engenharia e a medicina.

Novamente, tudo deveria mudar. Os horários seriam rígidos, tal qual o corte dos uniformes. Haveria avaliações periódicas e boletins semestrais, com aprovações e reprovações. Os professores, por seu turno, seriam orientados a examinar a higiene do corpo discente. As unhas deveriam estar limpas e cortadas, os dentes, livres de cáries, e os cabelos, sem piolhos. A higienização seguiria sua trilha pela moralização dos valores. "A preguiça é a chave da pobreza", lia-se nas cartilhas ainda muito presentes do médico e educador Abílio César Borges, primeiro e único barão de Macaúbas. Se não isso, as louvações à nacionalidade, como "O Amazonas é o maior rio do mundo", que as crianças deveriam reescrever em incontáveis linhas, perfazendo um tipo de ensino em tudo enciclopédico e afeito, pois, à repetição em voz alta de datas históricas e poemas épicos.

Ambiciosa, a lei paulista, que foi rapidamente estendida a todo o Brasil, resvalou nas inconsistências políticas da época — e longamente discutidas neste livro. Descentralizada como a de saúde, a política educacional foi costumeiramente uma questão de governo, e não de Estado, sequer federativo. Alguns, como Bernardino de Campos, deram a ela prioridade na alocação de recursos públicos; outros julgaram-na muito marginal, visto que seus resultados seriam forçosamente obtidos no longo prazo, na captação de apoio político para reconduções no poder. Portanto, a educação ficou à mercê das desavenças entre oligarquias estaduais ou das disputas coronelistas em base municipal.

Para um país recém-saído do cativeiro, no qual se ouvia amiúde, como em *Esaú e Jacó*, mães e babás proibirem seus filhos de treparem em árvores porque era coisa de negro, não era exatamente a virtude da mestiçagem, sintetizada mais tarde num prato de maniçoba servido à moda europeia por Gilberto Freyre, o que os governos projetavam na esmagadora maioria da população. Pelo contrário, vislumbravam-na como mão de obra sempre a serviço de alguém e substituível em caso de ofensa. A ralé brasileira, como carvão para queimar, permaneceu muito aquém da argentina, chilena ou uruguaia em termos educacionais no começo do século XX, quando notadamente Buenos Aires pilotava um país com pouco menos de 35% de analfabetos. Às vésperas do centenário, no Brasil, mais de 65% da população maior de 15 anos ainda não sabia ler e escrever.

Ainda órfão de um ministério voltado exclusivamente para a educação e a cultura, o Brasil terminaria a década de 1920 ainda muito desigual. Forjado novamente entre oligarquias, o advento da Era Vargas, apesar da concessão de direitos sociais exclusivamente — e ainda assim com exceção dos autônomos e dos domésticos — aos trabalhadores urbanos, não amainaria a atávica persistência das desigualdades. Getúlio Vargas, portanto, tampouco foi republicano, e o Brasil ainda esperaria algumas décadas para tanto. Mas essa é uma história para os próximos volumes desta coleção. E, em suma, é a nossa história.

AGRADECIMENTOS

Em algum lugar da Mancha, é hábito acreditar que nossas companhias definem quem somos. O engenhoso fidalgo Dom Quixote, na versão de Miguel de Cervantes, teria transformado o simples dizer em provérbio quase bíblico, embora na tradução de Pierre Menard a máxima — que aparece na segunda, e não na primeira parte — seja de Sancho Pança: *dime con quién andas, decirte he quién eres*. A última catalogação dos textos de Menard, realizada ao que parece por um herdeiro do arquivo de madame Henri Bachelier, revelou algumas omissões no célebre conto de Jorge Luis Borges sobre o velho Menard, e, entre elas, figuram as reais expressões de Cervantes, muito empregadas na Península Ibérica dos séculos XV e XVI: *yo soy mis otros yo;* e *yo soy yo y mis otros yo.*

Particularmente, não vejo muito interesse na disputa — Dom Quixote e Sancho Pança não tinham senão a companhia deles mesmos. Sobretudo, escamoteia o óbvio: somos uma dívida para com nossa circunstância. É uma lástima que não o admitamos mais facilmente: meu caro amigo Felipe Mourão, com quem sempre converso sobre o Brasil, teria provavelmente alcançado maior êxito com sua inequívoca *Revista de Tautologias*, que naufragou no segundo ano, porque talvez todos pretendamos a originalidade. Vejo nele, portanto, a obrigação de reconhecer todos aqueles que li e reli, para produzir esta versão de um trecho de nossa história. Como diria Pança a Quixote, e vice-versa, estive em boa companhia.

Quanto a isso, devo especial menção a um grupo caríssimo de colegas de profissão, porém muito mais do que isso, visto que nos tornamos imensos amigos, acertadamente, sempre falando sobre as mesmas coisas, muitas vezes resumidas à obra de Fernand Braudel: Alain El Youssef, Fábio Morales, Leonardo Marques, Lindener Pareto Jr., Marcelo Ferraro, Rafael Marquese e Waldomiro Lourenço. Gentilmente leram e releram as primeiras provas deste livro e assinalaram o que deveria ficar e o que deveria partir. João Paulo Garrido Pimenta foi como de hábito de uma grandiosidade ímpar, e a ele agradeço o que eventualmente possa haver de melhor neste livro. Dono de uma memória de elefante, as sugestões de Carlos Gabriel Guimarães foram valiosas e oportunas, assim como as de Thiago Krause, coautor nesta coleção e de quem senti falta no presente volume. Agradeço também a Miriam Dolhnikoff, colega de área no Departamento de História na Universidade de São Paulo (USP), pelo estímulo e pela simpatia que lhe é característica. Não poderia deixar de registrar os nomes de Gelson Fonseca Jr. e de Rubens Ricupero, que, apesar dos altos cargos exercidos ao longo de suas carreiras, são de um altruísmo e de uma despretensão pouco comuns em nosso país. A eles meu sincero agradecimento pela leitura atenta.

Marieta de Moraes Ferreira, diretora executiva da FGV Editora, foi excepcional ao longo da escrita e da revisão do texto. Influiu muito habilmente no livro, sugerindo ampliações aqui e recortes acolá, porém dentro de uma margem larga para interpretações próprias. Autoridade no assunto, Marieta foi de inigualável generosidade. Faço especial referência, também, aos pareceristas anônimos, cujas valiosas recomendações procurei acatar, assim como à equipe técnica da FGV Editora, nomeadamente Gabriela Klam e Juliana Demier Costa, e ao revisor Ronald Polito, a quem entreguei problemas e de quem recebi soluções.

Muito mais do que por praxe, saliento minha dívida com as equipes dos diferentes arquivos nos quais pesquisei, assim como agradeço à Pró-Reitoria de Pesquisa e Inovação da USP, pelo Programa de Apoio do qual este livro é resultado parcial. Não poderia deixar de mencionar meus colegas do Laboratório de Estudos sobre o Brasil e o Sistema Mundial (Lab-Mundi), notadamente Alexandre Moreli e Felipe Loureiro, mas também os demais membros, que são a alma de um espaço sempre muito estimulante. Não menos importante, registro também meus agradecimentos a meus alunos de graduação e de pós-graduação. Aos poucos, vamos formando uma equipe que certamente renderá ótimos trabalhos à frente.

Do ponto de vista pessoal, deveria assinalar um sem-fim de pessoas queridíssimas, como a bisavó Elvira, que passou horas, pois neta de Edgard Leuenroth, me contando as histórias do velho anarquista. Também deveria nomear, mais uma vez, meu chapa Rafael Marquese, que invejo como historiador, o que é um defeito; e que admiro como pessoa, o que é uma qualidade. Mas abro a exceção, apenas desta vez. Meu maior agradecimento é para minha filha Helena, que há pouco tempo folheava o livro de *Memórias e imagens* da Guerra do Paraguai, escrito por aquele a quem serei eternamente grato, mesmo estando eu cá e ele lá, do outro lado da existência.

NOTAS

CAPÍTULO 1. AS REFORMAS FRUSTRADAS

1. São poucas e pouco atualizadas as biografias do visconde do Rio Branco, porém ver notadamente: Besouchet (1945) e Vieira (1992).
2. Para o número de decretos e leis publicados nas décadas de 1860 e de 1870, ver: Barman (2012). Para o conceito de Segunda Revolução Industrial, consultar: Landes (2003).
3. Summerhill (2015).
4. Ver: Laerne (1885); Abreu e Lago (s.d.); Abreu, Lago e Villela (2022); e Luna e Klein (2019). Para muito oportuna síntese sobre a economia imperial, ver: Guimarães (2020).
5. Sobre o declínio dos comissários no Rio de Janeiro, ver: Ferreira (1977).
6. Para salários e preços, ver: Goyena Soares (2019:446-489). Ver ainda: Laerne (1885); Stein (1990); Salles (2008); Marquese (2013); Lago (2020).
7. Sweigart (1987); Villela (2020); Muaze (2008). Para uma discussão acerca do tamanho do crédito não bancário, inferior ao bancário após 1870 no Rio de Janeiro, ver: Ryan Jr. (2007). Consultar, igualmente: Penna (2023).
8. Relatórios do Ministério da Fazenda (1870-75); Hanley (2005); Summerhill (2015); Guimarães (2003).
9. Sobre os bancos paulistas, ver: Saes (1986); Hanley (2005). Ver, ainda: Ribeiro e Penteado (2018).
10. Para um debate historiográfico sobre a racionalidade da produção cafeeira, ver: Goyena Soares (2020:1-30); ainda, Taunay (1945); Slenes (2004); Stein (1990); Leff (2013); Conrad (1978); Graham (2004); Mello e Slenes (1980).

11. Franco (2002); Kowarick (2019). Ver, ainda: Lamounier (2012); Tessari (2012); Barbosa (2008); e, especialmente, Martins (2010).
12. Departamento Nacional do Café (1938); Passos Subrinho (2000); Bassanezi (2000); Bassanezi et al. (2008); Luna e Klein (2019); Marinho (2023).
13. Motta (2012); Slenes (2004); Gorender (2016); Conrad (1978).
14. Laerne (1885).
15. Summerhill (2018); Lamounier (2012); Mattoon Jr. (1977); Katinsky (1994); Saes (1981).
16. Marcondes e Hanley (2010:103-131). Ver ainda os mais antigos Silva (1976); Mello (1985).
17. Telles (1984); Atique (2015); Pareto Jr. (2018; 2019:114-140).
18. Ridings (1994); Suzigan (1986); Dean (1971); Fernandes (1935).
19. Stein (1979).
20. Perruci (1978); Dourado (2015). Ver também: Mello (1984).
21. Heller (2011); McMichael (1991); Anievas e Nisancioglu (2015); Marquese (2013b:223-253); Parron (2015).
22. Censo nacional de 1872 e censo do Distrito Federal de 1890. Ver também: Mello (2007). Ver ainda: Goyena Soares (2019:446-489); Marcondes (2012).
23. Raffard (1977).
24. Nozoe (2004); Oliveira (2005); Penna (2023).
25. Sobre a participação da classe média em associações abolicionistas, ver: Alonso (2015); Bergstresser (1973).
26. Sobre o penoso retorno dos veteranos da guerra contra o Paraguai, ver: Goyena Soares (2017b).
27. Sobre a formação da cidadania no Brasil do século XIX, ver: Carvalho (2007a; 2007b); Carvalho e Neves (2009); Carvalho e Campos (2011). Sobre a formação educacional do país, ver: Barros e Fonseca (2016); Araújo, Gomes e Mac Cord (2017).
28. Biblioteca Nacional [BN]. *Correio Paulistano*, 14 abr. 1875.
29. Anais do Senado Federal (1871). Disponível em: www.senado.gov.br/publicacoes/anais. Acesso em: 1º jul. 2021; Anais da Câmara de Deputados (1871). Disponível em: www2.camara.leg.br. Acesso em: 3 jan. 2021. Para uma análise abrangente sobre o processo legislativo que culminou na Lei do Ventre Livre, ver: Alonso (2015); Needell (2006); Conrad (1978); Chalhoub (1990); Salles (2009:39-82); Goyena Soares (2015a:166-175); Youssef (2018); Miranda (2018).
30. Anais da Câmara de Deputados (23 e 24 ago. 1871). Disponível em: www2.camara.leg.br. Acesso em: 3 jan. 2021. Para muito oportuna dis-

cussão sobre a oposição do senhoriato vale-paraibano à Lei do Ventre Livre, ver: Miranda (2018).
31. Relatórios do Ministério da Fazenda de 1875 a 1885; Anais do Senado Federal, set. 1873. Disponível em: www.senado.gov.br/publicacoes/anais. Acesso em: 1º jul. 2020; Decreto n. 5.506, de 26 de dezembro de 1873; Marcondes e Hanley (2010:103-131); Schulz (2008). Ver, igualmente: Centro Cultural Banco do Brasil (CCBB). Relatórios do Banco do Brasil de 1872 e de 1873; Pacheco (1980); Marcondes (s.d.).
32. Ver Lei 1.953, de 17 de julho de 1871; Lamounier (2012); Saes (1981).
 Ver Decreto 2.450, de 24 de setembro de 1873.
33. Rodrigues e Ross (2020). Ver também: Araújo (2002); Barickman (2003); Dean (1996); Eisenberg (1977); Melo (2009); Perruci (1978); Secreto (2020).
34. Anais da Câmara de Deputados (20 jul. 1875). Disponível em: www2.camara.leg.br. Acesso em: 3 jan. 2020. Ver também: Lamounier (1988); Ariza (2012); Alvarenga (2020:121-136).
35. Ridings (1994). Ver também: Enders (2015).
36. Os projetos urbanos formulados durante o gabinete de Rio Branco encontram-se no Arquivo Geral da Cidade do Rio de Janeiro (AGCRJ). Ver também: Relatórios do Ministério do Império de 1874, 1875 e 1876; Needell (2012); Abreu (1988); Chiavari (1985). As plantas do Rio de Janeiro, organizadas cronologicamente, estão disponíveis em: www.imaginerio.org. Ver, igualmente: Fritsch (1986); Benchimol (1992).
37. Relatórios da Ministério da Fazenda de 1870 e de 1875. Os inventários *post mortem* das principais fortunas do Rio de Janeiro foram analisados, embora não exclusivamente, por: Fragoso (2013); Muaze (2008); Pessoa (2018); Silva (1979); Ferraro (2017).
38. AGCRJ — CI CPO 40.4.48 — Coleção Conselho de Intendência, Série Casas para operários e classes pobres. Ainda, ver a esse respeito: Lobo (1989); Graham (1988); Chalhoub (1996); Soares (1994); Hahner (1986).
39. Para uma discussão a respeito das políticas educacionais no Império, ver: Gondra e Schueler (2008). Ainda, ver: Carvalho (1978); Marinho (2008).
40. Relatório do Ministério da Fazenda de 1874 e de 1876; Relatório do Império de 1876.
41. Ver: Decreto n. 5.580, de 31 de março de 1874; Almeida (2005); Peláez e Suzigan (1981); Mello (1933).
42. Decreto 5.690, de 15 de julho de 1874.

43. Anais da Câmara de Deputados (3 maio 1871). Disponível em: www2.camara.leg.br. Acesso em: 3 jan. 2021.
44. Instituto Histórico Geográfico Brasileiro (IHGB), Lata 50, Pasta 91. João Alfredo Correia de Oliveira para João Maurício Wanderley, Barão de Cotegipe, Belém, 8 de abril de 1870; Arquivo Histórico do Museu Imperial (AHMI), Maço 184, doc. 8378. Anotações do conde d'Eu sobre o projeto de reforma eleitoral; Graham (1990); Barman (2012); Needell (2020).
45. Ferreira (2001); Dolhnikoff (2021). Ver também: Souza (2012; 2018).
46. Para uma discussão sobre a *grande depressão* iniciada 1873, ver: Ashworth (1982); Bernstein (1988); Hobsbawm (1996); Hobson (1983); Labrousse (1962); Sweezy (1973); Wallerstein (2011); Coggiola (2009); Mello e Spolador (2007); Fiori (2005); Marichal (2010).
47. Relatórios do Banco do Brasil de 1875 e de 1876; Relatórios do Ministério da Fazenda de 1876 e 1876-2A; Pacheco (1980). Gambi (2021).
48. Anais da Câmara de Deputados, fevereiro a maio de 1875. Disponível em: www2.camara.leg.br. Acesso em: 3 jan. 2020; Summerhill (2015).

CAPÍTULO 2. AS ALTERNATIVAS À ORDEM

49. Para uma abordagem sobre os reformismos europeus, ver: Girault (1996). Para os casos latino-americanos, ver: Ficker e Guerra (2010); Regalsky (2011); Oddone (2008). Quanto aos Estados Unidos, ver: Foner (2014). Para um panorama global, ver: Osterhammel (2014).
50. Para muito oportuna discussão sobre a efervescência intelectual do período, ver: Alonso (2002).
51. Para a ponderação de José Murilo de Carvalho, ver: Carvalho (2007a).
52. O conceito de intelectual orgânico foi tomado emprestado de Antonio Gramsci. Para muito pertinente discussão a respeito, ver: Portelli (1977).
53. Para uma discussão muita lúcida sobre binarismos e relações de equivalência na política em sentido largo, ver: Laclau (2013).
54. Sobre as transformações dos núcleos maçônicos no período, ver: Barata (1999); Morel e Souza (2008:157-158, 172-173); Carneiro (2016). Ver, igualmente: Boletim do Grande Oriente Unido e Supremo Conselho do Brasil (1873:104).
55. Biblioteca Nacional [BN]. *A República*, 3 set. 1871. Ver, ainda: Hahner (1986); Alonso (2002); Carvalho (2011b); Viscardi (2012).

56. Para a citação de Saldanha Marinho, ver: Anais da Câmara de Deputados, 23 abr. 1879. Disponível em: www2.camara.leg.br. Acesso em: 3 jan. 2021.
57. Sobre o lugar dos formados em direito na formação das elites imperiais, ver: Barman e Barman (1976). Para uma nova ponderação acerca da liberdade de imprensa e da ação política dos republicanos, ver: Santos (2023).
58. Para a citação da fórmula, ver: Centro de Memória Unicamp. Coleção Edgard Cavalheiro, Caixa 1. Sobre a formação do republicanismo paulista, ver: Santos (1942); Debes (1975); Gebara (1975); Witter (1982); Zimmermann (1986); Galdino (2006); Saes (2010).
59. Ver: Centro de Memória Unicamp. Coleção Edgard Cavalheiro, Caixa 1. Para as posições de Luiz Gama, ver: Ferreira (2020); Lima (2021).
60. Para o programa do Partido Republicano Paulista, ver: Brasiliense (1878). Sobre a produção açucareira em São Paulo, ver: Marquese (2016); Melo (2009); Araújo (2006); Bacellar (2020); Nicolette (2022). Sobre o abastecimento das tropas e o desenvolvimento da cultura do algodão em São Paulo, ver, respectivamente: Granziera (1979); Canabrava (2011). Para as tensões tributárias, ver: Saes (2010).
61. Sobre a influência do positivismo no Brasil, ver: Lins (1964); Alonso (1996). Ver também: Carvalho (1990); Lemos (1999).
62. Acerca da influência do positivismo na classe média, ver: Nachman (1977). A respeito da Escola Militar do Rio de Janeiro, ver: Castro (1995).
63. Para uma apresentação da Exposição Antropológica Brasileira de 1882, ver: Monteiro (1996). Para oportunas discussões sobre ciência e raça no Brasil do Segundo Reinado e da Primeira República, ver: Schwarcz (1993); Domingues, Sá e Glick (2003); Maio e Santos (2010); Carula (2007). Para uma discussão mais larga sobre nação e romantismo no Brasil, ver: Ricupero (2004).
64. Sobre as teorias raciais na virada para o século XX, ver: Skidmore (1993); Botelho e Schwarcz (2009). Para uma discussão mais larga sobre raça, escravidão e cidadania no século XIX brasileiro, ver: Mattos (2000); para o contraponto, ver: Marquese (2020); Berbel, Marquese e Parron (2010). Para um debate mais dilatado no tempo e no espaço, ver: Bethencourt (2018). Sobre a citação de d. Pedro II, ver: Pedro II para Quatrefages, Cannes, 17/04/1891, Arquivo da Académie des Sciences de Paris. A respeito dos anúncios classificados, consultar, notadamente, 20-23 de dezembro dos anos correspondentes à década de 1860, por exemplo, no *Jornal do Comércio* (Fundação Biblioteca Nacional).
65. Sobre a Revolta dos muckers, ver: Dreher (2017); Amado (2002); Dickie (1996); Biehl (1991); Domingues (1977).

66. Sobre a posição de Patridge, ver: James R. Patridge to Hamilton Fish, Rio de Janeiro, 14/12/1874, New York Public Library (NYPL), Sc. Micro 2102, Reel 43.
67. A respeito da questão religiosa, ver: Barman (2012); Carvalho (2011a); Costa (1985); Barros (2012); Vieira (1980); Hauck et al. (1992); Neves (2008).
68. Para a Revolta dos Quebra-Quilos, ver: Secreto (2011); Barman (1977). Lima (2001); Maior (1978); Milet (1987); Monteiro (1995); Richardson (2008); Lima (2011).
69. Sobre a resolução da questão religiosa, ver especialmente: Moraes (1930); Barman (2005); Pinto (2016). Para algumas oportunas fontes primárias sobre os quebra-quilos e os rasga-listas, ver: Relatório do Ministério da Justiça, 1874-1878 e, ainda, Relatório Apresentado à Assembleia Provincial de Minas Gerais na sessão ordinária de 1876, disponíveis em: *Brazilian government documents*: http://ddsnext.crl.edu/brazil. Acesso em: 25 nov. 2021.
70. Para uma discussão sobre a lei do recrutamento militar de 1874, ver: Beattie (2001); Mendes (1999); Kraay (1998); Ralston (1996); Santos (2020).
71. Para as palavras de d. Pedro II, ver: Barman (2012).
72. Para a citação de Silveira Martins, ver: Relatório do Ministério da Fazenda, 1878. Disponível em *Brazilian government documents*: http://ddsnext.crl.edu/brazil. Acesso em: 25 nov. 2021. Acerca da posição de Fábio Reis, ver: Anais da Câmara de Deputados, 1879. Disponível em: www2.camara.leg.br. Acesso em: 3 jan. 2021.
73. A respeito da Revolta do Vintém, ver: Graham (2011); Mattos (2008); Mello (2007); Holloway (1993); Ramos (2020); Dunlop (1953); Santos (2023). Para uma discussão sobre as disposições fiscais para a segunda metade do século XIX, ver o muito oportuno: Costa (2020). Sobre os relatos dos ministros plenipotenciários acerca dos motins do vintém, ver: M. de Potestad para Ministro de Estado, Rio de Janeiro, 05/01/1880, Archivo Histórico Nacional (Madri), Ministério Exteriores H 1417; e Henry W. Hilliard to State Department, Rio de Janeiro, 23/01/1880, NYPL, Sc Micro R-2102 Reel 46.
74. A respeito do mutualismo brasileiro à época do Império, ver especialmente: Mattos (2008); Mac Cord e Batalha (2014); Popinigis (2007). Ver também: Guimarães (1883). Para o cenário alemão, ver: Osterhammel (2014).
75. Para o estatuto da Instituição de Rendas, ver: AHMI. Maço 166, doc. 7659. Para o Montepio e sobretudo para a Caixa Econômica, consultar: Oliveira (2022)
76. Sobre o estatuto da Sociedade de Proteção aos Desempregados e sem Domicílio Fixo, ver: AN, caixa 545, pac. 3 — Conselho de Estado, Fundo

IR; para o da Sociedade Liga Operária Baiana, ver: Arquivo Público do Estado da Bahia (Apeb), Governo da Província, Sociedades 1833-1889, n. 1575, cód. 17; e sobre o do Clube Beneficente dos Guarda-Livros, ver: AN, caixa 555, pac. 1 — Conselho de Estado, Fundo IR.

77. Respectivamente, os estatutos da Sociedade Protetora dos Barbeiros e Cabelereiros e da Sociedade Beneficente dos Artistas de São Cristóvão encontram-se em: AN, caixa 555, pac. 1 — Conselho de Estado, Fundo IR; e AN, caixa 553, pac. 2 — Conselho de Estado, Fundo IR.

78. Para a análise de Sidney Chalhoub, ver: Chalhoub (2007). A respeito da Associação Brasileira de Seguro Mútuo Auxiliar do Trabalha Nacional e dos Ingênuos, ver: AN. CODES, Caixa 599, pac. 3, doc. 73. Para os estatudos da Associação Beneficente e de Socorros Mútuos dos Homens de Cor e da Sociedade de Beneficência da Nação Conga, ver, respectivamente: AN. Caixa 552, pac. 2, Conselho de Estado, Fundo IR; AN. Caixa 531, pac. 3, Conselho de Estado, Fundo IR.

79. BN. *A Gazeta Operária,* 7 fev. 1885.

80. Roy (1871). Para outros relatos do tipo, ver: Tettamanzi (2014).

81. Para as citações, ver, respectivamente: BN. *Alvorada,* 20 jul. 1879; e BN. *Revolução,* 7 abr. 1881. Para um debate sobre as perspectivas teóricas marxistas e weberianas a respeito do conceito de classe social, ver: Goyena Soares (2019:446-489). Para ir além na conceituação da classe social, ver: Bourdieu (1979); Chauvel (2006); Giddens (1973); Goldthorpe e Chan (2004:383-391); Gramsci (1978a); Parkin (1983); Sewell Jr. (2005); Thompson (2008).

82. Ferreira (2000).

83. Sobre a formação do espírito de corpo militar e a consequente politização castrense após a guerra contra o Paraguai, ver notadamente: Costa (1996); Salles (1990); Kraay e Whigham (2005); Lemos (2005); Izecksohn (1997); Dudley (1975; 1976); Castro (1995); e Schulz (1994). A respeito das ponderações de Samuel E. Finer, ver: Finer (2006).

84. Ver: Huntington (1985); Coelho (1976).

85. Sobre o Instituto Militar, ver: AHMI. Maço 160, doc. 7440. Para as posições antiescravistas na caserna após a guerra contra o Paraguai, ver: Goyena Soares (2017b). A citação de Caxias encontra-se em: AN. OG Ministério da Guerra, cód. 924, vol.5. Carta confidencial de Caxias para o Ministério da Guerra, s/l, 13/12/1868.

86. Ver, especialmente: BN. *O Soldado,* 22 mar. 1881; mas também o conjunto de artigos desse jornal e de *Tribuna Militar* para os anos de 1881 e 1882.

87. Para uma discussão, retomada mais à frente no texto, sobre as origens da indústria no Brasil, ver: Dean (1971); Luz (1975); Stein (1979); Cano (1981); Gorender (1982); Silva (1976); Suzigan (1986); Hardman e Leonardi (1991). Para as referências ao *O Industrial* e à Associação Industrial, ver: BN. *O Industrial*, 1881. Consultar a esse respeito, ainda: Associação Industrial (1881); Ridings (1994); Oliveira (2005).
88. Ver, especialmente: BN. *O Auxiliador da Indústria Nacional*, década de 1870; AN. Conselho de Estado, Seção Império 1R, caixa 558, pac. 1, Associação Industrial, consulta de 18/12/1880; AN. Conselho de Estado, Seção Império 1R, caixa 558, pac. 1, Sociedade União Comercial dos Varejistas de Secos e Molhados, consulta de 11/12/1880; e BN. *O País*, 6 nov. 1884.
89. Ver, particularmente: Ridings (1994); e Pang (1981).
90. Para a expressão de José Murilo de Carvalho, ver: Carvalho (2012).

CAPÍTULO 3. A PROCLAMAÇÃO DA REPÚBLICA

91. Centro de Pesquisa e Documentação de História Contemporânea do Brasil, Fundação Getulio Vargas (CPDOC/FGV). Arquivo Pessoal Quintino Bocaiúva, QB C CP 1889.11.16. Dom Pedro II para Louis Pasteur, a bordo do Alagoas, 20 de novembro de 1889.
92. Arquivo Histórico do Museu Imperial (AHMI). Maço 207, doc. 9413; e Instituto Histórico Geográfico Brasileiro (IHGB). Lata 351, pasta 53. Ver também: Grinberg e Muaze (2019).
93. Visconde de Ouro Preto (1891); Visconde de Taunay (1907); Suetônio e Bocaiúva (1896); Araújo (1893); Buarque (1894).
94. AHMI. Maço 207, doc. 9413; IHGB. Lata 351, pasta 53, Anotações do conde d'Eu a bordo do *Alagoas*, s.d.; Rangel (1935); IHGB. ACP 72, Cartas do conde d'Eu a Max Fleiuss. Ver, ainda: Viana (1925).
95. Boehrer (s.d.); Santos (1942).
96. Prado Jr. (1933); Sodré (1962); e Basbaum (1968).
97. Ver: Costa (2010). O artigo ao qual se faz referência, *Sobre as origens da República*, foi originalmente publicado nos *Anais do Museu Paulista*, São Paulo, XVIII, em 1964.
98. Ver: Castro (1995); Carvalho (1990). A crônica de Aristides Lobo foi escrita em 15 de novembro de 1889 e publicada três dias depois no *Diário Popular*. Ver também: Mello (2007).
99. Para os relatos de síntese, ver: Holanda (2004); Fausto (2008); Schwarcz e Starling (2015). Ver, ainda: Castro (1995); Lynch (2018:190-216).

100. Para as discussões que ocorreram no Congresso Agrícola do Rio de Janeiro, ver: Congresso Agrícola (1988). Para a Lei de Locação de Serviços de 1879, ver: Lamounier (1988). Ver, igualmente: Dantas e Costa (2016).
101. Ver: Kowarick (2019); Santos (2017); Ching-Hwang (2013); Dias (2011).
102. Sobre a mencionada ambiguidade deliberada, ver: Kugelmas (1986); Love (1980).
103. Ver, particularmente: Stein (1990). E, ainda: Conrad (1978).
104. Ver, especialmente: Mello (1984); Passos Subrinho (2000). Sobre o tráfico intraprovincial, ver: Motta (2012). Para as discussões que ocorreram no Congresso Agrícola do Rio de Janeiro, ver: Congresso Agrícola (1988).
105. Ver especialmente: Carvalho (2011a; 2007a). Ainda, consultar: Graham (2009:771-825; 1997); Griffin (2010:149-180); Souza (2012); Souza (2018). Para o discurso de José Bonifácio, o Moço, ver: Anais da Câmara de Deputados, 28 abr. 1879. Disponível em: www2.camara.leg.br. Acesso em: 3 jan. 2021.
106. A respeito do movimento abolicionista, ver muito especialmente: Needell (2020); Castilho (2016); Alonso (2015); Costa (2012); Conrad (1972); Toplin (1972). Ver, ainda: Youssef (2018).
107. É vasta e instigante a literatura sobre as revoltas escravas no Brasil. Especificamente para o propósito discutido, consultar: Gomes e Machado (2021); Mata e Silva (2021).
108. Sobre o abolicionismo na classe média, ver: Bergstresser (1973).
109. Para a envolvimento dos militares na marcha abolicionista, ver: Costa (1996); Lemos (1999); Salles (1990); Schulz (1994).
110. Para a crise financeira de 1882 e as greves operárias subsequentes, ver: Osterhammel (2014).
111. Para a posição que recomenda a migração dos fazendeiros do Vale para o Oeste, ver: Dean (1977).
112. A respeito do pagamento das hipotecas, ver especialmente: Centro Cultural Banco do Brasil (CCBB), Relatório do Banco do Brasil de 1880 a 1885. Consultar, ainda, Laerne (1885).
113. Acerca da conversão da dívida externa, ver particularmente: CCBB. Relatórios do Banco do Brasil de 1885 a 1889/90 e, ainda, Summerhill (2015).
114. CCBB. Relatórios do Banco do Brasil, 1886. Ver, ainda: Magalhães Jr. (1969).
115. A expressão original de Mattos é "recunhagem da moeda colonial". Ver: Mattos (2004).
116. IBGE. *Séries estatísticas retrospectivas*, v. 3, 1987, p. 17. Disponível em: https://seriesestatisticas.ibge.gov.br. Acesso em: 18 jul. 2018.

117. Sobre o processo imigratório em São Paulo, ver: Santos (1942); Beiguelman (1971); Stolcke e Hall (1983:80-120); Holloway (1984); Bassanezi et al. (2008); Baeninger (2012); Santos (2017:e12).
118. Centro de Memória Unicamp. Coleção Edgard Cavalheiro, Caixa 2. Carta de Francisco Glicério para Bernardino de Campos, 10/07/1884.
119. Ver, notadamente: Centro de Memória Unicamp. Coleção Edgard Cavalheiro, Caixa 2. Carta de Francisco Glicério para Campos Salles, 19/05/1885; ainda, Anais da Câmara de Deputados (11 maio 1885). Disponível em: www2.camara.leg.br. Acesso em: 20 nov. 2021.
120. A respeito da Lei dos Sexagenários, ver especialmente: Mendonça (2008).
121. Anais da Câmara de Deputados (julho e agosto de 1885). Disponível em: www2.camara.leg.br. Acesso em: 20 nov. 2017. Ver também a esse respeito: Conrad (1978); Toplin (1972).
122. Acerca da imigração italiana, consultar notadamente: Faini e Venturini (1994); Franzina (2006); Marquese (2013a).
123. Acerca da implosão final do partido conservador na década de 1880, ver: Nascimento (2017; 2019).
124. Sobre a Chacina de Cubatão, consultar: BN. *A Província de São Paulo*, 25, 27 e 29 out. 1887; BN. *Gazeta de Notícias*, 23, 24, 26, 27 e 30 out. 1887. Acerca dos derradeiros anos do movimento abolicionista, ver: Alonso (2015); Albuquerque (2009); Alves (2009); Azevedo (2004); Azevedo (2010); Brito (2003); Castilho (2008); Chalhoub (1990); Fontes (1976); Gomes (2006); Gorender (1990); Machado (1994; 2009); Monnerat (2012); Needell (2020); Reis e Silva (2009); Silva (2003).
125. A respeito das assinaturas, ver: BN. *Correio Paulistano*, 17 dez. 1887.
126. Sobre os republicanos do 14 de maio, ver especialmente: Stein (1990); Gomes (2005).
127. Sobre a distribuição global das tropas britânicas na década de 1880, ver: Darwin (2009). Sobre a República de Cunani, ver: Baldus (2019).
128. Para duas muito pertinentes análises da questão militar, ver: Schulz (1994); Lemos (1999).
129. Centro de Memória Unicamp. Coleção Edgard Cavalheiro, EC 1.1.4-436-2. Ver, também: Magalhães Jr. (1957).
130. Para a citação de Floriano Peixoto, ver: Cameu e Peixoto (1983). Para a de Paulino de Sousa, conferir: Anais do Senado Federal, 2 maio 1885. Disponível em: www.senado.gov.br/publicacoes/anais. Acesso em: 1º jul. 2021. A respeito da adesão da classe média à República, consultar: Lemos (1999); Mello (2007).
131. A respeito da fundação do Clube Militar, ver Arquivo Histórico Museu Casa de Benjamin Constant (AHMCBC). Série Clube Militar, 1887.

132. Consultar Relatórios do Ministério da Fazenda (1887 e 1888); Relatórios do Banco do Brasil de 1887 e de 1888 (CCBB); Arquivo privado do barão de Cotegipe e do visconde de Ouro Preto (IHGB). Ver, ainda: Summerhill (2015); Schulz (2008).
133. Moraes (2023).
134. Carreira (1980).
135. Hanley (2005).
136. Ver: AHMI. Notas do conde d'Eu, s.l., s.d., maço 201, doc. 9156.
137. A respeito da Guarda Negra, ver: Gomes (1991); Andrews (1991b); Soares (1994); Ricci (1990); Daibert Jr. (2004); Antunes (2019).
138. Acerca da caderneta de criados e servidores, ver: AN. 1R — Conselho de Estado, Seção Império, cx. 559, pac. 3; e BN. *Jornal do Comércio*, 18 mar. 1889. Sobre o pós-abolição, consultar especialmente: Cunha e Gomes (2007); Rios e Mattos (2004); Andrews (1991a); Machado (1994); Fragoso e Rios (1995); Alonso (2015); Mattos e Albuquerque (2020); Pinto (2021).
139. Sobre o projeto de Antônio Prado, ver: Silva (1996).
140. A esse respeito, ver especialmente: Villela (2020).
141. Centro de Memória da Unicamp. Coleção Edgard Cavalheiro, Caixa 2. Ver também: Salles (1998). A respeito da contribuição de São Paulo no orçamento imperial, consultar: Luna e Klein (2019).
142. A respeito dos pactos de sangue, ver: Arquivo Histórico Museu Casa de Benjamin Constant (AHMCBC). Série República, subsérie Proclamação da República, cx. 896, 899, 900 e 901. Consultar, ainda: Castro (1995). Sobre os pronunciamentos de Deodoro e Floriano Peixoto, ver: Castro (1982). Ainda, consultar: visconde de Ouro Preto (1891). Para instigante análise sobre a crise do Império, ver: Salles (2013).

CAPÍTULO 4. A GUERRA CIVIL BRASILEIRA

143. Para a posição de Aristides Lobo, ver: Carta ao *Diário Popular*, apud Basbaum (1968). Sobre o consentimento republicano, ver: Mello (2007).
144. Para uma abordagem, contrária a esta, que destaca as tentativas de contragolpe monarquista, ver: Janotti (1986).
145. Sobre o episódio de 17 de novembro em São Luís do Maranhão, ver: Gato (2020).
146. A respeito das primeiras medidas eleitorais da Primeira República, ver: Abranches (1907); Roure (1920); Carone (1983); Lessa (2015).

147. Darwin (2009); Osterhammel (2014); Hobsbawm (1969); e Touchard et al. (1992).
148. Ainda que o faça para o século XX, a tese da América latina como balão de ensaio para a inserção global estadunidense é de Grandin (2007).
149. Consultar a esse respeito: Nelson (1971:127-143).
150. New York Public Library (NYPL). Sc Micro R 2102, Reel 51. Cônsul-geral Armstrong para Departamento de Estado, Rio de Janeiro, 1/6/1889; e plenipotenciário Adams para Blaine, Rio de Janeiro, 19/11/1889.
151. Sobre as posições das diferentes delegações na I Conferência Pan-Americana, ver: Santos (2004); Ricupero (2017); Lockley (2010); Fagg (1982).
152. Arquivo Histórico do Itamaraty (AHI). Rio de Janeiro. Ofícios 1890-92. Mendonça para Chermont, 19/6/1891 e Mendonça para Constantino Palleta, 8/12/1891; Arquivo Casa Rui Barbosa. Coleção Rui Barbosa Série Correspondência. Mendonça para Barbosa, Nova York, 7/7/1890; Relatório do Ministério das Relações Exteriores, 1891; e, especialmente, Topik (2009).
153. A respeito da fuga de capitais e seus vínculos com o *Foreign Office*, ver: The National Archives (NA) — UK. Foreign Office, caixa 658, Wyndham para Salisbury, Rio de Janeiro, carta de 23/12/1889.
154. A respeito da Lei Bancária de Rui Barbosa, consultar: Abreu (2014); Luna e Klein (2014); Salomão (2021).
155. Para o crescimento industrial e bancário decorrente da lei de 1890, ver: Brasil (1891); Graham (1972); Levy (1977); Stein (1979); Tannuri (1981); Franco (1983). Consultar, ainda: Censo do Rio de Janeiro de 1890, para o tamanho do operariado no Distrito Federal.
156. Acerca do debate constitucional, ver: Brasil (1924); Lynch (2011); Gonçalves (2012); Fernandes (2015); Carvalho (2011b); Mathias (2009); Duarte Neto (2009). Sobre os efetivos militares, consultar: Carvalho (2019a); McCann (2007).
157. Ver: AN. SF — Prudente de Morais, p. 262. Carta de Campos Salles para Prudente de Morais, Rio de Janeiro, 12/10/1890; Carone (1983).
158. Ver: BN. *Gazeta de Notícias*, 20 a 24 fev. 1891. Consultar igualmente: Schulz (1994).
159. Sobre a percepção externa acerca do processo eleitoral de 1891, ver: NA. Foreign Office, FO 675, Adams to Salisbury, 27/2/91.
160. Ferguson e Moritz (2006); Ford (1956); Triner e Wandschneider (2005); Marichal (2010).
161. Acerca dos valores orçamentários e comerciais, ver: Luna e Klein (2019). Sobre as medidas monetárias de Lucena, consultar: Schulz (2008).

162. Acerca da literatura à qual se faz referência no parágrafo, consultar: Furtado (2007); e Prado Jr. (2012).
163. A respeito das tensões no seio do PRP e do PRM, consultar os ainda expressivos: Love (1982); Wirth (1982).
164. A respeito da posição dos Rothschild, ver: The Rothschild Archive (Londres), XI 65 8, Rothschild para Lucena, 9/11/1891. Para instigante estudo sobre o crédito público na América latina, consultar: Vedoveli (2019). Ainda, sobre a crise Balmaceda, ver: Nabuco (1895); Estrada (2010).
165. Para notável análise sobre o boulangismo, que cá serve de inspiração para compreender o florianismo, consultar: Laclau (2013), de onde se extraíram os conceitos de "relação de equivalência" e "significante vazio". Ainda, acerca do florianismo, ver: Queiroz (1986); Penna (1997); Alonso (2009); Leal (2014).
166. Acerca da política econômica do governo de Floriano Peixoto, ver: Relatórios do Ministério da Fazenda (1892-1895). Ainda, consultar: Ziliotto (2011); Topik (2009); Meile (2005); Topik (1987); Schulz (2008); Abreu (2014).
167. Sobre a criação de símbolos republicanos, ver: Carvalho (1990).
168. A esse respeito, ver: Doratioto (1994).
169. A cerca da citação de Custódio de Melo, consultar sua correspondência com Rui Barbosa e com o vice-almirante Carlos de Souza e Silva, apud Schulz (2008).
170. Para a citação, ver: Nabuco (2003).
171. Acerca da Revolta da Armada e da Revolução Federalista, consultar: Flores (2018); Chasteen (2003); Pesavento (1994); Franco (1993); Reckziegel (1999); Alves (1998); Nabuco (2003); Tavares (2013); Costa (2006); Machado (2010).
172. Para a compreensão aqui adaptada do conceito cunhado por Goffman de instituições totais, ver: Carvalho (2019a).
173. Para uma muito oportuna biografia de Euclides da Cunha, ver: Santos (2021). A respeito da vasta historiografia sobre Belo Monte, consultar: Bartelt (2009); Arruda (1993); Ataide (1995); Bastos (1995); Calasans (1988); Dobroruka (2004); Hermann (1996); Levine (1991); Oliveira (1998); Queiroz (1986); Sampaio (1993); Zilly (1993); Johnson (2021).

CAPÍTULO 5. A ROTINIZAÇÃO DO REGIME

174. Furtado (2007); Jaguaribe (1962); Sodré (1962); Fausto (1972).

175. Love (1982); Peláez (1971); Vilela e Suzigan (1973); Perissinotto (1994); Fausto (1990).
176. Wirth (1982); Levine (1980); Carvalho (2011a); Martins Filho (1987; 2009); Faoro (1958); Schwartzman (1975; 1982).
177. Lessa (2015); Ferreira (1994); Viscardi (2001); Pinto (2002); Gunter (2011); Fanaia (2010); Sarmento (2011); Quintão (2016). Para muito oportuno balanço historiográfico sobre o papel das oligarquias estaduais na trama política da Primeira República, ver: Ferreira e Pinto (2017). Sobre a tese do congelamento do poder, ver também: Lynch (2014).
178. Para a abordagem aqui adotada acerca do conceito de hegemonia, ver: Gramsci (1978b; 1978c; 1978d; 2002); Galbraith (2007). Ver, ainda: Kugelmas (1986).
179. Para o orçamento e a dívida pública paulista, ver: Relatórios do Estado de São Paulo, 1890-1899; Love (1980); Luna e Klein (2019). Acerca do setor bancário paulista e das companhias exportadoras, consultar: Hanley (2005); Saes e Szmrecsányi (1985); Summerhill (2003); Triner (2000). Ver, ainda: New York Public Library (NYPL). Rosenheim to Secretary of State Day, 27/7/98. V. S. Department of State, dispatches, consulate, Santos, Brazil, T-351, v. 5, reel 5. Para as operações estaduais de crédito externo, consultar: Maia e Saraiva (2012).
180. Darwin (2009); Osterhammel (2014); Hobsbawm (1969); Touchard et al. (1992).
181. Para o *Funding Loan* e seus resultados, ver: Abreu (2014); Salomão (2021). Para a produção de café em São Paulo, consultar: Luna e Klein (2019). Sobre o sistema bancário paulista, ver: Hanley (2005); Saes e Szmrecsányi (1985). A respeito da recriação do Banco do Brasil, conferir: Pacheco (1980); Costa (2014).
182. Para a citação, ver: Salles (1998).
183. Vitor Nunes Leal (2012) ainda é referência incontornável para o estudo do coronelismo no Brasil. Para versões mais recentes, consultar: Carone (1971); Sousa (1995); Carvalho (1997); Zonta Jr. (2017); Oliveira (2017).
184. Schwartzman (1975).
185. Acerca do lugar dos estados de segunda grandeza na ordem nacional, ver sobretudo: Viscardi (2001). Especialmente para o Rio Grande do Sul, consultar: Love (1975).
186. Consultar Relatório do Estado de São Paulo, 1897. Sobre a questão de Trindade, ver: Cruz (2005); Kämpf (2016).

187. Sobre a questão do Amapá, ver: Goes Filho (2015); Ricupero (2017); Santos (2017); Moreira (2018). A respeito da guerra das farinhas, conferir: Bandeira (2014); Bueno e Cervo (2015).
188. A respeito da questão do Pirara, ver: Goes Filho (2015); Ricupero (2017); Romani (2019).
189. Fonseca Jr. (2012). Acerca das diferenças entre o americanismo de Joaquim Nabuco e do barão do Rio Branco, ver: Costa (1968); Ricupero (2012b).
190. Sobre a questão do Acre, consultar: Ricupero (2012a); Santos (2018); Bandeira (2000). Sobre o caso de Descalvados, conferir: Garcia (2012).
191. Acerca da III Conferência Pan-Americana, ver: Ricupero (2017); Bueno (2007); Santos (2012). Sobre as relações Argentina-Brasil na década de 1900, conferir: Candeas (2017); Silveira (2012).
192. Sobre as Conferências de Paz da Haia, ver: Cardim (2012); Pereira (2012).
193. Sobre a indicação para concorrer ao Catete e ao prêmio Nobel da paz, ver: Mourão (2012).
194. Acerca das greves portuárias e ferroviárias, ver: Luca (1986); Siqueira (2013); Santos (2006); Nomelini (2010); Saes (2003). Sobre o extermínio dos *kaingang*, ver: Laroque (2005); Borges (2007); Wissenbach (2001); Pinheiro (1992); Alvim (2010). A citação é de Donato (1977). Para uma biografia de Cândido Rondon, consultar: Diacon (2006).
195. Weinstein (1983); Prado e Capelato (2006); Frank, Marichal e Topik (2006); Grandin (2010).
196. Porta (2005).
197. Acerca da Revolta da Vacina, consultar: Benchimol (2019); Carvalho (2019b); Chalhoub (1996); Sevcenko (2018); Cantisano (2022); Cukierman (2021).
198. Franco e Lago (2012); Holloway (1978); Andrade (2019); Saes (2005); Viscardi (1999).
199. Batalha (2000); Gomes (2005); Oliveira (2010); Dulles (1980); Pinheiro e Hall (1979).
200. Barata (1999); Vescio (2001); Morel e Souza (2008).

CAPÍTULO 6. A CONTINUIDADE ROMPIDA

201. *A Defesa Nacional*, 10 out. 1913. Sobre os jovens turcos, consultar: Capella (1985); Coelho (1976); Ferreira (2000); McCann (2007); Carvalho (2019a).

202. As citações são de: Morgan (2003).
203. Sobre a Revolta da Chibata, consultar: Samet (2011); Arias Neto (2003); Nascimento (2010). Ver, ainda: Bretas (1997); Carvalho (2019b).
204. Sobre o Contestado, ver: Machado (2004); Lima (2018); Fraga (2010); Almeida Jr. (2011).
205. Sobre a Sedição de Juazeiro, consultar: Giumbello (1997); Della Cava (1977); Facó (1965); Camurça (1994); Neto (2009).
206. Abreu (2014); Calógeras (1960); Fritsch (1988); Triner (2000).
207. Sobre as greves rurais em São Paulo, ver: Bacellar e Brioschi (1999); Colognese (2004); Furlanetto (2007); Hall (1979); Holloway (1984); Hecker (2010).
208. Sobre as medidas jurisdicionais antitruste nos Estados Unidos, consultar: Ricupero (2017); Bandeira (2010); Vinhoso (1981); França (2007).
209. A respeito das negociações em Niágara Falls e do pacto ABC, consultar: Small (2009); Gregório et al. (2021); Barnabé (2014); Heinsfeld (2009).
210. Acerca da participação do Brasil na Primeira Guerra Mundial, ver: Compagnon (2014); Daróz (2016). Sobre o histrionismo brasileiro na Liga das Nações, ver: Garcia (2000), de quem é a expressão.
211. A respeito as emissões, ver: Abreu (2014); Triner (2000); Costa (2014).
212. Para os debates historiográficos acerca dos efeitos econômicos da Primeira Guerra Mundial no Brasil, ver: Baer e Villela (1972); Dean (1969); Fritsch (1988); Grandi (2020); Leff (1968); Lima (1970); Luz (1975); Peláez (1971); Stein (1979); Suzigan (2000); Triner (2000).
213. Censo Agrícola de São Paulo (1905); Centro Industrial do Brasil (1907); Diretoria Geral de Estatísticas (1923-1927); IBGE (1941).
214. A respeito da trajetória de Francesco Matarazzo, consultar: Dean (1971); Martins (1973).
215. A respeito do processo de industrialização na Primeira República, consultar: Cardoso (1960:31-46); Dean (1971); Graham (1972); Silva (1976); Stein (1979); Cano (1981); Font (1983); Suzigan (1986); Luna e Klein (2014; 2019); Silva e Szmrecsányi (2002); Grandi e Faleiros (2020).
216. A respeito da industrialização na Amazônia, consultar: Cano (1981); Weinstein (1983).
217. Acerca dos congressos operários, consultar: Hardman e Leonardi (1991); Batalha (2000); Gomes (2015); Fausto (2016).
218. A respeito dos movimentos grevistas na Primeira República, conferir: Azevedo (2005); Batalha (2000); Chalhoub (2005); Fausto (2016); Fontes, Fortes e Mayer (2018); Gomes (2005); Hardman e Leonardi (1991); Mac

Cord e Batalha (2014); Mattos (1998); Pinheiro e Hall (1979); e Viscardi e Jesus (2007). A respeito da tese de Eric Hobsbawm, ver: Hobsbawm (1964).

219. Sobre o Código do Trabalho, ver: Fausto (2016); Karawejczyk (2015); Fraccaro (2018). Ainda sobre as ressonâncias de 1917, ver: Lopreato (2000). Para a citação do deputado Augusto Lima, consultar: Fausto (2016).

220. Sobre a gripe espanhola, consultar: Schwarcz e Starling (2020); Spinney e Sirignano (2018); Barry (2004); Crosby (2003); Porras Gallo e Davis (2014).

221. A respeito da criação da carteira de redesconto do Banco do Brasil, ver: Franco e Lago (2012); Pacheco (1980).

222. Sobre a *Reação Republicana*, ver especialmente, inclusive para a citação: Ferreira e Pinto (2018). Consultar também: Conniff (1981); Pinto (1998).

REFERÊNCIAS

FONTES

Archives de l'Académie des Sciences (AAS), Paris, França
Pedro II para Quatrefages, Cannes, 17/04/1891, Lettres D. Pedro II.

Archivo Histórico Nacional (AHN), Madri, Espanha
M. de Potestad para Ministro de Estado, Rio de Janeiro, 05/01/1880, Ministério Exteriores H 1417.

Arquivo Geral da Cidade do Rio de Janeiro (AGCRJ), Rio de Janeiro, Brasil
Série casas para operários e classes pobres, Coleção Conselho de Intendência, CI CPO 40.4.48.
Plantas urbanas do Rio de Janeiro, 1870-1880.

Arquivo Histórico, Museu Casa de Benjamin Constant (MCBC), Rio de Janeiro, Brasil
Clube Militar, Série Clube Militar, 1887.
Pactos de sangue. Série República, subsérie Proclamação da República, Caixas 896, 899, 900 e 901.

Arquivo Histórico do Itamaraty (AHI), Rio de Janeiro, Brasil
Mendonça para Chermont, 19/06/1891, s/l, Ofícios 1890-92.
Mendonça para Constantino Palleta, 8/12/1891, s/l, Ofícios 1890-92.

Arquivo Histórico do Museu Imperial (AHMI), Petrópolis, Brasil
Anotações do Conde d'Eu, s/l, s/d, Maço 201, doc. 9156.
Anotações do Conde d'Eu a bordo do *Alagoas*. Maço 207, doc. 9413.
Anotações do Conde d'Eu sobre o projeto de reforma eleitoral, Maço 184, doc. 8378.
Diversos — Proclamação da República, Maço 207, doc. 9413.
Instituto Militar, Maço 160, doc. 7440.
Instituição de Rendas, Maço 166, doc. 7659.

Arquivo Nacional (AN), Rio de Janeiro, Brasil
Associação Beneficente e de Socorros Mútuos dos Homens de Cor, Conselho de Estado, Fundo 1R, Caixa 552, pac.2.
Associação Brasileira de Seguro Mútuo Auxiliar do Trabalho Nacional e dos Ingênuos e da União Seguro de Vida dos Escravos, Caixa 599, pac. 3, doc. 73.
Associação Industrial, consulta de 18/12/1880, Conselho de Estado, Seção Império 1R, caixa 558, pac. 1.
Campos Salles para Prudente de Morais, Rio de Janeiro, 12/10/1890, SF — Prudente de Morais, p. 262.
Carta confidencial de Caxias para o Ministério da Guerra, s/l, 13/12/1868, OG Ministério da Guerra, cód. 924, vol.5.
Clube Beneficente dos Guarda-Livros, Conselho de Estado, Fundo 1R, Caixa 555, pac. 1.
Projeto para caderneta de criados e servidores. 1R — Conselho de Estado, Seção Império, cx. 559, pac. 3.
Sociedade de Beneficência da Nação Conga, Conselho de Estado, Fundo 1R, Caixa 531, pac.3.
Sociedade Beneficente dos Artistas de São Cristóvão, Conselho de Estado, Fundo 1R, Caixa 553, pac. 2.
Sociedade de Proteção aos Desempregados e sem Domicílio, Fundo IR, Caixa 545, pac. 3, Conselho de Estado, Fundo 1R.
Sociedade Protetora dos Barbeiros e Cabelereiros, Caixa 555, pac. 1, Conselho de Estado, Fundo 1R.
Sociedade União Comercial dos Varejistas de Secos e Molhados, consulta de 11/12/1880. Conselho de Estado, Seção Império 1R, Caixa 558, pac. 1.

Arquivo Público do Estado da Bahia (Apeb), Salvador, Brasil
Sociedade Liga Operária Baiana, Governo da Província, Sociedades 1833-1889, n. 1575, cód. 17.

Arquivo Rui Barbosa, Fundação Casa de Rui Barbosa (FCRB), Rio de Janeiro, Brasil
Mendonça para Barbosa, Nova York, 7/07/1890, Coleção Rui Barbosa Série Correspondência.

Biblioteca Nacional, Rio de Janeiro, Brasil
Alvorada, 20/07/1879.
O Auxiliador da Indústria Nacional, década de 1870.
Correio Paulistano, 14/04/1875; 17/12/1887.
A Defesa Nacional, 10/10/1913.
Diário Popular, 18/11/1889.
A Gazeta Operária, 07/02/1885.
Gazeta de Notícias, 23, 24, 26, 27 e 30/10/1887; 20 a 24/02/1891.
O Industrial, 1881.
Jornal do Comércio, 18/03/1889.
O País, 06/11/1884.
A Província de São Paulo, 25, 27 e 29/20/1887.
A República, 03/09/1871.
Revolução, 07/04/1881.
O Soldado, 22/03/1881.
Tribuna Militar, 1881 e 1882.

Centro Cultural Banco do Brasil (CCBB), Rio de Janeiro, Brasil
Relatórios do Banco do Brasil de 1870-1889/90.

Centro de Memória — Unicamp, Campinas, Brasil
Francisco Glicério, correspondência ativa e passiva. Coleção Edgard Cavalheiro, Caixas 1 e 2.
Proclamação da República. Coleção Edgard Cavalheiro, EC 1.1.4-436-2.

Centro de Pesquisa e Documentação de História Contemporânea do Brasil (CPDOC/FGV), Rio de Janeiro, Brasil
Dom Pedro II para Louis Pasteur, a bordo do Alagoas, 20 de novembro de 1889, Arquivo Pessoal Quintino Bocaiúva, QB C CP 1889.11.16.

Instituto Brasileiro de Geografia e Estatística (IBGE), Base de dados virtual
Séries estatísticas retrospectivas, v. 3.

Instituto Histórico e Geográfico Brasileiro (IHGB), Rio de Janeiro, Brasil
Anotações do conde d'Eu a bordo do *Alagoas*. Lata 351, pasta 53.
Arquivo privado do barão de Cotegipe.
Arquivo privado do visconde de Ouro Preto.
Cartas do conde d'Eu a Max Fleiuss. ACP 72.
João Alfredo Correia de Oliveira para João Maurício Wanderley, barão de Cotegipe, Belém, 8/04/1870, Lata 50, Pasta 91.
Proclamação da República. Lata 351, pasta 53.

National Archives (NA), Londres, Reino Unido
Adams para Salisbury, Rio de Janeiro, 27/02/91, Foreign Office, FO 675.
Wyndham para Salisbury, Rio de Janeiro, 23/12/1889, Foreign Office, FO 658.

New York Public Library, Nova York, Estados Unidos
Adams para Blaine, Rio de Janeiro, 19/11/1889, Sc Micro R 2102, Reel 51.
Armstrong para Departamento de Estado, Rio de Janeiro, 1/06/1889, Sc Micro R 2102, Reel 51.
Henry W. Hilliard para Departamento de Estado, Rio de Janeiro, 23/01/1880, Sc Micro R-2102 Reel 46.
James R. Patridge para Hamilton Fish, Rio de Janeiro, 14/12/1874, Sc. Micro 2102, Reel 43.
Rosenheim para Secretário de Estado, Rio de Janeiro, 27/07/98, T-351, v. 5, reel 5.

The Rothschild Archive, Londres, Reino Unido
Rothschild para Lucena, Londres, 9/11/1891, XI 65 8.

FONTES IMPRESSAS

ANAIS DA CÂMARA DE DEPUTADOS, 1870-1920.
ANAIS DO SENADO FEDERAL, 1870-1920.
ARAÚJO, Oscar. *L'idée républicaine au Brésil*. Paris: A. Didier, 1893.
ASSOCIAÇÃO INDUSTRIAL, *O trabalho nacional e seus adversários*. Rio de Janeiro: G. Leuzinger & Filhos, 1881.
BOLETIM DO GRANDE ORIENTE UNIDO E SUPREMO CONSELHO DO BRASIL, Rio de Janeiro, v. 2, n. 2-3, fev./mar. 1873.

BRASIL. *Almanak administrativo, mercantil e industrial do Rio de Janeiro*. Rio de Janeiro: Companhia Tipográfica do Brasil, 1891.

_____. *Anais do Congresso Constituinte da República, 1890*. Rio de Janeiro: Imprensa Nacional, 1924.

_____. Relatórios do Ministério da Fazenda (1870-1920).

_____. Relatórios do Ministério do Império (1870-88).

_____. Relatórios do Ministério da Justiça (1870-88).

_____. Relatórios do Ministério das Relações Exteriores (1889/90-1920).

_____. Relatórios do Estado de São Paulo (1890-99).

BRASILIENSE, Américo. *Os programas dos partidos e o Segundo Império*. São Paulo: Tipografia de Jorge Seckler, 1878.

BUARQUE, Felício. *Origens republicanas*: estudos de gênese política. Recife: Francisco Soares Quintas, 1894.

CONGRESSO AGRÍCOLA. *Rio de Janeiro, 1878*. Rio de Janeiro: Fundação Casa de Rui Barbosa, 1988. Ed. fac-símile.

CENSO AGRÍCOLA DE SÃO PAULO. São Paulo: Instituto de Economia Agrícola — IEA/Cati-Saaesp; Unicadata, 1905.

CENSO DO RIO DE JANEIRO, 1890.

CENSO NACIONAL, 1872 e 1890.

CENTRO INDUSTRIAL DO BRASIL. Inquérito industrial de 1907 — Estatísticas do século XX/IBGE. Disponível em: https://seculoxx.ibge.gov.br/economicas. Acesso em: 15 out. 2023.

DEPARTAMENTO NACIONAL DO CAFÉ. *Anuário Estatístico — 1938*. Rio de Janeiro: Biblioteca do Ministério da Fazenda, 1938.

DIRETORIA GERAL DE ESTATÍSTICAS. Recenseamento do Brasil realizado em 1º de setembro de 1920. Rio de Janeiro: Tipografia da Estatística, 1923-1927.

FERNANDES, Achilles de Oliveira. *Quadro demonstrativo do desenvolvimento da indústria e da eletricidade no Brasil*, 1883-1934. Rio de Janeiro: Ministério da Agricultura, 1935.

IBGE. *Anuário estatístico do Brasil* (1939-1940). Rio de Janeiro: IBGE, 1941.

LAERNE, C. F. Van Delden. *Brazil and Java*. Report on coffee-culture in America, Asia, and Africa. Londres: W. H. Allen, 1885.

MINAS GERAIS. Relatório apresentado à Assembleia Provincial de Minas Gerais na sessão ordinária de 1876.

ROY, J. J. E. *L'Empire du Brésil.* Souvenirs de Voyage par N. X. Tours: Alfred Mame et Fils, 1871.

SALLES, Campos. *Da propaganda à presidência*. Brasília: Senado Federal, 1998.

SUETÔNIO e BOCAIÚVA, Quintino. *O Antigo Regime*. Homens e coisas. Rio de Janeiro: Cunha & Irmão, 1896.

VISCONDE DE OURO PRETO. *Advento da ditadura militar no Brasil*. Paris: Imprimerie F. Pichon, 1891.

VISCONDE DE TAUNAY. *Reminiscências*. Rio de Janeiro: Livraria Francisco Alves & C., 1907.

BIBLIOGRAFIA

ABRANCHES, Dunshee de. *Atas e atos do Governo Provisório*. Rio de Janeiro: Imprensa Nacional, 1907.

ABREU, Marcelo de Paiva (Org.). *A ordem do progresso*: dois séculos de política econômica no Brasil. Rio de Janeiro: Elsevier, 2014.

____; LAGO, Luiz Aranha Correa do; VILLELA, André Arruda. *A passos lentos*: uma história econômica do Brasil Império. São Paulo: Edições 70, 2022.

____; ____. A economia brasileira no Império, 1822-1889. *Texto para discussão*, n. 584, Departamento de Economia, PUC-Rio, [s.d.].

ABREU, Maurício de A. *Evolução urbana do Rio de Janeiro*. Rio de Janeiro: Jorge Zahar Editor; Iplanrio, 1988.

ALBUQUERQUE, Wlamyra R. de. *O jogo da dissimulação*: Abolição e cidadania negra no Brasil. São Paulo: Companhia das Letras, 2009.

ALMEIDA, Paulo Roberto de. *Formação da diplomacia econômica do Brasil*: as relações econômicas internacionais no Império. São Paulo: Senac São Paulo; Brasília: Funag, 2005.

ALMEIDA JR., Jair de. *A religião contestada*. São Paulo: Fonte Editorial, 2011.

ALONSO, Angela. De positivismo e de positivistas: interpretações do positivismo brasileiro. *Revista Brasileira de Informação Bibliográfica*, n. 42, p. 109-134, 1996.

____. *Ideias em movimento*: a geração de 1870 na crise do Brasil Império. São Paulo: Paz & Terra, 2002.

____. Arrivistas e decadentes. O debate político-intelectual brasileiro na primeira década republicana. *Novos Estudos Cebrap*, v. 85, p. 131-148, 2009.

____. *Flores, votos e balas*: o movimento abolicionista brasileiro (1868-1888). São Paulo: Companhia das Letras, 2015.

ALVARENGA, Felipe de Melo. O agregado na fazenda do café: estratégias de fixação e de mobilidade de homens livres e pobres em Valença (Província do Rio de Janeiro, 1850-1888). *Cantareira*, v. 32, p. 121-136, 2020.

ALVES, Francisco das Neves. A ruptura Brasil-Portugal à época da Revolta da Armada. *Estudos Ibero-Americanos*, v. 24, p. 231-246, 1998.

ALVES, Uelinton F. *José do Patrocínio*: a imorredoura cor do bronze. Rio de Janeiro: FBN; Garamond, 2009.

ALVIM, Zuleika. Imigrantes: a vida privada dos pobres do campo. In: SEVCENKO, Nicolau (Org.). *História da vida privada no Brasil*: Volume 3: República: da *Belle Époque* à Era do rádio. São Paulo: Companhias das Letras, 2010.

AMADO, Janaína. *A Revolta dos Muckers*: Rio Grande do Sul, 1868-1898. São Leopoldo: Unisinos, 2002.

ANDRADE, Caio César Vioto de. A política da economia cafeeira: os conflitos entre as oligarquias republicanas no projeto do Convênio de Taubaté. *Crítica Histórica*, n. 20, p. 251-274, 2019.

ANDREWS, George Reid. *Blacks and whites in São Paulo*: Brazil — 1888-1988. Madison: The University of Wisconsin Press, 1991a.

_____. O protesto negro em São Paulo, 1888-1889. *Estudos Afro-asiáticos*, n. 21, p. 27-48, 1991b.

ANIEVAS, Alexander; NISANCIOGLU, Kerem. *How the West came to rule*: the geopolitical origins of capitalism. Londres: Pluto Press, 2015.

ANTUNES, Livia. *Sob a Guarda Negra*: Abolição, raça e cidadania no imediato pós-Abolição. Tese (doutorado) — Programa de Pós-Graduação em História, Universidade Federal Fluminense, Niterói, 2019.

ARAÚJO, Carlos Eduardo Moreira; GOMES, Flávio; MAC CORD, Marcelo (Org.). *Rascunhos cativos*: educação, escolas e ensino no Brasil escravista. Rio de Janeiro: 7Letras, 2017.

ARAÚJO, Maria Lucília Viveiros. *Os caminhos da riqueza dos paulistanos na primeira metade do Oitocentos*. São Paulo: Hucitec; Fapesp, 2006.

ARAÚJO, Tatiana Brito de. *Os engenhos centrais e a produção açucareira no recôncavo baiano*. Salvador: Federação das Indústrias do Estado da Bahia, 2002.

ARIAS NETO, José Miguel. João Cândido, 1910-1968. Arqueologia de um depoimento sobre a Revolta dos Marinheiros. *História Oral,* n. 6, p. 159-185, 2003.

ARIZA, Marília Bueno de Araújo. *O ofício da liberdade*: contratos de locação de serviços e trabalhadores libertandos em Campinos, 1830-1888. Dissertação (mestrado) — Programa de Pós-Graduação em História Social, Universidade de São Paulo, 2012.

ARRUDA, João. *Canudos*: messianismo e conflito social. Fortaleza: Edições UFC/Secult, 1993.

ASHWORTH, William. *An economic history of England*: 1870-1939. Londres: Methuen & Co., 1982.

ATAIDE, Yara Dulce Bandeira de. *Império de Belo Monte*: alguns aspectos de sua vida cotidiano. *Revista da Faeeba*, n. 1, 1995.

ATIQUE, Fernando. Andaimes da boa vizinhança: arquitetura de um relacionamento entre o Brasil e os Estados Unidos (1876-1945). In: GROSTEIN, Marta Dora; BARTALINI, Vladimir (Org.). *Arquiteses — arquitetura*: história e crítica. São Paulo: FAU/USP, 2015.

AZEVEDO, Célia. *Onda negra, medo branco*: o negro no imaginário das elites do século XIX. São Paulo: Annablume, 2004.

AZEVEDO, Elciene. *O direito dos escravos*: lutas jurídicas e abolicionismo na província de São Paulo. Campinas: Editora da Unicamp, 2010.

AZEVEDO, Francisca Nogueira de. *Malandros desconsolados*: o diário da primeira greve geral no Rio de Janeiro. Rio de Janeiro: Relume Dumará, 2005.

BACELLAR, Carlos de A. P. Desbravando os sertões paulistas, séculos XVI a XIX. *História*, São Paulo, v. 39, p. 1-17, 2020.

_____; BRIOSCHI, Lucila dos Reis. *Na estrada do Anhanguera*: uma visão regional da história paulista. São Paulo: Humanitas; FFLCH/USP, 1999.

BACHA, Edmar; GREENHILL, Roberto. *150 anos de café*. Rio de Janeiro: Salamandra Consultoria Editorial S.A.; Marcellino Martins & E. Johnston, 1992.

BAENINGER, Rosana. *Fases e faces da migração em São Paulo*. Campinas: Nepo/Unicamp, 2012.

BAER, Werner; VILLELA, Aníbal V. Crescimento industrial e industrialização: revisões dos estágios do desenvolvimento econômico do Brasil. *Dados*, n. 9, p. 114-134, 1972.

BALDUS, Wolfgang. *República do Cunani, nativos da Amazônia*. Brasília: Senado Federal, 2019.

BANDEIRA, Luiz Alberto Moniz. O barão de Rothschild e a questão do Acre. *Revista Brasileira de Política Internacional*, n. 43, p. 150-169, 2000.

_____. *Brasil, Argentina e Estados Unidos*: conflito e integração na América do Sul. Da Tríplice Aliança ao Mercosul. Rio de Janeiro: Civilização Brasileira, 2014.

BARATA, Alexandre M. *Luzes e sombras*: a ação da maçonaria brasileira (1870-1910). Campinas: Unicamp, 1999.

BARBOSA, Alexandre de Freitas. *A formação do mercado de trabalho no Brasil*. São Paulo: Alameda, 2008.

BARICKMAN, Bert J. *Um contraponto baiano*: açúcar, fumo, mandioca e escravidão no Recôncavo, 1780-1860. Rio de Janeiro: Civilização Brasileira, 2003.

BARMAN, Jean; BARMAN Roderick. The role of the law graduate in the political elite of Imperial Brazil. *Journal of Inter-American Studies and World Affairs*, v. 18, p. 423-450, 1976.

BARMAN, Roderick. The Brazilian peasantry reexamined: the implications of the Quebra-Quilo Revolt (1874-1875). *Hispanic American Historial Review*, v. 57, p. 401-424, ago. 1977.

_____. *Princesa Isabel do Brasil*: gênero e poder no século XIX. São Paulo: Unesp, 2005.

_____. *Imperador cidadão*. São Paulo: Editora Unesp, 2012 [1999].

BARNABÉ, Israel Roberto. A América do Sul pelo barão do Rio Branco: uma análise sobre o Pacto ABC. *Cuadernos sobre Relaciones Internacionales, Regionalismo y Desarrollo*, n. 17, p. 65-78, 2014.

BARROS, Roque Spencer Maciel de. Vida religiosa. In: HOLANDA, Sérgio Buarque de (Org.). *História geral da civilização brasileira*, t. II. O Brasil monárquico, v. VI (Declínio e queda do Império). Rio de Janeiro: Bertrand Brasil, 2012 [1962].

BARROS, Surya Pombo; FONSECA, Marcus Vinícius (Org.). *A história da educação dos negros no Brasil*. Niterói: EdUFF, 2016.

BARRY, John M. *The great influenza*: the epic story of the deadliest plague in history. Nova York: Viking, 2004.

BARTELT, Dawid Danilo. *Sertão, república e nação*. São Paulo: EdUSP, 2009.

BASBAUM, Leôncio. *História sincera da república de 1889 a 1930*. São Paulo: Fulgor, 1968.

BASSANEZI, Maria Silvia C. Beozzo. Migrantes no Brasil da segunda metade do século XIX. In: ENCONTRO NACIONAL DE ESTUDOS POPULACIONAIS, XII, 2000, Caxambu. *Anais...* [S.l.]: Associação Brasileira de Estudos Populacionais, 2000.

____ et al. *Atlas da imigração internacional em São Paulo, 1850-1950*. São Paulo: Unesp; Fapesp, 2008.

BASTOS, José Augusto Cabral Barreto. *Incompreensível e bárbaro inimigo*: a guerra simbólica contra Canudos. Salvador: EdUFBA, 1995.

BATALHA, Cláudio. *O movimento operário na Primeira República*. Rio de Janeiro: Jorge Zahar, 2000.

BEATTIE, Peter M. *The tribute of blood*: army, honor, race, and nation in Brazil, 1864-1945. Durham: Duke University Press, 2001.

BEIGUELMAN, Paula. *A formação do povo no complexo cafeeiro*: aspectos políticos. São Paulo: EdUSP, 1971.

BENCHIMOL, Jaime. Reforma urbana e Revolta da Vacina na cidade do Rio de Janeiro. In: FERREIRA, Jorge; DELGADO, Lucilia de Almeida Neves (Org.). *O Brasil republicano*. O tempo do liberalismo excludente. Da Proclamação da República à Revolução de 1930. Rio de Janeiro: Civilização Brasileira, 2019, p. 231-286.

____. *Um Haussmann tropical*: a renovação urbana da cidade do Rio de Janeiro no início do Século XX. Rio de Janeiro: Sec. Mun. de Cultura, 1992.

BERBEL, Márcia; MARQUESE, Rafael; PARRON, Tâmis. *Escravidão e política*: Brasil e Cuba, 1790-1850. São Paulo: Hucitec; Fapesp, 2010.

BERGSTRESSER, Rebecca Baird. *The movement for the abolition of slavery in Rio de Janeiro*: Brazil, 1880-1889. Tese (doutorado) — Stanford University, 1973.

BERNSTEIN, Michael. *The Great Depression*. Cambridge: Cambridge University Press, 1988.

BESOUCHET, Lídia. *José Maria Paranhos, o visconde do Rio Branco*: ensaio histórico-biográfico. Rio de Janeiro: Editora Valverde, 1945.

BETHENCOURT, Francisco. *Racismos*: das Cruzadas ao século XX. São Paulo: Companhia das Letras, 2018.

BIEHL, João Guilherme. *Jammerthal, o Vale da Lamentação*: crítica à construção do messianismo mucker. Dissertação (mestrado) — Programa de Pós-Graduação em Filosofia, Universidade Federal de Santa Maria, 1991.

BOEHRER, George. *Da monarquia à república*: história do partido republicano do Brasil (1870-1889). Rio de Janeiro: Ministério da Educação e Cultura, [s.d.].

BORGES, Maria Celma. No extremo-oeste paulista: o extermínio e a resistência indígena. *Fronteiras*: Revista de História, v. 9, p. 73-81, 2007.

BOURDIEU, Pierre. *La distinction*: critique sociale du jugement. Paris: Éditions de Minuit, 1979.

BOTELHO, André; SCHWARCZ, Lilia Moritz. *Um enigma chamado Brasil*: 29 intérpretes e um país. São Paulo: Companhia das Letras, 2009.

BRETAS, Marcos Luiz. *A ordem na cidade*: o exercício cotidiano da autoridade no Rio de Janeiro, 1907-1930. Rio de Janeiro: Rocco, 1997.

BRITO, Jailton Lima. *A abolição na Bahia*: 1870-1888. Salvador: Centro de Estudos Baianos da UFBA, 2003.

BUENO, Clodoaldo. *Política externa da Primeira República*. Rio de Janeiro: Paz & Terra, 2007.

____; CERVO, Amado. *História da política exterior do Brasil*. Brasília: Editora da UnB, 2015.

CALASANS, José. Aparecimento e prisão de um messias. *Revista da Academia de Letras da Bahia*, n. 35, 1988.

CALÓGERAS, Pandiá. *A política monetária do Brasil*. São Paulo: Companhia Editora Nacional, 1960.

CAMEU, Francolino; PEIXOTO, Artur Vieira. *Floriano Peixoto*: vida e governo. Brasília: Editora da UnB, 1983.

CAMURÇA, Marcelo. *Marretas, molambudos e rabelistas*. São Paulo: Editora Maltese, 1994.

CANABRAVA, Alice P. *O desenvolvimento da cultura do algodão na província de São Paulo (1861-1875)*. São Paulo: EdUSP, 2011 [1951].

CANDEAS, Alessandro. *A integração Brasil-Argentina*: história de uma ideia na "visão do outro". Brasília: Funag, 2017.

CANO, Wilson. *Raízes da concentração industrial em São Paulo*. São Paulo: T. A. Queiroz, 1981.

CANTISANO, Pedro Jimenez. A refuge from science: the practice and politics of rights in Brazil's Vaccine Revolt. *Hispanic American Historical Review*, n. 102, p. 611-642, 2022.

CAPELLA, Leila Maria Corrêa. *As malhas de aço do tecido social*: a revista "A Defesa Nacional" e o serviço militar obrigatório. Dissertação (mestrado) — Universidade Federal Fluminense, Niterói, 1985.

CARDIM, Carlos Henrique. A Primeira Conferência de Paz da Haia, 1899: por que a Rússia? In: PEREIRA, Manoel Gomes (Org.). *Barão do Rio Branco*: 100 anos de memória. Brasília: Funag, 2012.

CARDOSO, Fernando Henrique. Condições sociais da industrialização: o caso de São Paulo. *Revista Brasiliense*, n. 28, p. 31-46, 1960.

CARNEIRO, Luaê Carregari. *Maçonaria, política e liberdade*: a Loja Maçônica América entre o Império e a República. Paco Editorial, 2016.

CARONE, Edgard. Coronelismo: definição histórica e bibliografia. *Revista Adm. Emp.*, n. 11, p. 85-92, 1971.

____. *A República Velha*: evolução política, 1889-1930. São Paulo: Difel, 1983.

CARREIRA, Liberato de Castro. *História financeira e orçamentária do Império do Brasil*. Brasília: Senado Federal; Fundação Casa de Rui Barbosa, 1980.

CARULA, Karoline. As conferências populares da Glória e a difusão da ciência. *Almanack Braziliense*, n. 6, p. 86-100, 2007.

CARVALHO, José Murilo de. *A Escola de Minas de Ouro Preto*: o peso da glória. São Paulo: Ed. Nacional, 1978.

____. *A formação das almas*: o imaginário da República no Brasil. São Paulo: Companhia das Letras, 1990.

____. Mandonismo, coronelismo, clientelismo: uma discussão conceitual. *Dados*, n. 40, p. 229-250, 1997.

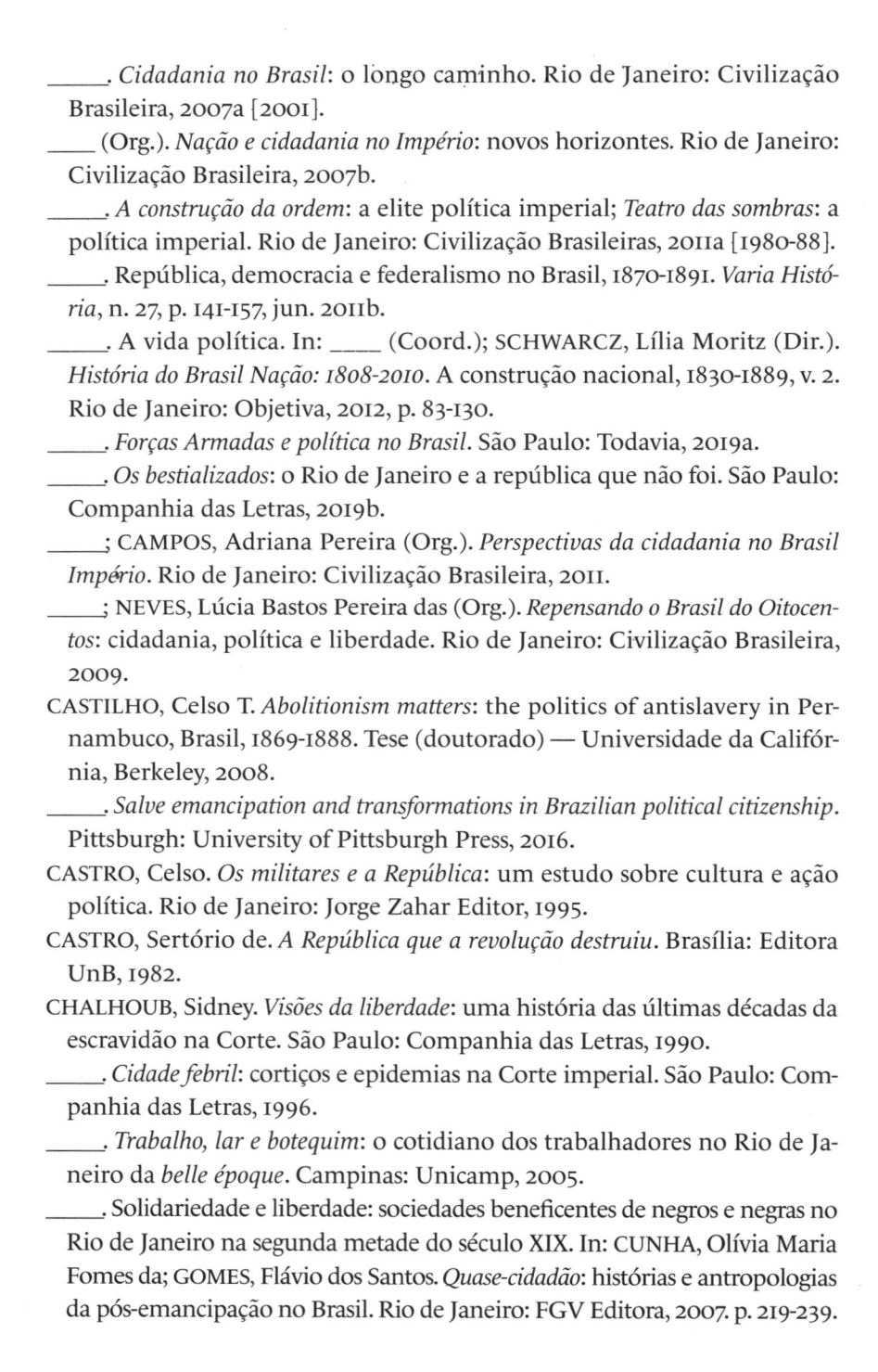

_____. *Cidadania no Brasil*: o longo caminho. Rio de Janeiro: Civilização Brasileira, 2007a [2001].

_____ (Org.). *Nação e cidadania no Império*: novos horizontes. Rio de Janeiro: Civilização Brasileira, 2007b.

_____. *A construção da ordem*: a elite política imperial; *Teatro das sombras*: a política imperial. Rio de Janeiro: Civilização Brasileiras, 2011a [1980-88].

_____. República, democracia e federalismo no Brasil, 1870-1891. *Varia História*, n. 27, p. 141-157, jun. 2011b.

_____. A vida política. In: _____ (Coord.); SCHWARCZ, Lília Moritz (Dir.). *História do Brasil Nação: 1808-2010*. A construção nacional, 1830-1889, v. 2. Rio de Janeiro: Objetiva, 2012, p. 83-130.

_____. *Forças Armadas e política no Brasil*. São Paulo: Todavia, 2019a.

_____. *Os bestializados*: o Rio de Janeiro e a república que não foi. São Paulo: Companhia das Letras, 2019b.

_____; CAMPOS, Adriana Pereira (Org.). *Perspectivas da cidadania no Brasil Império*. Rio de Janeiro: Civilização Brasileira, 2011.

_____; NEVES, Lúcia Bastos Pereira das (Org.). *Repensando o Brasil do Oitocentos*: cidadania, política e liberdade. Rio de Janeiro: Civilização Brasileira, 2009.

CASTILHO, Celso T. *Abolitionism matters*: the politics of antislavery in Pernambuco, Brasil, 1869-1888. Tese (doutorado) — Universidade da Califórnia, Berkeley, 2008.

_____. *Salve emancipation and transformations in Brazilian political citizenship*. Pittsburgh: University of Pittsburgh Press, 2016.

CASTRO, Celso. *Os militares e a República*: um estudo sobre cultura e ação política. Rio de Janeiro: Jorge Zahar Editor, 1995.

CASTRO, Sertório de. *A República que a revolução destruiu*. Brasília: Editora UnB, 1982.

CHALHOUB, Sidney. *Visões da liberdade*: uma história das últimas décadas da escravidão na Corte. São Paulo: Companhia das Letras, 1990.

_____. *Cidade febril*: cortiços e epidemias na Corte imperial. São Paulo: Companhia das Letras, 1996.

_____. *Trabalho, lar e botequim*: o cotidiano dos trabalhadores no Rio de Janeiro da *belle époque*. Campinas: Unicamp, 2005.

_____. Solidariedade e liberdade: sociedades beneficentes de negros e negras no Rio de Janeiro na segunda metade do século XIX. In: CUNHA, Olívia Maria Fomes da; GOMES, Flávio dos Santos. *Quase-cidadão*: histórias e antropologias da pós-emancipação no Brasil. Rio de Janeiro: FGV Editora, 2007. p. 219-239.

CHASTEEN, John Charles. *Fronteira rebelde*: a vida e a época dos últimos caudilhos gaúchos. Porto Alegre: Movimento, 2003.

CHAUVEL, Louis. Are social classes really dead? A French paradox in class dynamics. In: THERBORN, Göran. *Inequalities of the world*. Londres; Nova York: Verso, 2006, p. 295-317.

CHIAVARI, Maria Pace. As transformações urbanas no século XIX. In: BRENNA, Giovanna Rosso del. *O Rio de Janeiro de Pereira Passos*: uma cidade em questão II. Rio de Janeiro: Indez, 1985, p. 569-598.

CHING-HWANG, Yen. Chinese coolie emigration, 1845-1874. In: CHEE-BENG, Tan. *Routledge handbook of the Chinese diaspora*. Londres; Nova York: Routledge Taylor & Francis Group, 2013, p. 73-88.

COELHO, Edmundo Campos. *Em busca de identidade*: o Exército e a política na sociedade brasileira. Rio de Janeiro: Forense-Universitária, 1976.

COGGIOLA, Osvaldo. *As grandes depressões, 1873-1896 e 1929-1939*: fundamentos econômicos, consequências geopolíticas e lições para o presente. São Paulo: Alameda, 2009.

COLOGNESE, Silvio Antonio. *Associações étnicas de italianos*: identidade e globalização. São Paulo: Itália Nova, 2004.

COMPAGNON, Olivier. *O adeus à Europa*: a América Latina e a Grande Guerra. São Paulo: Rocco, 2014.

CONNIFF, Michael. *Urban politics in Brazil*: the rise of populism (1925-1945). Pittsburg: University of Pittburg Press, 1981.

CONRAD, Robert. *The destruction of Brazilian slavery*: 1850-1888. Berkeley; Los Angeles: University of California Press, 1972.

_____. *Os últimos anos da escravatura no Brasil*: 1850-1888. Rio de Janeiro: Civilização Brasileira, 1978.

COSTA, Emília Viotti da. *The Brazilian Empire*: myths and histories. Chicago; Londres: The University of Chicago Press, 1985.

_____. *Da monarquia à república*: momentos decisivos. São Paulo: Editora Unesp, 2010.

_____. *Da senzala a colônia*. São Paulo: Editora Unesp, 2012.

COSTA, Fernando Nogueira. *Brasil dos bancos*. São Paulo: EdUSP, 2014.

COSTA, João Franck da. *Joaquim Nabuco e a política exterior do Brasil*. Rio de Janeiro: Record, 1968.

COSTA, Marcus Vinicius da. *A Revolução Federalista (1893-1895)*: o contexto platino, as redes, os discursos e os projetos políticos liberal-federalistas. Dissertação (mestrado) — Universidade Federal de Santa Maria, Santa Maria, 2006.

COSTA, Wilma Peres. *A espada de Dâmocles*: o Exército, a Guerra do Paraguai e a crise do império. São Paulo: Hucitec, 1996.

____. *Cidadãos e contribuintes no Brasil do século XIX*. São Paulo: Alameda, 2020.

CROSBY, Alfred W. *America's forgotten pandemic*: the influenza of 1918. Cambridge: Cambridge University Press, 2003.

CRUZ, Carlos Luís M. Castanheira. *A questão da Ilha de Trindade (1895-1896)*: uma revisão historiográfica. Dissertação (mestrado) — Universidade do Estado do Rio de Janeiro, 2005.

CUKIERMAN, Henrique. The Vaccine Revolt of 1904, Rio de Janeiro, Brazil. In: OXFORD Research Encyclopedias (online). Latin American History. Oxford: Oxford University Press, 2021.

CUNHA, Olívia Maria Gomes da; GOMES, Flávio dos Santos. *Quase-cidadão*: histórias e antropologias da pós-emancipação no Brasil. Rio de Janeiro: FGV Editora, 2007.

DAIBERT JR., Robert. *Isabel, a "Redentora" dos escravos*: uma história da princesa entre olhares negros e brancos (1846-1988). São Paulo: EdUSC; Fapesp, 2004.

DANTAS, Mônica Duarte; COSTA, Vivian Chieregati. O "pomposo nome de liberdade do cidadão": tentativas de arregimentação e coerção da mão de obra livre no Império do Brasil. *Estudos Avançados*, n. 30, p. 29-48, 2016.

DARÓZ, Carlos. *O Brasil na Primeira Guerra Mundial*: a longa travessia. São Paulo: Editora Contexto, 2016.

DARWIN, John. *The empire project*: the rise and fall of the British world-system, 1830-1970. Nova York: Cambridge University Press, 2009.

DEAN, Warren. *The industrialization of São Paulo, 1880-1945*. Austin: University of Texas Press, 1969.

____. *A industrialização de São, 1880-1930*. São Paulo: Difel, 1971.

____. *Rio Claro*: um sistema brasileiro de grande lavoura, 1820-1920. Rio de Janeiro: Paz & Terra, 1977.

____. *A ferro e fogo*: a história e a devastação da Mata Atlântica brasileira. São Paulo: Companhia das Letras, 1996.

DEBES, Célio. O Partido Republicano de São Paulo na propaganda (1872-1889). São Paulo: [s.n.], 1975.

DELLA CAVA, Ralph. *Milagre em Juazeiro*. Rio de Janeiro: Paz e Terra, 1977.

DIACON, Todd A. *Rondon*: o marechal da floresta. São Paulo: Companhia das Letras, 2006.

DIAS, Alfredo Gomes. Diáspora macaense: Macah, Hong Kong, Xangai (1850-1952). Tese (doutorado) — Instituto de Geografia e Ordenamento do Território, Universidade de Lisboa, Lisboa, 2011.

DICKIE, Maria Amélia Schmidt. *Afetos e circunstâncias*: um estudo sobre os mucker e seu tempo. Tese (doutorado) — Programa de Pós-Graduação em Antropologia Social, Universidade de São Paulo, 1996.

DOBRORUKA, Vicente. *História e milenarismo*: ensaios sobre tempo, história e o milênio. Brasília: Editora UnB, 2004.

DOLHNIKOFF, Miriam. Conflitos intraelite, cidadania e representação da minoria: o debate parlamentar sobre a reforma eleitoral de 1875. *Tempo*, n. 3, 2021.

DOMINGUES, Heloisa Maria Bertol; SÁ, Magali Romero; GLICK, Thomas (Org.). *A recepção do darwinismo no Brasil*. Rio de Janeiro: Editora Fiocruz, 2003.

DOMINGUES, Moacyr. *A nova face dos muckers*. São Leopoldo: Rotermund, 1977.

DONATO, Hernani. *Chão bruto*. São Paulo: Hucitec, 1977.

DORATIOTO, Francisco. A participação brasileira no golpe de Estado de 1894 no Paraguai: a missão Cavalcanti. *Textos de História*, v. 2, p. 145-174, 1994.

DOURADO, Bruna Iglezias Motta. Comércio de grosso trato e interesses mercantis no Recife, Pernambuco (c.1840-c.1870): a trajetória de João Pinto de Lemos. Dissertação (mestrado) — Programa de Pós-Graduação em História, Universidade Federal Fluminense, Niterói, 2015.

DREHER, Martin N. *A religião de Jacobina*. São Leopoldo: Oikos, 2017.

DUARTE NETO, José. *Rigidez e estabilidade constitucional*: estudo da organização da Constituição brasileira. Tese (doutorado) — Faculdade de Direito, Universidade de São Paulo, São Paulo, 2009.

DUDLEY, William. Institutional sources of officer discontent in the Brazilian Army, 1870-1889. *The Hispanic American Historical Review*, v. 55, n. 1, p. 44-65, fev. 1975.

_____. Professionalization and politicization as motivational factors in the Brazilian army coup of 15 November 1889. *Journal of Latin American Studies*, v. 8, n. 1, p. 101-125, maio 1976.

DULLES, John F. *Anarquistas e comunistas no Brasil, 1900-1935*. Rio de Janeiro: Nova Fronteira, 1980.

DUNLOP, Charles J. *Apontamentos para a história dos bondes no Rio de Janeiro*. Rio de Janeiro: Editora Gráfica Laemmert, 1953.

EISENBERG, Peter L. *Modernização sem mudança*: a indústria açucareira em Pernambuco, 1840-1910. Rio de Janeiro: Paz e Terra; Campinas: Universidade Estadual de Campinas, 1977.

ENDERS, Armelle. *A história do Rio de Janeiro*. Rio de Janeiro: Gryphus Editora, 2015.

ESTRADA, Baldomero. *Chile, la apertura al mundo*. Disponível em: <https://books.google.com.br/books/about/Chile_La_apertura_al_mundo_Tomo_3_1880_1.html?id=1nvEAgAAQBAJ&redir_esc=y>

FACÓ, Rui. *Cangaceiros e fanáticos*. Rio de Janeiro: Civilização Brasileira, 1965.

FAGG, John Edwin. *Pan-americanism*: its meaning and history. Malabar: Krieger Pub, 1982.

FAINI, Riccardo; VENTURINI, Alessandra. Italian emigration in the pre-war period. In: HATTON, Timothy J.; WILLIAMSON, Jeffrey G. (Org.). *Migration and the international labor market, 1850-1939*. Londres: Routledge, 1994, p. 72-90.

FANAIA, João Edson de Arruda. *Elites políticas em Mato Grosso na Primeira República (1889-1930)*. Cuiabá: UFMT, 2010.

FAORO, Raimundo. *Os donos do poder*. Rio de Janeiro: Globo, 1958.

FAUSTO, Boris. *Pequenos ensaios de história da República, 1889-1945*. São Paulo: Cebrap, 1972.

_____. Estado e burguesia agroexportadora na Primeira República: uma revisão historiográfica. *Novos Estudos Cebrap*, n. 27, p. 120-127, 1990.

_____. *História do Brasil*. São Paulo: EdUSP, 2008.

_____. *Trabalho urbano e conflito social*. São Paulo: Companhia das Letras, 2016.

FERNANDES, Jorge Batista. A Constituinte de 1890-1891. A institucionalização dos limites da cidadania. *Acervo*: Revista do Arquivo Nacional, v. 19, p. 53-68, 2015.

FERRARO, Marcelo Rosanova. *A arquitetura da escravidão nas cidades do café*: Vassouras, século XIX. Dissertação (mestrado) — Programa de Pós-Graduação em História Social, Universidade de São Paulo, São Paulo, 2017.

FERREIRA, Lígia Fonseca. *Lições de resistência*: artigos de Luiz Gama na imprensa de São Paulo e do Rio de Janeiro. São Paulo: Edições Sesc São Paulo, 2020.

FERREIRA, Manoel Rodrigues. *A evolução do sistema eleitoral brasileiro*. Brasília: Senado Federal, 2001.

FERREIRA, Marieta de Moraes. *A crise dos comissários de café do Rio de Janeiro, 1870-1906*. Dissertação (mestrado) — Programa de Pós-Graduação em História, Universidade Federal Fluminense, 1977.

_____. *Em busca da idade do ouro*: as elites políticas fluminenses na Primeira República. Rio de Janeiro: UFRJ, 1994.

___; PINTO, Surama Conde Sá. Estado e oligarquias na Primeira República: um balanço das principais tendências historiográficas. *Revista Tempo*, v. 23, p. 422-442, 2017.

___; ___. A crise dos anos 1920 e a Revolução de 1930. In: FERREIRA, Jorge; DELGADO, Lucilia de Almeida Neves (Org.). *O Brasil republicano*. Vol. 1: O tempo do liberalismo excludente. Da Proclamação da República à Revolução de 1930. Rio de Janeiro: Civilização Brasileira, 2018.

FERREIRA, Oliveiros S. *Vida e morte do partido fardado*. São Paulo: Editora Senac, 2000.

FERGUSON, Niall; MORITZ, Schularick. The empire effect: the determinants of country risk in the first age of globalization, 1880-1913. *Journal of Economic History*, v. 66, p. 283-312, 2006.

FLORES, Elio Chaves. A consolidação da república: rebeliões de ordem e progresso. In: FERREIRA, Jorge; DELGADO, Lucilia de Almeida Neves (Org.). *O Brasil republicano*: o tempo do liberalismo excludente: da Proclamação da República à Revolução de 1930. Rio de Janeiro: Civilização Brasileira, 2018, p. 45-88.

FRANZINA, Emilio. *A grande emigração*: o êxodo dos italianos do Vêneto para o Brasil. Campinas: Editora da Unicamp, 2006.

FICKER, Sandra Kuntz; GUERRA, Elisa Speckman. El porfiriato. In: GARCIA, Erik Velásquez et al. *Nueva historia general de México*. México, DF: El Colegio de México, 2010, p. 487-536.

FINER, Samuel E. *The man on horseback*: the role of the military in politics. Nova Jersey: Transaction Publishers, 2006 [1962].

FIORI, José Luís. *O poder americano*. Petrópolis: Vozes, 2005.

FONER, Eric. *Reconstruction*: America's unfinished revolution, 1863-1877. Nova York: Harper Perennial Modern Classics, 2014.

FONSECA JR., Gelson. Rio Branco diante do monroísmo e do pan-americanismo. In: PEREIRA, Manoel Gomes (Org.). *Barão do Rio Branco*: 100 anos de memória. Brasília: Funag, 2012, p. 565-602.

FONT, Mauricio. *Planters and the State*: the hegemony in São Paulo, Brazil, 1889-1930. PhD dissertation — University of Michigan, Ann Arbor, 1983.

FONTES, Aluce Aguiar de Barros. *A prática abolicionista em São Paulo*: os caifazes, 1882-1888. Dissertação (mestrado) — Universidade de São Paulo, São Paulo, 1976.

FONTES, Paulo; FORTES, Alexandre; MAYER, David (Org.). *Brazilian labour history: new perspectives in global context*. Cambridge: Cambridge University Press, 2018.

FORD, Alec G. Argentina and the Baring Crisis of 1890. *Oxford Economic Papers*, v. 8, 1956.

FRACCARO, Glaucia. *Os direitos das mulheres*: feminismo e trabalho no Brasil. Rio de Janeiro: FGV Editora, 2018.

FRAGA, Nilson César. *Vale da morte*: o Contestado visto e sentido. Entre a cruz de Santa Catarina e a espada do Paraná. Blumenau: Ed. Hemisfério Sul, 2010.

FRAGOSO, João. *Barões do café e Sistema agrário escravista*. Paraíba do Sul/Rio de Janeiro (1830-1888). Rio de Janeiro: 7Letras, 2013.

____; RIOS, Ana M. L. Um empresário brasileiro nos oitocentos. In: MATTOS, Hebe M.; SCHNOOR, Eduardo. *Resgate, uma janela para os oitocentos*. Rio de Janeiro: Top Books, 1995, p. 199-224.

FRANÇA, Tereza Cristina Nascimento. *Self-made nation*: Domício da Gama e o pragmatismo do bom senso. Tese (doutorado) — Universidade de Brasília, Brasília, 2007.

FRANCO, Gustavo; LAGO, Luiz Aranha Corrêa do. O processo econômico/A economia da Primeira República, 1889-1930. In: SCHWARCZ, Lilia Moritz (Coord.). *História do Brasil nação, 1808-2010*: a abertura para o mundo, 1889-1930. São Paulo: Objetiva, Fundación Mapfre, 2012, v. 3, p. 173-238.

FRANCO, Gustavo Henrique Barroso. *Reforma monetária e instabilidade durante a transição republicana*. Rio de Janeiro: BNDES, 1983.

FRANCO, Maria Sylvia Carvalho. *Homens livres na ordem escravocrata*. São Paulo: Unesp, 2002 [1969].

FRANCO, Sérgio da Costa. *A guerra civil de 1893*. Porto Alegre: Ed. da UFRGS, 1993.

FRANK, Zephyr; MARICHAL, Carlos; TOPIK, Steven. *From silver to cocaine*: Latin American commodity chains and the world economy, 1500-2000. Durham: Duke University Press, 2006.

FRITSCH, Lilian de Amorim. Palavras ao vento: a urbanização do Rio Imperial. *Revista Rio de Janeiro*, v. 1, p. 75-85, 1986.

FRITSCH, Winston. *External constraints to macroeconomic policy in Brazil, 1889-1930*. Londres: Macmillan, 1988.

FURLANETTO, Patrícia Gomes. *O associativismo como estratégia de inserção social*: as práticas socioculturais do mutualismo imigrante italiano em Ribeirão Preto (1895-1920). Tese (doutorado) — Universidade de São Paulo, São Paulo, 2007.

FURTADO, Celso. *Formação econômica do Brasil*. São Paulo: Companhia das Letras, 2007 [1959].

GALBRAITH, John Kenneth. *A anatomia do poder*. Coimbra: Edições 70, 2007.

GALDINO, Antônio Carlos. *Campinas, uma cidade republicana*: política e eleições no Oeste Paulista (1870-1889). Tese (doutorado) — Instituto de Filosofia e Ciências Humanas, Universidade de Campinas, Campinas, 2006.

GAMBI, Thiago Fontelas Rosado. *O banco da ordem*: política e finanças no Império brasileiro (1853-1866). São Paulo: Alameda, 2015.

_____. Anatomia política de uma crise bancária, praça do Rio de Janeiro, Brasil, primeiro semestre de 1875. *Revista de História*, n. 180, 2021.

GARCIA, Domingos Sávio da Cunha. Os belgas em Descalvados e na fronteira oeste do Brasil (1895-1912). In: PEREIRA, Manoel Gomes (Org.). *Barão do Rio Branco*: 100 anos de memória. Brasília: Funag, 2012, p. 163-190.

GARCIA, Eugênio Vargas. *O Brasil e a Liga das Nações (1919-1926)*: vencer ou não perder. Brasília: Funag, 2000.

GATO, Matheus. *O massacre dos libertos*: sobre raça e república no Brasil. São Paulo: Perspectiva, 2020.

GEBARA, Ademir. *Campinas 1869-1875*: republicanismo, imprensa e sociedade. Dissertação (mestrado) — Programa de Pós-Graduação em História Social, Universidade de São Paulo, São Paulo, 1975.

GIDDENS, Anthony. *The class structure of the advanced societies*. Londres: Hutchinson Press, 1973.

GIRAULT, René. *Peuples et nations d'Europe au XIXe siècle*. Paris: Hachette Supérieur, 1996.

GIUMBELLO, Emerson. Religião e (des)ordem social: Contestado, Juazeiro e Canudos nos estudos sociológicos sobre movimentos religiosas. *Dados*, n. 40, p. 251-282, 1997.

GOES FILHO, Synesio Sampaio. *Navegantes, bandeirantes e diplomatas*: um ensaio sobre a formação das fronteiras do Brasil. Brasília: Funag, 2015.

GOLDTHORPE, John H.; CHAN, Tak Wing. Is there a status order in contemporary British society? Evidence from the occupational structure of friendship. *European Sociological Review*, v. 20, n. 5, p. 383-391, 2004.

GOMES, Angela de Castro. *A invenção do trabalhismo*. Rio de Janeiro: FGV Editora, 2005.

GOMES, Flávio dos Santos. No meio de águas turvas. Racismo e cidadania no alvorecer da República: a Guarda Negra na Corte, 1888-1889. *Estudos Afro-asiáticos*, Rio de Janeiro, n. 21, p. 75-96, 1991.

_____. *Negros e política (1888-1937)*. Rio de Janeiro: Jorge Zahar Editora, 2005.

_____. *Histórias de quilombos*: mocambos e comunidades de senzalas no Rio de Janeiro, século XIX. São Paulo: Companhia das Letras, 2006.

_____; MACHADO, Maria Helena P. T. Revoltas em três tempos: Rio de Janeiro, Maranhão e São Paulo (século XIX). In: REIS, João José; GOMES, Flávio dos Santos (Org.). *Revoltas escravas no Brasil*. São Paulo: Companhia das Letras, 2021, p. 588-646.

GONÇALVES, Priscila Petereit de Paola. A discriminação das rendas no Brasil: debates na Assembleia Nacional Constituinte (1890-1891). *Confluências*, v. 13, p. 82-95, 2012.

GONDRA, José Gonçalves; SCHUELER, Alessandra. *Educação, poder e sociedade no Império brasileiro*. São Paulo: Cortez, 2008.

GORENDER, Jacob. *A burguesia brasileira*. São Paulo: Editora Brasiliense, 1982.

_____. *A escravidão reabilitada*. São Paulo: Ática, 1990.

_____. *O escravismo colonial*. São Paulo: Expressão popular, 2016.

GOYENA SOARES, Rodrigo. Nem arrancada, nem outorgada: agência, estrutura e os porquês da Lei do Ventre Livre. *Almanack*, n. 9, p. 166-175, 2015a.

_____. Promessas da campanha do Paraguai e recompensas do regresso. In: RODRIGUES, Fernando da Silva, FERRAS, Francisco; PINTO, Surama Conde Sá (Org.). *História militar*: novos caminhos e novas abordagens. Jundiaí: Paco Editorial, 2015b, p. 131-164.

_____ (Org.). *Conde d'Eu*: diário do comandante em chefe das tropas brasileiras em operação na República do Paraguai. Rio de Janeiro: Paz & Terra, 2017a.

_____. *Expectativa & frustração*: história dos veteranos da Guerra do Paraguai. Tese (doutorado) — Programa de Pós-Graduação em História, Universidade Federal do Estado do Rio de Janeiro, Rio de Janeiro, 2017b.

_____. Estratificação profissional, desigualdade econômica e classes sociais na crise do Império. Notas preliminares sobre as classes imperiais. *Topoi*, v. 20, n. 41, p. 446-489, 2019.

_____. Racionalidade econômica, transição para o trabalho livre e economia política da abolição. A estratégia campineira (1870-1889). *História (São Paulo)*, v. 39, p. 1-30, 2020.

GRAHAM, Richard. *Britain and the onset of modernization in Brasil, 1850-1914*. Nova York: Cambridge University Press, 1972.

_____. *Patronage and politics in nineteenth-century Brazil*. Stanford: Stanford University Press, 1990.

_____. *Clientelismo e política no Brasil do século XIX*. Rio de Janeiro: Ed. UFRJ, 1997 [1990].

_____. Another middle passage? The internal slave trade in Brazil. In: JOHNSON, Walter (Org.). *The Chattel Principle*: internal slave trades in the Americas. New Haven; Londres: Yale University Press, 2004, p. 291-324.

____. O Brasil de meados do século XIX à Guerra do Paraguai. In: BETHELL, Leslie (Org.). *História da América Latina*. V. III: Da Independência a 1870. São Paulo: Edusp; Brasília: Funag, 2009 [1987].

GRAHAM, Sandra Lauderdale. *House and street*: the domestic world of servants and masters in nineteenth-century Rio de Janeiro. Austin: University of Texas Press, 1988.

____. O Motim do Vintém e a cultura política do Rio de Janeiro, 1880. In: DANTAS, Mônica Duarte (Org.). *Revoltas, motins, sedições*: homens livres pobres e libertos no Brasil do século XIX. São Paulo: Alameda, 2011, p. 485-510.

GRAMSCI, Antonio. *Cahiers de prison*. Cahiers 10, 11, 12 et 13. Paris: Gallimard, 1978a.

____. *Concepção dialética da história*. Rio de Janeiro: Civilização Brasileira, 1978b.

____. *Maquiavel, a política e o Estado moderno*. Rio de Janeiro: Civilização Brasileira, 1978c.

____. *Os intelectuais e a organização da cultura*. Rio de Janeiro: Civilização Brasileira, 1978d.

____. *Cadernos do cárcere*. Rio de Janeiro: Civilização Brasileira, 2002, v. 5.

GRANDI, Guilherme; FALEIROS, Rogério Naques. *História econômica do Brasil*: Primeira República e Era Vargas. Niterói: EdUFF; Hucitec, 2020.

____; SAES, Alexandre Macchione. Tarifas alfandegárias e indústria no Brasil durante a Primeira República. In: GRANDI, Guilherme; FALEIROS, Rogério Naques. *História econômica do Brasil*: Primeira República e Era Vargas. Niterói: EdUFF; Hucitec, 2020.

GRANDIN, Greg. *Empire's workshop*: Latin America, the United States, and the rise of the new imperialism. Nova York: Holt Paperback, 2007.

____. *Fordlândia*: ascensão e queda da cidade esquecida de Henry Ford na selva. São Paulo: Rocco, 2010.

GRANZIERA, Rui Guilherme. A Guerra do Paraguai e o capitalismo no Brasil. São Paulo: Hucitec; Unicamp, 1979.

GREGÓRIO, Arthur Schneider et al. A política externa brasileira para a Argentina: o pacto ABC e a dinâmica de poder regional. *Revista Perspectiva*, n. 26, p. 69-84, 2021.

GRIFFIN, Carl. The violent Captain Swing? *Past & Present*, n. 209, p. 149-180, 2010.

GRINBERG, Keila; MUAZE, Mariana (Orgs.). *O 15 de Novembro e a queda da monarquia*: relatos da princesa Isabel, da baronesa e do barão de Muritiba. São Paulo: Chão Editora, 2019.

GUIMARÃES, Carlos Gabriel. O Banco Rural e Hipotecário do Rio de Janeiro e o pós-Guerra do Paraguai, 1871-1875. In: CONGRESSO BRASILEIRO DE HISTÓRIA ECONÔMICA, V, Caxambu, 2003. *Anais*...

GUIMARÃES, Joaquim da Silva Melo. *Instituições de previdência fundadas no Rio de Janeiro*. Rio de Janeiro: Tipografia Nacional, 1883.

GUNTER, Axt. *Gênese do Estado moderno no Rio Grande do Sul (1889-1929)*. Porto Alegre: Paiol, 2011.

HAHNER, June E. *Poverty and politics*: the urban poor in Brazil, 1870-1920. Albuquerque: The University of New Mexico Press, 1986.

HALL, Michael M. Italianos em São Paulo (1880-1920). *Anais do Museu Paulista*, n. 29, p. 201-216, 1979.

HANLEY, Anne G. *Native capital*: financial institutions and economic development in São Paulo, Brazil, 1850-1920. Stanford: Stanford University Press, 2005.

HARDMAN, Foot; LEONARDI, Vitor. *História da indústria e do trabalho no Brasil*: das origens aos anos 1920. São Paulo: Ática, 1991.

HAUCK, João Fagundes et al. *História da Igreja do Brasil*: segunda época: a Igreja no Brasil no século XIX. Petrópolis: Vozes, 1992.

HECKER, Alexandre. Os imigrantes italianos, o socialismo e a primeira grande greve de camponeses. *Perseu. História, Memória e Política*, n. 5, p. 43-61, 2010.

HEINSFELD, Adelar. As relações Brasil-Chile: o pacto ABC de 1915. In: SIMPÓSIO NACIONAL DE HISTÓRIA, XXV, 2009.

HELLER, Henry. *The birth of capitalism*: a 21st Century Perspective. Londres: Pluto Press, 2011.

HERMANN, Jacqueline. Canudos sitiado pela razão: o discurso intelectual sobre a "loucura sertaneja". *História. Questões e Debates*, n. 24, p. 126-150, 1996.

HOBSBAWM, Eric. Economic fluctuations and some social movements since 1800. In: ____ (Ed.). *Labouring men*. Studies in the history of labour. Londres: Weidenfeld and Nicholson, 1964, p. 126-157.

____. *Industry and empire*. Londres: Pelican Books, 1969.

____. *A era do capital*: 1848-1875. Rio de Janeiro: Paz & Terra, 1996.

HOBSON, John A. *A evolução do capitalismo moderno*. São Paulo: Abril Cultural, 1983.

HOLANDA, Sérgio Buarque de. *O Brasil monárquico*, v. 6: declínio e queda do Império. Rio de Janeiro: Bertrand Brasil, 2004.

HOLLOWAY, Thomas H. *Vida e morte do Convênio de Taubaté*: a primeira valorização do café. Rio de Janeiro: Paz & Terra, 1978.

_____. *Imigrantes para o café*: café e sociedade em São Paulo, 1886-1934. Rio de Janeiro: Paz & Terra, 1984.

_____. *Policing Rio de Janeiro*: repression and resistance in a 19th-century city. Stanford: Stanford University Press, 1993.

HUNTINGTON, Samuel P. *The soldier and the State*: the theory and politics of civil-military relations. Cambridge, Massachussets: Harvard University Press, 1985 [1957].

IZECKSOHN, Vitor. *O cerne da discórdia*: a Guerra do Paraguai e o núcleo profissional do exército brasileiro. Rio de Janeiro: Biblioteca do Exército Editora, 1997.

JAGUARIBE, Hélio. *Desenvolvimento econômico e desenvolvimento político*. Rio de Janeiro: Fundo de Cultura, 1962.

JANOTTI, Maria de Lourdes Mônaco. *Os subversivos da república*. São Paulo: Brasiliense, 1986.

JOHNSON, Adriana Michele Campos. War of Canudos. In: OXFORD Research Encyclopedias (online). Latin American History. Oxford: Oxford University Press, 2021.

KÄMPF, Martin Normann. *Ilha da Trindade*: a ocupação britânica e o reconhecimento da soberania brasileira (1895-1896). Brasília: Funag, 2016.

KARAWEJCZYK, Mônica. "O voto e as saias": as repercussões do projeto Lacerda sobre o alistamento feminino (1917). *Autos & Baixas*. Revista da Justiça Federal do Rio Grande do Sul. n. 1, p. 67-84, 2015.

KATINSKY, Julio R. Ferrovias Nacionais. In: MOTOYAMA, Shozo (Org.). *Tecnologia e industrialização no Brasil*. São Paulo: Editora Unesp, 1994; p. 37-65.

KOWARICK, Lúcio. *Trabalho e vadiagem*: a origem do trabalho livre no Brasil. São Paulo: Editora 34, 2019 [1987].

KRAAY, Hendrik. Reconsidering recruitment in Imperial Brazil. *The Americas*, v. 55, p. 1-33, 1998.

_____, WHIGHAM, Thomas (Org.). *I die with my country*: perspectives on the Paraguayan War. Nebraska: University of Nebraska Press, 2005.

KUGELMAS, Eduardo. *Difícil hegemonia*: um estudo sobre São Paulo na Primeira República. Tese (doutorado) — Universidade de São Paulo, São Paulo, 1986.

LABROUSSE, Ernest. *Fluctuaciones económicas e historia social*. Madri: Tecnos, 1962.

LACLAU, Ernesto. *A razão populista*. São Paulo: Três Estrelas, 2013.

LAGO, Luiz Aranha Correa do. Latifúndio e pequena propriedade. Estrutura fundiária e economia no Brasil da Colônia ao Império. *Texto para discussão*, Rio de Janeiro: Departamento de Economia da PUC-RIO, 2020.

LAMOUNIER, Maria Lúcia. *Da escravidão ao trabalho livre*: a lei de locação de serviços de 1879. Campinas: Papirus, 1988.

_____. *Ferrovias e mercado do trabalho no Brasil do século XIX*. São Paulo: EdUSP, 2012.

LANDES, David. *The unbound Prometheus*: techonologial change and industrial development in Western Europe from 1750 to the present. Cambridge: Cambridge Univsersity Press, 2003.

LAROQUE, Luís Fernando da Silva. De coadjuvantes a protagonistas: seguindo o rastro de algumas lideranças kaingang no sul do Brasil. *História Unisinos*, v. 9, p. 49-59, 2005.

LEAL, Elisabete. Floriano Peixoto e seus consagradores: um estudo sobre cultura cívica republicana, 1891-1894. *Revista Estudos Políticos*, v. 5, p. 229-247, 2014.

LEAL, Vitor Nunes. *Coronelismo, enxada e voto*. São Paulo: Companhia das Letras, 2012 [1948].

LEFF, Nathaniel H. *The Brazilian capital goods industry, 1929-1964*. Cambridge: Harvard University Press, 1968.

_____. *Underdevelopment and development in Brasil*: Volume I: Economics, structure and change, 1822-1947. Londres: Routledge, 2013.

LEMOS, Renato. *Benjamin Constant*: vida e história. Rio de Janeiro: Topbooks, 1999.

_____. Benjamin Constant: the "truth" behind the Paraguayan War. In: KRAAY, Hendrik; WHIGHAM, Thomas (Org.). *I die with my country*: perspectives on the Paraguayan War. Nebraska: University of Nebraska Press, 2005, p. 81-104.

LESSA, Renato. *A invenção republicana*: Campos Salles: as bases e a decadência da Primeira República. Rio de Janeiro: Topbooks, 2015 [1987].

LEVI, Darrell E. *The Prados of São Paulo, Brazil*: an elite family and social change, 1840-1930. Athens; Londres: The University of Georgia Press, 1987.

LEVINE, Robert. *A velha usina*: Pernambuco na federação brasileira. Rio de Janeiro: Paz & Terra, 1980.

_____. Canudos in the national context. *The Americas*, n. 48, p. 207-222, 1991.

LEVY, Maria Bárbara. *História da bolsa de valores do Rio de Janeiro*. Rio de Janeiro: IBMEC, 1977.

LIMA, Bruno (Org.). *Obras completas de Luiz Gama*. São Paulo: Editora Hedra, 2021.

LIMA, Heitor Ferreira. *História político-econômica e industrial do Brasil*. São Paulo: CEN, 1970.

LIMA, Luciano Mendonça. *Derramando susto*: os escravos e o quebra-quilos em Campina Grande. Dissertação (mestrado) — Programa de Pós-Graduação em História, Universidade de Campinas, Campinas 2001.

____. Quebra-Quilos: uma revolta popular na periferia do Império. In: DANTAS, Mônica Duarte (Org.). *Revoltas, motins, sedições*: homens livres pobres e libertos no Brasil do século XIX. São Paulo: Alameda, 2011, p. 449-484.

LIMA, Renato Samuel. Revolta e esperança: a Guerra do Contestado e o messianismo português. Rio de Janeiro: Gramma, 2018.

LINS, Ivan. História do positivismo no Brasil. São Paulo: Companhia Editora Nacional, 1964.

LOBO, Eulália Maria Lahmeyer. *A questão habitacional e o movimento operário*. Rio de Janeiro: Ed. UFRJ, 1989.

LOCKLEY, Joseph Byrne. *Pan-americanism*: its beginnings. Nova York: Nabu Press, 2010.

LOPREATO, Christina Roquette. *O espírito da revolta*: a greve geral anarquista de 1917. São Paulo: Annablume, 2000.

LOVE, Joseph L. *O regionalismo gaúcho e as origens da Revolução de 1930*. São Paulo: Perspectiva, 1975.

____. *São Paulo in the Brazilian Federation*: 1889-1937. Stanford: Stanford University Press, 1980.

____. *A locomotiva*: São Paulo na federação brasileira, 1889-1937. Rio de Janeiro: Paz & Terra, 1982.

LUCA, Tânia Regina. Questão de honra: a greve dos ferroviários da Companhia Paulista, 1906. *Estudos Ibero-Americanos*, n. 86, p. 69-92, 1986.

LUNA, Francisco Vidal; KLEIN, Herbert S. *The economic and social history of Brazil since 1889*. Nova York: Cambridge University Press, 2014.

____; ____. *História econômica e social do Estado de São Paulo, 1850-1950*. São Paulo: Imprensa Oficial, 2019.

LUZ, Nícia Vilela. *A luta pela industrialização do Brasil, 1808-1930*. São Paulo: Alfa-Ômega, 1975.

LYNCH, Christian Edward Cyril. O momento oligárquico: a construção institucional da república brasileira. *História Constitucional*, n. 12, p. 297-325, 2011.

____. *Da monarquia à oligarquia*: história institucional e pensamento político brasileiro (1822-1930). São Paulo: Alameda, 2014.

____. Necessidade, contingência e contrafactualidade. A queda do Império reconsiderada. *Topoi*. Revista de História, Rio de Janeiro, v. 19, n. 38, p. 190-216, maio/ago. 2018.

MAC CORD, Marcelo; BATALHA, Cláudio H. M. (Org.). *Organizar e proteger*: trabalhadores, associações e mutualismo no Brasil (séculos XIX e XX). Campinas: Editora da Unicamp, 2014.

MACHADO, Maria Helena. *O plano e o pânico*: os movimentos sociais na década da abolição. Rio de Janeiro: UFRJ; São Paulo: EdUSP, 1994.

_____. Teremos grandes desastres, se não houver providências enérgicas e imediatas: a rebeldia dos escravos e a abolição da escravidão. In: GRINBERG, Keila; SALLES, Ricardo (Org.). *O Brasil imperial*. Rio de Janeiro: Civilização Brasileira, 2009, v. III, p.367-400.

MACHADO, Paulo Pinheiro. *Lideranças do Contestado*: a formação e a atuação das chefias caboclas. Campinas: Editora Unicamp, 2004.

MACHADO, Tiago. Revolução Federalista: implicações internacionais. *Revista Semina*, v. 7, 2010.

MAGALHÃES JR., Raimundo. *Deodoro*: a espada contra o Império. São Paulo: Companhia Editora Nacional, 1957.

_____. *A vida turbulenta de José do Patrocínio*. Rio de Janeiro: Editora Sabiá, 1969.

MAIA, José Nelson Bessa; SARAIVA, José Flávio Sombra. A paradiplomacia financeira no Brasil da República Velha, 1890-1930. *Revista Brasileira de Política Internacional*, n. 55, p. 106-134, 2012.

MAIO, Marcos Chor; SANTOS, Ricardo Ventura (Org.). *Raça como questão*: história, ciência e identidades no Brasil. Rio de Janeiro: Editora Fiocruz, 2010.

MAIOR, Armando Souto. *Quebra-quilos*: lutas sociais no outono do Império. São Paulo: Companhia Editora Nacional; Brasília: MEC, 1978.

MARCONDES, Renato Leite. O mercado brasileiro do século XIX: uma visão por meio do comércio de cabotagem. *Brazilian Journal of Political Economy*, v. 32, n. 1, p. 142-166, mar. 2012.

_____. Hipotecas, reformas institucionais e o Banco do Brasil na segunda metade do século XIX. Anpec, Rio de Janeiro. Anais... [S.l.]: [s.n.], [s.d.].

_____;HANLEY, Anne G. Bancos na transição republicana em São Paulo: o financiamento hipotecário (1881-1901). *Estudos Econômicos*, São Paulo, v. 40, n. 1, p. 103-131, jan./mar. 2010.

MARICHAL, Carlos. *Nueva historia de las grandes crisis financieras*: una perspectiva global, 1873-2008. Buenos Aires: Editorial Sudamericana, 2010.

MARINHO, Marcos Monteiro. *Inovação tecnológica e expansão cafeeira em tempos de "Segunda Escravidão"*: um estudo de caso a partir do município de Cantagalo — Rio de Janeiro (1850-1888). Tese (doutorado) — Programa de Pós-Graduação em História, Universidade Federal Fluminense, Niterói, 2023.

MARINHO, Pedro. *Ampliando o Estado Imperial*: os engenheiros e a organização da cultura no Brasil oitocentista, 1874-1888. Tese (doutorado) — Programa de Pós-Graduação em História, Universidade Federal Fluminense, Niterói, 2008.

MARQUESE, Rafael. Capitalismo, escravidão e economia cafeeira do Brasil ao longo do século XIX. *Sæculum*, João Pessoa, v. 29, p. 289-321, jul./dez. 2013a.

_____. As desventuras de um conceito: capitalismo histórico e historiografia da escravidão brasileira. *Revista de História*, São Paulo, n. 169, p. 223-253, 2013b.

_____. Exílio escravista: Hercule Florence e as fronteiras do açúcar e do café no Oeste Paulista (1830-1879). *Anais do Museu Paulista*, São Paulo, v. 24, p. 11-51, 2016.

_____. *Os tempos plurais da escravidão no Brasil*: ensaios de história e historiografia. São Paulo: Intermeios, 2020.

MARTINS, José de Souza. *Conde Matarazzo*: o empresário e a empresa. São Paulo: Hucitec Editora, 1973.

_____. *O cativeiro da terra*. São Paulo: Contexto, 2010 [1979].

MARTINS FILHO, Amilcar. *The white collor republic*: patronage and interest representation in Minas Gerais, 1889-1930. Tese (doutorado) — Universidade de Illinois, Illinois, 1987.

_____. *O segredo de Minas*: a origem do estilo mineiro de fazer política, 1889-1930. Belo Horizonte: Crisálida, 2009.

MATA, Iacy Maia; SILVA, Ricardo Tadeu Caires. Resistência e rebeldia: escravidão e pós-abolição no extremo sul da Bahia (1880-1889). In: REIS, João José; GOMES, Flávio dos Santos. *Revoltas escravas no Brasil*. São Paulo: Companhia das Letras, 2021, p. 539-587.

MATHIAS, Carlos Fernando. *Notas para a história do Judiciário no Brasil*. Brasília: Funag, 2009.

MATTOON JR., R. H. Railroads, coffee, and the growth of big business in São Paulo. *Hispanic American Historical Review*, v. LVII, n. 2, p. 273-295, 1977.

MATTOS, Hebe M. *Escravidão e cidadania no Brasil monárquico*. Rio de Janeiro: Zahar, 2000.

_____;ALBUQUERQUE, Wlamira. Beyond slavery: Abolition and post-abolition in Brazil. In: OXFORD Research Encyclopedias (online). Latin American History. Oxford: Oxford University Press, 2020.

MATTOS, Marcelo Badaró. *Novos e velhos sindicalismos*. Rio de Janeiro: Vício de Leitura, 1998.

_____. *Escravizados e livres*: experiências comuns na formação da classe trabalhadora carioca. Rio de Janeiro: Bom Texto, 2008.

MCCANN, Frank. *Soldados da pátria*: história do Exército brasileiro, 1889-1937. São Paulo: Companhia das Letras, 2007.

MCMICHAEL, Philip. Slavery in the regime of wage labour: beyond paternalism in the U.S. cotton culture. *Social Concepts*, n. 1, p. 10-28, dez. 1991.

MEILE, Julius. *O meio circulante no Brasil*. Brasília: Edições do Senado Federal, 2005.

MELLO, Afonso de Toledo Bandeira de. *Política comercial do Brasil*. Rio de Janeiro: Tipografia Nacional de Estatística, 1933.

MELLO, Evaldo Cabral de. *O norte agrário e o Império*. Rio de Janeiro: Nova Fronteira, 1984.

MELLO, Maria Tereza Chaves de. *A república consentida*: cultura democrática e científica do final do Império. Rio de Janeiro: FGV Editora; Editora da Universidade Federal Rural do Rio de Janeiro (Edur), 2007.

MELLO, Pedro Carvalho de; SLENES, Robert W. Análise econômica da escravidão no Brasil. In: NEUHAUS, Paulo (Coord.). *Economia brasileira*: uma visão histórica. Rio de Janeiro: Editora Campus, 1980, p. 89-112.

_____; SPOLADOR, Humberto. *Crises financeiras*: uma história de quebras, pânicos e especulações de mercado. São Paulo: Saint Paul, 2007.

MELLO, Zélia Cardoso de. *Metamorfose da riqueza*: São Paulo, 1845-1895. São Paulo: Hucitec, 1985.

MELO, José Evando Vieira de. *O açúcar no café*: agromanufatura açucareira e modernização em São Paulo (1850-1910). Tese (doutorado) — Programa de Pós-Graduação em História Social, Universidade de São Paulo, São Paulo, 2009.

MENDES, Fábio Faria. A "Lei da Cumbuca": a revolta contra o sorteio militar. *Revista Estudos Históricos*, v. 13, p. 267-293, 1999.

MENDONÇA, Joseli Maria Nunes. *Entre a mão e os anéis*: a Lei dos Sexagenários e os caminhos da abolição no Brasil. Campinas: Editora Unicamp, 2008.

MILET, Henrique Augusto. *Os quebra-kilos e a crise da lavoura*. São Paulo: Global; Brasília: INL, 1987.

MIRANDA, Bruno da Fonseca. *O Vale do Paraíba contra a Lei do Ventre Livre*: 1865-1871. Dissertação (mestrado) — Programa de Pós-Graduação em História Social, Universidade de São Paulo, São Paulo, 2018.

MONNERAT, Tanize do Couto Costa. *Abolicionismo em ação*: o jornal Vinte e Cinco de Março em Campos dos Goytacazes, 1884-1888. Dissertação (mestrado) — Universidade Federal do Estado do Rio de Janeiro, Rio de Janeiro, 2012.

MONTEIRO, Hamilton de Mattos. *Revolta do quebra-quilos*. São Paulo: Ática, 1995.
MONTEIRO, John Manuel. As "raças" indígenas no pensamento brasileiro do Império. In: MAIO, Marcos Chor; SANTOS, Ricardo Ventura (Org.). *Raça, ciência e sociedade*. Rio de Janeiro: Editora Fiocruz; CCBB, 1996, p. 14-22.
MORAES, Eugênio Vilhena de. *O gabinete Caxias e a anistia aos bispos na questão religiosa*. Rio de Janeiro: F. Briguet & Cia., 1930.
MORAES, Renata Figueiredo. *As festas da Abolição no Rio de Janeiro (1888-1908)*. Rio de Janeiro: FGV Editora, 2023.
MOREIRA, Danilo Sorato Oliveira. As narrativas históricas comparadas sobre a questão do Amapá. *Revista de História e Ensino*, n. 14, p. 308-320, 2018.
MOREL, Marco; SOUZA, Françoise. *O poder da maçonaria*: a história de uma sociedade secreta no Brasil. Rio de Janeiro: Nova Fronteira, 2008.
MORGAN, Zachary R. *The Revolt of the Lash, 1910*. Portland, Oregon: Frank Cass Publishers, 2003.
MOTTA, José Flávio. *Escravos daqui, dali e de mais além*: o tráfico interno de cativos na expansão cafeeira paulista (Areias, Guaratinguetá, Constituição/Piracicaba e Casa Branca, 1861-1887). São Paulo: Alameda, 2012.
MOURÃO, Gonçalo Mello. Fins de semana em Copenhague: o barão do Rio Branco e o prêmio Nobel da paz — política externa ou política interna? In: PEREIRA, Manoel Gomes (Org.). *Barão do Rio Branco*: 100 anos de memória. Brasília: Funag, 2012.
MUAZE, Mariana. *As memórias da viscondessa*: família e poder no Brasil Império. Rio de Janeiro: Jorge Zahar, 2008.
NABUCO, Joaquim. *Balmaceda*. Rio de Janeiro: Tipografia Leuzinger, 1895.
____. *A intervenção estrangeira durante a Revolta de 1893*. Brasília: Senado Federal, 2003 [1896].
NACHMAN, Robert G. Positivism, modernization, and middle class in Brasil. *Hispanic American Historical* Review, v. 57, p. 1-23, 1977.
NASCIMENTO, Álvaro Pereira do. A Revolta da Chibata e seu centenário. *Perseu: História, Memória e Política*, n. 5, p. 11-41, 2010.
NASCIMENTO, Carla da Silva. O Barão de Cotegipe e a crise do Império. In: SALLES, Ricardo (Org.). *Ensaios gramscianos*: política, escravidão e hegemonia no Brasil Imperial. Curitiba: Editora Prismas, 2017.
____. O Partido Conservador e a crise do Império. Tese (doutorado) — Universidade Federal do Estado do Rio de Janeiro, Rio de Janeiro, 2019.
NEEDELL, Jeffrey D. *The party of order*: the conservatives, the State, and slavery in the Brazilian monarchy, 1831-1871. Stanford: Stanford University Press, 2006.

_____. *Belle époque tropical*: sociedad y cultura de elite em Río de Janeiro a fines del siglo XIX y princípios del XX. Bernal: Universidad Nacional de Quilmes, 2012.

_____. *The sacred cause*: the Abolitionist Movement, Afro-Brazilian mobilization, and imperial politics in Rio de Janeiro. Stanford: Stanford University Press, 2020.

NELSON, Keith. The warfare state: history of a concept. *Pacific Historical Review*, n. 2, p. 127-143, maio 1971.

NETO, Lira. *Padre Cícero*: poder, fé e guerra no sertão. São Paulo: Companhia das Letras, 2009.

NEVES, Guilherme Pereira das. Questão Religiosa. In: VAINFAS, Ronaldo (Org.). *Dicionário do Brasil imperial*. Rio de Janeiro: Objetiva, 2008. p. 608-611.

NICOLETTE, Carlos E. *À luz do ouro branco*: lavoura canavieira paulista e a montagem do parque açucareiro de Campinas (c. 1790-1818). Dissertação (mestrado). Faculdade de Filosofia, Letras e Ciências Humanas, Universidade de São Paulo, São Paulo, 2022.

NOMELINI, Paula Christina Bin. Mutualismo em Campinas no início do século XX: possibilidades para o estudo dos trabalhadores. *Revista Mundos dos Trabalhadores*, n. 4, p. 143-173, 2010.

NOZOE, Nelson. Vida econômica e finanças municipais da capital paulista na época imperial. In: PORTA, Paula (Org.). *História da cidade de São Paulo*. Vol. 2: a cidade no Império, 1823-1889. São Paulo: Paz & Terra, 2004. p. 99-151.

ODDONE, Juan A. A formação do Uruguai moderno, c. 1870-1930. In: BETHELL, Leslie (Org.). *História da América Latina*: de 1870 a 1930. São Paulo: EdUSP; Brasília: Funag, 2008, v. V, p. 609-631.

OLIVEIRA, Janaina Florêncio de. Origens, desenvolvimento e aspectos do coronelismo. *Revista Sem Aspas*, n. 6, p. 74-84, 2017.

OLIVEIRA, Lúcia Lippi. A conquista do espaço: sertão e fronteira no pensamento brasileiro. *História, Ciências e Saúde — Manguinhos*, Suplemento: Brasil ser tão Canudos, 1998.

OLIVEIRA, Maria Luiza Ferreira. *Entre a casa e o armazém*: relações sociais e experiência da urbanização. São Paulo, 1850-1900. São Paulo: Alameda, 2005.

OLIVEIRA, Tiago Bernardon. A neutralidade política no sindicalismo anarquista brasileiro, 1906-1913. In: QUEIRÓS, César Augusto Bulboz; ARAVANIS, Evangelia (Org.). *Cultura operária*: trabalho e resistência. Brasília: Ex-Libris, 2010, p. 183.

OSTERHAMMEL, Jürgen. *The transformation of the world*: a global history of the nineteenth century. Princeton: Princeton University Press, 2014.

PACHECO, Cláudio. *História do Banco do Brasil*: história financeira do Brasil desde 1808 até 1951. Rio de Janeiro: Banco do Brasil, 1980.

PANG, Laura Jarnagin. *The State and agricultural clubs of Imperial Brazil*, 1860-1889. Tese (doutorado) — Vanderbilt University, Nashville, 1981.

PARETO JR., Lindener. *O cotidiano em construção*: os práticos licenciados em São Paulo. São Bernardo do Campo: Editora da Universidade Federal do ABC, 2018.

____. Pândegos, rábulas, gamelas: conflitos da formação do campo da engenharia e da arquitetura em São Paulo, 1890-1960. *Revista Brasileira de História da Ciência*, v. 11, p. 114-140, 2019.

PARKIN, Frank. *Marxism and class theory*: a bourgeois critique. Nova York: Columbia University Press, 1983.

PARRON, Tâmis. A política da escravidão na era da liberdade: Estados Unidos, Brasil e Cuba, 1787-1846. Tese (doutorado) — Programa de Pós-Graduação em História Social, Universidade de São Paulo, São Paulo, 2015.

PASSOS SUBRINHO, Josué Modesto. *Reordenamento do trabalho*: trabalho escravo e trabalho livre no Nordeste açucareiro. Sergipe, 1850-1930. Aracaju: Funcaju, 2000.

PELÁEZ, Carlos Manuel. As consequências econômicas da ortodoxia monetária, cambial e fiscal no Brasil entre 1889 e 1945. *Revista Brasileira de Economia*, n. 25, p. 5-82, 1971.

____; SUZIGAN, Wilson. *História monetária do Brasil*. Brasília: Editora UnB, 1981.

PENNA, Clemente Gentil. *Economias urbanas*: capital, créditos e escravidão na cidade do Rio de Janeiro, c. 1820-1860. São Paulo: Hucitec Editora; ABPHE, 2023.

PENNA, Lincoln de Abreu. *O progresso da ordem*: o florianismo e a construção da república. Rio de Janeiro: Livraria Sette Letras, 1997.

PEREIRA, Antônio Celso Alves. O Barão do Rio Branco e a II Conferência de Paz. In: PEREIRA, Manoel Gomes (Org.). *Barão do Rio Branco*: 100 anos de memória. Brasília: Funag, 2012, p. 389-422.

PERISSINOTTO, Renato. *Classes dominantes e hegemonia na República Velha*. Campinas: Unicamp, 1994.

PERRUCI, Gadiel. *A república das usinas*: um estudo de história social e econômica do Nordeste: 1889-1930. Rio de Janeiro: Paz & Terra, 1978.

PESAVENTO, Sandra Jatahy. *História do Rio Grande do Sul*. Porto Alegre: Editora Mercado Aberto, 1994.

PESSOA, Thiago Campos. *O Império da escravidão*: o complexo Breves no vale do café (c. 1850-c.1888). Rio de Janeiro: Arquivo Nacional, 2018.

PINHEIRO, Niminon Suzel. *Os nômades*: etnohistória *kaingang* e seu contexto: São Paulo, 1850-1912. Dissertação (mestrado em história) — Universidade Estadual Paulista, 1992.

PINHEIRO, Paulo Sérgio; HALL, Michael M. *A classe operária no Brasil*. São Paulo: Editora Alfa-Ômega, 1979.

PINTO, Ana Flávia Magalhães. Affection and solidarity among 19th-century Black intellectuals in Rio de Janeiro and São Paulo. In: OXFORD Research Encyclopedias (online). Latin American History. Oxford: Oxford University Press, 2021.

PINTO, Jefferson de Almeida. O processo de anistia aos bispos da questão religiosa: historiografia, direito constitucional e diplomacia. *Passagens, Revista Internacional de História Política e Cultura Jurídica*, v. 8, p. 426-451, 2016.

PINTO, Surama Conde Sá. *A correspondência de Nilo Peçanha e a dinâmica política na Primeira República*. Rio de Janeiro: Arquivo Público do Estado do Rio de Janeiro, 1998.

_____. *Elites políticas e o jogo de poder na cidade do Rio de Janeiro (1909-1922)*. Tese (doutorado) — Universidade Federal do Rio de Janeiro, Rio de Janeiro, 2002.

POPINIGIS, Fabiene. *Proletários de casaca*: trabalhadores do comércio carioca (1850-1911). Campinas: Editora da Unicamp, 2007.

PORRAS GALLO, María Isabel; DAVIS, Ryan A. *The Spanish influenza pandemic of 1918-1919*: perspectives from the Iberian Peninsula and the Americas. Rochester: University of Rochester Press, 2014.

PORTA, Paula. *História da cidade de São Paulo*: a cidade na primeira metade do século XX, 1890-1954. Rio de Janeiro: Paz & Terra, 2005.

PORTELLI, Hugues. *Gramsci e o bloco histórico*. Rio de Janeiro: Paz & Terra, 1977.

PRADO JR., Caio. *Evolução política do Brasil*. São Paulo: Revista dos Tribunais, 1933.

_____. *História econômica do Brasil*. São Paulo: Brasiliense, 2012.

PRADO, Maria Ligia Coelho; CAPELATO, Maria Helena Rolim. A borracha na economia brasileira da Primeira República. FAUSTO, Boris (Org.). *História geral da civilização brasileira*. O Brasil Republicano, Estrutura de poder e economia (1889-1930). Rio de Janeiro: Bertrand Brasil, 2006, t. III, p. 314-337.

QUEIROZ, Suely Robles Reis de. *Os radicais da república*: jacobinismo: ideologia e ação, 1893-1897. São Paulo: Editora Brasiliense, 1986.

QUINTÃO, Leandro do Carmo. *Oligarquia e elites políticas no Espírito Santo*: a configuração da liderança de Moniz Freire. Tese (doutorado) — Universidade Federal do Espírito Santo, Vitória, 2016.

RAFFARD, Henrique. *Alguns dias na Paulicéia*. São Paulo: Biblioteca Academia Paulista de Letras, 1977.

RALSTON, David B. *Importing the European Army*: the introduction of European military techniques and institutions into the extra-European world, 1600-1914. Chicago; Londres: Chicago University Press, 1996.

RAMOS, Ana Flávia Cernic. Barricadas em rodapés de jornais: revolta popular e cidadania política na Gazeta de Notícias (1880). *Revista de História (São Paulo)*, n. 179, p. 1-33, 2020.

RANGEL, Alberto. *Gastão de Orléans, o último conde d'Eu*. São Paulo: Companhia Editora Nacional, 1935.

RECKZIEGEL, Ana Luiza. *Diplomacia marginal*: vinculação política entre o Rio Grande do Sul e Uruguai (1893-1904). Passo Fundo: UPF Editora, 1999.

REGALSKY, Andrés M. El proceso económico. In: GELMAN, Jorge; MÍGUEX, Eduardo José (Org.). *Argentina*: la apertura al mundo. Madri: Fundación Mapfre; Santillana Ediciones Generales, 2011.

REIS, João José; SILVA, Eduardo. *Negociação e conflito*: a resistência negra no Brasil escravista. São Paulo: Companhia das Letras, 2009.

RIBEIRO, Maria Alice; PENTEADO, Maria Aparecida Alvim de Camargo. Uma sociedade vista por suas hipotecas, Campinas, 1865-1874. *Revista História e Economia*, v. 20, 2018.

RICCI, Maria Lúcia de Souza Rangel. *Guarda negra*: perfil de uma sociedade em crise. Campinas: MSLR Ricci, 1990.

RICHARDSON, Kim. *Quebra-Quilos and peasant resistance*: peasants, religions, and politics in nineteenth-century Brazil. Dissertação (mestrado) — Graduate Faculty, Texas Tech University, Lubbock, 2008.

RICUPERO, Bernardo. *O romantismo e a ideia de nação no Brasil (1830-1870)*. São Paulo: Martins Fontes, 2004.

RICUPERO, Rubens. Acre: o momento decisivo de Rio Branco. In: PEREIRA, Manoel Gomes (Org.). *Barão do Rio Branco*: 100 anos de memória. Brasília: Funag, 2012a, p. 119-162.

_____. Um doce crepúsculo: a diplomacia do Joaquim Nabuco. In: ALONSO, Angela; JACKSON, Kenneth David (Org.). *Joaquim Nabuco na República*. São Paulo: Hucitec; Fapesp, 2012b, p. 163-188.

_____. *A diplomacia na construção do Brasil*. Rio de Janeiro: Versal Editores, 2017.

RIDINGS, Eugene. *Business interest groups in nineteenth century Brazil*. Cambridge: Cambridge University Press, 1994.

RINKE, Stefan. World War I and Brazil. In: OXFORD Research Encyclopedias (online). Latin American History. Oxford: Oxford University Press, 2020.

RIOS, Ana Maria; MATTOS, Hebe Maria. O pós-abolição como problema histórico: balanços e perspectivas. *Topoi*, n. 8, p. 170-198, jan./jun. 2004.

RODRIGUES, Gelze Serrat de Souza Campos; ROSS, Jurandyr Luciano Sanches. *A trajetória da cana-de-açúcar no Brasil*: perspectivas geográfica, histórica e ambiental. Uberlândia: EdUFU, 2020.

ROMANI, Carlo Maurizio. História imperial, ciência e poder: a disputa de fronteira anglo-brasileira. *Revista Brasileira de História*, n. 39, p. 83-105, 2019.

ROURE, Agenor Lafayette de. *A constituinte republicana*. Rio de Janeiro: Imprensa Nacional, 1920.

RYAN JR., Joseph James. *Credit where credit is due*: lending and borrowing in Rio de Janeiro, 1820-1900. Tese (doutorado em história) — University of California, Los Angeles, 2007.

SAES, Alexandre. Light versus Docas de Santos: conflitos na expansão do capital estrangeiro na economia paulista no início do século. In: SOUZA, Eliana Melo; CHAMIQUE, Luciane; LIMA, Paulo Gilberto Lima (Org.). *Teoria e prática nas ciências sociais*. Araraquara: Gráfica Unesp, 2003.

SAES, Flávio Azevedo Marques. *As ferrovias de São Paulo*: 1870-1900. São Paulo: Hucitec, 1981.

_____. *Crédito e bancos no desenvolvimento da economia paulista*: 1850-1930. São Paulo: Instituto de Pesquisas Econômicas, 1986.

_____. Café e ferrovias à época do Convênio de Taubaté. *Revista Brasileira de Gestão e Desenvolvimento Regional*, n. 1, p. 88-100, 2005.

_____. SZMRECSÁNYI, Támas. O capital estrangeiro no Brasil, 1880-1930. *Estudos Econômicos*, n. 2, p. 191-219, 1985.

SAES, Guilherme Azevedo Marques de. O Partido Republicano Paulista e a luta pela hegemonia política (1889-1898). In: ODALIA, Nilo; CALDEIRA, João Ricardo de Castro (Org.). *História do estado de São Paulo*: a formação da unidade paulista. São Paulo: Unesp; Imprensa Oficial; Arquivo Público do Estado, 2010, p. 189-206.

SALLES, Ricardo. As águas do Niágara. 1871: crise da escravidão e o ocaso saquarema. In: _____. GRINBERG, Keila (Org.). *O Brasil Imperial*. Vol. III: 1870-1889. Rio de Janeiro: Civilização Brasileira, 2009, p. 39-82.

_____. *E o Vale era o escravo*: Vassouras, século XIX. Senhores e escravos no coração do Império. Rio de Janeiro: Civilização Brasileira, 2008.

_____. *Guerra do Paraguai*: escravidão e cidadania na formação do Exército. São Paulo: Editora Paz & Terra, 1990.

_____. *Nostalgia imperial*: escravidão e formação da identidade nacional no Brasil do Segundo Reinado. Rio de Janeiro: Ponteio, 2013.

SALOMÃO, Ivan Colangelo. *Os homens do cofre*: o que pensavam os ministros da fazenda do Brasil Republicano (1889-1985). São Paulo: Editora Unesp, 2021.

SAMET, Henrique. *A revolta do Batalhão Naval*. Rio de Janeiro: Garamond, 2011.

SAMPAIO, Consuelo Novais. Repensando Canudos: o jogo das oligarquias. *Luso-Brazilian Review*, n. 30, p. 97-113, 1993.

SANTOS, Affonso José (Org.). *Barão do Rio Branco*: cadernos de notas: a questão entre o Brasil e a França. Brasília: Funag, 2017.

SANTOS, Cláudia. *Disputas políticas pela abolição no Brasil*: nas senzalas, nos partidos, na imprensa e nas ruas. Petrópolis: Editora Vozes, 2023.

SANTOS, Fábio Alexandre. Rio Claro e a greve dos trabalhadores da Cia. Paulista de Estradas de Ferro em 1906. *América Latina en la Historia Económica*, n. 25, p. 95-117, 2006.

SANTOS, José Maria dos. *Os republicanos paulistas e a abolição*. São Paulo: Livraria Martins, 1942.

SANTOS, Luís Cláudio Villafañe G. *O Brasil entre a América e a Europa*: o Império e o inter-americanismo, do Congresso do Panamá à Conferência de Washington. São Paulo: Editora Unesp, 2004.

_____. *O evangelho do barão*: Rio Branco e a identidade brasileira. São Paulo: Editora Unesp, 2012.

_____. *Juca Paranhos*: o barão do Rio Branco. São Paulo: Companhia das Letras, 2018.

_____. *Euclides da Cunha*: uma biografia. São Paulo: Todavia, 2021.

SANTOS, Marco Aurélio dos. Migrações e trabalho sob contrato no século XIX. *Revista de História (São Paulo)*, n. 36, p. 1-24, 2017.

SANTOS, Vinícius Tadeu Vieira Campelo. O debate parlamentar (1868-1874) para a elaboração da lei do sorteio militar no Brasil Império. *Temporalidades*, v. 12, p. 446-470, 2020.

SARMENTO, Silvia Noronha. *A Raposa e a Águia*: J. J. Seabra e Rui Barbosa na política baiana da Primeira República. Salvador: EDUFBA, 2011.

SCHULZ, John. *O Exército na política*: origens da intervenção militar, 1850-1894. São Paulo: EdUSP, 1994.

_____. *The financial crisis of Abolition*. New Haven and London: Yale University Press, 2008.

SCHWARCZ, Lilia Moritz. *O espetáculo das raças*: cientistas, instituições e questão racial no Brasil, 1870-1930. São Paulo: Companhia das Letras, 1993.

____; STARLING, Heloísa. *Brasil: uma biografia*. São Paulo: Companhia das Letras, 2015.

____; ____. *A bailarina da morte*: a gripe espanhola no Brasil. São Paulo: Companhias das Letras, 2020.

SCHWARTZMAN, Simon. *São Paulo e o Estado nacional*. São Paulo: Difel, 1975.

____. *As bases do autoritarismo brasileiro*. Brasília: UnB, 1982.

SECRETO, María Verónica. *(Des)medidos*: a Revolta dos Quebra-Quilos (1874-1876). Rio de Janeiro: Maud X; Faperj, 2011.

____. A seca de 1877-1879 no Império do Brasil: dos ensinamentos do senador Pompeu aos de André Rebouças: trabalhadores e mercado. Análise. *História, Ciências, Saúde — Manguinhos*, n. 27, p. 33-51, 2020.

SEVCENKO, Nicolau. *A Revolta da Vacina*: mentes insanas em corpos rebeldes. São Paulo: Editora Unesp, 2018.

SEWELL JR, William H. *Logics of history*: social theory and social transformation. Chicago: The University of Chicago Press, 2005.

SILVA, Eduardo. *O cancro roedor do Império do Brasil*: barões do café e crise da estrutura escravista no Rio de Janeiro. Um estudo de caso: o ramo Peixoto de Lacerda Werneck, 1850-1900. Dissertação (mestrado) — Programa de Pós-Graduação em História, Universidade Federal Fluminense, Niterói, 1979.

____. *As camélias do Leblon e a abolição da escravatura*: uma investigação de história cultural. São Paulo: Companhia das Letras, 2003.

SILVA, Lígia Osório. *Terras devolutas e latifúndio*: efeitos da lei de 1850. Campinas: Editora Unicamp, 1996.

SILVA, Sérgio. *Expansão cafeeira e origem da indústria no Brasil*. São Paulo: Alfa-Ômega, 1976.

____; SZMRECSÁNYI, Tamás (Org.). *História econômica da Primeira República*. São Paulo: Hucitec; Associação Brasileira de Pesquisadores em História Econômica; EdUSP; Imprensa Oficial, 2002.

SILVEIRA, Helder Gordim. Rio Branco e as relações interamericanas: ruptura e tradição em uma ideologia americanista. In: PEREIRA, Manoel Gomes (Org.). *Barão do Rio Branco*: 100 anos de memória. Brasília: Funag, 2012, p. 475-502.

SIQUEIRA, Gustavo Silveira. República e greve no início do século XX: um debate entre a greve de 1906 e a história do Direito. *Novos Estudos Jurídicos*, n. 3, p. 492-499, 2013.

SKIDMORE, Thomas E. *Black into White*: race and nationality in Brazilian thought. Durham; Londres: Duke University Press, 1993.

SLENES, Robert W. The Brazilian internal slave trade, 1850-1888: regional economies, slave experience, and the politics of a peculiar market. In: JOHNSON, Walter (Org.). *The Chattel Principle*: internal slave trades in the Americas. New Haven; Londres: Yale University Press, 2004, p. 325-370.

SMALL, Michael. *The forgotten peace*: mediation at Niagara Falls. Ottawa: University of Ottawa Press, 2009.

SOARES, Carlos Eugênio Líbano. *A negregada instituição*: os capoeiras no Rio de Janeiro. Rio de Janeiro: Divisão de Editoração Municipal de Cultura, 1994.

SODRÉ, Nelson Werneck. *Formação histórica do Brasil*. Rio de Janeiro: Brasiliense, 1962.

SOUSA, João Morais de. Discussão em torno do conceito de coronelismo: da propriedade da terra às práticas de manutenção do poder local. *Cadernos de Estudos* Sociais, n. 11, p. 321-335, 1995.

SOUZA, Felipe Azevedo. *Direitos políticos em depuração*: a Lei Saraiva e o eleitorado do Recife entre as décadas de 1870 e 1880. Dissertação (mestrado) — Programa de Pós-Graduação em História, Universidade Federal de Pernambuco, Recife, 2012.

____. *A participação política das classes populares em três movimentos*: Recife (c. 1880/c. 1900). Tese (doutorado) — Programa de Pós-Graduação em História, Universidade de Campnas, Campinas, 2018.

SPINNEY, Laura; SIRIGNANO, Patrizia. *La grande tueuse*: comment la gripe espagnole a changé le monde. Paris: Albin Michel, 2018.

STEIN, Stanley. *Origens e evolução da indústria têxtil no Brasil*: 1850-1950. Rio de Janeiro: Campus, 1979 [1957].

____. *Vassouras*: um município brasileiro do café, 1850-1900. Rio de Janeiro: Nova Fronteira, 1990 [1957].

STOLCKE, Verena; HALL, Michael. A introdução do trabalho livre nas fazendas de café de São Paulo. *Revista Brasileira de História*, v. 6, p. 80-120, 1983.

SWEEZY, Paul. *Teoria do desenvolvimento capitalista*. Rio de Janeiro: Zahar, 1973.

SWEIGART, Joseph E. *Coffee factorage and the emergence of a Brazilian capital market, 1850-1888*. Nova York; Londres: Garland Publishing, Inc, 1987.

SUMMERHILL, William R. *Inglorious revolution*: political institutions, sovereign debt, and financial underdevelopment in imperial Brazil. New Haven: Yale University Press, 2015.

_____. *Order against progress*: government, foreign investment, and railroads in Brazil, 1854-1913. Stanford: Stanford University Press, 2003.

_____. *Trilhos do desenvolvimento*: as ferrovias no crescimento da economia brasileira, 1854-1913. São Paulo: Livros de Safra, 2018.

SUZIGAN, Wilson. *Indústria brasileira*: origem e desenvolvimento. São Paulo: Brasiliense, 1986.

_____. *Indústria brasileira*: origens e desenvolvimento. São Paulo: Hucitec; Unicamp, 2000.

TANNURI, Luiz Antônio. *Encilhamento*. São Paulo: Hucitec, 1981.

TAUNAY, Afonso de E. *Pequena história do café no Brasil*: 1727-1937. Rio de Janeiro: Editora Departamento Nacional do Café, 1945.

TAVARES, Fabio Luís. *A oligarquia paulista e sua articulação com o governo de Floriano Peixoto durante a Revolta da Armada (1893-1894)*. Dissertação (mestrado em história) — Universidade Estadual Paulista Júlio de Mesquita Filho, Assis, 2013.

TELLES, Pedro C. da Silva. *História da engenharia no Brasil*: séculos XVI a XIX. Rio de Janeiro: Livros Técnicos e Científicos, 1984.

TESSARI, Cláudia Alessandra. *Braços para a colheita*: sazonalidade e permanência do trabalho temporário na agricultura paulista (1890-1915). São Paulo: Alameda, 2012.

TETTAMANZI, Régis. *Le Voyage au Brési* : anthologie de voyageurs français et francofones du XVIè au XXè siècle. Paris: Éditions Robert Laffont, 2014.

THOMPSON, Edward Palmer. *The poverty of theory and other essays*. Nova York: Monthly Review Press, 2008.

TOPIK, Steven C. *A presença do Estado na economia política do Brasil de 1889 a 1930*. Rio de Janeiro: Record, 1987.

_____. *Comércio e canhoneiras*: Brasil e Estados Unidos na Era dos Impérios, 1889-97. São Paulo: Companhia das Letras, 2009.

TOPLIN, Robert. *The Abolition of Slavery in Brazil*. Nova York: Atheneum, 1972.

TOUCHARD, Patrice et al. *Le siècle des excès*: de 1870 à nos jours. Paris: PUF, 1992.

TRINER, Gail D. *Banking and economic development*: Brazil, 1889-1930. Nova York: Palgrave, 2000.

_____; WANDSCHNEIDER, Kristen. The Baring Crisis and the Brazilian Encilhamento, 1889-1891: an early example of contagion among emerging capital markets. *Financial History Review*, v. 12, p. 199-225, 2005.

VEDOVELI, Paula. *Brokering capital*: the development of Latin American public credit at international financial markets, 1852-1914. Tese (doutorado) — Princeton University, Princeton, 2019.

VESCIO, Luiz Eugenio. *O crime do Padre Sório*: Maçonaria e Igreja Católica no Rio Grande do Sul, 1893-1928. Santa Maria: Editora da UFSM, 2001.

VIANA, Oliveira. *O ocaso do Império*. São Paulo: Cia. Melhoramentos de São Paulo, 1925.

VIEIRA, David Gueiros. *O protestantismo, a Maçonaria e a Questão Religiosa no Brasil*. Brasília: UnB, 1980.

VIEIRA, Hermes. *A vida e a época do Visconde do Rio Branco*. São Paulo: T. A. Queiroz, 1992.

VILELA, Anibal Villanova; SUZIGAN, Wilson. *Política do governo e crescimento da economia brasileira, 1889-1945*. Rio de Janeiro: Ipea; Inpes, 1973.

VILLELA, André A. *The political economy of money and banking in imperial Brazil, 1850-1889*. Londres: Palgrave Macmillan, 2020.

VINHOSO, Francisco Luiz T. Domício da Gama e a questão do truste do café (1912-1913). *Revista do IFCS*, n. 1, 1981.

VISCARDI, Cláudia. Federalismo e cidadania na imprensa republicana (1870-1889). *Tempo*, v. 18, p. 137-161, 2012.

____. Minas Gerais no Convênio de Taubaté: uma abordagem diferenciada. In: CONGRESSO BRASILEIRO DE HISTÓRICA ECONÔMICA; CONFERÊNCIA INTERNACIONAL DE HISTÓRIA DE EMPRESAS, IV, 1999, Curitiba.

____. *O teatro das oligarquias*: uma revisão da "política do café com leite". Belo Horizonte: C/Arte, 2001.

____. JESUS, Ronaldo Pereira de. A experiência mutualista e a formação da classe trabalhadora no Brasil. In: FERREIRA, Jorge; REIS FILHO, Daniel Aarão (Org.). *As esquerdas no Brasil*. Vol. 1 — A formação das tradições (1889-1945). Rio de Janeiro: Civilização Brasileira, 2007, p. 21-51.

WALLERSTEIN, Immanuel. *The modern world-system IV*: centrist liberalism triumphant, 1789-1914. Berkeley; Los Angeles; Londres: University of California Press, 2011.

WEINSTEIN, Barbara. *The Amazon rubber boom, 1850-1920*. San Francisco: Stanford University Press, 1983.

WIRTH, John D. *O fiel da balança*: Minas Gerais na federação brasileira, 1889-1937. Rio de Janeiro: Paz & Terra, 1982.

WISSENBACH, Maria Cristina. Da escravidão à liberdade: dimensões de uma privacidade possível. In: SEVCENKO, Nicolau (Org.). *História da vida privada no Brasil*. São Paulo: Companhia das Letras, 2001.

WITTER, José Sebastião (Org.). *Ideias políticas de Francisco Glicério*. Brasília: Casa de Rui Barbosa/MEC, 1982.

YOUSSEF, Alain El. *O Império do Brasil na segunda era da abolição*: 1861-1880. Tese (doutorado) — Programa de Pós-Graduação em História Social, Universidade de São Paulo, São Paulo, 2018.

ZILIOTTO, Guilherme Antônio. *Dois séculos de dívida pública*: a história do endividamento público brasileiro e seus efeitos sobre o crescimento econômico (1822-2004). São Paulo: Editora Unesp, 2011.

ZILLY, Berthold. A guerra de Canudos e o imaginário da sociedade sertaneja em *Os sertões*, de Euclides da Cunha. In: CHIAPPINNI, Lígia; AGUIAR, Flávio Wolf (Org.) *Literatura e história na América latina*. São Paulo: EdUSP, 1993, p. 37-73.

ZIMMERMANN, Maria E. Marques. *O PRP e os fazendeiros do café*. Campinas: Editora da Unicamp, 1986.

ZONTA JR., Pedro Luis. *O conceito de coronelismo na fundação de uma cultura política da Primeira República*. Dissertação (mestrado em história) — Universidade Estadual Paulista Júlio de Mesquita Filho, Franca, 2017.

SOBRE O AUTOR

Rodrigo Goyena Soares é professor de História do Brasil na Universidade de São Paulo (USP). Formou-se em ciências políticas no Instituto de Estudos Políticos de Paris (Sciences Po), onde obteve mestrado em relações internacionais. É igualmente mestre em história pela Universidade Federal do Estado do Rio de Janeiro (Unirio) e doutor pela mesma instituição. Com pós-doutorado em história pela USP, foi pesquisador visitante na Universidade de Nova York (NYU). É autor de *Diário de conde d'Eu* (Paz & Terra), de *Império em disputa* (FGV, em coautoria com Thiago Krause) e de artigos científicos relacionados à história do Brasil e à bacia do Prata no século XIX.

Este livro foi impresso nas oficinas gráficas da Editora Vozes Ltda.,
Rua Frei Luís, 100 – Petrópolis, RJ.

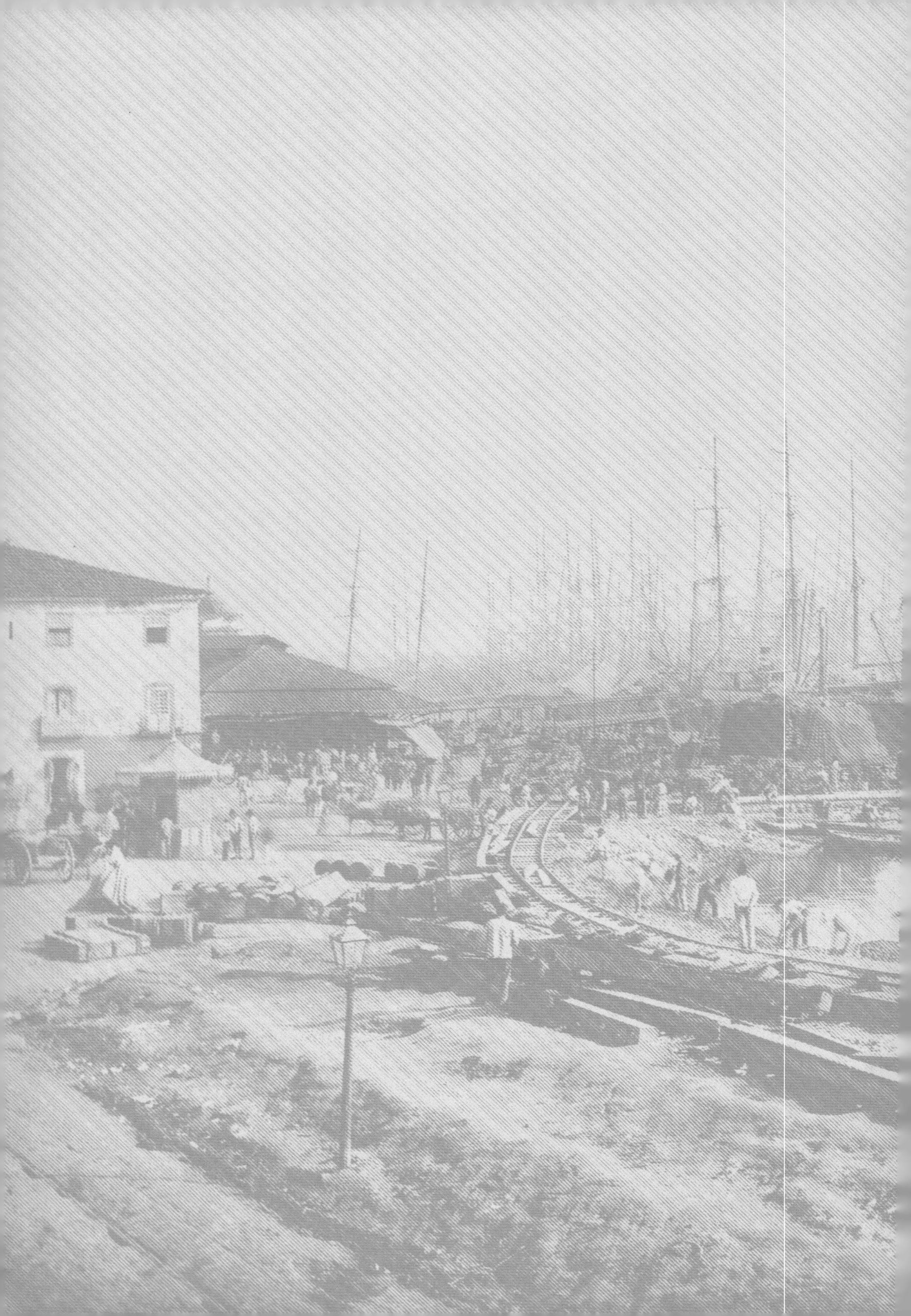